제3호

# 법률의
# 지평

법무법인[유] 지평

박영사

# 발간사

"법률의 지평"은 지평 구성원들이 작년에 기고하거나 발표한 글 중 함께 나누고 싶은 것들을 모은 잡지입니다. 벌써 3호를 내게 되었습니다.

작년은 우리 모두에게 새롭고 낯선 세상이었습니다. 코로나19로 우리는 완전히 새로운 세상을 살게 되었습니다. 여럿이 함께 식사를 하고, 늦게까지 소주잔을 기울이거나, 노래방에서 목청껏 노래를 부르는 시간이 사라졌습니다. 가깝거나, 멀거나 다른 나라로 여행을 가는 것은 꿈도 꾸지 못하고 있습니다. 예배나 미사, 집회도 제한되고 있습니다. 공기처럼 누리던 자유가 크게 제한되고 있습니다.

코로나는 우리의 문제를 고스란히 드러내 주고 있습니다. 하나로 연결된 국제사회는 감염병이라는 문제에 함께 노출되었습니다. 팬데믹은 세계경제를 휘청거리게 하고, 특히 약한 고리부터 고통은 가중되었습니다. 코로나19로부터 건강을 지키는 것조차 가난한 나라는 어렵습니다. WHO가 지난 5월에 밝힌 바에 따르면, 그동안 고소득 국가에서는 인구 100명당 약 50회의 백신이 접종된 반면, 저소득 국가에서는 인구 100명당 약 1.5회의 백신만 접종되었습니다. 지금까지 전 세계적으로 투여된 백신 40억 회분 중 80% 이상이 세계 인구의 절반도 안 되는 중상위소득 국가에 돌아갔습니다. 난민, 장애인, 노인 등과 같은 사회적 약자들은 더욱 힘들어졌습니다. 작년에는 이른바 동일집단 격리라는 이름으로 정신병원이나 요양시설이 봉쇄되어 거주자들 대부분이 감염병에 걸리는 사태도 있었습니다. 소수자들은 온라인 환경이나 비대면 사회에도 적응하기가 어렵습니다.

법률시장도 위축되었습니다. 사람이나 기업의 활동이 어려워지니 자연스럽게 변호사의 일도 어려워졌습니다. 작년은 로펌들에게도 쉽지 않은 한 해였습니다. 재택근무 시스템을 갖추고 화상업무에 익숙해지며 적극적 방역조치를 취하느라 분주했습니다.

그래도 저희는 희망을 봅니다. 코로나로 사람의 활동이 어려워지자 2020년 탄소배출량은 1970년 이래 가장 가파른 규모로 감소했습니다. 매년 우리를 괴롭히던 미세먼지가 잠시 주춤했습니다. 기후위기를 실감하게 하고 해결의 가능성을 보여 주었습니다. 민낯이 드러날수록 문제를 공감하고 해결하려는 마음도 커지리리 생각합니다.

"법률의 지평" 제3호도 지난 호와 마찬가지로 흥미로운 글들이 많습니다. 다양한 분야의 이슈를 잘 정리하고 날카롭게 의견을 개진한 칼럼들, 특히 "코로나19와 PEF 시장", "주주행동주의와 스튜어드십 코드", "CSR, 컴플라이언스 넘어 ESG의 시대로"와 같이 핫한 이슈를 다룬 글도 있고, 지평이 수행한 흥미로운 소송사례도 소개하고 있습니다. 유익했던 뉴스레터 기사도 모아 보았습니다.

지평의 구성원들은 올해도 고객의 문제를 해결하고, 법률 전문성을 높이기 위해, 사회정의를 실현하고 따뜻한 세상을 만들기 위해 많은 글을 쓰고 있습니다. 우리의 글이 사람을 향하고 세상을 두루 살피는 역할을 할 수 있도록 노력하겠습니다.

대표변호사 **임성택**

# 차 례

## 칼 럼

# 소송사례

# 논 문

# 뉴스레터

법/률/의/지/평/ _____

# 칼 럼

# 재건축조합 임원 · 시공사 대표 간 금품수수 형사책임*

위계관

A는 B아파트 재건축조합의 임원으로, 대의원회의에서 C건설사를 시공사로 선정하는 과정에서 C사의 대표인 D로부터 돈을 받았는데, A와 D는 무슨 죄로 처벌받을까요?

도시 및 주거환경정비법(이하 '도시정비법') 제135조 제2호, 제132조에 따르면 '누구든지 시공자 선정과 관련해 직접 또는 제3자를 통해 금품, 향응 또는 재산상 이익을 제공하거나 제공의사를 표시하거나 제공을 약속하거나 제공받거나 제공의사를 승낙해서는 아니되며, 이에 위반한 경우 5년 이하의 징역 또는 5,000만 원 이하의 벌금에 처한다'고 규정하고 있습니다. 법조문에서도 범죄의 주체를 '누구든지'라고 명시했으므로, 조합원, 시공사 등 이해당사자가 아닌 누구라도 주체가 될 수 있습니다.

그런데 도시정비법 제134조에 따른 뇌물죄 적용에 있어서 공무원으로 의제되는 A는 형법상, 특정범죄가중처벌 등에 관한 법률상 수뢰죄는 적용되지 않고, 도시정비법 위반죄만 적용되는지 의문이 있을 수 있습니다. 결론부터 말씀드리자면, A는 형법상, 특정범죄가중처벌법상 수뢰죄가 적용될 뿐만 아니라 도시정비법 위반죄도 적용됩니다. 다만, 법조경합의 법리에 따라 법정형이 더 무거운 수뢰죄 등으로 처벌받을 가능성이 높을 뿐입니다.

대법원도 '도시정비법에 의한 주택재개발사업이나 주택재건축사업을 시행하는 조

---

* 이 글은 『대한전문건설신문』(2020. 1. 20.)에 실린 칼럼이다.

합의 임원은 수뢰죄 등 형법 제129조를 적용할 때는 공무원으로 의제되고, 누구든지 재개발사업 등의 시공자, 설계자 또는 정비사업전문관리업자의 선정과 관련해 금품을 수수하는 등의 행위를 하면 도시정비법 제84조의2에 의한 처벌대상이 되며, 이 처벌 규정은 조합임원에 대한 공무원 의제 규정인 도시정비법 제84조가 이미 존재하는 상 태에서 2012. 2. 1. 법률이 개정돼 신설된 것으로서, 기존 도시정비법 제84조의 입법 취지, 적용대상, 법정형 등과 비교해 보면 시공자의 선정 등과 관련한 부정행위에 대 해 조합 임원이 아닌 사람에 대해서까지 처벌 범위를 확장한 것일 뿐, 조합 임원을 형 법상의 수뢰죄 또는 특정범죄가중처벌법 위반죄로 처벌하는 것이 너무 과중해 부당하 다는 반성적 고려에서 형을 가볍게 한 것이 아니라고 보아 형법상의 수뢰죄 또는 특정범 죄가중처벌법 위반죄와 도시정비법 위반죄 모두 적용된다'고 봤습니다(대법원 2016. 10. 27. 선고 2016도9954 판결).

한편, 금품을 제공한 D 역시 도시정비법 위반으로 처벌됩니다. 그렇다면 건설사업 자 D가 계약한 용역업체 임직원이 도시정비법 제132조를 위반한 경우 어떻게 될까요? D는 도시정비법 제138조 제2항, 제132조의2에 따라 관리·감독 등 필요한 조치를 소 홀히 한 경우에 한해 5,000만 원 이하의 벌금에 처해질 수 있습니다.

# 도시계획시설 일몰제에 따른 해제와 후속 절차*

박호경

2020. 7. 1.부터 도시계획시설에 대한 일몰제가 실행됐습니다. 국가가 도시계획을 수립하면서 특정 토지를 공원, 도로 등으로 지정하는 경우가 있습니다. 그런데 어떤 지역은 일제시대 때 지정한 것을 그대로 이어받아 온 것이 있을 정도로, 세심한 고려와 계획하에 지정하지 않는 경우가 많았습니다. 그래서 도시계획시설로 지정만 한 후 예산이 마련되지 못했다는 이유로 정부가 그대로 방치하는 경우가 많았습니다. 일부 소유자들이 이와 같이 부당한 조치에 대해 헌법소송을 했고 헌법에 반한다는 판단을 받았습니다. 그래서 2000년에 법이 개정돼, 결론적으로 20년 이상 방치한 도시계획시설은 자동으로 지정이 실효되도록 했습니다(현 국토계획법 제48조, 구 도시계획법 제41조).

이와 같이 도시계획시설결정 후 20년이 경과해 실효되는 경우 후속절차를 살펴봅니다. 특히 골프연습장을 설치하기 위해 도시계획시설결정을 받았다가 장기간 사업이 중단된 경우가 문제됩니다.

도시계획시설을 설치하는 사업은 크게 보아 시설결정, 사업시행자 지정, 실시계획 인가의 단계를 거치게 됩니다. 그런데 법원은 각 단계를 독립적인 행정처분으로 보고 있습니다. 도시계획시설결정과 실시계획 인가는 서로 독립적인 행정처분이고(대법원 2017. 7. 18. 선고 2016두49938 판결), 사업시행자 지정과 실시계획 인가도 서로 독립적인

---

* 이 글은 『대한전문건설신문』(2020. 11. 2.)에 실린 칼럼이다.

행정처분(대법원 2017. 7. 11. 선고 2016두35120 판결)입니다. 특별한 사정이 없는 한 실시계획 인가신청이 반려되거나 도시계획시설결정이 실효되더라도 사업시행자 지정처분에 영향을 주지 않습니다. 즉, 사업시행자 지정처분은 별도로 취소해야 처분의 효력이 상실될 수 있습니다.

법원은 '사업시행자 지정취소는 수익적 행정행위의 철회에 해당하므로 행정청이 공식적인 방법으로 외부에 별도의 의사표시를 해야 하는 것'이 원칙이라고 봅니다(대법원 2017. 7. 11. 선고 2016두35120 판결). 그래서 도시계획시설결정 실효만 고시하고 사업시행자 지정에 대해 별다른 언급이 없었다면, 별도의 지정취소절차를 진행해야 합니다.

일몰제가 처음 적용된 것이기에 위와 같이 사업시행자 지정을 취소할 경우 별도의 청문절차를 거쳐야 하는지에 대해 아직 대법원 판례는 보이지 않습니다. 이미 일몰제에 따라 도시계획시설결정이 실효된 이상 사업시행자지정 취소는 예정된 수순이기 때문에 청문까지 필요하지 않다는 의견도 있을 수 있습니다. 그러나 일반적인 경우 사업시행자 지정을 취소할 때 사전 통지를 거쳐 청문을 실시했으므로(부산고등법원 2015. 7. 24. 선고 2015누20107 판결) 같은 절차를 따르는 것이 논란을 피할 수 있을 것입니다.

# 아파트 경비원 업무범위 등 갈등 해결을 위한 개정 공동주택관리법*

강민제

한동안 아파트 경비원에 대한 갑질 논란과 함께 아파트 경비원의 업무범위를 둘러싼 논의가 뜨거웠습니다. 대다수 아파트 경비원은 관행적으로 주차관리, 택배보관 등의 업무를 담당하고 있는데, 현행법상 이는 경비업법 위반이기 때문입니다. 실제로 아파트 내 택배관리나 쓰레기 분리수거 등을 담당하게 했다는 이유로 경비업 허가취소를 당한 사례도 있습니다.

시설경비업무를 전문으로 경비업을 영위하던 A 회사는 B 아파트와 경비도급계약을 체결하고 시설경비업무를 수행했습니다. 경비순찰 외 기타 업무도 수행하도록 정한 계약내용에 따라, B 아파트에서 근무한 A 회사 소속 경비원 4명이 택배관리, 제초, 전지작업 보조, 쓰레기 분리수거 등의 업무를 수행했습니다. 그리고 이러한 사실이 적발돼 A 회사는 경비업 허가가 취소됐습니다. 경비업법상 경비업자는 허가받은 경비업무 외의 업무에 경비원을 종사하게 해서는 안 되는데, 소속 경비원들에게 경비업무의 범위를 벗어난 행위를 하게 했다는 이유였습니다.

A 회사는 즉시 불복했지만, 법원은 'B 아파트에서 근무한 A 소속 경비원들이 경비업무 외의 업무를 수행하였음이 분명하다'는 이유로 A 회사에 대한 허가취소는 적법하다고 판단했습니다(수원지방법원 2020. 2. 6. 선고 2019구합62681 판결, 현재 항소심 진행 중).

---

\* 이 글은 『대한전문건설신문』(2020. 12. 14.)에 실린 칼럼이다.

이는 전국 대부분의 아파트에서 경비원들이 택배보관, 분리수거 등 경비 외의 다양한 업무를 담당하는 현실과 맞지 않아 현장과 주택관리업계의 혼란도 컸습니다.

다행히 내년부터는 다소 혼란이 해소될 것으로 보입니다. 2021. 10. 21.부터 시행되는 개정 공동주택관리법(2020. 10. 20. 법률 제17544호)은 경비원이 경비업무 이외의 업무를 병행하는 현실을 반영하기 위해 경비업법 적용 예외 규정을 마련했습니다. 다만 경비원에게 경비업무 외의 어떤 업무에 종사하게 할 수 있는지 구체적인 범위는 대통령령으로 정해질 예정입니다.

한편 개정 공동주택관리법은 소위 입주민들의 갑질로부터 경비원 등을 보호하기 위해 입주자 등이 경비원에게 위법한 지시나 명령을 하지 못하게 금지하는 규정도 함께 신설하고, 입주자, 입주자대표회의, 관리주체 등이 경비원에게 적정한 보수를 지급하고 처우개선과 인권존중을 위해 노력할 의무가 있음을 명시했습니다.

공동주택 경비원의 업무범위가 현실에 맞게 정비됨과 함께 경비원의 고용조건 및 처우도 변화할 것이 예상되므로, 본격적으로 개정 공동주택관리법이 시행되기 전에 이러한 사항을 미리 충분히 숙지하고 준비할 필요가 있겠습니다.

# 아파트와 상가 사이의 주차분쟁*

송경훈

아파트 입주자들과 상가 소유자들 사이의 주차분쟁은 오랜 기간 이어져 왔습니다. 주로 아파트 입주자대표회의가 불법주차, 주차공간 부족, 보안 등을 이유로 상가 소유자 또는 이용자의 주차를 제한하면서 문제가 생깁니다.

보통 상가의 각 구분점포 역시 아파트를 포함한 전체 토지에 관한 일부 공유지분을 대지권으로 하는 등기가 마쳐져 있으므로, 상가 구분소유자들은 별도의 규약이 존재하는 등 특별한 사정이 없는 한 공유지분의 비율과 관계없이 대지 전부를 용도에 따라 사용할 수 있는 적법한 권한을 가진다고 보고 있습니다(집합건물의 소유 및 관리에 관한 법률 제1조의2, 대법원 2012. 12. 13. 선고 2011다89910, 89927 판결). 또한 주차장은 이른바 공용부분으로, 아파트 및 상가 구분소유자 전원의 공유에 속하고, 각 공유자는 공용부분을 그 용도에 따라 사용할 수 있습니다(집합건물의 소유 및 관리에 관한 법률 제3조, 제10조, 제11조). 즉, 특별한 사정이 없는 한 상가 소유자들에게도 주차장을 사용할 적법한 권한이 있고, 우리 법원은 이 점에 착안해 그간 다수의 사건에서 상가 소유자들의 손을 들어주었습니다.

그런데 대법원이 2009년 "아파트 단지 내 상가건물과 그 부속주차장의 위치 및 이용관계, 아파트 단지 안으로의 출입 통제 방법, 아파트 및 상가건물 부근의 지리적 상

---

* 이 글은 『대한전문건설신문』(2020. 12. 21.; 2020. 12. 28.)에 실린 칼럼이다.

황, 아파트 입주자들과 상가건물의 소유자 또는 이용자의 이해득실 기타 제반 사정을 참작하여 사회통념에 따라 판단하여야 한다"라면서 "① A아파트 단지 내의 불법주차와 도난사고 및 과속으로 인한 교통사고를 막기 위한 A아파트 입주자들뿐만 아니라 상가건물의 구분소유자인 원고들에게도 이익이 될 수 있는 점, ② 아파트 입주자들과 원고들을 포함한 상가건물의 구분소유자들은 자동차를 A아파트 단지 내외로의 출입을 위하여 자동카드를 받아 이용하고 있는데, 상가건물의 구분소유자들에게는 2개의 카드가 교부된 점, ③ 차단기 옆에 설치된 경비실에는 경비원이 24시간 교대로 근무하면서 차량을 이용하여 상가건물을 방문하는 이용자의 차량번호를 확인하는 절차만 거칠 뿐 실질적으로 아무런 제한 없이 출입을 허용하고 있는 점, ④ 차단기 바로 옆에 설치되어 있는 간이경비실 상단에는 '아파트 상가 방문 환영'이라고 기재되어 있어 상가를 방문하는 사람들이 심리적인 거부감을 느낄 가능성이 거의 없는 점 등을 알 수 있는 바, 사정이 이와 같다면 차단기의 설치가 원고들의 수인한도를 넘어 그 대지사용권을 침해하였다고 단정할 수 없다."라는 판결을 했고(대법원 2009. 12. 10. 선고 2009다49971 판결), 이후 법원의 입장은 양측의 이해관계를 보다 개별적·구체적으로 형량하는 방향으로 정리됐습니다.

일례로, 경기도 김포시의 한 입주자대표회의가 아파트 내 불법주차 문제가 심각해지자 주차장에 차단기를 설치하고 상가와 아파트 사이 계단 통로에 펜스를 설치한 뒤 상가 이용 차량은 관리사무소로부터 방문증을 받아 상가에서 도장을 받아오는 경우에 이용할 수 있도록 조치하자 상가 소유자들이 주차장 차단기와 펜스 등을 철거하고 피해 상가 소유자들에게 200만 원씩 손해를 배상하라고 소를 제기한 사안에서, 법원은 위 입주자대표회의의 조치가 상가 소유자들의 대지사용권 등을 부당하게 침해하는 것으로 볼 수 없다고 판단했습니다(인천지방법원 2018. 1. 17. 선고 2017나55773 판결).

위 사안에서 법원은 ① 차단기와 펜스의 설치는 신원을 확인할 수 없는 불특정 다수가 B아파트에 출입하는 것을 제한하여 B아파트 단지 내 보안을 강화하는 것을 목적으로 하는 것이고, 방문 목적의 확인은 그에 필요한 적절한 방법으로 보이는 점, ② 펜스 바로 앞은 지하주차장 출입로로서 차량의 출입이 빈번한 곳인데, 이 부분의 외부통로를 막음으로써 보행자와 주차장 출입차량 사이 교통사고 유발요인을 제거하는 실질적 효과가 있는 점, ③ 차단기 설치로 상가방문 차량을 비롯한 외부 차량의 출입이 원천적으로 모두 금지된 것이 아니고, 상가 방문 목적이 확인되면 상가방문증을 발급하고 출입할 수 있도록 하여 적절한 출입방법을 마련한 점, ④ 펜스 설치로 상가로 가는 일부 통로가 막혔다고 하더라도 B아파트에서 상가로 가는 주된 통로가 막힌 것이 아니고, 달리 B아파트 입주민들의 전체적인 상가 진입 경로가 바뀌었다고 볼 수도 없어 상가 구분소유자나 B아파트 입주민들에게 미치는 영향이 아주 크다고 보이지 않는 점 등을 종합적으로 고려해 판단했습니다.

이러한 분쟁을 예방하기 위해 미리 규약 등으로 상가의 주차를 일정한 범위로 제한하는 경우도 종종 있습니다. 그러나 이와 관련해서도 법원은 (1) 아파트의 입주자대표회의의 일방적인 규약에 상가 소유자들이 따를 의무는 없다고 했고(서울동부지방법원 2004. 8. 20. 선고 2003가합3469), (2) 관리단집회에서 전체 상가 27개 호실에 7개의 주차 태그만을 제공하는 내용의 결의를 통과시키고 그러한 규약을 제정한다 하더라도 이는 상가 구분소유자들의 공용부분 이용권한을 현저히 침해하는 것으로서 합리적인 범위 내에 있다고 볼 수 없으므로 집합건물의 소유 및 관리에 관한 법률 제10조, 제11조에 반하여 무효라고 했으며(서울중앙지방법원 2018. 6. 7. 선고 2016가합577431 판결), (3) 같은 취지로 집합건물의 소유 및 관리에 관한 법률 제11조 등이 강행규정이라면서 규약으로도 공유자에 대한 공용부분의 사용을 금지하거나 지분비율에 따라 사용횟수, 기간을 제한할 수 없다고도 했습니다(대구지방법원 2020년 선고 판결).

결국 법원은 아파트 단지 내 상가건물과 그 부속주차장의 위치 및 이용관계, 아파트 단지 안으로의 출입 통제 방법, 아파트 및 상가건물 부근의 지리적 상황, 아파트 입주자들과 상가건물의 소유자 또는 이용자의 이해득실 기타 제반 사정을 살펴 개별 사안에 따라 판단하고 있으며, 특히 아파트 단지 안으로의 출입 통제 방법을 중요한 판단 기준으로 삼고 있으므로, 분쟁 발생 시 이 부분부터 먼저 검토할 필요가 있겠습니다.

건설 · 부동산

# 상가건물의 점유 · 사용에 관한 분쟁<sup>*</sup>

박보영

여러 명의 공유자나 구분소유자, 임대인과 임차인, 관리단 등 다수의 이해관계가 얽힌 상가건물에 대해서는 점유와 사용에 관한 분쟁이 자주 발생합니다. 다른 사람이 상가의 전부나 일부를 점유하고 사용하는 데 대해 돌려달라고 청구하거나(퇴거 및 인도 청구), 정당한 권리가 없는 사용이므로 임대료 상당을 내라고 하거나(부당이득반환청구), 불법행위이므로 손해를 배상하라고 하는 주장(불법행위에 기한 손해배상청구)을 하는 경우가 많습니다.

최근 이러한 법률관계에 대해 대법원에서 연이어 주목할 만한 판결을 내렸습니다.

상가건물의 복도나 로비 등 공용부분을 무단으로 점유해 사용했다면 이를 통해 얻은 이득을 다른 상가 주인들에게 부당이득으로 반환해야 한다는 대법원 전원합의체 판결이 있었습니다(대법원 2020. 5. 21. 선고 2017다220744 판결). 상가의 구분소유자들로 구성된 관리단이 상가건물 1층에서 골프연습장을 운영하면서 복도와 로비에 퍼팅 연습시설을 설치한 구분소유자를 상대로 소송을 냈는데, 복도와 로비를 인도하고 이를 사용해 취한 부당이득을 반환하라고 주장한 사안이었습니다.

기존 대법원 판례는 집합건물의 공용부분은 임대할 수 있는 대상이 아니므로 특별한 사정이 없는 한 무단점유로 인한 손해가 발생하지 않는다는 입장이었는데, 이번에

---

\* 이 글은 『대한전문건설신문』(2020. 7. 13.)에 실린 칼럼이다.

입장을 바꿔 공용부분의 무단점유자도 부당이득을 반환해야 한다고 판단한 것입니다. 원심(항소심)은 구분소유자의 무단점유를 전제로 공용부분을 인도하라고 하면서도 부당이득반환청구는 인정하지 않았는데, 대법원은 부당이득반환청구까지 받아들였습니다. 집합건물, 특히 상가건물의 복도나 로비를 구분소유자 중 일부나 제3자가 무단 점유해 영업장의 일부로 사용해 다른 구분소유자들이나 관리단이 소송을 내는 경우가 많은데, 이번 대법원 전원합의체 판결이 앞으로 중요한 해석 지침이 될 것으로 보입니다.

상가 임대차관계에서의 부당이득 및 불법행위책임에 대한 판단도 있었습니다. 임대차계약이 끝난 후 임대인이 보증금을 적법하게 공탁변제했는데도, 임차인이 임대차 목적물인 부동산에 물건을 놔둔 채 점유하고 있다면 이는 불법행위에 해당해 손해배상책임을 져야 한다는 대법원 판결입니다(대법원 2020. 5. 14. 선고 2019다252042 판결).

하급심(제1심 및 항소심)에서는 임차인이 임대차계약 종료 후에도 목적물에 물건을 두고 점유하고 있었다고 해도 이는 임대차계약에서 본래 정한 목적(식당운영)에 따라 사용·수익한 것이 아니어서 실질적인 이득을 얻지 않은 것이고, 따라서 부당이득반환 의무가 성립하지 않는다고만 판단했습니다. 그런데 대법원은 임대인이 임대차계약 종료 후 연체차임을 공제한 임대차보증금을 적법하게 변제공탁했다면, 그 변제공탁의 통지를 받은 다음부터 식당을 인도할 때까지 적어도 과실에 의한 불법점유를 했으므로 손해배상책임을 질 수 있다고 본 것입니다. 이러한 관점에서 사건을 다시 심리하라고 돌려받은 하급심의 결론을 지켜볼 필요가 있겠습니다.

건설 · 부동산

# 구분건물에 대한 리모델링 후 소유관계*

　구분건물이란 1동의 건물 중 구조상 구분된 여러 개의 부분이 독립한 건물로 사용되어 각각의 부분이 소유권의 목적이 되는 경우를 말합니다(민법 제215조, 집합건물법 제1조). 구분건물의 대표적인 경우로 아파트나 상가를 생각해볼 수 있습니다.

　아파트의 경우는 각 호실마다 구조상·기능상 독립성이 상대적으로 명확해 구분소유 여부가 문제되는 경우는 많지 않습니다. 그러나, 상가의 경우는 다릅니다. 상가에 입점한 업주(업체)들이 각각의 특정 공간에서 점포를 운영하더라도, 그 특정 공간 사이를 경계 표지 등의 방법으로 제대로 구획하지 않는 경우가 적지 않고, 이와 같은 경우 구분소유 여부가 문제될 수 있습니다(집합건물법 제1조의2). 설사 1동의 건물 중 특정 부분에 대해 등기부상 구분소유등기(예를 들어, 상가 건물A동 201호에 대해 별도의 소유권 등기)가 경료되어 있다고 하더라도, 객관적으로 그 특정 부분(201호)에 대하여 경계 표지 등을 통한 구조상의 구분이 제대로 되어 있지 않다면, 해당 부분에 대한 구분소유등기는 무효에 해당한다는 것이 대법원 판례이기 때문입니다(대법원 2008. 9. 11.자 2008마696 결정, 대법원 2010. 1. 14.자 2009마1449 결정).

　이와 관련해 최근 대법원은 '구분건물에 대한 리모델링과 구분소유권과의 관계'에 대해 흥미로운 판결을 선고했습니다. 사안은 다음과 같습니다.

---

* 이 글은 『대한전문건설신문』(2020. 5. 25.)에 실린 칼럼이다.

A상가 건물은 당초 구분소유 건물로 신축되었고 건축물대장 및 등기부 역시 구분건물로 등록·등기되어 있었습니다. 이후 A상가 건물에 대해 리모델링 공사가 이뤄졌으나, 관할관청으로부터 공사 허가를 받지 못해 준공 이후에도 건물에 대한 사용승인이 나지 않았고, 그 결과 리모델링에 따른 공부상 표시변경등록 및 표시변경등기가 이뤄지지 않았습니다. 이와 같은 상황에서 A상가의 리모델링 전 공부 및 등기부에 구분소유자로 등기된 자의 소유권이 리모델링 후 건물 중 특정 부분에 미치는지 여부가 다투어졌습니다.

이 사안에서도 대법원은 구분소유자로 등기된 자의 특정 소유 부분이 건물의 다른 부분과 구조상으로 구분이 되는지 여부에 따라 기존 구분소유권의 유효 여부를 판단하였습니다. 즉, 기존 구분소유자의 특정 소유 부분이 리모델링 과정에서 경계벽의 제거 등의 사정으로 구조상 독립성이 상실된 경우, 건물에 대한 기존 구분등기는 무효이고, 다만 리모델링으로 생겨난 새로운 건물 중에서 기존 구분소유자의 특정 소유 부분의 면적 비율에 상응하는 공유지분 등기로서의 효력만 인정된다는 것이 대법원의 판단이었습니다(대법원 2020. 2. 27. 선고 2018다232898 판결).

위 대법원 판례의 취지에 의할 때, 집합건물에 대한 구분소유권의 존재 여부를 판단함에 있어 단지 등기부상 구분소유 등기 여부나 건축물대장에 기재된 현황만을 확인해서는 부족합니다. 특히 해당 구분소유권이 상가건물 중 일부분인 경우에는 더욱 그러합니다. 대법원은 구분소유권의 유효 여부를 판단하는 중요한 기준 중 하나로 '구조상 독립성(현황)'을 제시하고 있으므로, 만약 구분소유권을 대상으로 매매, 저당, 압류 등을 진행하는 입장에서는 등기부나 건축물대장 등 공부상 기재사항 외에도 반드시 현황을 살펴봐서 격벽 등을 통해 구조상 독립성이 유지되는지 여부를 검토해볼 필요가 있습니다.

# 건설과 환경<sup>*</sup>

송경훈

## I. 참을 한도와 방지청구

'수인한도<sup>受忍限度</sup>'란 말 그대로 참을 수 있는 한도를 뜻하며, 법률적으로는 가해행위가 위법행위가 되려면 가해자 측 사정과 피해자 측 사정을 상호 형량하여 그 가해행위가 피해자가 일반적으로 참아야 할 한도와 범위를 넘었을 때 비로소 위법성을 가진다는 개념으로 활용되고 있습니다. 한편, '유지청구<sup>留止請求</sup>'란 환경상의 이익을 침해하는 행위의 중지 · 배제 또는 예방을 위해 그 침해를 유발한 상대방에게 일정한 작위(적극적 유지청구) 또는 부작위(소극적 유지청구)를 청구하는 것을 의미합니다.

근래에는 수인한도 대신 '참을 한도', 유지청구 대신 '방지청구'라는 말이 점차 널리 사용되고 있습니다. 하나는 순우리말로 다른 하나는 보다 이해하기 쉬운 다른 한자어로 바꿔 부르는 것인데, 이렇게 바꿔 부르게 된 결정적인 계기는 2015년에 선고된 대법원 판결이었습니다.

대법원은 도로소음으로 인한 생활방해가 문제된 사안에서 1) 공동주택에 거주하는 사람들이 참을 한도를 넘는 생활방해를 받고 있는지 여부는 특별한 사정이 없는 한 일상생활이 실제 주로 이루어지는 장소인 거실에서 도로 등 해당 소음원에 면한 방향의 모든 창호를 개방한 상태로 측정한 소음도가 환경정책기본법상 소음환경기준 등을 초

---

* 이 글은 『대한전문건설신문』(2020. 11. 23.; 2020. 11. 30.)에 실린 칼럼이다.

과하는지 여부에 따라 판단하는 것이 타당하다고 하면서, 2) 도로소음으로 인한 생활 방해를 원인으로 소음의 예방 또는 배제를 구하는 방지청구는 금전배상을 구하는 손해배상청구와는 내용과 요건을 서로 달리하는 것이어서 같은 사정이라도 청구의 내용에 따라 고려요소의 중요도에 차이가 생길 수 있고, 방지청구는 그것이 허용될 경우 소송당사자뿐 아니라 제3자의 이해관계에도 중대한 영향을 미칠 수 있어, 방지청구의 당부를 판단하는 법원으로서는 해당 청구가 허용될 경우에 방지청구를 구하는 당사자가 받게 될 이익과 상대방 및 제3자가 받게 될 불이익 등을 비교·교량해야 한다고 판결했습니다(대법원 2015. 9. 24 선고 2011다91784 판결). 참고로 여기서 '제3자가 받게 될 불이익'이라 함은 해당 도로를 통행하는 제3자들의 불편 등을 의미합니다.

나아가 대법원은, 3) 도로가 현대생활에서 필수불가결한 시설로서 지역 간 교통과 균형개발 및 국가의 산업경제활동에 큰 편익을 제공하는 것이고, 도시개발사업도 주변의 정비된 도로망 건설을 필수적인 요소로 하여 이루어지고 있는 점, 자동차 교통이 교통의 많은 부분을 차지하고 있고, 도시화·산업화에 따른 주거의 과밀화가 진행되고 있는 현실에서 일정한 정도의 도로소음의 발생과 증가는 사회발전에 따른 피치 못할 변화에 속하는 점 등도 충분히 고려돼야 한다면서, 도로의 공익성을 강조함과 동시에 4) 특히 고속국도는 자동차 전용의 고속교통에 공용되는 도로로서 도로소음의 정도가 일반 도로보다 높은 반면, 자동차 교통망의 중요한 축을 이루고 있고, 당해 지역경제뿐 아니라 국민경제전반의 기반을 공고히 하며 전체 국민 생활의 질을 향상시키는 데 중요한 역할을 담당하고 있는 점 등을 더하여 보면, 이미 운영 중인 또는 운영이 예정된 고속국도에 근접해 주거를 시작한 경우의 '참을 한도' 초과 여부는 보다 엄격히 판단해야 한다고 보았습니다. 위 1) 내지 4)는 그 이후의 판결들에도 영향을 미친 중요한 판단 부분입니다.

이에 따라 대법원은 위 사안에서 고속도로 확장공사가 1998. 4.경부터 2003. 12.경까지 시행됐는데, 아파트는 고속도로 확장공사가 거의 완성될 무렵인 2003. 10.경 착공돼 2005. 12.경에야 준공된 점을 근거로, 주민들이 아파트에 거주할 당시 고속도로로 인해 일정한 정도의 도로소음의 발생과 증가를 알았거나 알 수 있었다고 판단하고, 방음대책 이행의무를 인정한 항소심 판결을 파기했습니다.

말씀드린 대로 위 판결 이후에도 이미 운영 중인 또는 운영이 예정된 고속국도에 근접해 주거를 시작한 경우의 '참을 한도' 초과 여부는 보다 엄격히 판단해야 한다는 법원의 입장은 줄곧 유지되고 있습니다. 이 점은 관련 분쟁에 대응할 경우 반드시 고려해야 하겠습니다.

## II. 환경정책기본법상 무과실책임과 그 적용 여부

환경침해를 이유로 손해배상을 청구하는 경우 인과관계뿐만 아니라 가해자의 귀책사유를 입증하기 어려운 경우가 많습니다. 이러한 어려움을 고려해 특별법 중에는 무과실책임을 인정하는 경우가 다수 있는데, 대표적인 것이 도양환경보전법(제10조의3), 유류오염손해배상보장법(제5조), 원자력손해배상법(제3조), 광업법(제75조), 수산업법(제82조) 등입니다.

환경정책의 기본 사항을 정해 환경오염과 환경훼손을 예방하고 환경을 적정하고 지속가능하게 관리·보전함으로써 모든 국민이 건강하고 쾌적한 삶을 누릴 수 있도록 하는 것을 목적으로 제정된 환경정책기본법 역시 무과실책임을 인정하고 있습니다(제44조).

구체적으로는 "환경오염 또는 환경훼손으로 피해가 발생한 경우에는 해당 환경오염 또는 환경훼손의 원인자가 그 피해를 배상하여야 한다."(제1항), "환경오염 또는 환경훼손의 원인자가 둘 이상인 경우에 어느 원인자에 의하여 제1항에 따른 피해가 발생한 것인지를 알 수 없을 때에는 각 원인자가 연대하여 배상하여야 한다."라고 정하고 있어, 민법 등과 달리 가해자의 고의 또는 과실을 요구하지 않습니다.

환경정책기본법 제44조 제1항은 불법행위에 관한 민법 규정의 특별규정이므로 환경오염으로 인해 손해를 입은 자가 환경정책기본법에 의해 손해배상을 주장하지 않았다고 하더라도 법원은 민법에 우선해 환경정책기본법을 적용해야 하는 것이 원칙입니다.

그러나 대법원은, 원심 변론종결 시까지 당사자 사이에서 건축주인 피고 A가 공사의 도급 또는 지시에 관해 중대한 과실이 있거나, 피고 B를 구체적으로 지휘·감독함에 따른 사용자 책임이 있는지 여부에 대하여만 다투어졌을 뿐, 피고 A가 환경정책기본법에 의한 책임을 지는지 여부에 대하여는 전혀 쟁점이 된 바가 없었고 원심도 그에 대해 피고 A에 의견진술의 기회를 주거나 석명권을 행사한 적이 없음에도 원심이 피고 A에 대해 환경정책기본법에 의한 손해배상책임을 인정한 것은 당사자가 전혀 예상하지 못한 법률적인 관점에 기한 예상외의 재판으로서 당사자에게 불의의 타격을 가하였을 뿐 아니라 석명의무를 다하지 아니하여 심리를 제대로 하지 아니한 위법이 있다고 판단했습니다(대법원 2008. 9. 11. 선고 2006다50338 판결).

위 대법원 판결은 민사소송의 대원칙인 변론주의에 입각한 것으로 타당해 보입니다. 만약 재판 과정에서 환경정책기본법의 적용이 전혀 쟁점이 되지 않을 경우에는 그 적용이 배제될 수 있음을 유의해야 합니다. 환경오염이나 환경훼손이 문제 되는 사안에서 당사자들로서는 무과실책임이라는 중요한 효과를 부여하는 환경정책기본법의 적용을 우선적으로 검토해야 하겠습니다.

# 불가항력[*]

정원

신종코로나바이러스Covid-19가 전세계를 강타하고 있습니다. 저항할 수 없는 힘, 말 그대로 불가항력不可抗力입니다. 학창시절 법대에서 수업을 들을 때 '불가항력'이라는 법률용어는 무언가 신비하고 매력적이면서도 선뜻 이해하기 힘든 단어였습니다. 불가항력을 영어로는 'Act of God'이라고 하고, 불어로는 'force majeure'영어로 옮기면 superior force라고 부르는 것만 보더라도 인간의 능력 넘어 어딘가와 관련된 언어로 느껴졌습니다. 하지만 불가항력은 민법, 상법과 같은 여러 법령과 각종 표준계약서에 흔히 등장하는 용어입니다(예를 들어, 민법에서는 천재 기타 사변 등 불가항력의 경우 시효 또는 기간이 연장되도록 정하고 있습니다. 제182조).

그렇다면 불가항력이란 정확히 어떠한 의미일까요? 용어 자체에서 알 수 있듯이 확정적으로 정의하기 쉬운 말이 아닙니다. 법률가로서는 불가항력의 일반적 의미보다는 사안에서 문제되고 있는 특정 계약서 등에서 불가항력을 정의하기 위해 나열하고 있는 사유들을 통해 불가항력의 의미를 파악하는 것이 필요합니다.

국토해양부가 고시한 민간건설공사 표준도급계약서를 보면 수급인은 검사를 마친 기성부분 또는 지급자재와 대여품에 대하여 태풍 · 홍수 · 악천후 · 전쟁 · 사변 · 지진 · 전염병 · 폭동 등 불가항력에 의한 손해가 발생한 때에는 그 사실을 즉시 도급인에게 통

---

[*] 이 글은 엔지니어링공제조합의 『EGI매거진』 제93호(2020 봄호)에 실린 칼럼을 수정 · 보완한 것이다.

지하도록 정하고 있습니다(제18조 제1항). 전쟁, 전염병, 기후재난 등을 불가항력의 대표적인 사유로 보고 있는 것입니다. 국제건설계약에서 모델계약으로 사용되는 FIDIC 계약조건에서는 불가항력을 네 가지 개념요소로 정의하고 있습니다(19.1조). (a) 일방 당사자의 통제범위를 벗어나 있으며, (b) 해당 당사자가 계약체결 전에 합리적으로 대비할 수 없었고, (c) 발생 당시 해당 당사자가 적절히 회피하거나 극복할 수 없었으며, (d) 실질적으로 상대방 당사자에게 책임을 돌릴 수 없어야 하는 것을 불가항력으로 보고 있습니다. 이와 함께 위 조건들을 충족하는 조건에서 다음 유형의 사건들을 포함할 수 있으나 이에 한정되지 않는다고 하면서 (i) 전쟁, 적대행위, 침략, 외적의 행위, (ii) 반란, 테러, 혁명, 폭동, 군사 또는 찬탈행위 혹은 내란, (iii) 시공자의 인원 및 시공자와 하수급인의 다른 피고용인들이 아닌 자들에 의한 폭동, 소요, 무질서, 파업 또는 직장폐쇄, (iv) 군수품, 폭발물, 이온화 방사선, 또는 방사능에 의한 오염, (v) 지진, 허리케인, 태풍 또는 화산활동과 같은 자연재해가 FIDIC에서 예시하고 있는 불가항력 사유입니다.

하지만 우리가 실제 '불가항력'이라고 생각하는 사유라고 해서 법원이 이를 쉽게 불가항력으로 인정해 주지 않습니다. IMF 사태로 촉발된 건설자재 수급 차질은 불가항력으로 인정되었을까요? 법원은 부정했습니다. IMF 당시 자재 수급이 제대로 되지 않는 일이 실제 발생했고 이로 인하여 공기에 일정한 영향을 준 것도 사실이었습니다. 하지만 법원은 "IMF 사태 및 그로 인한 자재 수급의 차질 등은 그와 같은 불가항력적인 사정이라고 볼 수 없고, 일반적으로 수급인이 공사도급계약상 공사기간을 약정함에 있어서는 통상 비가 와서 정상적으로 작업을 하지 못하는 것까지 감안하고 이를 계약에 반영하는 점에 비추어 볼 때 천재지변에 준하는 이례적인 경우가 아니라면 지체상금의 면책사유로 삼을 수 없다고 할 것"이라고 판시했습니다(대법원 2002. 9. 4. 선고 2001다1386 판결).

태풍이나 폭우와 같은 자연재해에 관하여도 이에 대응하는 인간의 기술적 능력이 향상됨에 따라 쉽게 불가항력으로 인정되지 않습니다. 법원은 태풍이 예상된 진로와 달리 지나감으로써 이에 대비하지 못하여 선박이 항구에 정박한 밧줄이 끊어졌고 표류함에 따라 해난사고가 발생한 사건에서도 불가항력의 인정을 부정했습니다. 즉, 태풍의 진로가 당초 예보된 것과는 달리 지나감에 따라 선박이 정박 중이던 항구가 예상보다 더 강한 태풍권에 들게 되어 선박이 표류하게 된 사건에서 태풍에 대비할 상당한 시간이 있었음을 이유로 원고의 주의의무 위반을 인정하고 불가항력에 의한 면책이 부정되었고(대법원 1991. 1. 15. 선고 88추27 판결), 태풍으로 인한 선박 표류 사건에서 당사자가 강풍과 풍랑으로 인하여 선박들의 닻줄 등이 위 선박의 스크루에 잠기어 그 작동이 멈추게 되고 기동력을 상실한 후 양식장으로 표류하여 갈 수 있음을 예견할 수 있었음을 이유로 불가항력에 의한 면책이 인정되지 않았습니다(대법원 1991. 1. 29. 선고 90다12588 판결).

반면 법원이 불가항력을 이유로 면책을 인정한 예로는 해상을 운행하던 선박이 수중에 있는 물체와 충돌하여 화물이 침수되는 사고가 발생하였으나 당시 수심이 100m 정도이고 그런 수중물체가 있음을 짐작하게 하는 수면 위의 부유물도 발견할 수 없어 미리 사고를 예견하거나 방지할 수 없었던 점에 비추어, 위 사고가 상법 제789조 제2항 제1호, 제2호에 규정된 해상 고유의 위험 내지 불가항력 또는 상법 제788조 제2항 소정의 항해과실에 의한 사고임을 이유로 운송인의 손해배상책임을 부정한 사례가 있습니다(대법원 2004. 7. 8. 선고 2004다8494 판결). 또한 100년 발생빈도의 강우량을 기준으로 책정된 계획홍수위를 초과하여 600년 또는 1,000년 발생빈도의 강우량에 의한 하천의 범람은 예측가능성 및 회피가능성이 없는 불가항력적인 재해로서 그 영조물의 관리청에게 책임을 물을 수 없다고 본 사례(대법원 2003. 10. 23. 선고 2001다48057 판결)와 회사를 통해 북한으로부터 무연탄을 수입하여 납품해 오던 회사가 북한의 갑작스런 무연탄 수출금지조치로 인하여 납품의무를 지체 또는 불이행한 경우 불가항력에 해당하여 회사에게 지체상금 및 계약보증금의 지급의무를 부담하게 할 만큼의 귀책사유가 있다고 보기 어렵다고 판시한 사례(의정부지방법원 2010. 10. 14. 선고 2010가합4018 판결)가 있습니다.

최근 전세계에 극심한 영향을 주고 있는 신종바이러스Covid-19는 불가항력에 해당할까요? 신종바이러스로 인하여 해외여행이 사실상 불가능하게 되었을 때 공항에 입점한 면세점들은 불가항력을 이유로 임대료를 면제받을 수 있을까요? 아직 우리 법원의 선례가 많지 않지만 2003년경 사스SARS, 중증급성호흡기증후군가 강타했던 중국에서는 사스를 불가항력 사유로 인정하여 유행기간 중 임대료를 면제한 사례들을 찾아볼 수 있습니다(저장성 샤오싱시 중급인민법원 판결례 등).

불가항력은 과거 인간의 기술로는 통제 불가능했던 해상사고에 따른 위험을 합리적으로 배분하는 차원에서 법리가 발전했습니다. 그러나 현재는 전세계의 연결성이 강화되면서 과거 국지적인 성격이 강했던 전염병이 이전과 달리 전세계를 위협하는 새로운 '불가항력'의 대표적인 유형이 되고 있습니다. 불가항력이라는 법률용어도 뉴노멀 시대에 맞추어 새롭게 정의되고 의미가 모색되어야 할 때가 되었습니다.

노동

# 최근 불법파견 판결의 동향[*]

구자형

## Ⅰ. 들어가며

최근 몇 달 사이 불법파견 쟁점과 관련하여 주목할 만한 하급심 판결이 여럿 선고되었다. 우선 근로자파견관계 성립 여부를 공정·업무·시기별로 면밀히 심리한 판결들이 선고되고 있다. MES<sup>Manufacturing Execution System, 생산관리시스템</sup>나 점검·정비업무에 관한 판결이 여러 건 있었던 것도 주목할 만하다. 이 글에서는 최근 판결의 동향을 정리하고, 몇 가지 특징적인 경향을 살펴보고자 한다.

## Ⅱ. 최근 하급심 판결들의 개요 및 전반적 경향

최근 선고된 하급심 판결들 중에서 주요한 것을 정리하여 보면 아래와 같다(모두 상급심 계속 중이거나 항소기간 진행 중이다).

---

[*] 이 글은 ㈜중앙경제의 『월간 노동법률』 제348호(2020. 5.)에 실린 칼럼을 수정·보완한 것이다.

| 판결 | 사업장 | 관련 업무 | 근로자파견<br>인정 여부 |
|---|---|---|---|
| 광주고등법원 2019. 9. 20. 선고<br>2016나546 판결 등 | 현대제철<br>(순천공장) | 제철소<br>지원공정 다수 | 인정 |
| 서울고등법원 2019. 9. 27. 선고<br>2018나2062639 판결 | 현대자동차<br>(남양연구소) | 예방·점검 | 부정 |
| 서울중앙지방법원 2019. 11. 7. 선고<br>2017가합531647 판결 | 현대자동차<br>(전주공장) | 소방업무 | 부정 |
| 서울중앙지방법원 2019. 12. 19. 선고<br>2017가합536833 판결 | 현대자동차<br>(남양연구소) | 주행시험 | 인정 |
| 서울중앙지방법원 2019. 12. 27. 선고<br>2018고합557 판결 | 삼성전자서비스 | 수리기사 | 인정 |
| 서울중앙지방법원 2020. 1. 9. 선고<br>2016가합565278 판결 | 현대자동차<br>(영업대리점) | 영업(카마스터) | 부정 |
| 울산지방법원 2020. 1. 9. 선고<br>2017가합25501 판결 | 현대중공업 | 조선소 도급업무 | 부정 |
| 광주지방법원 2020. 1. 17. 선고<br>2015가합2692 판결 등 | 금호타이어 | 타이어제조<br>지원공정 다수 | 인정 |
| 서울중앙지방법원 2020. 1. 31. 선고<br>2016가합521209 판결 | 현대자동차<br>(남양연구소) | 소방업무 | 부정 |
| 서울중앙지방법원 2020. 2. 6. 선고<br>2016가합524512 판결 등 | 현대자동차<br>(울산공장) | 자동차 생산 관련<br>공정 다수 | 인정 |
| 수원지방법원 평택지원 2020. 2. 13. 선고<br>2017가합9246 판결 | 현대위아 | 보전업무<br>(점검·수리·교체 등) | 부정 |

※ 회사명에서 주식회사 표시는 생략한다. 이하 동일하다.

우선, 근로자파견관계를 인정하는 판결과 부정하는 판결이 엇비슷하게 선고되고 있는 양상은 종래에는 찾아보기 힘들었던 것이다. 유사한 쟁점에 대한 판단도 사건별로 다르게 나타나는 경우가 있는데, 이는 재판부별로 또는 사건별로 문제된 사안이나 쟁점을 면밀히 심리·판단한 결과로 보인다.

실제로, 공정·업체·시기별로 사안을 구분하여 사실관계와 증거관계를 구체적으로 심리한 판결들이 눈에 띈다. 서울중앙지방법원은, 현대자동차 전주공장 소방협력업체 근로자들의 불법파견 여부가 문제된 사안에서, "다양한 부분과 요소가 종합적으로 반영되는 근로관계의 실질은 같은 사업장에서도 업체별로 다를 수 있고 같은 협력업체 내에서도 담당 업무와 기간에 따라 다를 수 있으므로 개별적으로 판단해야 할 것"이라고 하였다(서울중앙지방법원 2019. 11. 7. 선고 2017가합513647 판결). 현대자동차 남양연구소에 관해서는 각기 업무내용을 달리하는 여러 건의 불법파견 소송이 진행되었는데, 사건에 따라 서로 다른 결과가 선고되고 있다. 2019년 초에 선고된 포스코 사건 1심 판결은, 원고별로 계쟁기간(근로자파견관계를 다투는 기간)을 구분하고, 각각의 계쟁기간별로 특정한 증거가 적용될 수 있는지 여부를 면밀히 심리하기도 하였다(광주지방법원 순천지원 2019. 2. 14. 선고 2017가합777 판결, 항소심 계속 중).

기존 하급심 판결 중에서는, 자동차 공장 내·외의 모든 직·간접 공정이 "하나의 자동차 생산"을 위한 공정이라고 보고 전체 공정에 대하여 동일한 판단을 한 경우가 있었나(서울고등법원 2017. 2. 10. 신고 2014나48790 판결, 상고심 계속 중).[1] 그러나 최근에는 하나의 사업장 내에서도 업무별로 여러 사건이 제기되고 있고, 당사자들도 업무별로 그 특징을 구분하여 주장하는 경우가 많아지고 있으므로, 법원에서도 공정별·업무별·시기별로 면밀히 구분하여 심리하는 경향이 강화될 것으로 기대된다.

한편, MES나 점검·정비 등 업무의 방법이나 내용에 관해서도 구체적인 판단을 한 판결들이 여러 건 있었는데, 불법파견 관련 판례가 축적되면서 세부적인 공정이나 쟁점에 대해서도 구체적인 판단기준이 누적되어 가고 있는 것으로 보인다. 그 밖에도 여러 쟁점이 있지만, 아래에서는 특히 여러 사건에서 문제가 되었던 MES의 성격, 점검·정비 업무에 성격에 관한 판결들을 살펴본다.

## Ⅲ. MES 관련 판결

MES는 제조업에서 생산공정 관리를 위해 사용되는 전자시스템으로서, 사용자 측에서는 MES가 도급·제조위탁 등 업무의 발주와 이행 검수를 위한 시스템이라고 주장하고 근로자 측에서는 근로자 개개인에 대한 지휘·감독이 강화된 시스템이라고 주장하고 있다. 판결은 엇갈리고 있는데, 현대제철 순천공장 관련 판결은 MES가 근로자에 대한 지휘·감독 시스템이라고 판단한 반면, 현대자동차 남양연구소 예방·점검 업무 관련 판결, 현대위아 보전업무 관련 판결은 MES가 협력업체 근로자에 대한 지휘·감독의 수단이 아니라고 판단하였다(다음 표 참조).

---

1) 가령, 공장 외부에 별도의 자체 사업장을 가진 물류업체에 대해서도 불법파견을 인정하였다.

| 판결 | 사업장(업무) | 제공 정보 | 판단 |
|---|---|---|---|
| 광주고등법원 2019. 9. 20. 선고 2016나546 판결 등 | 현대제철 순천공장 (지원공정) | [원청→하청] 작업물량, 작업위치, 실시간 메시지2) [하청→원청] 작업결과 | "MES는 … 사내협력사업체의 근로자들에 대한 작업을 지시하고 관리·감독할 수 있는 측면의 기능이 강화된 시스템으로 보아야 한다." |
| 서울고등법원 2019. 9. 27. 선고 2018나2062639 판결 | 현대자동차 남양연구소 (시험장비 예방·점검업무) | [원청→하청] 점검 포인트, 점검 기준, 점검 요령 [하청→원청] 업무수행결과 | "근로자별 성과와 실적을 평가하거나 관리·감독하는 것이 아니라 종전의 예방점검표, 작업확인서에 따른 수기 작성 방식을 전산화하여 업무 수행 결과를 직접 입력하고 장비별 점검 이력까지 확인할 수 있도록 한 것이어서 이를 피고의 지시·통제 수단으로 보긴 어렵다." |
| 수원지방법원 평택지원 2020. 2. 13. 선고 2017가합9246 판결 | 현대위아 평택공장 (보전업무) | [원청→하청] 업무리스트 [하청→원청] 업무 수행 여부 | "(협력업체 근로자의) MES 입력은 업무수행 여부를 사후적으로 확인하기 어렵고 정량적으로 평가하기 어려운 이 사건 보전업무의 특성을 반영한 것으로서, 예정대로 작업이 수행되었음을 확인하고, 업무수행의 대가 산정과 관련하여 실제로 보전업무가 수행되었다는 증빙자료의 의미가 있는 것으로 보인다." |

사견으로는, 구체적인 사안에 따라 판단되어야 하는 것은 당연하지만, 일반적인 경우라면 MES가 근로자에 대한 지휘·감독을 '강화'하는 요소라고 보기는 어렵다고 생각한다. MES는 일반적으로 생산물의 추적에 초점을 둔 시스템일 뿐만 아니라, MES가 도입된 이후 원·하청 근로자 간의 직접 접촉이 크게 줄어들고 있기 때문이다. 위 현대제철 순천공장 관련 판결도 결론적으로는 MES가 지휘·감독의 수단이라고 판단하였으면서도, 인정사실 중에서는 MES 도입 이후 원·하청간 업무의 구분이 분명해지고, 원청의 개입이 줄었다고 판단한 부분이 있다. 또한, 2019년 초에 선고된 포스코 1심 판결에서도 제철소의 MES가 지휘·명령의 수단이 아니라고 판단한 바 있다(광주지방법원 순천지원 2019. 2. 14. 선고 2016가합777 판결, 광주지방법원 순천지원 2019. 2. 14. 선고 2017가합 12074 판결, 각 사건 항소심 계속 중).

한편, 대법원은 MES를 통한 정보제공이 협력업체 근로자에 대한 지휘·명령이 아

---

2) 다만, 인정사실에 따르면 작업위치와 실시간 메시지는 크레인공정에 한정된 것으로 보인다.

니라고 본 원심판결(서울고등법원 2016. 7. 6. 선고 2015나2023411 판결)을 그대로 확정한 바 있으나(대법원 2018. 12. 13. 선고 2016다240406 판결), MES의 성격에 관하여 구체적인 판단을 하지는 않았다. 최근 잇따라 제기되는 MES 관련 사건에 대한 대법원의 구체적인 판단이 기대된다.

## IV. 점검 · 정비 · 보전 업무에 관한 판결

최근에는 사업장 시설의 섬섬 · 정비 · 보전 업무에 관한 판결이 여러 건 선고되었고, 이들 판결 중에는 '업무의 특성'을 강조한 경우가 있어 주목할 필요가 있다. 가령 서울고등법원 2019. 9. 27. 선고 2018나2062639 판결은 원청 업체와의 일정 조율이 필요하고 원청의 작업장소에서 업무가 이루어지는 것은 예방 · 점검 업무의 특성에서 비롯된 것이므로 근로자파견관계의 요소가 아니라고 판단하였다. 수원지방법원 평택 지원 2020. 2. 13. 선고 2017가합9246 판결은 원청의 작업의뢰가 일부 불규칙하게 이루어지는 점, 원청과의 일정 조율이 필요한 점은 보전업무의 특성에서 비롯된 것이므로 근로자파견관계의 요소가 될 수 없다고 판단하였다.

한편, 광주고등법원 2019. 9. 20. 선고 2016나546 판결, 서울중앙지방법원 2020. 2. 6. 선고 2016가합524512 판결은 공정설비의 점검 · 정비 · 보전업무에 관하여 근로자파견 관계의 성립을 인정하였으나, 위 사건들의 경우에는 다른 다수의 공정과 함께 판단이 이루어져 점검 · 정비 · 보전 업무의 특성에 관한 판단이 비교적 상세하게 이루어지지 못한 점이 아쉽다.

공장설비에 대한 점검 · 정비 · 보전 업무는 공장 내에서 상시적으로 이루어지지만, 원청 업무와 명확히 구분되고, 원청업무와 분리하여 수행할 수 있는 대표적인 업무이며, 상당한 정도로 기술력을 요하는 업무라는 특징을 가지므로 관심을 가지고 살펴볼 필요가 있다.

## V. 전망과 기대

최근 불법파견의 여러 쟁점에 관하여 구체적으로 판단한 하급심 판결들이 선고되면서, 불법파견 사건은 새로운 국면을 맞이하고 있는 것으로 보인다. 대법원 2015. 2. 26.

선고 2010다106436 판결 등 2015. 2. 26. 선고된 일련의 대법원 판결들은 근로자파견 관계의 판단에 중요한 기준을 제공하였지만, 아직까지도 그러한 기준의 구체적인 의미에 대해서는 논란이 많다. 가령, '업무수행 자체에 관한 지시'란 표현은 노동 과정과 구분하여 업무의 결과에 대한 지시를 의미하였을 것으로도 보이나 표현이 분명하지 않다. '원청의 사업에 실질적으로 편입되었는지 여부'는 당초 근로자파견관계 인정 여부를 현실적으로 조정하는 기능을 할 것으로 생각되었으나, 실제로는 '실질적 편입' 여부가 중요한 기준으로 작용한 사례를 찾기가 쉽지 않다. 근로자파견관계의 인정 기준에 관한 더욱 구체적인 판례 법리의 발전을 기대해 본다.

노동

# 노조 운영비 지원 관련 노동조합법 개정 관련 제문제<sup>*</sup>

이광선

## Ⅰ. 들어가며

헌법재판소는 2018. 5. 31. '사용자가 노동조합 운영비를 원조하는 행위를 부당노동행위로 금지하는 「노동조합 및 노동관계조정법」(이하 '노조법') 제81조 제4호 중 일부 내용이 헌법에 합치되지 않는다'고 하면서 2019. 12. 31.까지만 해당 조항이 유효하다고 판단했다(헌법재판소 2012헌바90 결정). 그런데 해당 노조법 규정이 2019년까지 개정되지 않았다가 최근 해당 노조법 조항이 개정되어 2020. 6. 9.부터 시행되었다.

아래에서는 변경된 노조법 내용 및 문제점, 부당노동행위에 해당하는지에 대한 판단기준 등에 대해 살펴본다.

## Ⅱ. 개정 노조법 내용

### 1. 헌법재판소 결정의 요지(헌법재판소 2012헌바90 결정)

대법원의 기존 입장은 노조법 제81조 제4호 단서에서 정한 예외[① 근로자의 후생자금 또는 경제상의 불행 기타 재액의 방지와 구제 등을 위한 기금의 기부와 ② 최소한의 규모의 노동

---

* 이 글은 ㈜중앙경제의 『월간 노동법률』 제350호(2020. 7.)에 실린 칼럼이다.

조합사무소의 제공]를 벗어나서 주기적이나 고정적으로 이루어지는 운영비 원조 행위는 부당노동행위로 해석된다고 하여, 운영비 원조에 대해 엄격한 입장이었다(대법원 2016. 1. 28. 선고 2013다72046 판결, 대법원 2017. 1. 12. 선고 2011두13392 판결).

그런데 헌법재판소는, 운영비 원조금지 조항은 노조법 제81조 제4호 단서에서 정한 두 가지 예외를 제외한 일체의 운영비 원조 행위를 금지함으로써 노동조합의 자주성을 저해하거나 저해할 위험이 현저하지 않은 운영비 원조 행위까지 규제하고 있으므로, 입법목적 달성을 위한 적합한 수단이라고 볼 수 없다고 보았다.

구체적으로, 통신비·사무실유지비 지원, 사무용품 지급 정도의 운영비 원조 행위가 노동조합의 적극적인 요구에 의해서 이루어진 경우나 노동조합이 사용자의 노무관리업무를 대행하는 것을 지원하기 위해서 이루어진 경우 등은 노동조합의 자주성을 저해할 위험이 있다고 보기 어렵다고 보았다. 나아가 운영비 원조 행위로 인하여 노동조합의 자주성이 저해되거나 저해될 현저한 위험이 있는지 여부는 그 목적과 경위, 원조된 운영비의 내용, 금액, 원조 방법, 원조된 운영비가 노동조합의 총수입에서 차지하는 비율, 원조된 운영비의 관리 방법 및 사용처 등에 따라 달리 판단될 수 있는 것이라고 판시하였다.

## 2. 개정 노조법 내용

개정 노조법은 노조 전임자 급여 지원이나 노조 운영비를 원조하는 행위를 부당노동행위로 기술하고 있는 점에서는 동일하다. 다만, 제81조 제1항 제4호 단서를 개정하여 "그 밖에 이에 준하여 노동조합의 자주적인 운영 또는 활동을 침해할 위험이 없는 범위에서의 운영비 원조행위는 예외로 한다"고 규정했고, 제2항을 신설하여 '노동조합의 자주적 운영 또는 활동을 침해할 위험' 여부를 판단할 때의 고려사항으로 "운영비 원조의 목적과 경위, 원조된 운영비 횟수와 기간, 원조된 운영비 금액과 원조방법, 원조된 운영비가 노동조합의 총수입에서 차지하는 비율, 원조된 운영비의 관리방법 및 사용처 등"을 명시했다.

## III. 개정 노조법의 문제점 등

### 1. 문제점

구 노조법은 명시적으로 근로시간 면제 활동, 후생자금 등을 위한 기금의 기부와 최소한 규모의 노동조합사무소 제공만을 허용했으므로, 그 외의 노조 운영비 지원은 위법하다고 해석하여 법적 안정성에 큰 무리가 없었다.

그러나 개정 노조법은 오히려 이러한 명확성 원칙에서 후퇴하여 헌법재판소가 노조의 자주적 운영이나 활동을 침해할 위험에 대해 예시로 설시한 기준을 거의 그대로 규정하였을 뿐이다. 여전히 부당노동행위에 대한 형사처벌 조항(2년 이하의 징역 또는 2천만 원 이하의 벌금)이 적용되므로, 개정 노조법에 의할 경우 허용되는 노조 운영비가 무엇인지 정확한 판단이 어려워 법적 안정성이 침해될 우려가 있다.

이는 사용자뿐 아니라 노조 역시 마찬가지이다. 노조에서도 헌법재판소가 노조 운영비 지원을 일괄적으로 금지하는 것이 위헌이라고 판단하여 노조법이 개정되었으나 여전히 어떤 경우에 노조 운영비를 지원해 달라고 사용자에게 요구해야 할지 고민이 많을 수밖에 없다. 특히 복수노조 사업장의 경우 노조 간 갈등을 부추기는 요소가 될 수 있다.

더구나 사용자로서는 노조 운영비를 지급할 의무가 없는데도, 노조의 요구에 의해 지원되는 경우가 대부분이다. 그런데 사용자가 노조 운영비를 지급하는 이유는 더 좋은 노사관계를 위하고 노조 운영비 지원을 통해 특정 사안에 대한 노조의 양보를 구하는 경우가 당연할 것인데도 운영비 원조 이후 노조가 노선을 변경하거나 주요 현안에 대해 회사측 입장을 대변하면 부당노동행위에 해당할 수 있다.

또한, 개정 노조법은 원조된 운영비가 노동조합 총수입에서 차지하는 비율도 부당노동행위 판단의 하나로 설시하고 있다. 그런데 사실 노조 운영비를 지원받아야 하는 노동조합은 재정자립도가 낮은 경우가 많은데도, 노조 운영비가 노조 총수입에서 차지하는 비율을 부당노동행위 판단기준으로 삼을 경우 거대 노동조합의 경우 고액의 노조 운영비를 지원받더라도 노조 총수입에서 차지하는 비율이 낮아 문제가 되지 않는 반면, 소수 노조의 경우 부당노동행위에 해당할 가능성이 높아지는 문제가 있다.

## 2. 최근 하급심 판결

헌법재판소 위헌 결정 이후 운영비 원조에 대해 하급심 판결이 선고되었다.[1] 위 판결의 내용을 참조한다면, 추후 운영비 원조의 적법 여부를 판단하는 데 도움이 될 것이다.

위 판결에서 문제된 단체협약은 조합전임자와 운영위원 2인에 대해 정기 분회 순방(상/하반기 연 2회)시 관련 규정에 의한 출장비를 지급하기로 하는 조항을 두고 있었다. 서울지방고용노동청장은 해당 단체협약 조항에 대해 시정명령을 하였고, 노동조합은 이에 반발하여 소송을 제기한 것이다. 이에 대해 서울행정법원은 해당 단체협약 시정명령이 위법하므로 취소되어야 한다고 판단하였다. 구체적으로, ① 해당 조항은 노동조합의 적극적인 요구에 따라 단체협약에 포함된 것인바 동 조항으로 인해 노동조합의 자주성이 저해될 우려는 없고, ② 출장비 지급액이 노동조합의 수입이라고 할 수 있는 조합비 공제액에서 차지하는 비중은 약 1%에 불과하여 출장비 지급이 노동조합의 재정에 유의미한 영향을 미친다고 볼 수 없는 점, ③ 출장비 지급은 실비를 보전한 것에 불과한 점 등을 종합하면 출장비 지급이 노동조합의 자주성을 저해하는 운영비 원조행위에 해당하지 않는다고 판단하였다.

## 3. 노조 운영비 지원의 리스크 판단기준

헌법재판소의 결정, 위 하급심 판결, 개정 노조법 내용을 바탕으로 노조 운영비 지원의 리스크 판단기준을 정리해 보면 아래 내용 정도를 참고해 볼 수 있을 것이다.

| 구분 | 자주성 침해 위험 높음 | 자주성 침해 위험 낮음 |
|---|---|---|
| 운영비 지원 경위 | • 사용자가 자발적 지원<br>• 단체교섭 과정에서 사용자가 협상 카드로 운영비 지원을 제안 | • 노동조합의 적극적 요구<br>• 단체교섭 과정에서 노조가 운영비 지원을 중요 이슈로 제기 |
| 운영비 지원 목적 | • 복리후생과 무관<br>• 노조 임원의 활동비 지원 성격 (임원 차량, 통신료, 주거비 등) | • 조합원 전체의 복리후생을 위함 (학자금, 경조사비 지원 등)<br>• 노조가 사용자의 노무관리업무를 대행하는 것을 지원 |

---

1) 서울행정법원 2018. 1. 11. 선고 2018구합77166 판결(피고가 항소하지 않아 확정)

| 구분 | 자주성 침해 위험 높음 | 자주성 침해 위험 낮음 |
|---|---|---|
| 지원된 운영비 횟수와 기간 | • 지원 횟수가 많거나 기간이 장기 | • 지원 횟수가 일회성이거나 지원 기간 단기 |
| 운영비 원조 금액과 방법 | • 지원된 운영비 금액이 과다<br>• 자판기 운영권과 같이 관리 | • 지원된 운영비 금액이 소액 |
| 원조된 운영비가 노조 총수입에서 차지하는 비율 | • 원조된 운영비가 노조 총수입에서 차지하는 비율이 높음 | • 원조된 운영비가 노조 총수입에서 차지하는 비율이 낮음 |
| 원조된 운영비의 관리방법 및 사용처 | • 지원받은 운영비를 노조임원이 재량으로 관리<br>• 사용처가 관리되지 않고, 특정 노조임원이나 조합원에게만 사용<br>• 운영비 원조 목적에 따른 지출이 발생하지 않았음에도 계속 지원<br>• 운영비 원조 목적과 다른 사용처에 사용 | • 지원받은 운영비를 노조 차원에서 관리<br>• 사용처가 투명하게 관리되고, 조합 전체를 위해 사용<br>• 운영비 원조 목적에 따른 지출이 발생하여 지원<br>• 운영비 원조 목적과 동일한 사용처에 사용 |
| 운영비 원조 이후 정황 | • 운영비 원조 이후 노조가 주요 이슈에 대해 사용자 입장 대변 | • 운영비 원조 이후 노조의 큰 입장 변화 없음 |

## IV. 마치며

앞서 설명한 바와 같이 개정 노조법은 노조 운영비 지급의 명확한 기준이 되기 어렵고 헌법불합치 결정이나 개정 노조법의 내용만을 근거로 법적 리스크에 대한 판단 없이 노조 운영비를 지원할 경우 여전히 부당노동행위에 해당할 가능성이 열려 있다. 따라서 회사에서는 노조 운영비 지원 이슈가 있을 경우 부당노동행위에 해당하는지 여부에 대한 정확한 판단을 해야 하고, 명확하지 않은 노조 운영비 지원 요청에 대해서는 원칙론(노조 운영비 지원은 부당노동행위에 해당하나 예외적으로 노조의 자주적 운영 또는 활동을 침해할 위험이 없는 경우에만 허용)에 입각하여 판단을 할 필요가 있다.

노동

# 직장 내 성희롱과 회사의 사용자책임[*]

장현진

## Ⅰ. 들어가며

직장 내 성희롱 피해자가 노동위원회에 구제신청을 할 수 있도록 하는 「남녀고용평등과 일·가정 양립 지원에 관한 법률」(이하 '남녀고용평등법') 개정안이 국무회의에서 의결됨에 따라 직장 내 성희롱에 대한 사업주의 조치의무가 다시금 주목받고 있다. 동 개정법률안은 노동위원회가 성희롱 피해 내용을 살펴 사업주에게 배상명령(손해액 3배 이내)을 할 수 있도록 하는 내용을 담고 있다. 이를 계기로, 이 글에서는 지금까지의 하급심 판결들 중 회사가 직장 내 성희롱에 대한 일련의 조치를 취했음에도 불구하고 사용자책임을 인정한 사례들을 중심으로 관련 사례를 종합적으로 살펴보고자 한다.[1]

## Ⅱ. 직장 내 성희롱과 회사의 사용자책임

### 1. 관련 법리

직장 내 성희롱에 관한 회사의 손해배상책임 사례로 널리 알려진 대법원 판결들은

---

[*] 이 글은 ㈜중앙경제의 『월간 노동법률』 제354호(2020. 11.)에 실린 칼럼이다.

[1] 남녀고용평등법상 직장 내 성희롱에 대한 조치의무를 부담하는 주체는 '사업주'이고, 민법상 사용자의 배상책임을 부담하는 주체는 '사용자'이나 이하에서는 문맥에 따라 '사업주'와 '사용자'를 혼용하여 사용하겠다.

사업주가 직장 내 성희롱 피해근로자에게 불리한 조치를 하여 불법행위책임을 부담한 사례였다.[2] 그러나 최근에는 사업주가 직장 내 성희롱 사건 발생 시 피해근로자와 가해자를 즉각적으로 분리하고, 가해자를 징계하는 등 일련의 조치를 취한 경우에도 사업주를 상대로 손해배상을 청구하는 사례가 늘고 있다. 이 경우 가해자와 회사를 공동피고로 하여 소송을 제기한다.

민법 제756조 제1항은, 타인을 사용하여 어느 사무에 종사하게 한 자는 피용자가 그 사무집행에 관하여 제3자에게 가한 손해를 배상할 책임이 있다고 명시하고 있다. 대법원은 이 중 '사무집행 관련성' 요건에 대하여 소위 외형이론을 취하고 있다. '사무집행에 관하여'라는 뜻은 피용자의 불법행위가 외형상 객관적으로 사용자의 사업활동 내지 사무집행행위 또는 그와 관련된 것이라고 보일 때에는 행위자의 주관적 사정을 고려함이 없이 이를 사무집행에 관하여 한 행위로 본다는 것이다. 판례는 나아가 피용자가 고의에 기하여 다른 사람에게 가해행위를 한 경우, 그 행위가 피용자의 사무집행 그 자체는 아니라 하더라도 사용자의 사업과 시간적, 장소적으로 근접하고, 피용자의 사무의 전부 또는 일부를 수행하는 과정에서 이루어지거나 가해행위의 동기가 업무처리와 관련된 것일 경우에는 외형적, 객관적으로 사용자의 사무집행행위와 관련된 것이라고 봄으로써 사용자책임의 성립 범위를 확대하고 있다(대법원 2009. 2. 26. 선고 2008다89712 판결 등 참고).

따라서 피용자의 행위에 의하여 피해를 입은 제3자는 그것이 비록 직무범위 내의 행위가 아니더라도 외형상 객관적으로 사용자의 사업활동과 관련된 것으로 인정될 수 있다면 사용자에게 배상을 주장할 수 있게 된다.

## 2. 성희롱 예방교육 등을 하였음을 이유로 회사의 면책 또는 책임 감경을 주장할 수 있는지

한편, 민법 제756조 제1항 단서는 사용자가 피용자의 선임 및 그 사무감독에 상당한 주의를 한 때 또는 상당한 주의를 하여도 손해가 있을 경우에는 그 손해배상책임이 면책된다고 정하고 있다. 또한, 판례는 사용자책임을 인정할 때 사용자가 위험발생 및 방지조치를 결여하였는지 여부도 손해의 공평한 부담을 위하여 부가적으로 고려할 수

---

2) 대법원 2017. 12. 22. 선고 2016다202947 판결 등 참조.

있다고 판시하고 있다(위 대법원 2008다89712 판결 등 참고). 이를 바탕으로, 소송실무상 회사는 ① 피용자의 선임 및 사무감독에 상당한 주의를 기울였음을 이유로 면책을 주장하거나, ② 위험발생 및 방지조치를 충분히 다하였다고 주장하면서 원고가 청구한 위자료 액수가 과다하다고 주장한다.

과거 사례 중에는 학교법인인 사용자가 ① 성폭력 규정 및 시행세칙을 제정하고 인권센터를 설립하여 성폭력 피해 사실을 신고할 수 있게 하였으며, 조사 결과에 따라 징계가 가능하도록 절차를 마련해 둔 점, ② 성폭력 방지 교육을 실시하는 방식으로 사무감독을 한 점, ③ 가해자의 불법행위가 은밀하게 이루어졌고 피해자 또한 최초 피해 직후 피해 사실을 신고하지 아니하여 사용자인 학교법인은 불법행위 사실을 알 수 없었고 이를 막기 어려웠던 점, ④ 적극적인 불법행위 기간이 길지 않아 사용자가 자신의 사업장에서 불법행위가 일어나고 있다는 사실을 알지 못한 데 과실이 있다고 보기 어려운 점 등을 고려하여 사용자의 면책을 인정한 사례가 있기는 하다.[3]

그러나 다수의 회사들이 시행하고 있는 현행 성희롱 예방교육, 성희롱·성범죄에 대한 무관용 원칙의 공표, 기타 직장 내 성희롱 예방조치만으로는 면책 또는 위자료 감축이 쉽지 않은 것으로 판단된다. 최근 판결을 참고하면 ① 남녀고용평등법에서 정하는 기준횟수 이상으로 성희롱 예방교육을 실시한 사례, ② 단순 강의 청취 방식이 아닌 참여형 교육[4]을 실시한 사례, ③ 성희롱에 대한 무관용 원칙을 내세우며 가해자들을 예외없이 징계하고 이러한 점을 근로자들에게 엄중히 경고한 사례, ④ 성희롱 고충처리 절차를 마련하고 근로자들에게 적극적으로 홍보한 사례, ⑤ 가해자에 대한 신속하고 예외 없는 엄중한 징계 등에도 불구하고 회사의 면책항변 내지 책임 감경 주장이 받아들여지지 않았다.[5]

## 3. 하급심 판결례가 인정한 손해배상액 사례

비재산적 손해에 대한 위자료 액수에 관하여는 손해의 공평한 분담이라는 이념과 형평의 원칙에 근거하여 사실심법원이 여러 사정을 참작하여 재량에 의해 구체적 금

---

[3] 서울중앙지방법원 2016. 8. 19. 선고 2015가합536945 판결. 가해자만 항소하여 항소심에서 확정되었다.

[4] 퀴즈를 맞혀야 다음 강의 화면을 수강할 수 있도록 함으로써 수강생들의 적극적 참여를 유도하는 교육방식이다.

[5] 서울중앙지방법원 2019. 8. 28. 선고 2019나12090 판결(확정), 서울중앙지방법원 2016. 9. 8. 선고 2015가단 5210807 판결 등 참조.

액을 확정한다(대법원 2014. 1. 16. 선고 2011다108057 판결 등 참조). 따라서 각 재판부의 재량에 따라 구체적인 위자료 액수에는 차이가 있으나, 직장 내 성희롱·성범죄의 심각성이 더욱 강조되는 최근의 경향에 발맞추어 법원이 인정하는 위자료 액수도 점차 높아지는 경향을 보인다.

최근 3년간 하급심 법원에서 회사의 책임을 인정한 사례(연대책임 포함)를 살펴보면, 강간이나 심각한 강제추행[6])과 같은 행위에 대하여 회사가 일부 보고를 받았음에도 불구하고 아무런 조치를 취하지 않고 방기하였거나,[7]) 성추행을 보고받았음에도 아무런 조치를 취하지 않고 방치하였거나,[8]) 공정한 증거조사 없이 성추행을 신고한 피해자를 해임하여 피해자에게 정신적 고통을 준 사례[9])에 대하여 수천만 원의 위자료 책임을 인정한 사례가 확인된다.

한편, 수원지방법원 2010년 판결은 부서 책임자가 피해자의 뒷목, 머리카락, 어깨, 등의 브래지어 끈 부위를 만지거나 엉덩이를 툭 친 성희롱·추행 행위에 대한 회사의 사용자책임으로 200만 원의 위자료를 인정하였다.[10]) 그러나 동 사건과 일부 유사한 사례로, 점장이 아르바이트생인 피해자에게 어깨동무를 하거나, 팔뚝을 쓰다듬거나, 어깨를 만지거나, 등을 만진 사건에 대해 2019년 서울중앙지방법원은 가해자와 사용자 회사가 공동하여 1,000만 원의 위자료 책임을 져야 한다고 판단하였다.[11])

기타 경미한 사건에 관한 회사의 사용자책임이 인정된 참고 사례로, 서울중앙지방

---

6) 강간, 업무상 위력 등에 의한 추행으로 가해자에게 징역 5년의 형사 확정판결이 내려진 사례였다.

7) 가해자, 회사 공동하여 위자료 3천만 원 인용. 서울중앙지방법원 2017. 3. 15. 선고 2016가단5172087 판결(상고심까지 확정)

8) 강간, 강제추행 등으로 가해자에게 징역 5년의 형사 확정판결이 내려진 사례였다. 회사가 이를 보고받았음에도 아무런 조치를 취하지 않고 방치한 점이 문제되었다. 가해자와 회사가 공동하여 4천만 원 인용. 서울중앙지방법원 2018. 2. 6. 선고 2016가단5234961 판결(항소기각으로 확정)

9) 가해자에 대한 피고 회사의 사용자책임에 관하여, 가해자와 회사 공동하여 위자료 3천만 원 인용. 피해자의 직속 상사의 부적절한 조치와 피고 회사의 사용자책임에 관하여, 피해자의 직속 상사와 회사가 공동하여 위자료 1,200만 원 인용. 피고 회사의 남녀고용평등법 위반 주장은 기각[서울중앙지방법원 2017. 10. 13. 선고 2017나4354 판결(상고기각판결로 확정)].

10) 수원지방법원 2010. 4. 15. 선고 2008가합5314 판결(항소 부제기로 확정). 다만 동 사건은 문제행위 발생 이후 회사가 피해자를 대기발령하고 진상조사를 하지 않고 방치함으로써 피해자에 대한 불리한 조치를 한 사례여서, 회사 고유의 불법행위에 대한 위자료로 3천만 원이 인용되었다.

11) 서울중앙지방법원 2019. 8. 28. 선고 2019나12090 판결(상고 부제기로 확정). 가해자에 대한 관련 형사사건에서 벌금 750만 원이 확정된 사례였다.

법원은 업무 관련 말다툼을 하던 중 피해자의 오른쪽 팔목을 세게 잡아당겨 폭행을 하였다는 사실로 벌금 30만 원의 약식명령이 확정된 사건에서 회사의 사용자책임으로 50만 원의 위자료를 인정하였다.[12] 또한, 사용자책임에 관한 사례는 아니나 추가 참고할 만한 사례로, 서울중앙지방법원은 10여 분간 언어적 성희롱에 해당하는 행위를 한 사건에서 가해자의 불법행위 책임으로 100만 원의 위자료를 인정한 사례도 있다.[13]

## III. 마치며

남녀고용평등법 개정안은 직장 내 성희롱 관련 자료의 상당 부분이 사업주의 관리하에 있는 점을 고려하여 노동위원회 구제절차 과정에서 사업주가 증명책임을 부담하도록 하는 방안을 제시하였다. 이러한 흐름을 고려해 볼 때, 향후 회사가 직장 내 성희롱 예방을 위한 각종 조치를 다하였는지, 성희롱 발생 시 사업주의 여러 조치의무를 다하였는지, 피해근로자에게 불리한 처우를 하지 아니하였는지 등에 관한 증명책임을 더욱 무겁게 부담하게 될 가능성이 크다. 각 회사는 이 점을 고려하여 직장 내 성희롱, 고용상 성차별 등에 관한 근거자료를 잘 정리하고, 상당 기간 동안 보관해 두어야 할 필요가 있다.

남녀고용평등법 개정안이 입법될 경우 직장 내 성희롱, 고용상 성차별에 관한 노동위원회 구제절차는 공포일로부터 1년 후에 시행될 가능성이 높다.[14] 따라서 각 회사로서는 직장 내 성희롱 예방교육에 관한 제도를 정비하고, 직장 내 성희롱 신고·후속 조치에 관한 절차를 개선함으로써 보다 평등한 직장 문화를 만들고 노동위원회 리스크에 대비하는 절차에 착수할 필요가 있다고 생각된다.

---

12) 서울중앙지방법원 2017. 10. 18. 선고 2017나5142 판결

13) 서울중앙지방법원 2018. 6. 15. 선고 2017가단5121277 판결

14) 고용노동부 2020. 10. 20.자 보도자료 참고.

# CSR, 컴플라이언스 넘어 ESG의 시대로*

임성택

바야흐로 세상이 바뀌고 있다. 기업의 본질을 다시 묻고 있다. 오랫동안 기업의 목적은 이윤 추구와 주주가치 실현이었다. 그런데 시장에서부터 커다란 변화가 만들어지고 있는 것이다. 작년 8월 애플과 아마존 등 미국을 대표하는 대기업 180여 곳의 CEO들이 참여하는 비즈니스라운드테이블<sup>BRT</sup>은 '기업의 목적에 대한 성명'을 발표했다. 주주를 위한 눈앞의 이윤만 추구하지 않고 근로자와 고객, 사회 등 이해관계자를 고려하는 근본적 책무를 이행하겠다는 내용이다. 이를 두고 주주자본주의의 종식, 지속가능한 부와 공정한 번영, 포용적 자본주의로의 전환이라는 보도가 이어졌다. 올해 열린 다보스 세계경제포럼에서도 비즈니스가 '이해관계자 자본주의'를 전적으로 받아들여야 한다는 논의가 이루어졌다.

기업이 사회적 책임을 다해야 한다는 CSR<sup>Corporate Social Responsibility</sup>은 기업의 사회적 역할에 대한 반성적 고려에서 제기되었다. 그리고 윤리경영, 준법경영으로 이어졌다. 준법경영<sup>Compliance</sup>은 지속가능한 기업의 기초가 된다. 그런데 법을 준수하는 것은 시작에 불과하다. 법적 책임을 다하는 것으로 끝나지 않고 사회적 책임을 요구하는 세상이 되었기 때문이다. 기업시민<sup>Corporate Citizenship</sup>이라는 말도 있다. 기업이 시민으로서의 책무를 다해야 한다는 뜻이다.

---

* 이 글은 『리걸타임즈』 제150호(2021. 1.)에 실린 칼럼이다.

CSR은 계속 진화하였다. 기업이 사회적 책임을 다해야 한다는 '소극적 측면'에서 기업이 공유가치 또는 사회적 가치를 창출해야 한다는 '적극적 측면'으로 전환되고 있다. CSV<sup>공유가치 창출, Creating Shared Value</sup> 또는 SV<sup>사회적 가치, Social Value</sup>라는 개념이 등장한 지 오래다. 국내 기업 중에도 사회적 가치를 경제적 가치와 함께 동시에 추구한다는 선언을 한 기업들이 있고, 해당 기업이 창출한 사회적 가치를 측정하여 재무정보와 함께 공시하는 기업들도 등장했다.

그런데 CSR은 시장을 근본적으로 바꾸지는 못했다. 기업이 사회공헌을 하고 준법경영을 해야 한다는 것만으로는 한계가 있었다. 기업의 사회적 가치 실현은 때로는 사회공헌과 혼동되기도 했다.

이른바 ESG가 자본주의를 바꾸는 하나의 흐름이 되고 있다. ESG는 환경<sup>Environmental</sup>, 사회<sup>Social</sup>, 지배구조<sup>Governance</sup>를 일컫는 말이다. ESG는 투자의 관점에서 시작되었다. ESG와 같은 비재무적 지표를 고려하여 투자해야 한다는 흐름이 만들어진 것이다. 재무적인 요소뿐 아니라 비재무적 요소도 기업가치 또는 지속가능성에 결정적이라는 인식을 전제하고 있다. ESG를 투자자들이 고려하기 시작하면서 ESG 관련 지표를 공시하거나 보고하는 것이 중요해지고, ESG가 기업가치를 높이는 데도 핵심적 지표가 되고 있다.

과거의 담론과는 달리 ESG는 시장에서부터의 변화라는 점에서 큰 차이가 있다. UN책임투자원칙<sup>PRI</sup>에 연기금을 포함한 투자자들이 대거 참여하면서 이제 ESG를 외면하는 회사는 투자를 받기 어렵거나 기존에 받은 투자도 철수될 위기에 직면했다. 실제로 최근 네덜란드 연기금은 석탄화력발전에 대한 투자를 줄이지 않는다는 이유로 한전 주식 790억 원어치를 매각했다. 금융기관들이 ESG를 고려하게 되면서 ESG를 외면하면 대출 등의 자금조달도 어렵게 되었다. 금전적 신용뿐 아니라 ESG와 같은 사회적 신용이 중요해진 것이다.

뿐만 아니라 소비자, 거래처의 변화도 뚜렷하다. ESG를 고려하여 기업운영을 하는 이른바 '착한 기업'은 소비자의 각광을 받고, ESG와 관련한 사건 · 사고가 일어난 기업은 소비자들로부터 외면받게 되었다. 거래관계의 변화도 뚜렷하다. RE100<sup>Renewable Energy 100%</sup>은 재생에너지만으로 기업운영을 하겠다는 기업들의 선언인데 여기에 참여한 기업들은 공급망에도 이를 요구하고 있다. 구글 등과 거래하는 한국기업들도 이러한 요구를 받고 있다.

S<sup>사회, Social</sup>의 영역으로 인권경영이라는 개념도 등장하고 서구에서는 보편적인 흐름

이 되었다. 과거 인권은 국가나 시민단체의 관심이었으나, 이제는 기업과 인권이 연결되고 있다. 오늘날 기업은 국가보다도 더 밀접하게 개인의 삶과 환경에 영향을 미치고 있다. 이런 맥락에서 유엔UN은 '기업과 인권 이행원칙'을 만들고, OECD는 '기업과 인권에 대한 가이드라인'을 제정했다. 기업이 국제적으로 승인된 인권원칙에 따라 인권을 존중해야 하고, 인권에 부정적인 영향을 미치지 않도록 정책과 절차를 만들어야 하며, 나아가 인권 침해에 대한 구제수단을 갖추어야 한다는 원칙은 국제규범이 되고 있다.

지배구조의 변화도 뚜렷하다. 형식화된 주주총회, 거수기가 되어버린 이사회, 지배주주가 지배하는 회사로는 더 이상 생존하기 어렵다. 일본의 공적연금은 ESG의 투자요소로 여성 인덱스라는 것을 만들었다. 기업의 여성 비율, 여성 신입직원 채용 비율, 여성의 임원 비율 등을 지표로 하여 투자 시에 고려하겠다는 것이다. 이러한 투자요소는 일본의 기업문화를 바꾸는 데 역할을 하고 있다고 한다.

과거의 담론이 책무나 책임의 측면에서 제기되었다면, ESG는 기업의 목적에 대한 담론이라는 차이가 있다. ESG를 투자를 받기 위한 포장이나 홍보로만 여기면 한계를 가질 수밖에 없다. 기업이 이윤 추구, 즉 경제적 가치를 창출하는 것만으로는 부족하고, ESG를 기업의 조직, 문화, 사업 등에서 관철하는 근본적인 변화가 필요하다.

기업이 바뀌면 세상이 바뀔 수 있다. 기업은 가장 많은 부를 가지고 있고, 가장 많은 자원을 보유하고 있으며, 가장 큰 영향력을 가지고 있기 때문이다. 지구는 기후변화로 홍역을 치르고 있다. 양극화와 고령화, 저출산 등은 우리의 미래를 암담하게 한다. 최근 유행하는 코로나19 바이러스도 국제화된 지구의 문제를 고스란히 드러내고 있다. 시장에서부터 변화를 불러온 ESG는 자본주의의 위기에 대한 대처방식이기도 하다. 개인적으로는 ESG가 지구를 구하고 인류를 행복하게 할 수 있을 것이라는 기대와 희망을 걸어 본다.

# PEF의 성장주기별 분쟁 양상과 시사점[*]

배기완

두산그룹의 구조조정 일환으로 추진되고 있던 두산인프라코어의 인수 절차가 급물살을 타고 있다. 인수 의향을 밝힌 투자자들이 두산인프라코어 인수에 있어 최대 불안 요소 중 하나로 삼았던 두산인프라코어차이나[DICC]의 지분 매각과 관련, 국내 대형 PE사들과의 소송에 관한 우발채무를 두산그룹이 부담하기로 결정했기 때문이다. DICC 소송은 두산인프라코어 측이 투자금 회수를 위한 매각 작업에 협조하지 않는 등 주주 간 계약서상 약속한 부분을 제대로 이행하지 않았다고 하면서 DICC의 2대 주주인 사모펀드들이 제기한 소송이다. 분쟁의 대상이 된 금액 자체가 원금 기준으로 7,000억 원이 넘을 뿐만 아니라 PEF의 자금 회수 과정에서 발생할 수 있는 다양한 쟁점에 관한 소송이어서 법조계뿐만 아니라 PE 업계에서도 상당한 관심을 두고 있다.

DICC 소송 이외에도 '사원이 회생절차에 들어가면 퇴사한다'는 정관 조항이 문제되었던 동부익스프레스[현 동원로엑스] 소송건 등 PE사와 투자대상 회사 간의 대형 소송이 끊이지 않고 있다. 당연한 귀결로 PEF와 관련한 판결도 상당히 빠른 속도로 집적되고 있으며, 이에 관한 학계와 실무가들의 연구도 활발하게 진행되고 있다. 이러한 상황에서 PE사의 실무진이나 PE사를 자문하고 있는 법조인들 입장에서는 PEF의 성장주기별 분쟁의 양상을 검토하고, 이에 맞춰 PEF를 운용하는 전략을 세울 필요가 있을 것이다.

---

[*] 이 글은 『리걸타임즈』 제147호(2020. 10.)에 실린 칼럼이다.

PEF의 성장주기는 펀드조성fundraising, 투자investment, 투자관리 및 기업가치 증대monitoring, 투자회수exit, 펀드 해산·청산, 차기 펀드조성 준비 등으로 이루어진다. 단계별로 분쟁의 양상도 약간씩 다르다. ① 펀드조성 단계에서는 부당권유나 자금조달에 관한 분쟁, ② 투자 단계에서는 투자금 회수 장치의 구체적인 효력에 관한 분쟁, ③ 투자관리 및 기업가치 증대 단계에서는 업무집행사원의 충실의무나 운용단계에서의 투자자 보호의무에 관한 분쟁, ④ 투자회수 단계에서는 이익보장약정이나 동반매도요구권 등의 해석 및 적용에 관한 분쟁이 주로 제기되고 있다.

우선 펀드조성 단계와 관련해서는 업무집행사원General Partner이 PEF에 유한책임사원Limited Partner으로 참여하려는 투자자들에게 부정확한 정보를 제공한 경우 손해배상책임이 성립할 수 있다는 취지의 대법원 판결을 주목할 필요가 있다. 해당 사안에서 업무집행사원은 투자자들에게 저축은행 인수와 관련해서 인수한 주식을 매각할 수 있는 풋옵션이 있기 때문에 해당 투자에 원금과 수익률이 보장된다는 취지로 설명을 했는데, 해당 풋옵션 행사에 제약이 있었고, 그로 인해 투자자들은 손해를 입게 되었다. 대법원은 위 사안에서 "사모투자전문회사의 설립·운용자는 사모투자전문회사의 투자대상과 투자방법 및 투자회수구조 등의 중요한 사항에 대하여 정확한 정보를 생산하여 이를 사모투자전문회사의 유한책임사원으로서 투자에 참여하려는 투자자들에게 제공할 의무가 있고, 사모투자전문회사의 설립·운용자가 이러한 의무를 위반하여 투자자들의 투자판단에 영향을 주고 그로 말미암아 투자자들에게 손해가 발생하였다면 주의의무를 위반함으로 인한 불법행위책임을 진다"라고 판시하여(대법원 2016. 10. 27. 선고 2015다216796 판결), 부당한 투자권유에 대해 업무집행사원이 불법행위책임을 질 수 있다는 점을 명백히 했다.

뿐만 아니라 위 대법원 판결은 "사모투자전문회사의 설립·운용자가 제공한 부정확한 정보로 인하여 투자자가 투자판단에 영향을 받아 손해를 입은 이상, 사모투자전문회사의 설립 당시에 유한책임사원으로 참여한 경우는 물론이고 기존의 유한책임사원에게서 사모투자전문회사의 지분을 양수한 경우에도 마찬가지로 사모투자전문회사의 설립·운용자에 대하여 불법행위책임을 물을 수 있다"고 하여, 업무집행사원이 불법행위책임을 지는 범위를 직접 투자권유를 받지 않은 투자자들에게까지 확대하였다. 업무집행사원들이 펀드조성 단계에서 투자대상 및 투자회수구조 등에 대해 면밀하게 검토하고 그 검토 결과를 바탕으로 투자자들에게 정확한 투자권유를 해야 한다는 점을 일깨워준 판결이다.

투자관리 및 기업가치 증대 부분과 관련해서는 운용 단계에서의 투자자보호의무가 문제된다. 위에서 살펴본 대법원 판결은 투자자보호의무와 관련해서도 의미 있는 판시를 했다. 해당 사안에서 업무집행사원은 풋옵션 이행 가능 여부를 제대로 파악하지 않았고, 투자대상 저축은행의 경영 및 재무상황 등에 관해 관리·감독을 제대로 하지 않았을 뿐만 아니라 풋옵션을 행사할 수 있는 시기 자체를 놓쳤다. 대법원은 이러한 주의의무 위반과 관련하여 "원심은 판시와 같은 이유를 들어, 이 사건 사모투자전문회사의 업무집행사원인 피고가 사모투자전문회사의 재산을 운용하면서, 원고를 비롯하여 사모투자전문회사의 유한책임사원으로서 투자에 참여한 투자자들의 이익을 보호할 선관주의의무 내지 충실의무가 있음에도, 투자대상회사인 A저축은행의 재무 및 경영에 대한 관리·감독을 소홀히 하고 적정한 시기를 지나 A저축은행에 대한 풋옵션을 행사함으로써 위와 같은 선관주의의무 내지 충실의무를 위반하였다"고 판단하였다. 업무집행사원에게 투자대상회사의 재무 및 경영에 대해 철저한 관리·감독을 해야 할 의무 및 투자회수 시점을 준수할 의무가 인정된다는 점을 명백히 했다.

투자회수 단계와 관련해서는 투자회수의 구체적인 조건을 정한 주주간 계약이나 정관의 해석 등이 주로 문제된다. 앞서 예시한 DICC 소송에서는 주주간 계약에 정해진 동반매도요구권 행사와 관련한 협조의무의 구체적인 내용이 쟁점이 되었고(서울고등법원 2018. 2. 21. 선고 2017나2016899 판결), 동부익스프레스 소송에서는 사원 탈퇴와 관련한 정관 규정이 문제되었다(서울고등법원 2019. 10. 18. 선고 2019나2002078 판결). 업무집행사원이 유한책임사원에게 풋옵션 형태로 실질적인 이익보장을 약속한 사안과 관련해서는 "업무집행사원이 직접적으로 이익보장행위를 하지 않더라도 일정한 거래구조를 통해 이와 동일한 경제적 효과를 볼 수 있도록 약정했다면 탈법행위에 해당한다"고 판시한 판결도 주목할 필요가 있다(서울중앙지방법원 2016. 11. 11. 선고 2016가합518364 판결). 이와 같은 판결들은 안정적인 투자회수를 위해서는 펀드조성 단계에서부터 신중하게 주주간 계약 등 투자와 관련한 기본계약이나 정관을 적법하고도 정확하게 작성할 필요가 있다는 점을 시사해 준다.

2004년 구 간접투자자산운용업법 개정으로 PEF가 국내에 도입된 지 벌써 16년이 지났다. 그 기간 동안 PE사들은 M&A 시장에서 주도적인 위치를 차지하게 되었고, 기업가치의 제고에 있어서도 큰 역할을 담당하고 있다. PEF 성장주기별 구체적인 사안에 관한 각급 법원의 판결 및 그 판결에 대한 연구과정에서 집적되고 있는 투자자보호의 법리를 통해 PEF 제도가 국내 자본시장의 안정적인 발전에 더 크게 기여할 수 있기를 기대한다.

# 코로나19와 PEF 시장[*]

안중성

신종 코로나바이러스 감염증코로나19 사태가 장기화되면서 국내 PEF 시장도 큰 영향을 받고 있다. 시장에 알려진 바에 의하면, 여행, 숙박 및 식음료 업종 등에 투자한 PEF들은 투자대상기업의 급격한 매출 감소로 어려움을 겪고 있는 반면 마스크, 화장지, e커머스 및 택배 업종 등에 투자한 PEF들은 투자대상기업의 '코로나 특수'로 인해 긍정적인 영향을 받고 있다고 한다.

또한 대형 PEF 운용사에서는 연기금 등 기관투자자 자금을 유치하며 수조 원을 웃도는 대형 블라인드펀드를 조성하고도 경제의 불확실성이 커지면서 섣불리 투자하지 못하고 있고, 중소형 · 신생 독립계 PEF 운용사들도 안정적인 자금 유치가 가능한 LP 주관 콘테스트에만 열을 올리고 있을 뿐 역시 마땅한 투자처를 찾는 데 어려움을 겪고 있는 상황이다.

그러나 코로나19 사태가 어느 정도 마무리된 이후 기업 구조조정과 코로나19 사태로 주목받는 산업에 대한 투자가 본격화될 것이라는 전망이 조심스럽게 나오고 있다. 특히 단기적으로는 기업 구조조정 관련 투자가 활발해질 것으로 보인다. 코로나19 사태로 매출 급감과 수익성 악화 등의 충격을 견디지 못한 기업들이 연이어 구조조정 시장에 나올 수 있고, 이에 따라 기존에 PEF가 투자한 기업들을 다른 PEF가 다시 되사

---

[*] 이 글은 『리걸타임즈』 제142호(2020. 5.)에 실린 칼럼이다.

가는 세컨더리secondary 투자도 다양한 방법으로 활성화될 것으로 생각된다. 이러한 전망에 기초하여, 코로나19 사태가 국내 PEF 시장에 미칠 영향을 몇 가지 분석해 보고자 한다.

우선 PEF 중 구조조정에 특화된 기업재무안정PEF를 통해 구조조정 시장에 나온 기업들에 대한 다양한 방법의 투자가 활성화될 수 있을 것으로 보인다. 기업재무안정PEF는 주로 부실징후기업, 구조개선기업 등에 투자함으로써 해당 기업들의 재원조달 및 자산운용의 효율성을 높이는 데 그 목적이 있는데, 2008년 글로벌 금융위기에 따라 어려움을 겪고 있는 기업들의 재무안정을 지원하기 위하여 2010년에 유효기간 3년으로 한시적으로 도입되었다가 2013년 자본시장법의 개정으로 일몰이 3년 추가 연장된 이후 상시적인 구조조정 대응을 위해 2016년 자본시장법 개정으로 상시화되었다.

기업재무안정PEF는 일반 PEF 재산운용에 관한 자본시장법 제249조의12의 제한을 받지 않으므로, 운용자산을 반드시 '경영권 참여목적'으로 운용할 필요가 없다. 이에 따라 기업재무안정 PEF는 부실징후기업, 구조개선기업 등 재무구조개선기업(자본시장법 제249조의22 제1항 및 동법 시행령 제271조의27 제3항에서는 재무구조개선기업의 요건을 정하고 있다)에 대하여, 증권·대출채권 등의 투자, 부동산 매매, 자금의 대여 및 지급보증 방식의 투자가 가능하므로, 코로나19 사태로 채무불이행, 각종 채권의 미회수 등으로 유동성이 부족한 기업에 대해 그 수요를 맞춘 다양한 방식의 투자를 할 수 있는 것이다.

즉, 기업재무안정PEF는 일반 PEF와 같이 증권에 대한 투자가 가능하므로, 주식과 CB, BW 등과 같은 메자닌에 대한 투자뿐만 아니라, 재무구조개선기업의 경영권에 영향을 미치지 않는 일반 사채에 대한 투자도 가능하다. 또한 기업재무안정PEF는 재무구조개선기업이 채무자로 있는 대출채권, 채권에 대한 투자도 가능하므로 만기가 도래한 NPL을 인수하여 재구조화를 진행할 수도 있으며, 더 나아가 자금의 대여 및 지급보증까지 가능하여 일반 PEF와는 달리 재산운용에 제한이 거의 없다. 아울러 기업재무안정PEF는 CB, BW 등과 같은 메자닌에 투자하였더라도 이를 2년 이내에 전환 내지 신주인수권을 행사해야 한다는 제한이 없어 재무구조개선기업에 대한 인내자본으로서의 역할에도 충실할 수 있다. 또한 일반 PEF와 달리 별도의 투자목적회사를 설립하지 않더라도 금전의 차입 및 채무보증이 가능하여 일반 PEF에 비해 재산운용이 더 수월하다. 이러한 기업재무안정PEF는 정부가 조성을 추진하고 있는 기간산업 안정기금 운용과정에 강력한 역할을 할 것으로 기대된다.

다음으로, 수익성이 악화된 투자대상기업에 투자한 PEF 자체를 인수하는 소위 'PEF 매매'로 인한 PEF 유통시장이 활성화될 수 있을 것으로 보인다. 일반적인 세컨더리 투자는 기존에 PEF가 투자한 기업들을 다른 PEF가 다시 되사가는 방식인 데 반해, PEF 유통시장에서의 PEF 매매는 부실화된 PEF의 GP<sup>General Partner, 무한책임사원 겸 업무집행사원</sup>지위를 다른 PEF 운용사가 양수하여 당해 PEF 자체를 인수하는 방식이다. PEF 매매는 GP의 출자지분 양수라는 작은 거래로 PEF의 투자대상기업에 대한 지배구조를 그대로 유지하면서 사실상 투자대상 자산 전체를 양수하는 효과를 거둘 수 있는 장점이 있다.

자본시장법에서는 정관으로 정한 경우 사원 전원의 동의를 받아 GP의 지분을 타인에게 양도하는 것을 허용하고 있으며(자본시장법 제249조의17 제1항), 그동안 국내 PEF 시장에서도 위와 같은 GP의 출자지분 양수도거래, 즉 PEF 매매거래가 종종 있어 왔다. 이에 투자대상기업의 수익성 악화로 덩달아 부실화된 PEF를 GP로서 운용하는 데 부담을 갖는 기존 PEF 운용사 입장에서는 할인율을 적용해서라도 LP<sup>유한책임사원</sup>와 달리 무한책임을 지는 GP로서의 지위에서 벗어나고자 하는 수요가 발생할 수 있고, 이는 저평가된 자산의 투자 및 운용에 관심을 갖고 있는 다른 PEF 운용사의 수요와 맞아떨어질 수 있기 때문에, 향후 PEF 유통시장에서의 PEF 매매 거래가 활발해질 가능성이 있다.

끝으로 투자대상기업의 오너<sup>owner</sup>와 PEF 사이에 분쟁발생 가능성이 높아짐과 동시에 세컨더리 마켓 시장이 활성화될 수 있을 것으로 생각된다. 즉, PEF의 옵션부 투자를 광범위하게 규제하던 옵션부 투자 모범규준이 폐지되었지만 여전히 금전대여성 투자행위로 평가되는 단순 기간경과 풋옵션 투자는 제한되므로, 많은 PEF들이 투자에 따른 하방위험을 방지<sup>down-side protection</sup>하기 위해 투자대상기업의 영업실적에 연동하는 옵션부 투자를 많이 하고 있다. 이러한 상황에서 코로나19 사태로 투자대상기업의 영업실적이 좋지 않게 되고 그에 따라 풋옵션 사유가 많이 발생할 수 있을 것으로 예상된다.

위와 같은 풋옵션 사유가 발생한 투자대상기업 오너 입장에서는 PEF의 풋옵션 행사에 따른 직접 의무이행(투자지분 매수)이 현실적으로 어려울 가능성이 높고, 좋지 않은 영업실적이 불가항력에 가까운 감염병으로 초래된 것이어서 풋옵션 의무자(대부분

투자대상기업의 오너가 될 것이다)와 권리자[PEF] 사이에 풋옵션 의무이행에 대한 분쟁이 발생할 수 있다.

그리고 이 과정에서 풋옵션 의무를 대신 이행해 줄 다른 PEF가 참여할 수도 있고, 현실적으로 풋옵션 행사대금을 전부 회수하기 어려울 것으로 예상한 기존 PEF 입장에서는 저평가된 매물을 탐색하는 다른 PEF에게 적정한 가격으로 투자대상을 매각하고 exit를 서두를 가능성도 있을 것으로 보인다.

풋옵션 이외에 동반매각청구권[drag-along right]을 행사하는 PEF도 늘어날 수 있는데, 두산그룹 계열회사인 DICC 사례에서 보듯이 drag-along 행사과정에시 분쟁도 충분히 발생할 수 있다.

코로나19 사태로 국내외 경기가 상당히 위축된 상황에서 코로나19가 국내 PEF 시장에도 많은 영향을 주고 있다. 국내 PEF 운용사들은 포트폴리오가 다양하고 기업재무안정[PEF] 등을 통해 다양한 운용·투자전략의 구사가 가능하므로, 국내 PEF 시장은 부정적 영향과 동시에 긍정적 영향도 받고 있는 상황이다. 국내 PEF 시장 참여자들이 코로나19 사태에 따른 위기를 기회로 삼을 수 있도록 함께 지혜를 모아야 할 때이다.

# 공모리츠 투자 권유[*]

이준혁

부동산, 특히 토지는 공급과 수요의 양 측면에서 다른 재화와 전혀 다른 특성이 있다. 토지의 공급도 완전히 한정되어 있지는 않다. 도시의 토지는 용적률의 증가를 통해서, 용도변경을 통해서, 지하와 고층개발을 통해서 실질적인 공급량이 늘어난다. 하지만 사람에게 아가미가 생기지 않는 한, 바다가 토지의 공급을 대체하기는 어렵고, 토지의 공급이 한정적인 것은 명백하다.

한편 다른 재화는 더 우수한 대체재의 공급을 통해서, 생활방식의 통해서 수요가 급격히 줄어든다. 우리의 주식인 쌀 소비량을 봐도 그렇고, 빅맥지수는 이제 아무도 사용하지 않는다. 하지만 사람의 기본적인 생활을 해결하려면 토지는 필수적이므로 토지에 대한 수요는 다른 어떤 재화보다도 안정적이다. 결국 부동산의 가치는 공급의 한계와 수요의 확대를 통해서 올라갈 수밖에 없다.

개인에게 부동산 투자는 쉽지 않다. 첫째, 유동성이 떨어진다. 돈이 필요할 때 안 팔리면 쓸모가 없다. 둘째, 단위가 크다. 100만 원짜리 부동산은 없다. 셋째, 가치 변동의 예측이 어렵다. 모든 부동산이 오르지는 않는다. 잘못하면 전 재산의 가치가 폭락한다. 넷째, 관리가 어렵다. 흔히들 조물주 위에 건물주라 하지만, 막상 임대차분쟁을 겪어보면 쉬운 일이 아니다.

---

[*] 이 글은 『리걸타임즈』 제144호(2020. 7.)에 실린 칼럼이다.

그런데 공모리츠에 투자하게 되면, 유동성, 투자단위, 가치변동, 관리에 관한 문제가 대부분 해결된다. 물론 가치의 변동성을 완전히 피할 수는 없지만, 개인적으로 수집한 정보에 따른 투자보다는 전문가들의 선택에 따른 투자가 안정적일 것이다. 따라서 공모리츠는 공익적 차원에서도, 개인적인 자산관리의 차원에서도 좋은 제도이다.

리츠는 미국에서 1960년대에 최초로 시작되었고, 일본은 우리나라보다 1년 먼저, 싱가포르는 우리나라보다 1년 늦게 도입되었다. 2020. 3. 말 상장 리츠의 시가총액을 보면, 우리나라는 1.7조 원, 미국은 9,500억 달러(약 1,100조 원), 일본은 11조 6,000억 엔(약 120조 원)가량이고, 싱가포르는 862억 싱가포르 달러(약 75조 원)이다. 우리나라의 공모리츠는 매우 초라한 실적이다.

우리나라에서 리츠가 처음 도입된 것은 2001년이고, 부동산펀드가 도입된 것은 2004년이다. 자본시장법상 부동산펀드와 부동산투자회사법에 따른 리츠는 자본시장에서 부동산을 기초자산으로 하는 금융투자상품이라는 점에서 동일하지만, 그 성격은 출발점에서부터 차이가 있다. 자본시장법은 "투자자 보호"도 목적으로 하지만, "금융투자업 육성"을 목적으로 한다. 이에 비해서 부동산투자회사법은 직접적으로 "일반 국민이 부동산에 투자할 수 있는 기회를 확대"하는 것을 목적으로 한다.

이러한 맥락에서 부동산펀드는 공모를 강제하지 않지만, 리츠는 원칙적으로 공모 의무가 있다. 공모부동산펀드의 투자자 보호 방법은 내용을 규제하는 것보다는, 정보가 충분히 제공되도록 규제하는 방식을 취하고 있다. 이에 비해 공모리츠는 국토부의 인가를 득하여야 하고, 인가의 기준에는 "사업계획의 타당성 및 적정성"을 포함하고 있어서 정보제공의 측면은 물론이고, 내용 자체도 규제하고 있다.

이렇게 보면 공모리츠는 투자자에게는 참 좋은 제도이다. 하지만 자본시장 참여자의 입장에서 보면 혜택은 없고, 규제는 많다. 예를 들면, 공모리츠가 부동산에 투자하려면 국토교통부 장관의 인가를 받아야 하고, 인가는 한 달 이상 시간이 걸린다. 사모로 펀드를 조성할 경우에는 하루가 걸린다.

또한 사모리츠의 경우에는 의사결정구조가 간단하지만, 공모리츠는 주식회사의 주주총회절차를 따라야 해서 상당한 시간이 소요된다. 하지만 공모리츠에 대한 특별한 혜택은 없었다. 이러다 보니 공모리츠는 활성화될 수 없었다.

그런데 최근에 몇 가지 이유로 공모리츠의 가능성이 생기고 있다.

첫째, 공모와 사모에 대한 종합부동산세에서 차이가 생겼다. 종래에는 리츠나 펀드는 모두 종합부동산세가 면제되었다. 하지만 올해부터는 사모리츠나 사모펀드는 종합부동산세를 납부해야 한다(기존에 사모리츠나 사모펀드가 보유한 토지 및 주택에 대해서는 2025년까지 20%씩 종합부동산세가 증액되는 경과 규정을 두고 있다).

이와 관련, 관련 업계에서는 사모에게 세제혜택을 줄이는 방식으로 공모와 사모에 대한 혜택을 달리하는 것에 대해 반대하는 입장이었다. 하지만 개인적으로는 공모에 특별한 혜택을 주기 어렵다면, 이러한 방식으로라도 사모와 공모에 대한 세제혜택을 달리해야 한다고 생각한다.

앞서 살핀 바와 같이 공모리츠는 유익한 제도이지만, 자본시장 참여자의 입장에서는 불편한 제도이기도 하기 때문이다.

둘째, 시장 상황이 달라졌다. 결정적인 상황 변화는 이자율이 낮아진 것이다. 기본적으로 이자율과 부동산 가격은 반비례한다.

리츠는 부동산을 매입하기 위해 일부의 자금은 대출로 조달하고, 나머지 자금은 자본금으로 조달한다. 그런데 동일한 수입이라는 가정하에서는 이자율이 낮아지는 만큼 자본에 대한 투자수익이 더 분배된다. 또한 이자율이 낮다는 것은 적당한 투자처가 없음을 의미하므로 부동산에 대하여 목표로 하는 투자수익률도 같이 낮아지는 경향이 있다. 이로써 부동산 가격(가치)은 더 올라간다.

셋째, 부동산을 보유한 기업들은 부동산을 팔고자 하고 있다. 두 번째 상황만 보면, 부동산 가격이 올라서 결국 부동산 투자에 대한 특별한 유인도 없어질 것이다.

하지만 최근에 세계경제는 이미 불확실성이 커져가는 상황이었는데, 팬데믹 이후에는 기업들의 유동성 확보에 대한 필요성은 커질 수밖에 없다. 새로이 적용될 국제보험회계기준IFRS17에서 부동산 직접 소유에 대한 위험계수를 크게 늘리는 것도 부동산 직접 보유에 대한 위험성이 크다는 방증이다.

본원통화의 기초가 되는 화폐발행잔액이 2013년에 약 60조였지만, 현재는 130조 원을 넘는다고 한다. 현재는 부동자금이 아무리 많아도 실물에 대한 수요로 이어지지 않고 있어서 물가상승이 없지만, 실물경제의 성장 없이 현재와 같은 양적 완화가 계속되면 언젠가는 인플레가 올 것이다. 그렇다면 자산관리에 있어 실물에 대한 투자는 필수적이고, 지금과 같이 불확실성이 큰 시대에 안정적인 투자를 위한 공모리츠 투자는 좋은 대책이 될 수 있을 것이다. 이러한 부동산 공모리츠도 장기적으로는 투자처로서의 매력이 평범해질 것인 바, 지금이 좋은 투자기회라고 생각한다.

리츠에 대한 자문업무를 하면서 오랫동안 꿈꾸던 것이 있었다. 공모리츠가 아주 활성화되어 모든 국민들이 이루어낸 부동산 가치의 상승이 소수의 사람에게만 돌아가는 불공평을 시정할 수 있는 도구가 되었으면 하는 바람이다. 이제 그러한 시기가 도래하고 있는 것 같다.

# 주주행동주의와 스튜어드십 코드*

문수생

대동강물이 풀린다는 우수가 지나면 겨우내 몸을 불린 초록의 풀들과 형형색색의 꽃들이 산과 들뿐만 아니라 콘크리트 도시 곳곳을 환하게 밝히며 한바탕 축제마당을 만들 것이다. 봄이 되면 자신의 존재를 알리며 화려하게 부활하는 또 다른 존재가 있으니 그 이름은 '주주'이다. 각 사업연도가 종료된 후 당해 사업연도의 재무제표를 확정하고 회사 경영에 관한 주요한 방향을 정하기 위한 기업들의 최대 연례행사인 정기주주총회 시즌이 봄과 함께 개막되기 때문이다.

정기주주총회는 회사의 지배구조를 확인하고 미시적, 거시적 차원에서 회사의 주요한 경영방향을 결정하는 장이기 때문에 기존에 경영을 주도한 측과 그 방향에 불만을 가진 측과의 대결은 불가피하고 그 대결의 양상은 갈수록 확산되고 복잡해지는 경향이다. 지금까지 그러한 대결의 중심에는 다양한 형태의 주주행동주의가 있었다.

1997년 외환위기 이후 주식시장이 외국인에게 본격적으로 개방되면서 국내 대기업들은 줄곧 외국계 주주행동주의 펀드의 목표물이 되었다. 기존 외국계 주주행동주의 펀드 대부분은 재벌들의 불투명한 회계관리 관행과 폐쇄적인 지배구조에서 파생된 여러 이슈들을 쟁점화하여 지분 경쟁 또는 경영권 분쟁 구조를 유도한 후 막대한 이익을 챙긴 후 떠나는 모습들을 보여주었다. 이러한 외국계 행동주의 헤지펀드의 활동에

---

* 이 글은 『리걸타임즈』 제140호(2020. 3.)에 실린 칼럼이다.

대하여 '먹튀', '약탈자본'이라는 부정적인 평가와 자본유출에 대한 강한 우려가 동반된 것은 사실이지만 국내 기업들의 지배구조개선과 소수주주에 대한 인식 전환의 계기가 된 것 역시 부인할 수 없을 것이다.

이들 외국계 행동주의 펀드와 별개로 지분확보를 통해 대주주나 경영진에 대한 목소리를 높이는 국내 경영참여형 사모펀드<sup>PEF</sup>들의 움직임도 활발해지고 있는 양상이다. 2009년만 해도 110개 정도이던 PEF는 2018년 상반기 기준으로 444개로 늘어났고, 사모펀드 시장 규모도 2014년 204조에서 2019년 478조로 크게 성장하였다.

현재 한진칼 경영권 분쟁과 관련한 KCGI의 활동은 도종 행동주의 펀드의 다양한 모습을 볼 수 있는 좋은 학습자료이다. 2019년 KCGI의 주주 제안권 행사와 관련하여 한진칼 측과 진행된 일련의 소송은 상장법인의 소수주주권 행사요건에 관한 법률적인 쟁점을 전면에 부각시키는 계기가 되었고, 경영 투명화와 기업 지배구조 개선을 요구하고 나선 KCGI의 여러 제안과 활동은 당시 각종 갑질과 도덕성 논란에 휩싸여 있던 한진그룹 경영자들에 대한 국민들의 인식과 대비되면서 기존 행동주의 펀드에 대한 부정적인 인식을 어느 정도 완화시키는 역할을 하기도 하였다. 올해 3월 25일 정기주주총회를 앞둔 현 시점에서 한진칼과 KCGI가 벌이는 대립 경쟁은 더욱 복잡해지고 있는데 그에 대한 평가는 별론으로 하더라도 국내 행동주의 펀드 활동이 증가함에 따라 주주가치 제고를 통하여 소수주주들의 지지를 확보하기 위한 지배구조 개선이나 전자투표제 확대 등의 움직임이 활발해지고 있는 것은 바람직하다고 할 것이다.

행동주의 펀드와 다른 측면에서 스튜어드십 코드 도입에 따른 기관투자자들의 역할에 대한 논의 역시 가장 핫한 이슈 중의 하나이다. 2008년에 금융위기를 겪으면서 기관투자자들이 투자대상 회사의 리스크 관리를 제대로 하지 못한 것에 대한 반성적 고려에서 시작된 논의는, 대주주들인 기관투자자들이 오너처럼 책임감을 가지고 기업경영에 개입해야 한다는 영국의 워커보고서 등을 통해 '스튜어드십 코드'라는 자율규범의 형식으로 구체화되었고, 미국에서는 2010년 금융개혁법을 통해 그 내용을 강제하는 방향으로 진행되었다.

우리나라는 2016. 12. 16. '기관투자자의 수탁자 책임에 관한 원칙'이라는 명칭으로 민간 자율규정 형태로 한국형 스튜어드십 코드를 제정하였다. 스튜어드십 코드와 관련한 현황과 활동내용은 한국기업지배구조원을 통해 확인할 수 있는데, 2021. 2. 말을 기준으로 한 참여기관은 149개이다. 73개이던 2018년 말에 비하여 100% 이상 증가한 수치이고, 특히 2020. 2. 11. 공무원연금이 스튜어드십 코드 도입을 밝힘으로써 국민연금, 사학연금과 함께 국내 3대 연기금이 스튜어드십 코드 도입을 완료한 상황이다.

'스튜어드십 코드' 도입으로 가장 주목을 받는 곳은 단연 국민연금이다. 2012년 5.4%이던 국민연금의 주식시장 점유율은 2017년 7.0%로 증가하였고 2030년에는 약 10% 수준까지 상승할 것이라고 전문가들은 예상하고 있다.

국민연금의 주주권행사에 대한 국민적 관심이 증가하고 '지배구조 투명화를 통한 주주가치 제고'라는 사회적 가치가 확산되자 국민연금은 2018. 7. 스튜어드십 코드 도입을 발표하고 대규모 장기투자자로서 의결권 행사의 투명성을 제고하는 한편 기업의 주요 의사결정 전반으로 주주권행사 대상을 확대하려는 시도를 하고 있다. 이러한 국민연금의 주주권행사 방안과 관련하여 주주권행사 강화를 촉구하는 의견과 주주권행사 강화가 '기업경영에 대한 과도한 간섭'으로 이어질 수 있다는 의견이 상충하고 있지만 국민연금의 주주권행사가 강화되는 방향으로 이어지는 것은 돌이킬 수 없는 시대적인 대세로 보인다.

이러한 '스튜어드십 코드' 참여에 대한 기관투자자들의 관심과 가입이 증가한 것은 기업에 대한 사회적 책임을 강조하고 투명한 지배구조를 원하는 시대적인 요구와 무관하지는 않을 것이다. 특히 한국 스튜어드십 코드 원칙1과 원칙3에서 투자대상회사의 선정 및 관리에 있어 환경, 사회, 지배구조 등 비재무적 요소를 중요한 요소로 명시하고 있고, 투자대상회사의 중장기 기업가치와 지속가능성에 영향을 주는 재무적·비재무적 위험 요소를 주기적으로 점검함으로써 사전적인 해결책을 모색하도록 하고 있는데, 그중 비재무적 요인으로 중장기 경영전략, 환경 경영, 사회책임 경영, 기업지배구조를 세부 점검항목으로 선정하고 있는 점은 시사하는 바가 크다고 할 것이다. 2020년부터 시행된 영국의 2차 개정 스튜어드십 코드에서 비재무적 요소인 ESG환경, 사회, 지배구조를 책임투자요소와 체계적으로 통합해야 한다고 규정한 사례에서 보듯 스튜어드십 코드의 도입과 정착으로 투자 시 ESG 요소에 대한 고려는 더욱 강화될 것으로 예상된다.

기업으로서는 이러한 급격한 지형의 변화가 당황스럽고 단기간의 노력으로 해결될 수 있는 부분이 아니기 때문에 많이 부담스러울 수밖에 없을 것이다. 그러나 이러한 추세가 불가역적이라고 한다면 변화를 대하는 각 기업들의 자세 역시 기존의 소극적이고 방어적인 차원에서 벗어나 보다 개방적이고 적극적으로 달라질 필요가 있을 것이다. 위기를 기회로 전환시킬 수 있는 유연성과 지혜를 가진 집단만이 혹독한 겨울을 이겨내고 발전과 성장이라는 결실을 손에 쥘 수 있기 때문이다.

미디어 · 지식재산권

# 일반인 출연자 과거 검증의 법률적 이슈<sup>*</sup>

이혜온 · 박희경<sup>**</sup>

    방송 출연 기회를 일부 연예인이 독점하던 시절, 방송사는 사회적으로 물의를 빚은 연예인의 방송 출연을 금지하는 방식으로 출연진과 관련된 논란을 통제할 수 있었다. 그러나 일반인이 방송에 출연하는 경우가 늘고 그 비중도 커지면서 이전과는 상황이 달라졌다. 일반인 출연자가 과거 성범죄나 학교 폭력 가해자였다는 것이 SNS에 유포돼 뒤늦게 출연자가 프로그램에서 하차하거나, 프로그램에 출연한 예비부부가 불륜 커플이라는 주장에 따라 이미 제작된 프로그램의 상당 부분이 통편집된 사례도 있다.[1]

    이렇게 검증되지 않은 출연자로 인해 방송사는 프로그램 제작비 상당의 금전적 손해와 신뢰도 하락이라는 위험을 부담하게 됐다. 이에 더해 법적 책임까지 떠안게 될 수 있다. 출연자로 인한 법적 책임은 대부분 출연자가 방송에서 '사실과 다른 발언'을 할 때 발생한다. 방송사 시사 대담 프로그램에서 한 출연자가 "A와 B는 종북 부부"라며 "이들 부부가 대표 및 상임고문을 맡고 있는 단체 홈페이지 관리자가 김정일 동지는 위대한 민족의 지도자라는 글을 게시했다"고 발언한 사안이 그 예다. 법원은 생방송으로 진행되고 대본이 사전에 준비된 상황도 아니었지만, "제작진은 사전에 출연자가 이들을 종북 부부로 선정한 구체적 근거를 들어보고 적어도 그 주된 근거의 진위

---

* 이 글은 한국언론진흥재단의 『신문과 방송』 제595호(2020. 7.)에 실린 칼럼이다.

** (주)문화방송 법무팀 변호사

1) https://www.ytn.co.kr/_sn/0117_202004171737433493

여부는 함께 검토하고 확인하여야 할 주의의무가 있다"고 판시했다(서울중앙지방법원 2014. 8. 13. 선고 2013가합519298 판결). 출연자가 사실과 다른 발언을 한 경우 방송사에 대해서도 허위 사실 적시에 의한 명예훼손 책임을 인정한 것이다.

출연자의 발언에 대한 방송사의 주의의무는 보도·시사 프로그램에만 국한되지 않는다. 일례로 가짜 부부를 찾는 예능 프로그램에서 한 커플이 '결혼한 지 45년 된 진짜 부부'로 소개됐는데, 법률혼 관계가 아니었던 사건이 있었다. 남성 출연자의 실제 부인과 아들이 "이들은 내연 관계인데 방송을 통해 진짜 부부로 알려져 정신적 고통을 받았다"고 정정보도 및 손해배상을 구했고 언론중재위원회는 "방송사가 정정보도를 게재하고 손해배상금을 지급하라"는 취지로 조정을 갈음하는 결정을 했다(2013서울조정 1032·1033).[2] 피해자가 있는 사건의 가해자가 방송에 출연했다는 사정만으로 방송사에 피해자의 정신적 고통에 따른 손해배상책임을 묻기는 쉽지 않을 것이다. 그러나 출연자가 만약 자신의 과거나 이력 등과 관련해 사실과 다르게 발언하고 이로 인해 피해를 본 제삼자가 있다면 방송사 역시 검증 소홀로 인한 손해배상책임을 부담하게 될 가능성이 있다.

또한 일반인 출연자가 방송 출연 사실을 이용해 범죄를 저지른 경우도 방송사의 검증 책임이 제기될 가능성이 있다. 예를 들어, 방송을 통해 주식 전문가로 널리 알려진 자가 방송 출연을 빌미로 전문가 행세를 하며 투자금 명목으로 부당이득을 챙겼다면, 방송 내용과 수위, 출연자에 대한 검증 의무 이행 정도에 따라 방송사에도 손해배상책임이 인정될 가능성이 있다.

반면, 위와 같이 출연자의 발언이나 과거 행적으로 인해 결방이나 이미지 훼손 등 유·무형적 손해를 입은 경우, 방송사는 출연자에게 손해배상책임을 물을 수 있을까? 2012년경 SBS <짝> 제작진은 성인물 출연 전력 등이 드러나 논란이 된 출연자들을 상대로 '출연 서약서 위반으로 프로그램의 진정성과 신뢰도가 실추됐다'며 손해배상 소송을 제기했다. 그러나 이 사안은 판결이 선고되지 않고 강제조정으로 마무리됐다. 그리고 그 외 방송사가 출연자를 상대로 금전적 책임을 물어 인정된 사례를 찾기는 쉽지 않다. 방송사 입장에서는 소송을 제기하면 다시 한번 사회적 논란이 될 수 있다는 점, 출연자의 손해배상책임이 인정되더라도 방송사의 과실 비율도 판단 대상이 될 가

---

2) 언론중재위원회, 2013년도 언론조정중재시정권고사례집, 191~195쪽 참조.

능성이 높다는 점 등으로 인해 출연자를 상대로 적극적인 법적 조치를 취하기 쉽지 않다.

이와 관련해 일부 국내 방송사는 일반인 출연자에게 금지의무(사업자의 명예훼손, 사회적 물의 야기 등)를 부과하고, 위반 시 정액의 손해배상을 하도록 하는 내용을 계약에 포함하고 있다. 그러나 이러한 계약은, 방송사가 일반인 출연자의 발언이나 과거 행적으로 인한 논란이 어느 부분에서 발생할지 예측이 안 된다는 문제점이 있다. 더불어 손해액의 규모를 가늠하기 어려워 정액의 손해배상을 규정함으로써 일반인 출연자에게 상시적으로 지나치게 무거운 책임을 지우게 된다는 비난을 피하기 어렵다(공정거래위원회는 2016년경 이러한 약관에 대해 시정조치를 한 바도 있다).[3]

결국 출연자의 과거 이력으로 인해 발생할 수 있는 문제점을 방지하기 위해 방송사 입장에서는 보다 세분화된 가이드라인을 제정할 필요가 있을 것으로 보인다. 영국 BBC는 일반인 출연이 지금처럼 빈번하기 전부터 방송의 정확성$^{accuracy}$ 차원에서 출연진에 대한 검증을 제작진의 의무로 규정했다. 이는 1999년 방송에서 남편에게 학대당하고 있다고 밝힌 출연자가 미혼으로 드러난 것이 계기가 됐다. 이 사건으로 BBC는 제작진을 징계했고, 거짓 출연에 대비해 출연자들에게 진실서약서를 요구하게 됐다. 현재 BBC는 제작 가이드라인에 '출연자에 대한 공정성과 동의$^{Fairness to Contributors and Consent}$'

---

3) 공정거래위원회, 2016. 4. 26. 보도참고자료 '서바이벌 오디션 방송 프로그램 참가자의 권리 보호 강화' 참조. 공정거래위원회는 그 내용에 대하여 2016. 4. 26. 오디션 프로그램 일반인 출연자 계약 시 '출연자에게 부당하게 추상적인 금지의무(사업자의 명예훼손, 사회적 물의 야기 등)를 부과하는 조항'을 출연자에게 부당하게 불이익을 줄 우려가 있는 조항으로 보고, 손해배상액을 정액으로 정한 규정 등을 상시 손해배상청구를 당할 위험을 부담하고 있는 조항으로 보고 시정토록 하였고, 이에 따라 방송사들은 관련된 조항을 아래와 같이 시정하였다.

| 수정 전 | 수정 후 |
|---|---|
| 본 계약의 당사자들은 다음 각 호 중 하나의 사유가 상대방에게 발생할 경우 별도의 최고 없이 상대방에 대한 서면통보로써 본 계약을 해제 또는 해지할 수 있다. | 본 계약의 당사자들은 다음 각 호 중 하나의 사유가 상대방에게 발생할 경우 별도의 최고 없이 상대방에 대한 서면통보로써 본 계약을 해제 또는 해지할 수 있다. |
| 7. 을이 사생활로 사회적 물의를 일으키거나 자신의 사회적 이미지를 훼손하여 연예활동에 지장을 초래하거나 갑 또는 갑이 제작하는 프로그램의 이미지 손상을 초래하는 경우 | (삭제) |
| 을의 귀책사유에 의해 본 계약이 해제/해지될 경우, 을은 일금 일천만원을 갑에게 위약벌로써 배상하여야 하며, 동 금액을 초과하여 입증된 갑의 손해는 을이 갑에게 전부배상하여야 한다. | 당사자는 계약의 불이행으로 상대방에게 발생한 모든 손해를 배상할 책임이 있다. |

관련 내용을 별도 항목으로 두고, 출연자 물색Finding Contributors 관련 원칙을 명시하고 있다(제작 가이드라인 6.3.12항). BBC 제작 가이드 라인에 따르면, 제작진은 방송 전 반드시 출연자의 신원 확인을 거쳐야 한다. 출연자가 방송 출연의 성격과 의미, 콘텐츠와 장르에 적합한지 확인하는 것이다. 특히 프로그램의 주연 격이나 출연 분량이 많은 사람에 대해서는 심층 확인이 필요하다. 구체적으로는 △ 출연자의 신원 및 이야기를 검증해 줄 문서 자료 △ 출연자가 언급한 사람 이외의 다른 사람들을 통한 입증 △ BBC의 명성에 누가 될 수 있는 개인정보에 대한 자진 신고 등을 해야 하고, 때에 따라 출연자에게 범죄 기록 확인을 요구할 수 있다. 또한 예능 프로그램을 포함해 출연자 모집 광고를 할 때는 제작자가 제작 책임자와 상의하도록 하는 등 부적절하거나 부정직한 출연자를 걸러내기 위한 장치를 마련하고 있다.[4]

검증되지 않은 일반인 출연자의 사생활로 인해 방송사가 입는 손해는 크다. 한번 발생하면, 프로그램에 대한 신뢰를 회복하기가 매우 어렵기 때문이다. 그렇다고 해서 일반인 출연자의 사생활을 일방적으로 규제할 수도 없다. 추상적인 의무를 부과하는 손해배상 조항 등만으로 규율하는 것은 예상치 못한 변수가 많고, 명확한 법적 책임을 묻기가 쉽지 않을 뿐만 아니라 '사후적'이라는 한계가 있다. 결국 가이드라인을 마련해 제작진이 사전에 부적절하거나 부정직한 출연자를 걸러내는 것이 가장 현실적인 방법이다. 앞으로는 방송사가 일반인 출연자와 계약 시 확보한 문서 등을 근거로 문제가 발생했을 때 책임을 물을 수 있어야 할 것이다. 신원 확인 과정에서 일반인 출연자의 사생활을 침해했다는 논란이 있을 수 있으나, 이는 관련 내용에 대해 제작진이 비밀 유지 보장 방식으로 보완할 수 있을 것으로 생각된다. 일반인 출연자의 방송 출연은 많은 시청자에게 친숙한 느낌을 전달하는 동시에, 다양한 삶의 모습을 보여줄 수 있다는 장점이 있다. 그리고 일반인 출연자들에게 색다른 경험을 제공하고, 연예계 진출 등 다양한 기회를 제공해주는 발판이 되기도 한다. 위와 같은 검증의 강화를 통해 일반인 출연자들의 방송 출연과 관련된 논란이 줄어들 수 있기를 기대한다.

---

4) https://www.bbc.com/contributors/working-for-the-bbc/privacy-notice 및 방송통신심의위원회, 2011. 12., 영국 BBC 제작 가이드라인 및 심의사례 참조.

# 영화 주인공이 영화 속에 노래를 부르는 장면을 촬영할 경우 저작권 문제*

최승수

생각해보면 영화에 음악이 사용되는 장면은 부지기수이다. 가장 단순하고 직접적인 이용유형은 음악이 배경으로 깔려 있는 경우이다. 인트로나 엔딩 부분에 나오기도 하고, 영화 중간에 삽입되기도 한다. 이런 방식의 영화음악은 정말 필수적이다. 그런데 이렇게 직접 이용하는 것도 그 영화를 위하여 새롭게 창작한 음악일 수도 있고, 기존에 출시되어 있는 음원을 이용하는 것일 수도 있다. 기존 음원을 이용하는 경우에도 새롭게 편곡해서 이용할 수도 있고, 기존 음원을 새롭게 녹음해서 이용할 수도 있다. 새로 녹음을 할 때 새로운 가수가 노래를 부르게 할 수도 있다. 각각의 이용유형마다 작곡가, 작사가, 음반제작자, 가수, 연주자 등에 대하여 적절한 권리처리를 해야 한다.

그러면 이런 유형은 어떨까. 주인공이 혼자 집 소파에 앉아 기타를 치면서 김광석의 '흐린 가을에 편지를 써'라는 노래를 부르는 장면. 아니면 주인공이 소파에 앉아 TV를 보는데 김광석의 '흐린 가을에 편지를 써'라는 노래를 부르는 유희열의 스케치북이라는 프로그램을 보는 장면. 이러한 장면 모두에 대하여 영화제작자는 음악에 관한 권리처리를 해야 한다.

뿐만 아니다. 주인공이 홍대 거리를 걷고 있는 장면이 촬영되었는데, 마침 길거리 버스킹에서 어떤 무명가수가 '벚꽃엔딩'을 부르고 있다. 이어 거리를 어슬렁어슬렁 걷

---

* 이 글은 한국저작권위원회의 『저작권문화』 제313호(2020. 9.)에 실린 칼럼이다.

고 있는데 카페에서 방탄소년단BTS의 노래가 흘러나오고 있고 주인공은 거기에 맞춰 흥얼흥얼 노래를 따라 부른다. 아주 예외적으로 허용되는 경우도 있지만 기본적으로 모두 권리처리를 하는 것이 안전하다.

우리가 '음악'을 사용한다고 했을 때, 그 음악에는 작곡가, 작사가, 편곡자, 가수, 연주자, 음반제작자 등의 권리가 켜켜이 숨겨져 있다. 이 중 하나만 놓쳐도 나중에 영화상영금지 가처분이라는 어마어마한 낭패를 볼 수 있다. 왜냐하면 음악에 관한 권리자는 모두 허락 없이 사용했으니 그 음악에서 작곡 부분은 사용하지 말라고 요구할 수 있는 법적인 권리가 있기 때문이다. 한국 음악을 이용할 경우에는 권리자를 찾기도 어렵지 않고 또 그 권리자들이 신탁단체가 자신의 권리를 맡겨놓았기 때문에 그 단체를 통해 권리처리할 수 있다. 하지만 외국곡의 경우 만만치 않다. 프랑스 또는 독일 같은 유럽의 경우 한국과 같이 신탁단체를 통해 권리처리를 할 수도 있지만, 때로 어떠한 권리는 신탁해놓지 않을 수도 있어 복잡하기 이를 데 없다. 또한 권리처리를 할 때 해당 국가의 저작권법에 대한 이해가 부족해서 일부를 빠뜨리기도 한다. 실제 외국곡을 사용했고, 에이전시를 통하여 권리처리를 다 마쳤다고 생각했는데 나중에 알고 보니 일부를 빠뜨린 경우도 있다. 이런 사정을 모르고 외국에 영화를 수출했다가 그 국가에서 소송이 걸리면 정말 아찔한 결과를 낳을 수 있는 것이다. 우리나라 영화 중 2000년대 이전에 만든 영화 중에는 이렇게 외국곡을 영화에 무단으로 이용한 경우가 정말로 많았는데, 이러한 영화들은 이러한 이유로 인해 외국에 수출될 수 없었다고 한다.

얼마 전 세상을 떠들썩하게 했던 영화 '건축학개론' 사건을 기억하는가. 이 영화에 사용되었던 김동률의 음악 등에 관해 음악저작권자와 영화상영관 사이에 큰 싸움이 벌어졌다. 영화 제작 당시 음악 이용에 관해서 제작자는 한국음악저작권협회로부터 허락을 받았다고 주장하고, 한국음악저작권협회는 허락한 것은 복제에 국한한 것이고, 영화 상영에 필요한 공연 허락은 하지 않았다고 주장하여 법정까지 가게 된 사건이다. 이것도 결국 복잡한 음악저작권의 권리처리에 관한 이해가 정확하지 않아 문제가 된 것이다. 저작권은 복제권, 전송권, 방송권, 공연권, 2차적 저작물작성권이라는 형태로 존재하는 것이고, 이용자는 이용유형에 따라 정확한 이용허락을 얻어야 한다. 복제와 전송 형태로 이용하려면 정확하게 복제와 전송을 특정해서 이용허락을 얻고 비용을 지불해야 하는 것이다. 저작권 권리처리 분야 중에서 가장 까다로운 분야가 음악저작물 이용이고 이에 대하여는 정말 전문적인 컨설팅을 받아야 한다. 어설피 공정이용에 해당한다느니 패러디니까 괜찮다느니, 3초 정도 이용한 것이니 문제 없다는 식으로 안일하게 생각하다가 큰코를 다치게 된다.

# 중국 데이터안전법 초안의 공표와 시사점<sup>*</sup>

장지화

## I. 서론

2020. 7. 3. 중국입법기관인 '전국인민대표대회<sup>全國人民代表大會</sup>'는(이하 '전인대'로 함) 「데이터안전법(초안)」(이하 '초안'이라 함)을 발표하고 이에 대한 의견수렴을 2020. 8. 16. 까지 한다고 밝혔다. 데이터안전법의 제정은 전인대가 2018년에 입법계획에 수렴하였고, 동년 10월부터 TF를 구성하였으며, 그 후 1년 동안 현장조사, 외국입법례와 실무분석, 국내외 각 분야 전문가, 기업인들의 의견 수렴 등 과정을 거쳐 총 7개장 51개 조로 구성된 초안을 제정 및 발표하였다. 「데이터안전법」은 이미 2017. 6. 1.부터 실행하고 있는 「인터넷안전법」과 현재 입법을 계획하여 전문가건의안이 마련된 「개인정보보호법」과 함께 데이터에 관련한 법체계를 구성할 것으로 예상이 된다. 본문은 초안의 내용을 소개하고 시사점을 알아본다.

## II. 초안의 주요내용

### 1. 주요 목적

전인대가 발표한 설명에 의하면 중국은 데이터를 일종의 기초자원<sup>基礎資源</sup>과 새로운

---

* 이 글은 『법률신문』(2020. 8. 6.)에 실린 칼럼이다. 이 글에서 다룬 중국 「데이터안전법(초안)」은 2021. 6. 10. 입법되어 2021. 9. 1.부터 시행한다. 공식 입법된 내용과 이 글에서 다룬 초안의 핵심 내용에는 큰 차이가 없다.

생산요소로 정리하고 있다. 따라서 데이터라는 자원에 대한 안정성 보장과 활용의 효율성 향상이 '데이터안전법'의 제정 목적이라고 할 수 있겠다.

실제적으로도 초안을 살펴보면, 제4조는 데이터안전보장에 있어서 국가안전의 관념의 중요성과 안전체계 구축의 필요성을 기본 원칙으로 제출하는 동시에 제5조로 데이터의 질서 있는 자유로운 유동과 데이터 활용에 의한 경제발전과 복지향상도 기본원칙으로 규정하였다.

세부조항에서도 '안전', '격려', '촉진', '지지(지원)' 등 단어들을 빈번하게 사용하였고 총 7개 조항으로 구성된 제2장은 '데이터 안전과 발전'이라고 이름을 달고, 주로 안전보장과 활용효율 향상이란 두 마리 토끼를 함께 잡을 수 있는 제도와 방안을 규정하고 있다.

## 2. 적용범위와 개념 정의

### 1) 적용범위

중국 경내(홍콩과 마카오를 포함)에서 발생하는 데이터 관련 활동은 당연히 법적용 대상이고, 유의할 것은 경외에서 전개한 데이터 활동이 중국의 국가안전, 공공이익 또는 중국의 개인·조직의 적법한 권익을 침해한 경우도 적용한다고 규정하였다(초안 제2조). 이는 실제적으로는 일종의 확대관할규정Long arm jurisdiction으로서, EU의 GDPR 제3조의 관할 규정의 영향을 받은 것으로 보인다.

### 2) 개념 정의

본 초안에서 ① 데이터란 전자 또는 비전자 형식으로 기록된 정보를 의미하고, ② 데이터활동이란 데이터의 수집, 저장, 가공, 사용, 제공, 거래, 공개 등 행위를 의미하며, ③ 데이터안전이란 필요한 조치의 채택으로 데이터에 대한 합법적인 사용을 보장하고 지속적으로 안전 상태에 처하게 하는 능력을 의미한다.

## 3. 일부 중요 제도

### 1) 데이터 유형별·등급별 보호제도

초안 제19조는 '국가는 데이터가 경제사회 발전에서의 중요성과 데이터가 무단변경, 파괴, 유출되거나 불법취득, 불법이용되었을 시 국가안전, 공공이익 또는 공민, 조직의 권익에 초래하는 침해 정도에 의하여 데이터에 대한 유형별·등급별 보호를 실행한다'라고 규정하였고, 각 지역정부와 관련 부서에게 중점보호대상 리스트를 작성하고 이에 대한 특별보호를 해야 한다고 하였다. 중국은 이미 2007년부터 통신, 철도, 우정, 전력 등 국가안보 핵심 영역에서 안전등급별 행정관리 제도를 실행하고 있어서 이를 전 영역으로 확대하는 것에 대한 노하우는 이미 일정하게 축적되었다고 하겠다.

### 2) 데이터 거래제도

초안은 제3조로 데이터거래를 초안의 적용대상에 포함하였고, 제17조는 "국가는 데이터 거래 관리 제도를 구축 및 보완하고 데이터거래 행위를 규범화하며 데이터거래시장을 양육한다"고 규정하여 데이터거래제도를 도입하였다. 또한 제30조로 거래대상 데이터 출처에 대한 확인 의무, 거래 쌍방 신분에 대한 확인 의무 등 '데이터거래 중개 서비스 제공자'의 의무와 제43조로 이를 위반 시의 처벌도 설정하였다.

실제로 중국은 이미 상해, 무한, 중경, 귀양 등의 지역에서 데이터거래소를 운영하고 있고, 이들은 이미 금융리스크 평가, 의약건강, 환경보호 등 영역에서 데이터를 취득하는 중요한 경로로 활용되고 있다.

### 3) 데이터 안전 비상대책제도

초안은 제21조를 통하여 데이터 안전 위협 사안 발생 시에 대한 비상대책 시스템을 갖추어야 한다고 규정하여 데이터 안전 비상대책제도를 구축하였다. 데이터 안전 위협 사안의 구체적인 정의와 범위는 아마 실행세칙에서 규정할 것 같고, 사안 발생 시 주관 부서에게 바로 대응 조치를 취하고 제때에 사태와 대응 상황을 공개할 것을 요구하였다.

### 4) 데이터 온라인 처리자 자격허가 제도

초안 제31조에 의하면 데이터를 온라인으로 처리, 제공 등의 서비스를 업으로 하는 자는 자격을 취득하거나 등록해야 한다고 하여, 법절차를 통하여 자격을 부여받지 못하면 관련 업무를 수행하지 못하도록 하였다.

## 4. 기타 유의가 필요한 소극적인 제도들

중국은 2020. 1. 1.부터 '외국인투자법外商投資法'을 실행하였고 그중 동법 제35조로 구축한 안보심사제도와 제40조로 구축한 보복조치제도가 비교적 소극적인 제도로 평가받고 있는데, 본 초안에서도 상기 두 제도들과 유사한 제도들을 보유하였다.

### 1) 데이터 안전 심사제도

초안 제22조는 "국가는 데이터안전 심사제도를 구축하고 국가안전에 영향을 주거나 영향을 줄 가능성이 있는 데이터 활동에 대해 국가안전심사를 한다"고 규정하여 데이터 안전심사제도를 도입하였다. 이는 위에서 언급한 외국인투자법의 안보심사제도와 구체적인 내용상 큰 차이가 없고, 안전심사 결정도 안보심사 결정과 마찬가지로 1심종심임에도 불구하고 명확한 구제제도를 마련하지 않았다.

### 2) 보복조치제도 유지

초안 제24조는 특정 국가 혹은 지역이 데이터와 데이터 관련 기술의 개발, 사용, 투자에서 중국을 금지 또는 제한하거나 차별대우하는 경우 그에 대해 상응한 보복조치를 취할 수 있다고 규정하였다. 이는 위에서 언급한 외국인투자법의 보복조치제도와 내용상 큰 차이가 없다.

## III. 시사점

중국은 지난 2020. 5. 28. 민법총칙, 혼인법, 계약법, 물권법 등 여기저기 단행법 형식으로 널려 있던 법률들을 통일법전형식으로 전환하는 입법과정을 끝마치고 오는 2021. 1. 1.부터 「민법전」을 실행한다.

그중 특별히 제4편으로 '인격편人格編'을 규정하였는데 그중에 전형적인 인격권리로 알려져 있는 생명권, 성명권, 초상권 등 외에 특별히 개인정보보호원칙을 설정하여 데이터안전에 대한 기본적인 규정을 마련하였다. 또한 이번 「민법전」 입법에서 총칙 부분으로 전환된, 이미 2017. 1. 1.부터 실행한 '민법총칙'은 데이터를 비롯한 온라인 가상재물들을 재산으로 인정하였기에 데이터거래제도 등의 도입에도 차질이 없게 되었다.

이는 중국이 데이터를 중요시하고 이에 관한 법제도 정비를 꾸준히 해나가고 있음을 보여주는데, 앞으로 데이터, 개인정보 등에 관한 기본법률과 행정세칙 등이 쏟아져 나올 것으로 예측된다. 특히 중국은 데이터를 일종의 국가자원으로 인식하고, 이를 국가안보 차원에서 접근하고 있기에 데이터 관련 규정들은 중요한 컴플라이언스의 내용이 될 것으로 보이므로 외국계 기업들은 각별히 유의할 필요가 있다고 본다.

# UC버클리 공공정책대학원 이야기<sup>*</sup>

민창욱

## Ⅰ. 토론과 부끄러움[1]

필자는 최근 UC버클리 공공정책대학원에서 석사 과정<sup>Master of Public Affairs, MPA</sup>을 마쳤다. MPA는 경력 10년 내외의 실무자들을 대상으로 3학기(여름, 가을, 봄) 동안 정책분석, 경제학 및 통계학, 리더십 등을 교육하는 과정이다. 51명의 동기들 중 미국인 이외에 외국 국적자는 35%였고, 주로 각국의 행정부 또는 입법부, NGO, 국제기구 등에서 일하던 친구들이 모였다. 그곳에서 느꼈던 작은 경험들을 몇 차례에 걸쳐 나눠 보고자 한다.

### "토론에 기여하지 못해서 미안해."

동기 중 D. 존슨이라는 친구가 있었다. 그는 2018년 리치몬드시에서 역대 최연소로 당선된 시의원이었다. 매 수업마다 앞자리에 앉아 거의 모든 주제에 대해 적극적으로 자기 의견을 냈다. 예를 들면, 최저임금에 대해 토론하는데 "우리 의회에서도 지난달 최저임금의 적정성을 다뤘다"는 식으로 본인의 경험을 더했다. 도움이 되는 의견도 있었지만, 그렇지 않은 의견도 있었다.

---

\* 이 글은 『법률신문』 "UC버클리 공공정책대학원 이야기" 칼럼을 엮은 것이다.

1) 『법률신문』(2020. 11. 12.)

미시경제학 시간이었다. 나는 D. 존슨 및 다른 2명의 동기들과 조별 토론을 했다. '수요곡선 위의 이동'과 '수요곡선의 이동'의 차이에 대해 논의했던 것 같다. 처음에 그는 언제나처럼 쾌활하게 웃으며 자기 의견을 냈다. 그런데 다른 동기 2명이 종이에 그래프를 그리면서 수요곡선이 이동하는 방향에 대해 논쟁을 벌이자, 그는 약간 혼란스럽다는 표정을 지으며 혼잣말을 하기 시작했다. 나는 영어가 짧기도 하거니와, 책에 있는 내용에 대하여 굳이 저렇게까지 논쟁을 해야 하나 싶어 이들을 지켜만 보고 있었다. 이후 D. 존슨은 약간 상기된 얼굴로 한동안 말문을 닫아 버렸다. 나는 혹여 그가 토론 주제를 잘 이해하시 못해 마음에 상처를 입은 것이 이닐까 생각했다.

그렇게 수업이 끝났다. 짐을 챙겨 점심을 먹으러 가려고 하는데, 그는 우리 조원들에게 다가와 뜻밖의 말을 건넸다. "이번 토론에 기여<sup>contribute to</sup>하지 못해 미안해." 나는 잠시 머리가 멍해졌다. 도대체 왜 미안하다고 하는 것일까. 토론할 때 조용히 있는 것이 과연 잘못인가. 한참이 지난 후에야 그 말의 의미를 비로소 이해할 수 있었다. 그는 단지 토론 내용을 따라가지 못해서가 아니라, 토론에 적극적으로 기여하지 못한 자신의 모습이 부끄러워 양해를 구한 것이었다.

## 내가 토론을 부끄러워한 이유

옛날 생각이 났다. 나는 로스쿨에서 '부끄러움' 때문에 토론에 잘 참여하지 못했다. 내 말이 틀리지는 않을까, 내 답변을 듣고 동기들이나 교수님이 이상하게 생각하지는 않을까 염려했다. 당시에는 나의 의견을 공유하여 수업에 '기여'해야겠다는 발상 자체를 하지 못했다. 그렇게 수업에 '기여'하지 않는 것이 '부끄러운' 일일 수 있다는 생각은 더더욱 할 수 없었다.

그날 이후 수업을 보는 나의 관점은 조금 달라졌다. 이전까지는 철저히 지식소비자의 입장에서, 숙련된 지식공급자(교수)의 정보를 어떻게 하면 더 효율적으로 받아들일지만을 고민했다. 토론에 참여하는 동기들은 어쩌면 나와 교수와의 소통을 방해하거나, 수업의 효율성을 떨어뜨리는 존재이기도 했다. 그러나 뒤늦게 그들을 이해하게 되었다. 그들은 나름의 방식으로 자신의 관점을 수업에 더하기 위해 애쓰고 있었던 것이다. 조금 독특한 발언을 해도 괜찮다. 상대방의 기여를 인정하고, 그에 자신의 생각을 보태면서, 대체로 다수가 수긍할 수 있는 방향으로 논의가 모아지고 있었기 때문이다.

## "좋은 생각이에요." 자유로운 토론을 가능하게 만든 교수님의 한 마디

첫 학기가 시작된 후 몇 주 동안은 교실에 그냥 앉아 있었다. 사실 앉아서 수업을 듣고 토론을 지켜보는 것도 쉽지 않았다. 그런데 어느 순간부터 마냥 앉아만 있기가 너무 부끄러웠다. 매일 아침 '오늘은 한 마디라도 의견을 내야지' 하고 다짐하며 교실에 들어갔지만, 마치 '라디오스타'에서처럼 쉴 틈 없이 쏟아지는 대화들 사이에 끼어들기가 어려웠다. 도저히 안 되겠다 싶어 이번에는 토론을 시작하기 전에 불쑥 손을 들고 말을 꺼냈다. 문법에도 맞지 않게 몇 단어를 띄엄띄엄 말했던 것 같다.

다소 조용한 분위기 속에서 교수님이 대답하였다. "흥미롭군요." 이후 교수님은 정말로 나의 의견이 궁금하다는 표정으로 "조금 더 이야기해 줄 수 있나요."라고 물었다. 두세 문장 정도 더 떠듬떠듬 말했는데, 교수님은 그동안 나와 눈을 맞추고 고개를 끄덕이면서 끝까지 이야기를 들어 주었다. 그런 교수님을 보니 긴장감이 풀리고 마음이 편해졌다. 그 이후부터는 동기들이 내 의견에 덧붙여 이런저런 의견을 개진했다.

공공정책대학원에서의 수업은 대부분 토론식이었다. 교수님들은 강의를 하다가도, 본인이 일방적으로 정보를 전달하고 있는 것 같은 느낌을 받으면 갑자기 강의를 중단하고 "3~4명씩 조를 나눠 토론해 보세요."라고 하였다. 학생들이 엉뚱한 질문을 하더라도 항상 "좋은 질문입니다." 또는 "좋은 생각이에요."라고 대답한 후, 그 엉뚱한 생각을 좀 더 발전시킬 수 있도록 유도하였다. 후드티와 반바지를 입고서 친구처럼 수업을 하는 교수님도 있었다. 그렇게 자유로운 분위기 속에서 학생들은 서로가 토론에 기여하고자 노력하였다.

## 토론 분위기를 만드는 것은 선배들의 몫

유학을 마치고 지난 7월 회사에 복귀했다. 예전에는 느끼지 못하였는데, 우리 회사의 토론 문화는 꽤나 경직되어 있는 것처럼 보였다. 많은 회의에서 저년차 후배들은 조용히 선배들의 말을 듣고만 있었다. 처음에는 그들도 1년 전의 나처럼 토론의 주체로서 기여해야겠다는 생각을 하지 못해서 말을 아낀다고 짐작했다. 그런데 꼭 그렇지만은 않은 것 같다. 몇몇 후배들이 발언을 했을 때, 약간 얼굴을 찡그리거나 냉정하게 질책하는 선배들의 모습을 보았다. 이런 딱딱한 분위기에서는 자유롭게 의견을 교환하기 어렵겠구나 하는 생각이 들었다.

법조계가 너무 엄격하다고 느낄 때가 있다. 정답을 말하지 못하면 위축되는 것 같기도 하다. 그러나 우리가 직면한 문제들에는 정해진 답이 없는 경우가 많다. 우리의 역할은 주어진 공식을 풀어 정답을 도출하는 것이 아니라, 여러 의견을 경청하면서 개별 사안에 맞는 최선의 해결책을 찾아가는 것이 아닌가. 우리에겐 서로의 관점을 자유롭게 교환하면서 의견을 모아가는 훈련이 필요하다. 그리고 이러한 훈련은, 선배들이 후배들의 엉뚱한 의견에도 "좋은 생각이에요."라고 웃으며 호응할 때 비로소 가능할 것 같다.

더 나은 토론을 위해 내가 주체적으로 기여하고자 하는 책임감과, 상대방의 의견을 경청하고 따뜻하게 격려하는 문화가 뒷받침될 때, 우리의 논의가 보다 많은 사람의 공감을 얻을 수 있지 않을까 생각해 본다.

## II. 반론에 대처하는 자세[2]

공공정책대학원에는 말하기와 글쓰기 수업이 꽤 많다. 정책 리더의 가장 중요한 자질은 말과 글로 상대를 설득하는 일이라고 가르친다. 경제학 용어를 쓰지 말고 경제학 리포트를 작성하라는 과제가 나왔고, 프레젠테이션 장면을 녹화하여 말하기 습관을 교정해 주기도 했다. 영어가 짧은 필자로서는 매우 곤혹스러운 과정이었다.

### '30초-3분-30분의 법칙' 독자가 내 글의 본문을 읽게 만들어라.

오늘은 글쓰기 수업에서 배웠던 두 가지 주제를 소개하고자 한다. 첫 번째 주제는 '30초-3분-30분의 법칙'이다. 글쓴이는 대체로 본인이 쓴 글에 몰입되어 있기 때문에 남들도 자기 글에 관심을 가질 것이라고 착각을 한다. 그러나 현실은 전혀 그렇지 않다. 대부분의 독자들에게는 두 가지가 없다. 내 글을 읽을 시간이 없고, 내 글에 관심이 없다. 우리의 글쓰기는 바로 이 지점에서 출발하여야 한다. 어떻게 하면 바쁜 독자들이 내 글에 관심을 갖도록 만들 것인가? 이를 위해 여러 기법들이 있겠지만, 적어도 10페이지 이상의 글을 쓸 때에는 요약문Executive Summary을 잘 쓰는 것이 가장 중요하다.

정책결정자가 내 보고서를 읽는 데 쓸 수 있는 시간은 딱 30초이다. 우리는 정책결

---

2) 『법률신문』 (2020. 11. 16.)

정자가 30초 안에 요약문을 읽고 그다음 페이지를 넘겨볼 수 있도록 만들어야 한다. 정책결정자가 요약문에 흥미를 느꼈다면, 그 후 3분 정도는 내 보고서를 쭉 훑어보게 될 것이다. 그 3분 동안 정책결정자가 보고서의 전문을 읽어보고 싶도록 만들어야 한다. 이를 위해 소목차header를 잘 뽑고, 각 문단의 첫 문장을 두괄식으로 짜임새 있게 작성해야 한다. 그러면 정책결정자는 30분을 할애하여 내 보고서를 꼼꼼히 읽어보게 될 것이다.

요약문을 작성할 때 가장 중요한 사항은 본문의 문장을 그대로 가져오지 않는 것이다. 요약문과 본문은 문장의 밀도가 다르므로, 본문의 문장을 그대로 사용하면 요약문을 압축적이고 간결하게 작성할 수 없다. 교수님은 요약문에 들어갈 모든 단어를 하나하나 신중하게 선택하라고 가르쳤다. 그리고 학생들이 작성한 정책보고서를 평가할 때 전체 배점 100점 중 10점을 요약문에 배정하였다. 이 10점은 정책보고서의 내용과는 무관하게, 오로지 본문을 얼마나 잘 요약했는지만을 보고 매기는 점수이다. 실제로 OECD 등 국제기구에서 발간한 보고서들의 요약문은 매우 간결하고 명확하다. 본문의 내용이 아무리 좋더라도, 독자가 본문을 들여다보지 않으면 소용이 없다.

### 반론에 대처하는 자세 ①: 유력한 반론을 반드시 글에 포함하라

다음 주제는 글에서 상대방의 반론에 대처하는 방법이다. 교수님은 상대방의 반론을 다룰 때에는 두 가지 원칙을 지켜야 한다고 가르쳤다. 첫째 원칙은 유력한 반론을 반드시 내 글에 포함하라는 것이고, 둘째 원칙은 그 반론을 재반박refutation하거나 아니면 그에 양보concession하라는 것이었다.

재반박은 그렇다 치고, 양보는 무슨 말일까. 교수님은 양보란 재반박하지 않고 상대방의 논거를 그대로 인정하는 것이라고 했다. 아니, 재반박을 하지 않을 것이라면 유력한 반론을 왜 굳이 내 글에 담아야 하는가? 상대방의 반론을 꼭 글에 써 줘야 하는지 묻자, 교수님은 이렇게 답했다.

"유력한 반론을 글에 포함하지 않으면 독자는 당신이 쟁점에 대한 이해가 부족하거나, 한쪽으로 치우쳐 있다는 느낌을 받게 됩니다. 당신이 설득할 대상은 사안에 중립적이거나 그에 반대되는 생각을 가진 사람이 아닌가요? 그럼 반론도 당신의 글에서 충실히 다뤄 주는 것이 좋습니다."

## 반론에 대처하는 자세 ②: 반론에 양보<sup>concession</sup>할 줄도 알아라

그날 수업을 마치고 집으로 돌아왔다. 하지만 생각할수록 '양보'란 개념은 받아들이기 어려웠다. 나는 소송변호사로서, 나의 주장을 서면에 완결적으로 담아야 설득력이 높아진다고 여겨 왔다. 상대방 반론의 일부를 서면에 담을 수는 있겠으나, 이는 재반박을 통해 나의 주장을 더욱 돋보이게 하기 위한 일보 후퇴였을 뿐이다.

다음 수업 시간에 교수님을 찾아가 다시 물었다. "유력한 반론에 대하여 재반박 없이 양보하면, 오히려 내 글의 설득력이 떨어지지 않나요?" 그러자 교수님은 이렇게 말했다.

"독자는 당신이 양보한 그 논거 하나만 보고 글의 설득력을 판단하지 않습니다. 여러 논거들을 종합하여 결론의 타당성을 판단하겠죠. 유력한 반론에 대해 무리하게 재반박하는 것보다, 그에 한발 물러섰을 때 독자들은 당신이 좀 더 균형감을 갖추었다고 느낄 수 있습니다. 다만 한 가지, 만약 당신이 보기에도 반론의 논거들이 전체적으로 더욱 설득력이 있다면, 그때 당신이 해야 할 일은 글의 결론을 바꾸는 것입니다."

## 중립적인 독자를 설득하기 위한 글쓰기

물론 학자나 정책분석가의 글쓰기와 법률가의 글쓰기는 다를 수 있다. 특히 소송변호사가 결론을 바꾸기는 어려울 것이다. 다만 의뢰인이 있는 변호사든, 자기 진영이 있는 지식인이든, 유력한 반론을 글에서 정직하게 다루어 주는 자세는 필요하지 않을까. 자기 편만을 만족시키기 위해서가 아니라 제3자를 설득하고 논의의 지평을 넓히기 위해서 글을 쓴다면 말이다. 과거에 쓴 나의 서면을 보다가 얼굴이 화끈거림을 느끼면서, 주제 넘게 몇 마디를 적어 보았다.

## Ⅲ. 공공의 리더십[3]

공공정책대학원에 입학하기 위해서는 몇 편의 짧은 에세이를 제출해야 한다. 그중 리더십 에세이가 있다. "리더십을 발휘하여 공공선<sup>public good</sup>의 확대에 기여하였던

---

3) 『법률신문』 (2020. 12. 14.)

경험을 기재하라."는 질문에 대답을 해야 한다. 2년 전 이맘때 즈음, 나는 이 질문 앞에서 몇 주 동안 멈춰서 있었던 것 같다. 회사에서 공익 사건으로 분류된 일을 나름 수행하였다고 생각했는데, 막상 저 질문에 대하여 쓸 말이 없었다. 내가 어떤 일을 함으로써 그 이전보다 '공공선'이 확대되었다고 볼 만한 사건이 있었을까. 만약 있었다면, 그 사건의 결과는 다른 사람이 아닌 내가 '리더십'을 발휘하여 만든 것이었을까. 기한에 쫓겨 에세이를 제출하였지만 마음이 편하지 않았다. '돌아올 때에는 꼭 저 질문에 대한 답변을 찾자'고 다짐하면서 유학길에 올랐다.

## 리더십 연습: 자기 경험을 솔직하게 말하기

공공정책대학원에는 리더십 계열의 수업이 상당히 많다. 나는 몇 과목을 수강하였다. 교수님들은 사전에 리더십 이론에 관한 글을 많이 나눠주었는데, 막상 수업 시간에는 이론을 가르치지 않고 학생들끼리 토론만 하게 하였다. 그리고 리더십에 대한 '자기 경험'을 이야기하도록 유도하였다. 남들 앞에서 진솔하게 자기 경험을 이야기할 때 화자의 말에 힘이 실렸고, 사람들은 더 깊게 몰입하며 공감하였다. 자신의 경험과 생각을 솔직하게 나누는 사람에게는 청중을 이끄는 힘이 있었다.

그런 측면에서, 나는 로버트 라이시R. Reich 교수님이 종강을 앞두고 약 10여 분 동안 짧게 해 준 이야기가 가장 기억에 남는다. 그는 사회로 복귀하는 학생들에게 해주고 싶은 말이 있다고 하면서 '리더십'을 이야기했다. 책에 나오는 내용은 아니지만, 본인이 살면서 경험하고 느꼈던 리더십에 대한 생각이라고 하였다. 나는 그래서 더욱 그의 이야기에 관심이 갔다. 그는 클린턴 정부 시절 노동부장관을 역임했고, 타임지The Times는 그를 20세기에 가장 성공적으로 업무를 수행한 10대 장관으로 선정하기도 하였다. 리더가 말하는 리더십이 무엇일지 궁금했다.

## 사회 변화의 네 가지 장애물: 부정하기 · 도피하기 · 비난하기 · 냉소하기

먼저 그는 사회에 긍정적 변화를 일으키는 일은 매우 어렵다고 하면서, 그때마다 항상 부딪히게 되는 네 가지 장애물이 있는 것 같다고 하였다.

첫째는 '부정하기'denial이다. 많은 사람들은 지금 우리 사회에 특별한 문제가 없다고 생각한다. 용기를 내어 직장 내 성폭력에 대해 문제를 제기하면 '그런 적이 없다'는 답변이 돌아온다. OECD가 2017년에 발표한 한국의 상대적 빈곤율은 17.4%로 세계 주요국 중 5위 수준이지만, 상당수의 사람들은 한강의 기적을 이룬 우리나라에 빈곤층이 거의 존재하지 않는다고 믿는다. 트럼프 대통령은 '지금 날씨가 이렇게 추운데 지구 온난화는 도대체 어디에 있는가?'라고 반문하면서 아직도 기후 변화를 부정한다.

둘째는 '도피하기'escapism이다. 일부는 현실의 문제를 알고 있지만 무시하려고 한다. 나 자신이나 가족과는 상관 없는 일이기 때문이다. 내부 고발자를 도우면 혹여 자신에게 피해가 갈까 봐 외면한다. 빈곤이나 사회 복지는 국가가 나서 해결할 문제이지 내가 관여할 사안이 아니다. 기후 변화로 인한 대기근은 시리아에서나 일어나는 일이지 2021년 대한민국에서 고민할 문제는 아니다.

셋째는 '비난하기'scapegoating이다. 일부는 현실의 문제를 알면서도 외면하다가, 갑자기 그 문제에 대한 책임을 당사자에게 전가하기 시작한다. 미투 의혹을 제기한 사람은 평소부터 행실에 문제가 있었다. 기초생활수급자들은 일할 능력이 있음에도 국민들이 낸 세금에만 의존해 살아가고 있다. 기후 위기를 주장하는 사람들은 현실적인 대안도 없이 비싼 대체에너지만을 고집하면서 우리나라의 산과 들을 태양광 패널로 뒤덮으려 하고 있다.

넷째는 '냉소하기'cynicism이다. 일부는 현실의 문제를 알고 있고, 이를 외면하거나 당사자를 비난하지도 않지만, 현실을 바꾸려고 하는 사람들에게 "네가 노력해도 달라지는 것은 없다."고 이야기한다. 이들은 젊은 시절 세상을 바꿔 보려고 노력하였으나 좌절했던 경험을 가지고 있을 수 있다. 수구 세력은 너무 강하고, 정치란 원래 부패하기 마련이니, 네가 나서 봤자 너와 네 가족만 힘들어질 뿐이라고 말한다. 라이시 교수는 네 번째 장애물이 가장 심각한 문제라고 지적한다. 사람들로 하여금 사회 변화에 대한 희망을 포기하게 만들기 때문이다.

## 공공의 리더십: '과업 회피증'work avoidance을 극복하는 것

처음 사회 문제를 발견하였을 때 사람들은 의지를 갖고 이를 해결하려고 한다. 하지만 위의 부정하기, 도피하기, 비난하기, 냉소하기란 네 가지 장애물에 부딪히면서 점점 '과업 회피증'work avoidance에 빠지고 만다. 해야 할 과업이 있지만, 무력감에 자꾸 이를 회피하게 되는 것이다. 라이시 교수는 리더십이란 사회를 개혁하려는 사람들이 '과업 회피증'을 극복하고 자신의 일을 할 수 있도록 돕는 것이라고 하였다. 사회 문제를 함께 발견하고, 이에 적극적으로 맞서며, 당사자들과 연대하면서, 이 문제를 반드시 해결할 수 있다는 믿음으로 주변을 이끄는 사람이 바로 리더인 것이다.

그는 자신이 노동부장관으로 재직하였을 때 한 걸음 더 나아가지 못한 것이 무척 아쉽다고 하면서, 진심으로 여러분들이 사회의 리더가 되기를 바란다고 하였다. 그리고 사회 개혁은 지난한 과정일 수밖에 없으므로 순간순간을 즐기라고 하였다. 2017년 제작된 넷플릭스 다큐멘터리 '자본주의를 구하라'를 보면 그가 마지막에 장난스럽게 춤을 추는 장면이 나온다. 꽤 인상적이다. 70대의 노교수老教授는 오늘도 글을 쓰고, 영상Inequality Media을 제작하면서 사회 변화를 꿈꾸는 사람들이 '과업 회피증'에 빠지지 않도록 돕고 있다.

우리나라에도 사회 변화를 위해 일생을 헌신한 선배 분들이 계시다. 지금도 각자의 자리에서 위의 네 가지 장애물을 극복하고 앞으로 나아가기 위해 노력하는 많은 리더들이 있다. 참으로 감사한 일이 아닐 수 없다. 나는 다시 처음으로 돌아와 같은 질문을 던져 본다. 나는, 그리고 나의 회사는, 우리 사회에서 공공선을 확대하는 일에 얼마나 기여할 수 있을까. 역량과 용기와 인내가 부족하여 의미 있는 일들을 하기 어려울 수 있겠다는 생각도 든다. 다만 무엇보다, 최소한 어떤 사회 문제에 직면하였을 때 현실을 부정하거나, 도피하거나, 비난하거나, 냉소하는 편에는 서지 말자고 다짐해 본다.

법/률/의/지/평/

# 소송사례

# 군인사법 제57조 제2항 제2호 위헌소원

- 헌법재판소 2017헌바157 · 2018헌가10(병합) 결정 -

박성철 · 박보영 · 이주언 · 김승현 · 이상현 · 최초록

## 제국주의 일본 군대의 잔재, '군 영창제도'

군 영창제도의 기원은 1896년 고종이 내린 칙령인 '육군 징벌령'에서 찾을 수 있습니다. 그리고 고종의 '육군 징벌령'은 일제가 이보다 앞서 자국의 '육군 징벌령'에 규정한 영창제도를 따른 것으로 알려져 있습니다. 군 영창제도는 일본 제국주의 군대의 제도를 무비판적으로 수용한 것으로, 이후에도 그 잔재를 청산하지 못한 것이라는 지적이 많습니다.

그럼에도 불구하고 군 영창제도는 국방경비법(1948년), 국군징계령(1949년)을 거쳐 군인사법(1962년)에 이르기까지 그대로 답습되어 왔습니다. 2020년의 현황을 보더라도, 영창처분을 받고 구금되는 병사가 연간 만여 명에 달합니다. 일본 제국주의의 흔적이 현대의 대한민국 사회에서도 확인된다는 것은 참으로 안타까운 일입니다.

## 민주주의와 법치주의의 핵심 정신에 반하는 '군 영창제도'

군 영창제도는 규율을 어긴 병사를 구금하는 징벌제도입니다. 그리고 이러한 제도는 재판 없이 지휘관과 자체 징벌위원회의 의결만으로 신체의 자유를 침해하는 것으로, 위헌이라는 지적이 꾸준히 제기되어 왔습니다. 같은 취지에서, 참여정부의 사법제

도개혁추진위원회는 2005년부터 영장 없이 사람을 구금하는 것은 '자의적 구금'으로 헌법 제12조의 영장주의에 위배된다는 문제제기를 한 바 있습니다. 국제 사회에서도 UN 고문방지협약위원회, UN 자유권규약위원회 등이 대한민국 정부에 군 영창제도의 폐지를 권고하였습니다.

사람을 가둘 때에는 법관이 발부한 영장이 있어야만 한다는 '헌법상 영장주의의 원칙'이 우리 사회 민주주의와 법치주의의 핵심 정신 중 하나라는 점에는 긴 설명이 필요하지 않습니다. 현대 민주주의의 시발점이라고 평가되는 영국의 '마그나 카르타<sup>the</sup> Great Charter of Freedoms, 대헌장'는 "잉글랜드의 자유민은 법이나 재판을 통하지 않고서는 지유, 생명, 재산을 침해받을 수 없다"고 선언하고 있습니다. 사람의 신체의 자유를 제약하는 '구금'에 있어서는 법관에 의한 재판이 반드시 필요하다는 점은 1215년에 이미 선언된 대원칙인 것입니다.


## 본 사건의 쟁점과 의미: 영창제도가 위헌이라는 헌법재판소의 판단을 이끌어냄

본 사건의 당사자는 소 제기 당시 현역으로 복무하고 있었던 병사입니다. 본 사건의 당사자는 복무규율을 위반하였다는 이유로 영창처분을 받았는데, 그 부당성을 다투기 위해서 본 대리인들을 찾았습니다. 본 대리인들은 적법한 절차 없이 병사를 구금하는 '군 영창제도' 자체가 헌법에 위반된다는 판단하에, 헌법재판소에 관련 조항의 위헌 여부에 관한 판단을 구했습니다.

본 사건의 핵심 쟁점은 '(형사절차가 아닌) 행정적인 절차를 통해 사람을 구금할 때에도 헌법상 영장주의의 원칙이 적용되는지' 여부였습니다. 군 영창제도와 같은 행정절차에도 헌법상 영장주의의 원칙이 적용된다면, 법관의 재판 없이 사람을 구금하는 현행 영창제도는 위헌을 면할 수 없기 때문입니다. 그런데 형사절차의 경우 사람을 구금할 때 헌법상 영장주의 원칙이 적용된다는 점에는 이견이 없으나, 이러한 원칙이 행정적인 절차에도 적용되는지에 대해서는 그간 논란이 되어 왔습니다. 과거 헌법재판소도 전투경찰 영창제도의 위헌 여부가 쟁점이 된 사건에서 위헌의견 5명과 합헌의견 4명으로 그 의견이 갈린 바 있습니다(2013헌바190). 그리고 이때에도 핵심 쟁점은 행정절차에도 헌법상 영장주의의 원칙이 적용되는지 여부였습니다.

본 사건에서 헌법재판소의 다수의견(7인)은 현행 군 영창제도가 신체의 자유를 침해한다며 위헌이라고 판단하였습니다. 그리고 4인의 재판관은 헌법상 영장주의의 원칙이 행정절차에도 적용된다는 전제하에, 현행 군 영창제도가 헌법상 영장주의의 원칙에도 위배된다고 판단하였습니다. 결국, 마그나 카르타 이래로 현대 민주주의와 법치주의가 강조하였던 '신체의 자유'와 '영장주의의 원칙'이 군 장병에 대해서도 예외 없이 적용된다는 점이 본 사건을 통해서 다시금 확인된 것입니다.

군 영창제도에 대한 국가인권위원회의 실태조사에 따르면, 군대 내 영창시설은 사실상 구금시설과 다르지 않다고 합니다. 그리고 국가인권위원회는 이러한 인권침해적인 시설의 개선을 촉구한 바 있습니다. 본 사건을 통해서, 여러 군장병들을 법관의 재판 없이 지휘관의 결정만으로 구금하는 인권침해적인 제도는 역사의 뒤안길로 사라지게 되었습니다. 제도의 폐지로, 백년 넘게 답습되어 온 일제 군대문화의 잔재와 이로 인한 인권침해의 상황이 근본적으로 개선된 것에서 본 사건의 의미를 찾을 수 있습니다.

# 헌법소원심판청구서

청 구 인   ○○○

위 청구인은 헌법재판소법 제68조 제2항에 따라 이 사건 헌법소원심판을 청구합니다.

## 청 구 취 지

"군인사법(2016. 12. 20. 법률 제14421호로 개정되기 전의 것) 제57조 제2항 제2호는 헌법에 위반된다."

라는 결정을 구합니다.

(생략)

## 청 구 원 인

### 1. 서 론

"영창"이라고 불리는 당해 사건 징계처분은 군인사법 제57조 제2항 제2호(이하 "이 사건 법률조항")에 근거하여 내려진 처분입니다.

병사에 대한 영창제도를 최초로 도입한 것은 1896. 1. 24. 제정·공포된 칙령 제11호 "육군징벌령"입니다. 위 칙령은 갑오·을미개혁 직후에 공포된 것인데, 일본이 이보다 앞서 자국의 "육군징벌령"에 영창제도를 두었던 점을 보면, 우리나라의 영창제도는 결국 제국주의 시절의 일본으로부터 유래된 것이나 다름없습니다. 이후 영창제도는 국방경비법(1948년), 국군징계령(1949년)을 거쳐 군인사법(1962년)에 이르기까지 무비판적으로 답습되어 왔습니다. 군인사법 역시 제정 이후 여러 차례 개정이 되었지만, 위헌적인 영창제도는 군과 입법자의 무관심 속에 오늘날까지 유지되었습니다. 일본 제국주의의 흔적이 2017년 오늘날 대한민국의 법률에서 발견된다는 것은 그야말로 비극이 아닐 수 없습니다.

입법자 스스로도 「군인의 지위 및 복무에 관한 기본법」(이하 "군인지위기본법")을 통하여 "군인은 대한민국 국민으로서 일반 국민과 동일하게 헌법상 보장된 권리를 가"짐을 선언하고 있습니다(군인지위기본법 제10조 제1항). 그럼에도 이 사건 법률조항으로 인하여 많은 병사들의 신체의 자유가 독립적인 법관의 개입 없이 오직 처분권자의 재량에 기하여 무분별하게 침해되고 있습니다. 이는 헌법 제12조 제3항이 규정한 영장주의를 정면으로 위반하는 규정으로 볼 수 있습니다. 또한 부사관 및 장교와는 달리 병사에 대한 징계에서만 유독 신체의 자유까지 제한할 수 있도록 한 것은 평등원칙에도 반합니다.

아래에서는 이 사건 법률조항이 영장주의를 위반하여 병사들의 신체의 자유를 침해하고 있으며, 평등원칙에 반하는 위헌적인 규정임을 말씀드리도록 하겠습니다.

## 2. 이 사건 법률조항 및 영창처분의 본질

### 가. 이 사건 법률조항

이 사건 헌법소원심판청구의 대상이 되는 법률조항은 군인사법 제57조 제2항 본문 및 제2호입니다. 이 사건 법률조항을 그대로 인용하면 다음과 같습니다.

---

군인사법 제57조(징계의 종류) ② 병에 대한 징계처분은 강등, 영창(營倉), 휴가 제한 및 근신으로 구분하되 징계의 종류에 따른 구체적인 내용은 다음 각 호와 같다.

1. 강등은 해당 계급에서 1계급 낮추는 것을 말한다.
2. 영창은 부대나 함정(艦艇) 내의 영창, 그 밖의 구금장소(拘禁場所)에 감금하는 것을 말하며, 그 기간은 15일 이내로 한다.
3. 휴가 제한은 휴가일수를 제한하는 것을 말하며, 그 기간은 1회에 5일 이내로 하고 복무기간 중 총

---

제한일수는 15일을 초과하지 못한다.

4. 근신은 훈련이나 교육의 경우를 제외하고는 평상 근무에 복무하는 것을 금하고 일정한 장소에서 비행을 반성하게 하는 것을 말하며, 그 기간은 15일 이내로 한다.

## 나. 영창처분의 본질

영창처분은 강등, 휴가제한, 근신과 함께 군인사법에 규정된 병사에 대한 징계처분의 한 종류입니다(군인사법 제57조 제2항). 일반적으로 징계는 공무원과 국가 사이의 관계에서 국가 등이 사용자로서의 권한을 행사하는 것입니다. 따라서 징계는 공무원 사회 내부의 질서유지를 목적으로 공무원의 신분상 이익을 박탈하는 것을 내용으로 합니다. 반면 형벌은 일반의 질서유지를 목적으로 신분상 이익뿐 아니라 재산적 이익이나 신체의 자유의 박탈도 그 내용으로 합니다.[1][2] 헌법재판소도 징계는 '신분상의 불이익한 처분'이라고 정의하고 있습니다(헌법재판소 2015. 10. 21. 선고 2015헌바215 결정).

그러나 강등이나 휴가 제한이 신분상 이익을 박탈하는 것인 반면, 영창은 신체의 자유를 박탈하는 것입니다. 이는 단순한 징계의 차원을 넘어서 '징벌'로서의 성격을 띠고 있습니다. 영창처분을 받은 병사는 그의 신체가 일정한 장소에 구금됨으로 인하여 평상 근무에 임하지 못하게 됩니다. 만약 영창처분이 병사로 하여금 근무에 복무하지 못하도록 하는 데 그 주된 목적이 있다면, 이는 근신으로도 해결될 문제이므로 영창처분을 독자적인 징계처분으로 규정할 이유가 없습니다. 그럼에도 불구하고 영창처분을 별도의 징계 유형으로 규정한 것은 영창처분이 의도하는 바가 병사의 신체를 구금하는 것 그 자체이기 때문입니다.[3]

실제 영창 시설을 모습을 보면 영창 처분이 단순한 징계가 아닌 구금이라는 것을 피부로 느낄 수 있습니다. 아래의 사진은 육군 내 영창과 구치소의 모습으로 군인사법상 영창 처분을 받은 징계입창자는 군형법상 미결수용자와 같은 시설에서 생활합니다.

---

1) 김동희, 행정법 Ⅱ(제21판), 176쪽, 박영사(2015).

2) 한편, 근로관계에서 징계의 의미는 "근로자의 근무규율이나 그 밖의 직장질서 위반행위에 대한 제재로서 근로자에게 근로관계 상의 불이익을 주는 조치"라고 정의되고 있습니다. 임종률, 노동법(제12판), 502쪽, 박영사(2014).

3) 최성보, "영창제도의 문제점과 개선방안에 관한 연구", 7쪽, 법학석사학위논문 서울대학교(2006. 2.).

(생략)

이처럼 영창처분은 병사의 신체를 감금함을 그 내용으로 하므로 그 실질에 있어서는 일종의 구류형으로 보아야 합니다.[4] 즉 영창처분은 그 실질이 '구금'임에도 불구하고 형식적, 절차적으로는 지휘관에 의한 징계처분의 형태로 행해지고 있습니다.[5]

## 3. 위헌성 1: 영장주의 위반

### 가. 영장주의 적용 여부

#### 1) 기존 헌법재판소의 결정

헌법재판소는 전투경찰순경에 대한 영장 규정이 문제되었던 2016. 3. 31. 선고 2013헌바190 결정에서 "헌법 제12조 제3항에서 규정하고 있는 영장주의란 형사절차와 관련하여 체포·구속·압수·수색의 강제처분을 할 때 신분이 보장되는 법관이 발부한 영장에 의하지 않으면 안 된다는 원칙으로, 형사절차가 아닌 징계절차에도 그대로 적용된다고 볼 수 없다"고 하여 대상 규정을 합헌으로 판단한 바 있습니다. 하지만 이때 합헌의견은 4인에 불과하였고, 위헌의견이 이보다 많은 5인이었습니다.

위헌의견은 "공권력의 행사로 인하여 신체를 구속당하는 국민의 입장에서는, 그러한 구속이 형사절차에 의한 것이든, 행정절차에 의한 것이든 신체의 자유를 제한당하고 있다는 점에서는 본질적인 차이가 없다는 점에서 행정기관이 체포·구속의 방법으로 신체의 자유를 제한하는 경우에도 원칙적으로 헌법 제12조 제3항의 영장주의가 적용된다"며 이 사건 영창조항이 영장주의에 위배되어 청구인의 신체의 자유를 침해한다고 하였습니다. 또한 "영창은 신체의 자유를 직접적, 전면적으로 박탈하는 것이므로, 징계로서 이와 같은 구금을 행하는 것은 원칙적으로 허용되어서는 아니"되는데 징계사유가 지나치게 포괄적이고, 실효성 있는 구제절차도 존재하지 않는다며 영창조항이 과잉금지원칙에 위배되어 청구인의 신체의 자유를 침해한다고 하였습니다.

---

4) 한인섭, "현행 군사재판의 문제점과 개선방안", 절차적 정의와 법의 지배, 292쪽, 박영사(2003). 송광섭, "징계영창처분의 문제점과 인권개선방안", 96쪽, 피해자학 연구 제12권 제1호(2004. 4.).
5) 최성보, 앞의 글, 9쪽.

## 2) 영장주의의 취지 및 연혁

법관에 의한 영장제도는 수사기관의 강제수사권 남용으로부터 시민의 자유와 권리를 지키기 위하여 독립한 제3의 기관인 법관으로 하여금 수사상 강제처분의 허용 여부를 판단하도록 하는 제도로서 근대 형사소송법의 기본원리 가운데 하나를 이룹니다.[6]

우리 헌법 제12조 제3항 역시 영장제도를 받아들여, "체포·구속·압수 또는 수색을 할 때에는 적법한 절차에 따라 검사의 신청에 의하여 법관이 발부한 영장을 제시하여야 한다"고 규정하고 있습니다.[7]

### 가) 미연방헌법상 영장주의의 형성 과정

우리 헌법상 영장주의는 미군정하에서 1948. 3. 20. 미군정 법령 제176호에 의하여 도입되었는데,[8] 당시의 내용은 미연방헌법 수정 제4조 전단과 매우 유사합니다.[9] 미연방헌법 수정 제4조가 채택되기 전인 18세기 중반까지는, 각 식민지에서 피의자 체포 및 도품 회수를 목적으로 하는 압수·수색을 위해서 치안판사의 '일반영장'이 광범위하게 사용되고 있었습니다. 또한 식민지 자체의 관세 및 물품세의 징수, 밀렵의 규제, 부랑자의 단속 등을 위한 압수·수색 권한이 각 식민지 법령에 의하여 인정되고 있었습니다.[10]

---

6) 신동운, 신형사소송법(제5판), 227쪽, 법문사(2014).

7) 1948. 7. 17. 제헌 헌법 제9조 제3항은 "체포·구금·수색에는 법관의 영장이 있어야 한다. 단, 범죄의 현행, 범인의 도피 또는 증거인멸의 염려가 있을 때에는 수사기관이 법률이 정하는 바에 의하여 사후에 영장의 교부를 청구할 수 있다"고 규정하고 있었으나 1962. 12. 27. 제5차 개헌 시 "적법한 절차에 따라 검사의 신청에 의하"도록 규정하여 현행 조문과 유사하게 개정하였습니다.

8) 신동운, "영장실질심사제도의 실시와 영장주의의 새로운 전개―영장제도에 대한 연혁적 고찰을 중심으로―", 15-50쪽, 법원행정처 편, 새로운 인신구속제도연구(1996. 11.).

9) 미연방헌법 수정 제4조 규정은 "신체, 주거, 서류 및 소유물에 대한 불합리한 수색 및 체포·압수로부터 안전해야 할 인민의 권리는 침해되어서는 안 된다. 어떠한 영장도 선서 또는 확약에 의하여 지지된 상당한 이유에 기초하지 않거나, 또는 수색될 장소나 체포·압수될 사람 내지 물건을 특정하여 표시하지 않고 발부되어서는 안 된다"고 되어 있어 우리 현행 헌법 규정과는 그 구성 및 문언을 달리합니다.

10) Cuddihy, W. J., The Fourth Amendment: Origins and Original Meaning, Ph.D. dissertation, Claremont Graduate School (1990), 395-396; Cuddihy, W. J. & Hardy, B. C. "A Man's House was not his Castle: Origins of the Fourth Amendment to the United States Constitution", 37 William & Mary Quartery(3rd ser.) (1980), 387.

이러한 압수·수색은 행정관리가 직권으로 영장 없이 행하는 경우는 물론 영장에 의한 것이라고 하더라도 수색의 대상이 특정되지 아니하였습니다.[11] 이러한 '일반영장'에 의한 무차별적 수색에 대하여 식민지인들의 비판과 저항이 거세짐에 따라 식민지의회는 1756년부터 1764년까지 물품세 및 수입세의 집행, 군대 탈주자의 포박, 밀렵 단속 등을 위한 압수·수색·체포는 청구자인 관리의 선서를 요건으로 하여 발부하도록 하고 대상이 되는 사람 내지 장소를 명시한 '특정영장'에 의하여야 한다는 취지의 법령을 연달아 제정하였습니다.[12]

이후 1776년 버지니아주 권리선언을 시작으로 각 주가 채택한 권리선언에 일반영장금지 규정이 반영되었습니다. 또한 매디슨James Madison의 초안을 토대로 미 연방헌법 수정 제4조가 채택되었는데, 그 내용은 다음과 같습니다.

> "신체, 주거, 서류, 기타 소유물에 대해서 불합리한 수색 및 체포·압수에 대해 안전할 인민의 권리Right는 침해되어서는 안 된다. 어떠한 영장도 선서 또는 확약에 의하여 지지된 상당한 이유에 기초하지 않거나, 또는 수색될 장소나 체포·압수될 사람 내지 물건을 특정하여 표시하지 않고 발부되어서는 안 된다."

수정 제4조는 영장 발부와 심사는 독립한 사법기관에 의하여 이루어져야 한다는 원칙, 나아가 일반영장 내지 일반수색의 횡행에 대한 반성적 고찰을 바탕으로 '법관발부원칙'을 규정하였습니다. 많은 경우 처분을 하는 행정기관 내지 행정기능과 사법기능이 분화되지 않은 기관이 스스로 그 영장을 발부하였던 까닭에 처분은 자의적으로 이루어졌고, 근거가 박약한 압수·수색이 잇따랐습니다. 이 점에 대한 반성으로서 영장은 처분을 행하는 기관과는 독립한 사법기관이 미리 요건의 존부를 심사하여 발부하여야 한다는 취지로 수정 제4조가 규정된 것입니다.[13]

이처럼 미연방헌법상의 영장주의는 피의자를 체포하는 수사기관의 행위뿐 아니라 관세 및 물품세의 징수, 밀렵 단속 등 행정기관의 행위에도 적용되는 원칙으로 출발하

---

11) Cuddihy (1990), 374-506; Cuddihy & Hardy (1980), 388-391.

12) Cuddihy (1990), 684-692; Cuddihy & Hardy (1980), 394.

13) 문성도, "영장주의의 도입과 형성에 관한 연구-1954년 형사소송법의 성립을 중심으로-", 34-35쪽, 법학박사학위논문 서울대학교 대학원(2001. 2.).

였습니다. 즉 미연방헌법상 영장주의의 발단은 수사기관을 포함한 모든 국가기관의 압수·수색·체포 등의 행위에 법관이 발부한 영장이 필요하다는 인식에서 비롯한 것입니다.

나) 우리나라에 영장주의가 도입된 과정

일제는 절대적이고 폭압적인 식민통치를 하기 위하여 식민지 형사절차에서 영장제도를 배제하고 수사기관에게 고유의 권한으로 신체구속을 비롯한 각종 강제처분권을 부여하였습니다(조선형사령 제12조).[14][15] 이에 따라 검사와 사법경찰관이 사실상 모든 강제수사권을 가지고 있었고, 법관에 의한 수시기관의 권한 남용을 견제하려는 근대 형사소송절차의 핵심 부분인 영장 제도는 완전히 배제되어 있었습니다.

광복 후 미국의 인신구속절차를 접하여 알게 된 우리 법조와 학계에서는 수사기관의 독립한 강제처분권을 인정한 일제하의 인신구속절차가 억압적 식민지통치체제의 하나라는 것을 인식하게 되었습니다. 이러한 문제의식이 구체적인 입법으로 현실화된 것은 1948. 3. 20. 공포된 미군정법령 제176호입니다. 미군정법령 제176호는 "신체구속을 하거나 압수수색을 하는 경우에는 재판소의 영장이 있어야 한다(제3조, 제5조)"라고 하여 영장주의를 규정하였습니다.[16]

미군정법령 제176호가 개정의 대상으로 삼은 것은 수사기관의 강제수사절차, 특히 '인신구속절차'였습니다. 이에 따라 수사기관은 법관의 영장에 의하지 아니하면, 신체구속과 압수·수색 등을 할 수 없게 되었습니다. 여기서의 구속은 구인, 구류, 유치, 체포, 검속 등 어떠한 명칭이든지 신체를 구속하는 모든 경우를 의미합니다.[17]

이후 우리 헌법은 1948년 헌법 제정 당시부터 아래와 같이 영장주의를 규정하였습니다(헌법 제9조 제2항). 영장주의의 적용범위는 체포, 구속, 수색 등 신체의 자유에 대한 강제처분으로 하였습니다.[18]

---

14) 조선형사령 제12조 ① 검사는 현행범이 아닌 사건이라 하더라도 수사 결과 급속한 처분을 요하는 것으로 인정되는 때에는 공소제기 전에 한하여 영장을 발부하여 검증·수색·물건을 차압하거나 피고인·증인을 신문하거나 감정을 명할 수 있다. 다만, 벌금·과료 또는 비용배상의 언도를 하거나 선서를 하게 할 수 없다. ② 전항의 규정에 의하여 검사에 허가된 직무는 사법경찰관도 임시로 행할 수 있다. 다만, 구류장을 발행할 수 없다.

15) 신동운, 앞의 책, 227-228쪽.

16) 문성도, 앞의 글, 106쪽.

17) 문성도, 앞의 글, 130-135쪽.

18) 문성도, 앞의 글, 204-208쪽.

"체포, 구속, 압수에는 법관의 영장이 있어야 한다. 단 범죄의 현행범인의 도주 또는 증거인멸의 염려가 있을 때에는 수사기관은 법률의 정하는 바에 의하여 사후에 영장의 교부를 청구할 수 있다."

헌법제정자는 과거의 범죄 수사와 관련한 수사기관의 권력남용을 방지하기 위한 목적에서 법관이 사전에 영장을 발부하는 것을 원칙으로 삼은 것입니다. 하지만 이와 같은 문제의식의 초점은 수사기관의 수사가 아니라 신체의 자유를 침해하는 인신구속 그 자체에 있습니다. 그 주체가 수사기관이든 다른 국가기관이든 공권력이 신체를 구속하는 모든 경우에 영장주의는 적용됩니다.

3) 영장주의의 적용 범위

가) 헌법 제12조 제3항의 해석

영장주의의 본질은 신체의 자유를 침해하는 강제처분을 함에 있어서는 인적·물적 독립을 보장받는 제3자인 법관이 구체적 판단을 거쳐 발부한 영장에 의하여야만 한다는 데 있습니다(헌법재판소 2012. 12. 27. 선고 2011헌가5 결정 참조).

헌법 제12조 제3항은 체포·구속을 할 때에는 적법한 절차에 따라 법관이 발부한 영장을 제시하여야 한다고 규정하고 있으나, 영장 제시의 주체를 수사기관에 한정하고 있지는 않습니다. 구속에 구인, 구류, 유치 등 어떠한 명칭이든 신체를 구속하는 모든 경우가 해당된다는 점을 고려하면, 신체의 자유를 제한하는 구속은 형사절차 이외의 국가권력 작용에서도 얼마든지 일어날 수 있습니다. 근래에는 행정목적을 달성하기 위해서도 인신구속이 빈번하게 이루어지고 있고, 군대 내 병사에 대한 영창처분도 그와 같은 종류 중 하나입니다. 인신구속이 형사절차에 의한 것이든, 행정절차에 의한 것이든 신체의 자유를 제한하고 있는 점에서는 본질적인 차이가 없습니다(헌법재판소 2016. 3. 31. 선고 2013헌바190 결정 위헌의견).

헌법재판소는 헌법 제12조에 규정된 신체의 자유는 수사기관뿐만 아니라 일반 행정기관을 비롯한 다른 국가기관 등에 의하여도 직접 제한될 수 있으므로, 헌법 제12조 소정의 체포·구속 역시 포괄적인 개념으로 해석해야 한다고 하면서, 모든 형태의 공권력행사기관이 체포 또는 구속의 방법으로 신체의 자유를 제한하는 사안에 대하여는 체포·구속적부심사청구권을 규정한 헌법 제12조 제6항이 적용된다고 하였습니다(헌법재판소 2004. 3. 25. 선고 2002헌바104 결정). 그렇다면 헌법 제12조 제3항의 체포·구속도

수사기관뿐만 아니라 그 밖의 모든 형태의 공권력행사기관이 행하는 체포 또는 구속을 포함한다고 보는 것이 논리적으로 일관된 해석입니다(헌법재판소 2016. 3. 31. 선고 2013헌바190 결정 위헌의견).

한편, 우리 헌법 제12조 제3항과 미연방헌법 수정 제4조 등 각국 헌법 영장 조항을 비교해보면, 영장의 청구권자를 검사로 명시한 점이 특징입니다.[19] 이에 대하여 헌법 제12조 제3항이 형사절차상의 체포·구속만을 염두에 둔 것이라는 해석이 존재합니다. 그러나 검사의 신청에 의한다는 것이 곧 영장주의가 형사절차에만 적용된다는 의미는 아니며, 위 규정은 수사단계에서의 영장주의를 특히 강소한 것일 뿐입니다. 위 규정의 존재만으로 형사절차 외의 국가권력작용에 대하여 영장주의가 곧바로 배제되지 않음은 명백합니다.

결국 헌법상 영장주의는 형사절차에만 국한되는 원칙이 아니라 신체의 자유를 침해하는 체포, 구속, 또는 이에 준하는 처분을 할 때 반드시 적용되어야 하는 원칙입니다. 따라서 행정기관이 신체의 자유를 제한하는 경우에도 원칙적으로 영장주의가 적용됩니다. 다만 행정작용의 특성상 영장주의를 고수하다가는 도저히 그 목적을 달성할 수 없는 경우에 한하여 영장주의의 예외가 인정될 뿐입니다. 헌법재판소 역시 "행정상 즉시강제는 그 본질상 급박성을 요건으로 하고 있어 법관의 영장을 기다려서는 그 목적을 달성할 수 없어 원칙적으로 영장주의가 적용되지 않는다"고 판단한 바 있습니다(헌법재판소 2002. 10. 31. 선고 2000헌가12 결정).

나) 영장주의 원칙의 적용을 형사절차에 국한하지 않는 법원의 판결

헌법상 영장주의 원칙이 형사절차에만 국한되어 적용되는 원칙이 아니라는 것은 법원에서도 수차례 확인된 원칙입니다.

대법원은 지방의회에서 사무감사·조사를 위한 증인의 동행명령장제도는 증인의 신체의 자유를 억압하여 일정 장소로 인치하는 것으로서 헌법 제12조 제3항의 "체포 또는 구속"에 준하는 사태로 보아야 하므로 헌법 제12조 제3항에 의하여 법관이 발부한 영장의 제시가 있어야 하며, 법관이 아닌 지방의회 의장이 발부한 동행명령장에 기하여 증인의 신체의 자유를 침해하여 증인을 일정 장소에 인치하도록 규정한 조례안

---

19) 이러한 영장청구권자 명문화는 5·16 이후 제3공화국헌법에서 이루어졌습니다.

은 영장주의원칙을 규정한 헌법 제12조 제3항에 위반된다고 판단하였습니다(대법원 1995. 6. 30. 선고 93추83 판결).

신체의 자유를 제한하는 처분을 하는 경우 그것이 형사절차에 따른 것인지에 관계 없이 영장주의가 적용된다는 판결은 아래와 같이 다수 존재합니다.

---

① 지방의회에서의 사무감사 · 조사를 위한 증인의 동행명령장제도는 증인의 신체의 자유를 억압하여 일정 장소로 인치하는 것으로서 "체포 또는 구속"에 준하는 사태로 보아야 하고, 거기에 현행범 체포와 같이 사후에 영장을 발부받지 아니하면 목적을 달성할 수 없는 긴박성이 있다고 인정할 수는 없으므로, 동행명령장을 법관이 아닌 지방의회 의장이 발부하고 이에 기하여 증인을 일정 장소에 인치하도록 규정한 조례안이 신체의 자유를 침해하여 영장주의에 위반한 것이라는 판결(대법원 1995. 6. 30. 선고 93추83 판결)
② 경찰관이 구 윤락행위등방지법 소정의 '요보호여자'에 해당하지 않는 여자를 요보호여자에 해당한다고 보아 지도소 측에서 신병을 인수해 갈 때까지 영장 없이 경찰서 보호실에 강제로 유치한 행위는 영장주의 적용이 배제되는 행정상의 즉시강제에 해당하지 않으며, 오히려 영장주의에 위배되는 위법한 구금이라고 한 판결(대법원 1998. 2. 13. 선고 96다28578 판결)
③ 사전영장주의는 인신보호를 위한 헌법상의 기속원리이기 때문에 인신의 자유를 제한하는 모든 국가작용의 영역에서 존중되어야 하지만, 사전영장주의를 고수하다가는 도저히 행정목적을 달성할 수 없는 지극히 예외적인 경우에는 형사절차에서와 같은 예외가 인정되므로, 구 사회안전법(1989. 6. 16. 법률 제4132호에 의해 '보안관찰법'이란 명칭으로 전문 개정되기 전의 것) 제11조 소정의 동행보호규정은 재범의 위험성이 현저한 자를 상대로 긴급히 보호할 필요가 있는 경우에 한하여 단기간의 동행보호를 허용한 것으로서 그 요건을 엄격히 해석하는 한, 동 규정 자체가 사전영장주의를 규정한 헌법규정에 반한다고 볼 수는 없다고 한 판결(대법원 1997. 6. 13. 선고 96다56115 판결)

---

하급심 판결에서도 의문사진상위원회에서 참고인에게 동행명령장을 발부하는 것은 참고인의 신체의 자유를 억압하여 일정한 장소로 인치하는 것이므로 법관이 발부한 영장 제시가 있어야 하고 위원장이 동행명령장을 발부하는 것은 영장주의 위반의 소지가 크다고 하였습니다(서울동부지방법원 2005. 1. 20.자 2004과2779 결정). 나아가 공정거래위원회의 조사행위에 압수 · 수색에 관한 영장주의가 적용되므로 공정거래위원회 조사관이 사내 통신망 전체를 대상으로 하여 열람할 권한이 없다고 한 결정(수원지방법원 2010. 8. 3.자 2008라609 결정)도 존재합니다.

4) 영창처분과 유사한 해외의 입법례

가) 영창처분과 관련한 독일의 징계제도

독일에는 군 형사사건을 관할하는 특수법원으로서의 군사법원은 설립되어 있지 않습니다. 다만, 이를 대신하여 상관에 의한 권리 침해에 대한 군인의 소원수리 및 군징계 규정에 의한 군인의 직무위반행위에 대한 판단을 위하여 군사법원을 설치·운영하고 있습니다.[20]

독일 군징계령에 의하면 징계의 종류는 ① 지휘관이 징계 주체가 되는 단순징계, ② 군사법원이 선고하는 사법적 징계가 있습니다. ① 단순징계에는 견책, 중견책, 벌금, 영내대기, 영창Disziplinararrest 등이, ② 사법적 징계에는 복지제한, 진급제한, 감봉, 강등, 파면, 퇴직금감액, 퇴직금몰수, 계급박탈 등이 해당합니다.[21]

독일 군징계령상의 영창은 '신체구금'으로서 그 기간은 최소 3일~최대 3주로 규정되어 있습니다.[22] 영창처분을 비롯한 단순징계처분을 부과하는 절차는 [징계권자의 조사 ⇒ 징계권자의 심사 ⇒ 징계처분의 양정 및 선고] 순입니다.[23]

독일에서의 병사에 대한 징계처분에 있어서 가장 주목할 부분은 영창선고에 있어서 판사의 관여를 명문으로 규정하고 있다는 점입니다. 영창처분이 해당 병사의 신체를 구금함으로써 그 병사의 신체의 자유를 형벌에 준하는 정도로 제한하는 것임에 비추어 사전에 판사의 관여를 명문으로 규정하고 있는 것입니다.[24]

즉, 징계권자가 해당 병사에게 영창처분을 하고자 하는 경우 관할 군사법원의 판사가 '동의'한 후에야 비로소 가능합니다. 징계권자가 판사에게 동의신청을 함에 있어서는 예정된 영창기간을 통지하고, 조사과정, 징계기록, 인사자료상 표창, 징계경력 및 전과에 대한 발췌본과 사실관계의 설명서 등을 첨부하여야 합니다.[25]

또한 독일은 다른 징계처분과 달리 영창처분에 관하여 개개의 특별조항을 마련해 두고 있는데 이를 요약하면 다음과 같습니다. ① 비례의 원칙을 준수하여야 합니다.

---

20) 최성보, 앞의 글, 67쪽.

21) 최성보, 앞의 글, 67-68쪽.

22) §26 Disziplinararrest.

23) 최성보, 앞의 글, 69-71쪽.

24) 최성보, 앞의 글, 72쪽.

25) 최성보, 앞의 글, 72-73쪽.

② 영창처분 부과 전에 군판사의 동의를 요합니다. ③ 즉시집행력이 있는 영창처분 이외에는 그 집행개시 전에 항고를 제기하는 경우 집행이 보류됩니다. ④ 영창처분 기간 중 능력향상에 관하여 규정하는 등 영창처분의 교정적·교육적 성격을 부각시키고 있습니다.[26]

무엇보다 주목하여야 하는 부분은 영창처분이 신체에 대한 구금임에 비추어 그 결정에 있어서 신중을 기하고 적법절차를 준수하도록 하기 위하여 사전에 군판사의 동의를 받도록 하고 있다는 점입니다. 병사의 신체의 자유를 제한함에 있어서도 다른 일반 국민들의 신체의 자유에 대한 제한과 마찬가지로 적법절차를 준수하여야 하고, 독립적 지위가 보장된 판사와 법원의 통제를 받아야 한다는 헌법적 원리를 그대로 받아들이고 있는 것입니다.[27]

나) 영창처분과 관련한 미국의 징계제도

우리나라 육군본부에서 1988년 발행한 「미국 군사법원 교범」에서는 "correctional custody"를 "영창"으로 번역하고 있습니다.[28] 미국 군사법원 교범Manual for Courts-Martial, 이하 "MCM" V. 5쪽 c. (4)는 correctional custody를 "근무시간이나 비근무시간 혹은 양자 모두의 시간 동안 행해지는 징계로서의 신체적 제한"[29]이라고 규정하고 있습니다. 동 규정에 의하면, 위 처분을 받은 병사는 구금 장소에 복역하여야 하지만 가능한 한 재판을 기다리거나 군사법원의 재판에 따라 구금 중인 자와 직접 접촉을 하게 하여서는 아니됩니다.[30] 위와 같은 점은 우리 영창제도와 같이 구금을 수반하는 것으로 보입니다.

그러나 correctional custody의 우선적인 목적은 처벌이 아닌 "교정"에 있습니다.[31] 이는 우리 군대 내에서 병사의 비위 행위에 대하여 형벌을 대신하여 영창처분

---

26) 최성보, 앞의 글, 75-76쪽.

27) 최성보, 앞의 글, 76쪽.

28) 육군본부, 미국 군사법원교범V (1988), V-18.

29) Correctional custody is the physical restraint of a person during duty or nonduty hours, or both, imposed as a punishment (…) [교정구금은 징계의 일종으로, 일과시간 혹은 일과시간 이후에 신체를 제약하는 처분이다(이하 생략)].

30) A person may be required to serve correctional custody in a confinement facility, but, if practicable, not in immediate association with persons awaiting trial or held in confinement pursuant to trial by court-martial.(교정구금은 일정한 구금 시설에서 행해지나, 가능하다면 재판을 기다리거나 군사법원의 재판에 따라 구금 중인 자와 접촉해서는 아니된다.)

31) Army Regulation 15-5 General The overriding purpose of correctional custody is correction, not

을 부과하고 이를 통해 병사에게 일종의 응보와 위하력을 보여줌으로써 지휘권을 확립하고자 하는 사고와는 근본적인 차이가 있습니다.[32]

무엇보다 주목할 점은 미국의 경우 비위 혐의가 있는 병사가 지휘관에 의한 '징계처분'을 받을 것인지, 아니면 이를 거부하고 군법회의에 의한 '재판'을 받을 것인지 스스로 선택할 수 있다는 점입니다. 이처럼 병사는 자신의 징계처분에 대하여 군법회의 재판을 받을 권리를 가지고 있으므로 우리나라의 영창 제도와는 달리 영장주의 원칙에 위배되는 문제가 발생하지 않습니다.

미국은 correctional custody의 시설에 관하여 상세한 규정을 두고 있습니다. 특히 철조망이나 담장, 경계담과 같은 물리적인 장애물을 설치해서는 안 된다고 규정하고 있습니다.[33] 이에 비하면 우리나라 군대에서 시행되고 있는 영창시설은 말 그대로 구금시설로서 구치소 혹은 교도소와 동일한 구조를 가지고 있습니다. 영창시설의 각 거실은 철창으로 폐쇄되어 있고, 담장에 의하여 다시금 경계되어 있으며, 헌병과 감시카메라를 통한 상시적인 감시가 이루어지고 있습니다.[34]

또한 위 처분을 부과받은 병사는 시설 내에서 검열이나 다른 제한 없이 편지를 주고받을 수 있고, 영창시설의 책임 있는 장교에 의하여 허가된 글을 쓰거나 작품을 읽을 수도 있습니다. 심지어는 종교 행사에 참석할 수도 있고, 친구와 친척을 만날 수도 있습니다. 부대 지휘관 또는 그 후임자와 면담할 수 있고, 적절한 통로를 통해 구두 혹은 서면으로 청원할 수 있음은 물론입니다.[35]

미국에서 실제로 correctional custody를 부과하는 경우는 거의 없으며, 대신에 병사barracks, 식당mess hall, 예배당chapel과 같은 특정 공간에서의 활동을 제한하는 명령을 합니다.[36]

위에서 살핀 것처럼 correctional custody는 우리나라의 영창처분과 완전히 동일한 제도는 아닙니다. 특히 그 시설이 우리와 같은 교도소나 구치소의 형태가 아니라 개방

---

punishment.(교정 구금의 최우선 목적은 교정이지 처벌이 아니다.)

32) 최성보, 앞의 글, 63쪽.

33) Army Regulation 190-47 15-2 d. e.

34) 국가인권위원회, "군 수사과정 및 군 영창 인권상황 실태조사-2003년도 인권상황 실태조사 연구용역보고서-", 71-72쪽, 2004.

35) Army Regulation 190-47 15-8.

36) 최성보, 앞의 글, 65쪽.

적인 형태인 점, 처분을 부과 받은 병사가 일반 병사와 마찬가지로 서신, 면회, 청원 등의 권리에 아무런 제한이 없는 점에서 많은 차이가 있습니다.[37] 그렇다면 우리나라의 영창처분은 미국의 그것과 달리 단순한 행정청의 징계처분에 그치는 것이라 보기는 어렵습니다.

### 5) 소 결: 영장주의의 적용

영창처분은 단순한 징계를 넘어 신체의 자유까지 구속하는 형사벌과 같은 성격을 가지고 있습니다. 입창자는 형사범인 미결구금자와 동일한 구조의 시설에 수용되며, 교화보다는 응보 또는 징벌의 목적이 크다는 점에서도 그러합니다. 영창처분은 사후적인 징벌을 목적으로 하기 때문에 그 본질상 급박성과는 거리가 멀고, 영장주의 원칙의 예외로 인정되는 행정상 즉시강제와 명확히 구별됩니다.

형사절차가 아닌 징계절차에 영장주의가 그대로 적용될 수 없다고 한 헌법재판소의 논리는 신체의 자유를 구속하지 않는 일반적인 징계의 경우에만 적용될 수 있습니다. 징계보다 형벌에 가까운 영창처분의 본질을 고려할 때, 근대 형사소송법의 근간을 이루는 영장주의가 이토록 쉽게 배제되어서는 안 될 것입니다.

### 나. 영장주의 위반 여부

### 1) 법관의 관여가 전혀 이루어지지 않는 현행 영창처분

위에서 살펴본 바와 같이 병에 대한 영창처분에 대하여 영장주의가 적용되어야 함에도 불구하고, 징계의결의 요구, 징계의결 및 집행과정에서 인적·물적 독립이 보장된 제3자인 법관의 관여가 전혀 이루어지지 않고 있습니다.

군인사법에 따르면 징계위원회가 병에 대한 영창처분을 의결한 경우 징계권자의 처분 전에 인권담당 군법무관의 적법성 심사를 받아야 하는데(군인사법 제59조의2 제2항, 제5항), 인권담당 군법무관은 법관이 아닐 뿐만 아니라 소속 부대 지휘관의 명령에 복종해야 하는 관계에 있습니다. 이때 인권담당 군법무관의 소속 부대 지휘관은 경우에 따라 해당 징계의 징계권자일 수도 있습니다. 더구나 인권담당 군법무관의 심사의견은 징계사유에 해당하지 않는다는 의견을 제외하고는 '존중'의 대상이 될 뿐 구속력을

---

37) 최성보, 앞의 글, 65-66쪽.

가지지 못하므로(군인사법 제59조의2 제5항),[38] 법관의 관여가 있는 것으로 볼 수 없습니다. 따라서 영창처분의 적법성 심사에 있어 인권담당 법무관의 인적·물적 독립은 전혀 보장되어 있지 않습니다.

### 2) 소결

이 사건 법률조항에 의한 영창처분은 행정기관에 의한 구속에 해당함에도 불구하고, 그러한 구속이 법관의 판단을 거쳐 발부된 영장에 의하지 않고 이루어지므로, 헌법 제12조 제3항의 영장주의에 위배됩니다.

## 4. 위헌성 2: 신체의 자유를 침해하는 이 사건 법률조항

### 가. 가장 기본적인 자유를 제한하는 이 사건 법률조항

헌법 제12조 제1항은 "모든 국민은 신체의 자유를 가진다"라고 규정하여 신체의 자유를 헌법상 기본권의 하나로 보장하고 있습니다. 특히 구금되지 않고 신체활동을 자유롭게 할 수 있는 자유는 신체의 자유에 있어서 가장 핵심적이고 본질적인 부분입니다.

신체의 자유는 인간의 존엄과 가치를 구현하기 위한 가장 기본적인 최소한의 자유로서 모든 기본권 보장의 전제가 됩니다. 신체의 자유가 보장되지 않은 상황에서는 어떠한 자유와 권리도 무의미하기 때문입니다. 이처럼 신체의 자유를 보장하는 것은 헌법상 특별한 의미를 가집니다.

이러한 이유에서 헌법재판소는 신체의 자유가 원칙적으로 최대한 보장되어야 함을 선언하였습니다(헌법재판소 2003. 11. 27. 선고 2002헌마193 결정). 그리고 신체의 자유의 최대한 보장 원칙에 비추어 볼 때, 징계로서 구금을 행하는 것은 원칙적으로 허용되어서는 아니 된다고 보았습니다(헌법재판소 2016. 3. 31. 선고 2013헌바190 결정 위헌의견).

이 사건 법률조항은 '부대나 함정 내의 영창, 그 밖의 구금장소에서의 감금'을 규정하여, 기본권 보장을 위한 최소한의 자유를 직접적, 전면적으로 박탈하고 있습니다.

---

38) 실제로 인권담당 군법무관의 심사의견이 무시되는 경우도 적지 않게 발생하는 것으로 보고되고 있습니다. "매년 군 폭행·가혹행위 7600건, 형사처벌 아닌 '영창행'", 머니투데이(2015. 9. 23.).

따라서 이 사건 법률조항의 위헌 여부는 신체의 자유가 최대한 보장되어야 하는 헌법상의 원칙에도 불구하고 병사들의 신체의 자유를 직접적, 전면적으로 박탈하는 것이 군대 내 복무규율의 준수를 강제하기 위한 필요만으로 정당화될 수 있는지의 관점에서 검토되어야 합니다.

### 나. 과잉금지원칙을 위반하여 위헌인 이 사건 법률조항

우리 헌법은 "국민의 자유와 권리는 국가안전보장, 질서유지 또는 공공복리를 위하여 필요한 경우에 한하여 법률로써 제한할 수 있으며, 그 경우에도 자유와 권리의 본질적인 내용을 침해할 수 없다"고 규정(제37조 제2항)하여 국가가 국민의 기본권을 제한하는 내용의 입법을 함에 있어서 준수하여야 할 기본원칙, 즉 과잉금지원칙을 천명하고 있습니다.

따라서 기본권을 제한하는 입법은 ① 입법목적의 정당성과 ② 그 목적달성을 위한 수단의 적정성, ③ 입법으로 인한 피해의 최소성, 그리고 ④ 그 입법에 의해 보호하려는 공익과 침해되는 사익의 균형성을 모두 갖추어야 합니다. 이 요건을 지키지 않은 법률조항은 기본권제한의 입법적 한계를 벗어난 것으로서 헌법에 위반됩니다(헌법재판소 1997. 3. 27. 선고 94헌마196 결정 등).

다시 말해 목적의 정당성, 수단의 적합성, 피해의 최소성, 법익의 균형성 원칙 중 어느 하나라도 위배되면 과잉금지원칙에 반하여 위헌이 됩니다.[39]

이 사건 법률조항은 군대 내 복무규율 준수를 강제하기 위한 목적으로 병사들의 신체의 자유를 전면적, 포괄적으로 박탈하는 수단을 채택하였습니다. 설령 이 사건 법률조항이 추구하는 목적이 정당하고, 영창제도가 목적달성을 위하여 필요하고 효과적인 수단이라고 하더라도, 이 사건 법률조항은 피해의 최소성과 법익의 균형성 원칙에 위배되어 위헌입니다.

#### 1) 피해의 최소성 원칙 위배

헌법재판소는 "어떤 법률의 입법목적이 정당하고 그 목적을 달성하기 위해 국민에게 의무를 부과하고 그 불이행에 대해 제재를 가하는 것이 적합하다고 하더라도 입법

---

39) 권영성, 헌법학원론, 352쪽, 법지사(2006).

자가 그러한 수단을 선택하지 아니하고도 보다 덜 제한적인 방법을 선택하거나, 아예 국민에게 의무를 부과하지 아니하고도 그 목적을 실현할 수 있음에도 국민에게 의무를 부과하고 그 의무를 강제하기 위하여 그 불이행에 대해 제재를 가한다면 이는 과잉금지원칙의 한 요소인 '최소침해 원칙'에 위배된다"고 판시하였습니다(헌법재판소 2006. 6. 29. 선고 2002헌바80결정 등).

이러한 기준에 비춰볼 때, 이 사건 법률조항은 다음과 같은 이유로 피해의 최소성 원칙에 반합니다.

### 가) 지나치게 포괄적으로 규정된 영창처분사유

영창처분이 신체의 자유를 전면적, 직접적으로 박탈한다는 점을 감안할 때, 영창처분은 신체구금이 불가피할 정도로 중대한 비위행위에 대하여 예외적으로만 인정되어야 할 것입니다. 그러나 관련 법령은 영창처분이 포괄적인 비위행위에 대하여 부과될 수 있도록 규정하고 있습니다.

군인사법은 이 법 또는 이 법에 따른 명령을 위반한 경우(제56조 제1호), 품위를 손상하는 행위를 한 경우(같은 조 제2호), 직무상의 의무를 위반하거나 직무를 게을리한 경우(같은 조 제3호) 징계권자가 병에 대하여 영창처분을 할 수 있다고 규정하고 있습니다. 영창처분사유가 지나치게 포괄적입니다.

또한 군인사법의 다른 규정이나 하위 규정도 영창처분의 사유를 구체화하여 규정하고 있지 않습니다.

군인사법 제59조의2는 "영창은 휴가 제한이나 근신 등으로 직무 수행의 의무를 이행하게 하는 것이 불가능하고, 복무규율을 유지하기 위하여 신체 구금이 필요한 경우에만 처분하여야 한다"고 규정하고 있으나, '직무 수행의 의무를 이행하게 하는 것이 불가능'하다거나 '복무규율을 유지하기 위하여 필요한 경우' 역시 포괄적이고 추상적인 것은 마찬가지입니다. 이는 과잉금지원칙의 내용을 반복한 것에 불과합니다.

「국방부 군인·군무원 징계업무처리 훈령」(이하 '징계업무처리 훈령')은 병에 대한 징계양정기준을 제시하고 있으나, 위 훈령은 법률상 근거가 없는 것으로 재량권 행사에 있어서의 내부적인 기준에 지나지 않습니다.[40]

즉, 군인사법이나 법적 구속력이 인정되는 하위 규정 어디에도 영창처분사유를 구

---

40) 임천영, 군인사법, 944쪽, 법률문화원(2003)에서도 국방부 및 각 군 징계규정에서 정한 양정기준은 재량권 행사의 일응의 기준에 지나지 않는다며 징계결정 시에 참고자료로 활용할 수 있다고 하였습니다.

체화하는 규정은 존재하지 않는 것입니다.

　법적 구속력은 인정되지 않으나, 그나마 징계처분의 양정기준을 규정하고 있는 징계업무처리 훈령 역시 영창처분사유에 기준을 제시하거나, 영창처분을 제한하는 기능을 하지 못합니다. 이에 따르면, 영창처분은 성실의무위반이나 복종의무위반과 같이 추상적이고 포괄적인 비위사실에 대하여도 부과될 수 있고, 11가지로 나뉘어 있는 비위사실의 세부유형 모두가 영창처분의 대상으로 규정되어 있습니다.[41] 고의로 의무를 위반하였을 때에만 영창처분을 부과할 수 있다는 제한은 존재하지 않고, 경과실이나 중과실이 인정되는 경우에도 영창처분이 가능합니다. 비위행위의 정도에 따라서 영창일수를 정하는 규정도 없습니다.

　이와 같이 이 사건 법률조항은 광범위한 사유에 대하여 영창처분이 부과될 수 있다고 규정하고 있으며, 관련 법령이나 군대의 내부기준도 영창처분사유를 포괄적이고 추상적으로 규정하여 비난가능성이 그다지 크지 아니한 경미한 행위들까지 영창처분의 대상으로 포함시키고 있습니다.

　결론적으로, 이 사건 법률조항은 영창처분의 대상을 목적달성을 위한 필요최소한의 범위로 국한시키지 않고 있는바, 병의 신체의 자유를 포괄적으로 제한합니다.

징계업무처리 훈령 제19조 제1항 [별표 6]

| 비행의 정도 및 과실 / 비행의 유형 | 비행의 정도가 중하고 고의가 있는 경우 | 비행의 정도가 중하고 중과실이거나, 비행의 정도가 가볍고 고의가 있는 경우 | 비행의 정도가 중하고 경과실이거나, 비행의 정도가 가볍고 중과실인 경우 | 비행의 정도가 가볍고 경과실인 경우 |
|---|---|---|---|---|
| 성실의무위반 가. 직무태만 | 강등~영창 | 영창 | 휴가제한 | 근신 |
| 성실의무위반 나. 그 밖의 비행사실 | 강등~영창 | 휴가제한 | 휴가제한 | 근신 |
| 복종의무위반 | 강등 | 영창~휴가제한 | 휴가제한~근신 | 근신 |
| 근무지이탈금지의무위반 | 강등~영창 | 영창~휴가제한 | 휴가제한 | 근신 |
| 공정의무위반 | 강등~영창 | 영창~휴가제한 | 휴가제한~근신 | 근신 |
| 비밀엄수의무위반 | 강등~영창 | 영창~휴가제한 | 휴가제한 | 근신 |
| 청렴의무위반 | 강등 | 영창 | 휴가제한 | 근신 |
| 집단행위 금지의무위반 | 강등 | 강등~영창 | 영창~휴가제한 | 근신 |

41) 국방부 군인·군무원 징계업무처리 훈령 제19조 제1항 [별표 6]

| 품위<br>유지<br>의무<br>위반 | 가. 성관련<br>규정 위반 | 비위의 정도가 중한 경우 | | 비위의 정도가 경한 경우 | |
|---|---|---|---|---|---|
| | | 강등~영창 | | 휴가제한~근신 | |
| | 나. 그 밖의<br>비행사실 | 강등~영창 | 영창~휴가제한 | 휴가제한~근신 | 근신 |
| 법령준수의무위반 | | 강등~영창 | 영창~휴가제한 | 휴가제한~근신 | 근신 |

나) 강등처분과의 불균형

영창처분은 신체구금이 불가피할 정도로 중대한 비위행위에 대하여 예외적으로만 부과되지 않다는 점은 강등처분과의 비교에서도 극명하게 드러납니다.

영창처분은 병의 신체의 자유를 직접적, 전면적으로 박탈하므로, 강등처분보다 기본권 제한의 정도가 중대하다는 점이 명백합니다. 따라서 영창처분은 강등처분사유에 해당하는 행위보다 더 중한 비위행위에 대하여 예외적으로 부과되어야 합니다.

그러나 군인사법 제57조 제2항은 영창처분을 강등처분보다 경한 징계로 정함으로써, 비교적 경한 사유에 대하여 영창처분이 가능하도록 규정하고 있습니다. 군인사법 제57조 제2항은 강등, 영창, 휴가 제한, 근신 순으로 징계의 종류를 열거하고 있는바, 이는 강등처분이 영창처분보다 중한 징계임을 전제로 더 중한 징계부터 더 경한 징계 순으로 징계의 종류를 규정한 것입니다.

징계업무처리 훈령의 징계양정기준도 강등처분을 영창처분보다 중한 징계로 정하고 있습니다. 예컨대, 직무태만행위에 있어서 '비행의 정도가 중하고 중과실이거나, 비행의 정도가 가볍고 고의가 있는 경우'에는 영창처분의 대상인 반면, '비행의 정도가 중하고 고의가 있는 경우'에는 강등처분 또는 영창처분의 대상입니다.[42]

결국, 영창처분은 강등처분사유에 해당하는 행위보다 그 비위행위의 정도가 경하고, 고의 없이 중과실에 의한 비위행위에 대하여도 부과됩니다. 광범위한 비위행위에 대하여 영창처분이 부과되는 것입니다.

실제로도, 근신이나 휴가제한 처분사유를 넘어서는 병의 비위행위에 대하여는 원칙적으로 영창처분이 부과되고, 극히 예외적인 경우에만 강등처분이 부과됩니다. 국방부의 자료에 따르면, 2003년부터 2012년까지 10년 동안 영창처분은 120,062건이 있었던 반면, 강등처분은 92건에 불과합니다.[43]

---

42) 국방부 군인·군무원 징계업무처리 훈령 제19조 제1항 [별표 6]

43) 영창처분에 대한 통계는 자료마다 정리된 내용이 달라서 무엇이 정확한 수치인지를 알 수가 없으나, 본 신

최근 10년간(2003~2012) 병 징계처분 현황 (단위: 건, %)

| 징계처분＼연도 | 2003 | 2004 | 2005 | 2006 | 2007 | 2008 | 2009 | 2010 | 2011 | 2012 | 합계 |
|---|---|---|---|---|---|---|---|---|---|---|---|
| 강등 | 37 | 0 | 0 | 0 | 5 | 3 | 5 | 9 | 19 | 14 | 92 |
| | (0.19) | (0) | (0) | (0) | (0.02) | (0.01) | (0.02) | (0.02) | (0.04) | (0.03) | (0.03) |
| 영창 | 13,779 | 12,513 | 10,193 | 10,265 | 8,960 | 9,315 | 11,834 | 12,763 | 14,757 | 15,683 | 120,062 |
| | (69.4) | (62.0) | (47.8) | (42.3) | (35.9) | (31.6) | (33.3) | (33.1) | (33.0) | (31.3) | (38.9) |
| 휴가제한 | 5,463 | 6,680 | 8,269 | 10,505 | 12,377 | 16,175 | 19,292 | 21,416 | 25,376 | 29,078 | 154,631 |
| | (27.5) | (33.1) | (38.7) | (43.2) | (49.6) | (54.9) | (54.2) | (55.6) | (56.8) | (58.1) | (50.1) |
| 근신 | 580 | 997 | 2,878 | 3,524 | 3,624 | 3,979 | 4,435 | 4,339 | 4,537 | 5,267 | 34,160 |
| | (2.9) | (4.9) | (13.5) | (14.5) | (14.5) | (13.5) | (12.5) | (11.3) | (10.2) | (10.5) | (11.1) |
| 합계 | 19,859 | 20,190 | 21,340 | 24,294 | 24,966 | 29,472 | 35,566 | 38,527 | 44,689 | 50,042 | 308,945 |

주: ( )은 비중. 강등 비중의 경우 수치표기의 편의상 소수점 2자리까지 표기
출처: 국방부 제출자료(2013. 7. 17.).

이와 같이, 신체의 자유를 제한하지 않고도 다른 징계를 통하여 군율을 유지할 수 있는 경우에도 영창처분이 남용되고 있습니다. 그리고 이러한 문제는 무엇보다도 영창처분을 강등처분보다 경한 징계로 규정하고 있는 군인사법의 규정에 기인합니다. 이 사건 법률조항은 공익실현을 위하여 필요최소한의 범위를 넘어서 병의 신체의 자유를 제한하고 있으며, 실제로도 이 사건 법률조항으로 인하여 병사들의 신체의 자유는 심각하게 침해되고 있습니다.

다) 자의적으로 운용되고 있는 영창제도

이와 같이 현행 영창제도는 영창처분사유가 광범위하게 규정되어 있는데, 이러한 문제와 영창제도가 절차적으로도 충분히 통제되지 못하고 있다는 문제가 결합된 결과, 영창제도는 극히 자의적으로 운용되고 있습니다.

군인사법 제58조는 병에 대한 징계권자를 중대장 및 이에 준하는 부대 또는 기관의 장으로 규정하여, 일반적인 경우 대위에 불과한 중대장에게도 영창처분을 통해 소속병사의 신체의 자유 제한 여부를 결정할 수 있는 권한을 부여하고 있습니다. 사실조

---

청서에서는 국방부 제출자료를 인용한 국회입법조사처 자료에 근거하였습니다[국회입법조사처, "군 영창제도의 쟁점과 개선방안", 12쪽, 현안보고서 제221호(2013. 12. 31.)].

사 및 증거수집 등 사실상 형사절차에서의 사실심리와 동일한 역할을 수행하는 징계간사는 통상 법률적 소양이 부족하고, 독립성도 보장되지 않는 부사관 이상의 군인이 담당합니다.

구류형과 비견되는 영창처분을 부과하는 절차에 대하여는 충분한 사법적인 통제장치가 필요할 것이나, 법률전문가가 아닌 징계권자와 징계간사를 통하여 영창처분이 부과되고 있는 것입니다. 영창제도는 자의적으로 운영될 수밖에 없는 제도적인 배경을 가지고 있습니다.

실제로, 국가인권위원회도 수차례 영창처분의 공정성 문제를 지적한 비 있습니다. 최근에 이루어진 조사에서, 국가인권위원회는 징계처분의 공정성 및 객관성 측면에서 문제가 될 만한 사안이 다수 확인되었다는 점을 지적하였습니다. 구체적인 내용은 아래와 같습니다.[44]

> 가) 해군 ○함대의 2016. 1.- 6. 사이 징계수용자 적법성 심사 결과를 살펴보면 적법성 심사 신청자가 총 16명이고, 이 중 영창 담당기관인 헌병대 소속이 6명이다. 그런데 헌병대 소속 6명은 모두 감경 조치되었고, 비헌병대 소속 10명 중 감경된 자는 단 1명이다.
> 나) 최근 '휴대폰 반입' 관련 징계가 급증하고 있는 것과 관련, 부대별 처분을 비교하면, 해군 ○함대의 경우 2016. 1.- 6. 사이 3명 모두, 육군 ○사단은 11명 중 7명이, 육군 ○사단은 47명 중 10명이 영창 처분되었다.
> 다) 한편 육군 ○사단의 경우는 동기 병사에게 지속적으로 욕설하고 성추행한 병사에 대해 형사처벌이나 징계 입창 조치 없이 휴가제한 2일로 사건을 종결시켰다. 동일한 혐의 사실과 관련 타 부대에서는 대부분 입창 조치되었다는 점에서 불공정한 처분의 소지가 있다.

인권담당 군법무관을 통한 적법성 심사[45]는 실질적으로는 극히 일부의 병사들에 대하여만 이루어지고 있으며, 그 결과도 징계절차와 관련된 부대인 헌병대 소속 병사에게 편향되어 나타나고 있습니다. 또한 동일한 비위사유에 대한 징계양정 사이에는 큰 차이가 존재합니다. 영창제도가 공정성과 객관성을 잃고 자의적으로 운영되고 있는 것입니다.

병에 대한 징계처분의 전체 현황을 보더라도 영창제도가 자의적으로 운영되고 있

---

44) 국가인권위원회, 2016년 군 영창 방문조사에 따른 권고 결정문(2017. 1. 24.).

45) 군인사법 제59조의2(영창의 절차 등) ② 영창은 징계위원회의 의결을 거쳐 병의 인권보호를 담당하는 군법무관(이하 "인권담당 군법무관"이라 한다)의 적법성 심사를 거친 후에 징계권자가 처분한다. 다만, 해외 순방 중인 함정에 있거나 그 밖에 대통령령으로 정하는 긴급한 사유로 인권담당 군법무관의 적법성 심사를 받을 수 없는 경우에는 그러하지 아니하다.

다는 사실을 확인할 수 있습니다.

영창처분은 2006년 이전에는 매년 1만 건 이상 이루어지다가 2007년과 2008년에는 각 8,960건과 9,315건으로 소폭 감소하였고, 2009년부터 다시 1만 건 이상으로 증가하였으며, 이후에도 꾸준히 증가하는 추세를 보이고 있습니다.[46][47] 인권담당 군법무관에 의한 적법성 심사제도가 도입된 2006년 이후만을 비교하여 보더라도, 2007년에는 영창처분이 8,960건에 불과하였으나, 2012년에는 영창처분이 15,683건에 달하여 2배 가까이 증가하였습니다.

이러한 통계는 영창처분이 지극히 자의적이며, 구체적인 기준 없이 남용되고 있음을 적나라하게 보여줍니다. 2007년과는 달리 2012년에는 갑자기 복무규율을 준수하지 않는 자가 많아졌다거나, 복무규율을 준수하지 않는 자에 대한 징계의 필요성이 증가하였다고 볼 수는 없기 때문입니다. 영창처분사유가 존재하지 않음에도 영창처분을 받았거나, 적정한 기간보다 장기의 영창처분을 받은 경우가 다수 존재할 것이라는 점도 쉽게 추측할 수 있습니다.

이와 같은 문제들은 기본적으로 현행 영창제도가 헌법상 영장주의에 반하여 법관의 통제 없이 운용됨에 따라 생기는 문제인 것이나, 동시에 영창사유가 포괄적으로 규정되어 있는 현행 규정의 문제점을 보여주는 것이기도 합니다.

공권력이 공정하고 객관적으로 행사되기 위하여는 절차적인 통제가 필요함은 물론 실체적인 규정 자체도 세밀하게 규율되어야 합니다. 그러나 이 사건 법률조항은 영창제도에 대한 충분한 통제절차가 갖추어지지 않은 상황임에도 불구하고, 포괄적인 비위행위에 대하여 영창처분이 부과될 수 있도록 규정하고 있습니다. 법률전문가가 아닌 징계권자나 징계간사로서는 포괄적인 규정만으로는 영창처분의 요부를 공정하게 판단할 수 없고, 그 결과 영창제도는 자의적으로 운용될 수밖에 없는 것입니다.

요컨대, 포괄적인 비위행위에 대하여 영창처분이 부과될 수 있도록 규정하고 있는 이 사건 법률조항은 그 자체로 최소침해성의 원칙에 반할 뿐 아니라, 실제로도 영창제도에 대한 불충분한 통제절차와 결합하여 병의 기본권을 심각하게 침해하고 있습니다.

---

46) 국회입법조사처, 앞의 글, 12쪽.
47) "병사 '영창 징계' 꾸준히 증가 … 인권 침해 논란", 연합뉴스(2014. 8. 11.).

2) 법익의 균형성 위배

법익의 균형성이란 "그 입법에 의하여 보호하려는 공익과 침해되는 사익을 비교형량할 때 보호되는 공익이 더 커야 한다"는 원칙입니다(헌법재판소 1990. 9. 3. 선고 89헌가95 결정). 이 사건 법률조항은 징계대상자를 구금함으로써 복무규율의 준수를 강제하려고 하나, 이러한 입법을 통하여 얻게 될 효과는 미미한 반면 기본권 침해의 결과는 매우 중대합니다.

앞서 살펴 보았듯이, 이 사건 법률조항은 인간의 존엄과 가치를 구현하기 위한 가장 기본적인 최소한의 자유로서 모든 기본권 보장의 전제가 되는 신체의 자유를 직접적, 전면적으로 박탈하고 있습니다. 또한 영창처분일수는 현역 복무기간에 산입되지 않기 때문에(병역법 제18조 제3항), 영창처분을 받은 병은 영창처분일수만큼 복무기간이 연장될 수밖에 없으며, 이러한 결과는 사실상 이중처벌에 해당하는 가혹한 조치입니다.

반면 이 사건 법률조항에 의하여 보호되는 공익은 크지 않습니다. 앞서 살펴본 바와 같이 군인사법은 영창 외에도 다른 징계수단으로 강등, 휴가제한, 근신을 규정하고 있습니다. 또한 군기교육대에서의 교육을 통하여 위화효과를 얻을 수 있음은 물론 비위행위를 한 병사를 교화시킬 수도 있을 것입니다. 보다 중대한 비위행위에 대하여는 군형법이 이미 충분한 처벌규정을 두고 있습니다.

따라서 오직 이 사건 법률조항에 의하여 보호되는 공익은 그 실체가 불분명하며, 설령 군대 내에서 복무규율 준수를 강제하는 데에 일부 기여한다고 하더라도 다른 징계수단이나 형벌을 통한 효과를 제외하고 나면 이 사건 법률조항 자체의 효과는 매우 미미할 것입니다.

이 사건 법률조항으로 인하여 달성되는 공익은 지극히 가정적이고 추상적인 반면, 신체의 자유 침해는 매우 구체적이고 현실적입니다. 따라서 이 사건 법률조항은 법익의 균형성 원칙에 위배됩니다.

다. 소결

이 사건 법률조항은 피해의 최소성 원칙과 법익의 균형성 원칙을 위배하여 신청인의 신체의 자유를 침해하므로, 위헌입니다.

## 5. 위헌성 3: 평등원칙 위반

(생략)


## 6. 결론

부대 내에서의 작은 잘못으로 인하여 신체의 자유까지 박탈당했던 경험은 병사들에게 씻을 수 없는 상처가 됩니다. 단지 MP3를 소지하였다는 이유로, 단지 라이터를 소지하였다는 이유로 사병들을 영장도 없이 교도소와 다름없는 좁고 밀폐된 공간에 구속시키는 것을 헌법적 관점에서는 도무지 용납할 수 없습니다.

헌법에 위반한 제도 탓에 거듭하여 이어지고 있는 이러한 상처의 재생산을 이제는 멈추어야 할 때입니다. 위에서 살펴본 바와 같이, 이 사건 법률조항은 영장주의 원칙에 정면으로 반하며, 신체의 자유를 침해할 뿐만 아니라, 평등원칙에도 위배됩니다. 이 사건 법률조항은 위헌임이 분명하오니, 본 청구를 인용하시어 국군 병사들의 기본권을 수호하여 주시기 바랍니다.


(생략)


헌법재판소        귀중

[헌법재판소 결정요지]

군인사법 제57조 제2항 제2호 위헌소원 등
[2020. 9. 24. 2017헌바157, 2018헌가10(병합)]

【판시사항】
병(兵)에 대한 징계처분으로 일정기간 부대나 함정(艦艇) 내의 영창, 그 밖의 구금장
소에 감금하는 영창처분이 가능하도록 규정한 구 군인사법 제57조 제2항 중 '영창'에
관한 부분(이하 '심판대상조항'이라 한다)이 헌법에 위반되는지 여부(적극)

【결정요지】
심판대상조항은 병의 복무규율 준수를 강화하고, 복무기강을 엄정히 하기 위하여 제
정된 것으로 군의 지휘명령체계의 확립과 전투력 제고를 목적으로 하는바, 그 입법목
적은 정당하고, 심판대상조항은 병에 대하여 강력한 위하력을 발휘하므로 수단의 적
합성도 인정된다.
심판대상조항에 의한 영창처분은 징계처분임에도 불구하고 신분상 불이익 외에 신체
의 자유를 박탈하는 것까지 그 내용으로 삼고 있어 징계의 한계를 초과한 점, 심판대
상조항에 의한 영창처분은 그 실질이 구류형의 집행과 유사하게 운영되므로 극히 제
한된 범위에서 형사상 절차에 준하는 방식으로 이루어져야 하는데, 영창처분이 가능
한 징계사유는 지나치게 포괄적이고 기준이 불명확하여 영창처분의 보충성이 담보되
고 있지 아니한 점, 심판대상조항은 징계위원회의 심의·의결과 인권담당 군법무관의
적법성 심사를 거치지만, 모두 징계권자의 부대 또는 기관에 설치되거나 소속된 것으
로 형사절차에 견줄만한 중립적이고 객관적인 절차라고 보기 어려운 점, 심판대상조
항으로 달성하고자 하는 목적은 인신구금과 같이 징계를 중하게 하는 것으로 달성되
는 데 한계가 있고, 병의 비위행위를 개선하고 행동을 교정할 수 있도록 적절한 교육
과 훈련을 제공하는 것 등으로 가능한 점, 이와 같은 점은 일본, 독일, 미국 등 외국의
입법례를 살펴보더라도 그러한 점 등에 비추어 심판대상조항은 침해의 최소성 원칙에
어긋난다.
군대 내 지휘명령체계를 확립하고 전투력을 제고한다는 공익은 매우 중요한 공익이나,

심판대상조항으로 과도하게 제한되는 병의 신체의 자유가 위 공익에 비하여 결코 가볍다고 볼 수 없어, 심판대상조항은 법익의 균형성 요건도 충족하지 못한다.

이와 같은 점을 종합할 때, 심판대상조항은 과잉금지원칙에 위배된다.


**재판관 이석태, 재판관 김기영, 재판관 문형배, 재판관 이미선의 법정의견에 대한 보충의견**

심판대상조항은 과잉금지원칙에 위배될 뿐만 아니라, 다음과 같은 이유에서 영장주의에도 위배되어 위헌이다.

헌법상 신체의 자유는 헌법 제12조 제1항의 문언과 자연권적 속성에 비추어 볼 때 형사절차에 한정하여 보호되는 기본권이 아니다. 헌법 제12조 제3항의 영장주의가 수사기관에 의한 체포·구속을 전제하여 규정된 것은 형사절차의 경우 법관에 의한 사전적 통제의 필요성이 강하게 요청되기 때문이지, 형사절차 이외의 국가권력작용에 대해 영장주의를 배제하는 것이 아니고, 오히려 그 본질은 인신구속과 같이 중대한 기본권 침해를 야기할 때는 법관이 구체적 판단을 거쳐 발부한 영장에 의하여야 한다는 것이다. 따라서 형사절차가 아니라 하더라도 실질적으로 수사기관에 의한 인신구속과 동일한 효과를 발생시키는 인신구금은 영장주의의 본질상 그 적용대상이 되어야 한다. 심판대상조항에 의한 영창처분은 그 내용과 집행의 실질, 효과에 비추어 볼 때, 그 본질이 사실상 형사절차에서 이루어지는 인신구금과 같이 기본권에 중대한 침해를 가져오는 것으로 헌법 제12조 제1항, 제3항의 영장주의 원칙이 적용된다.

그런데 심판대상조항에 의한 영창처분은 그 과정 어디에도 중립성과 독립성이 보장되는 제3자인 법관이 관여하도록 규정되어 있지 않은 채 인신구금이 이루어질 수 있도록 하고 있어 헌법 제12조 제1항, 제3항의 영장주의의 본질을 침해하고 있다. 따라서 심판대상조항은 헌법 제12조 제1항, 제3항의 영장주의에 위배된다.


**재판관 이은애, 재판관 이종석의 반대의견**

가. 헌법 제12조 제3항의 문언이나 성격상 영장주의는 징계절차에 그대로 적용된다고 볼 수 없다. 다만 영장주의의 이념을 고려하여 심판대상조항이 적법절차원칙에 위배되는지 여부는 보다 엄격하게 심사하여야 한다.

나. 심판대상조항에 의한 영창처분은 2006. 4. 28. 군인사법 개정으로 인권담당 군법

무관의 적법성 심사를 거치도록 정하고 있는데, 관련 법령의 내용과 운영 통계에 비추어 볼 때 이는 객관적·중립적 위치에서 영창처분의 타당성을 심사하는 제도로 운영되고 있다. 또한, 구 군인사법과 관련 법령은 징계권자가 단독으로 징계처분을 발령하거나 가중할 수 없도록 하여 징계권자에 의한 자의와 남용을 방지하고 있다. 영창처분이 내려진 뒤 군인사법상 항고, 행정소송법상 취소소송 및 인신보호법상 구제청구 등 영창처분에 대한 실효적 구제수단도 마련되어 있다. 따라서 심판대상조항은 적법절차원칙에 반하지 않는다.

다. 심판대상조항은 군 조직 내 복무규율 준수를 강화하고 병의 복무기강을 임징히 하는 동시에 지휘권을 확립하기 위한 것으로, 목적의 정당성과 수단의 적합성이 인정된다. 우리나라의 병역 현실상 병 사이의 갈등과 사고가 발생할 위험이 큰 점, 영창처분이 다른 징계에 비하여 엄정하고 효과적인 징계로 기능하는 점, 미국과 독일 등 여러 나라에서도 신체를 감금하는 방식의 군 징계제도를 운영하고 있는 점, 영창처분이 광범위하게 이루어지지 않도록 관련 법령규칙에서 영창처분의 기준을 마련하고 있고 보충적으로만 처분되도록 명시하고 있으며, 영창처분에 대한 실효적 구제절차가 마련되어 있는 등 그 제한을 최소화하고 있는 점 등에 비추어 심판대상조항은 침해의 최소성 원칙에 반하지 아니한다. 심판대상조항으로 군 조직 내 복무규율 준수를 강화하고 병의 복무기강을 엄정히 하며 지휘권을 확립하는 것은 매우 큰 공익인 반면, 병이 받게 되는 신체의 자유 제한은 단기간에 이루어지는 것으로 그 사유도 한정되어 있으므로 공익에 비해 크다고 보기 어려워, 심판대상조항은 법익의 균형성 원칙에 반하지 않는다. 따라서 심판대상조항은 과잉금지원칙에 반하지 않는다.

# 검사가 절도혐의를 인정하여 기소유예처분을 한 사건에서, 헌법소원심판을 청구하여 기소유예처분 취소 결정을 이끌어낸 사례

## - 헌법재판소 2020. 3. 26. 2019헌마466 결정 -

박성철 · 위계관

청구인 A와 어머니 B는 추석 연휴에 해외여행을 떠나기 전날 아울렛 여러 매장을 둘러보면서 쇼핑을 하였습니다. 의류 매장에서 B의 셔츠를 구입하고, 여행가방을 더 알아보기 위해 이 사건 매장에 들렀습니다. A와 B는 이 매장에서 가방을 살펴보았으나 마땅히 구입할 물건이 없어 그냥 나왔습니다. 이때 A는 바닥에 놓여 있던 같은 상표의 다른 쇼핑백을 자신이 직전에 구입한 쇼핑백으로 착각하고 가지고 나오게 되었습니다. 그러자 검사는 A가 쇼핑백을 몰래 들고 나가는 방법으로 절취하였다며 피의사실을 인정하고, 피해자와 합의하였다는 등의 사정을 참작하여 기소유예처분을 하였습니다.

이에 지평은, 평등권 및 행복추구권 침해를 이유로 헌법소원심판을 청구하여 기소유예처분의 위헌성을 지적하였습니다. 첫째, 청구인이 다른 쇼핑백을 착오로 잘못 가져가게 된 상황을 구체적으로 설명하였으므로, 대질신문에까지 이르지 않더라도 적어도 피해자에게 당시 상황을 재확인하는 등의 방법으로 변소에 대한 진위여부, 나아가 당시 다른 쇼핑백을 가져간 전·후 상황에 대하여 추가 조사를 하지 않은 수사미진을 주장하였습니다. 둘째, ① 다른 쇼핑백을 들고 바로 나가지 않고 계속하여 이 사건 매장에서 2분 정도 쇼핑을 계속한 A와 B의 행동, ② 다른 쇼핑백이 B의 자동차 트렁크에 방치되어 있었고 이를 사용하거나 손상한 사실이 전혀 없는 점 등에 비춰볼 때, 청구인에게 불법영득의사가 인정되지 않는다는 점을 주장하였습니다. 셋째, 이 사건 쇼핑백에 담긴 물건이 A와 B에게 경제적 가치나 효용이 전혀 없을 뿐 아니라 청구인 A의 자산, 수입 등을 고려해 보더라도 이 물품을 절취할 동기가 전혀 없다는 점도 주장하였습니다.

지평은 헌법재판소에 문서송부촉탁을 신청하여 수사기록 전체를 확보하였고, CCTV 등의 증거를 비롯한 모든 기록을 면밀히 다시 살펴보고 분석하여 절도의 고의와 불법영득의사가 인정되지 않음을 밝히면서, 검사의 답변서를 반박하는 헌법소원심판 청구이유 보충서를 추가로 제출하였습니다. 결국 헌법재판소는 청구인의 주장을 거의 그대로 받아들여 기소유예처분을 취소하는 결정을 하였습니다.

검사는, 청구인이 물건을 가져갈 당시 고의가 존재하는지, 절취할 동기는 있었는지, 가져간 물건이 청구인에게 경제적 가치와 효용은 있는지 등에 대한 수사와 판단을 제대로 하지 않은 채 만연히 형식적인 처분을 하였습니다. 이에 지평은 헌법소원심판청구서, 헌법소원심판 청구이유 보충서를 통해 청구인에게 물건을 절취할 고의 내지 불법영득의사와 동기가 전혀 없었다는 점에 대해 헌법재판소를 설득하였고, 결국 기소유예처분을 취소하는 인용결정을 이끌어 냈습니다.

헌법소원심판청구서 중 일부를 첨부합니다.

# 헌법소원심판청구서

청 구 인    A
피청구인    ○○○○검찰청 ○○지청 검사

## 청 구 취 지

"피청구인이 20\*\*. \*\*. \*\*. F사건에서 청구인에 대하여 한 기소유예처분은 청구인의 평등권과 행복추구권을 침해한 것이므로 이를 취소한다."

라는 결정을 구합니다.

## 침해된 권리

헌법 제11조 제1항 평등권, 헌법 제10조 행복추구권

## 침해의 원인

피청구인이 20\*\*. \*\*. \*\*. F사건에서 청구인에 대하여 한 기소유예처분

## 청 구 이 유

### 1. 사건의 본질과 개요

가. 사건의 본질

피청구인의 기소유예처분은 청구인의 범의를 증거에 따라 판단하지 않고 만연히

추측한 위헌성이 있으므로 취소를 면할 수 없습니다.

이 사건의 본질은 청구인이 추석연휴를 맞아 어머니인 B에게 선물을 사드리면서 효도를 하고 여행 준비 물품들도 살 생각으로 쇼핑을 하다가 착오로 청구인이 직전에 구입한 것과 똑같이 생긴 다른 사람의 쇼핑백(이하 '이 사건 쇼핑백')을 잘못 가져간 일에 대한 수사기관의 오해에서 비롯되었다는 데에 있습니다. 청구인과 B는 쇼핑 직후 예정된 해외여행을 떠나는 등의 사정으로 그 쇼핑백을 빠른 시간 내에 돌려주지 못했을 뿐입니다. 청구인이 동일하게 생긴 이 사건 쇼핑백을 가져가게 된 행위는 단순한 착오에서 비롯된 것에 불과하여 절도의 고의가 인성될 수 없습니다.

그렇기 때문에 청구인은 이와 같이 헌법소원심판을 청구하면서까지 진실을 다투고 있습니다.

피청구인 검사는, 청구인이 물건을 가져갈 당시 고의 내지 불법영득의사가 존재하는지, 절취할 동기가 있었는지, 가져간 물건이 청구인에게 경제적 가치와 효용은 있는지에 대한 판단을 제대로 하지 않은 채 만연히 타협적인 처분을 하였습니다.[1] 똑같은 모양의 이 사건 쇼핑백에 들어있는 물건은 청구인에게는 아무 쓸모 없는 물건이었고 그렇기 때문에 실제 꺼내 보지도 않고 자동차 트렁크 안에 방치되어 있었습니다. 경제적인 효용이 없는 물건을 절취할 동기가 없었고, 그 밖에 다른 범행 동기를 발견할 수도 없습니다. 과실절도죄를 처벌하지 않는 이상, 절취의 범의가 없는 청구인에게 형사책임이 문제될 여지는 없습니다.

## 나. 사건의 개요

청구인은 어머니 B와 함께 추석 다음날인 20##. #. ##. 오전 쇼핑을 위해 ○○ 아울렛에 갔습니다. 청구인과 B는 쇼핑을 하면서 ★★ 매장에서 B의 셔츠를 구입한 후, 여행에 필요한 소형가방을 알아보기 위해 ※※※※ 매장(이하 '이 사건 매장')에 들렀습니다. 청구인과 B는 이 매장에서 가방을 살펴보았으나 마땅히 구입할 물건이 없어 그

---

[1] 사법경찰 역시 처음에는, 모든 정황상 청구인이 피해자의 이 사건 쇼핑백을 본인의 것으로 착각하여 들고 갔다고 판단하여 절도의 성립요건인 고의 또는 불법영득의사가 인정될 수 없어 범죄가 성립하지 않는다고 판단했습니다. 그러나 피해자가 국민신문고에 민원을 제기하고, 담당 경찰에 대해 기피신청을 하자, 새롭게 사건을 맡게 된 경찰은 기존 의견을 갑자기 바꾸어 기소의견으로 송치하였고, 피청구인은 고의 내지 불법영득의사가 인정되지 않는 상황에 대해서 더 면밀히 수사를 하지 않은 채 기소유예라는 형식적인 처분을 하였습니다.

냥 나왔는데, 이때 매장 바닥에 놓여 있던 이 사건 쇼핑백을 직전에 구입한 자신의 쇼핑백으로 잘못 알고 가지고 나오게 되었습니다.

당시 청구인과 B는 자신들이 구입한 쇼핑백을 번갈아 들고 다니며 여러 매장들을 돌아다녔습니다. 그러던 중 청구인은 직전에 구입한 ★★ 쇼핑백을 자신이 들고 있는 사실을 모른 채 바닥에 놓여있던 이 사건 쇼핑백을 B가 잠시 놓아둔 것으로 착각하여 가지고 나왔습니다. 이 사건 쇼핑백은 청구인이 이미 구입한 물건이 담긴 쇼핑백과 완전히 똑같았기 때문입니다.

그런데도 피청구인은, 20##. #. ##. 피해자 C가 의류가 들어 있는 이 사건 쇼핑백을 바닥에 내려놓고 여행용 가방을 구경하고 있는 사이, 청구인이 몰래 손으로 들고 나가는 방법으로 절취하였다며 피의사실을 인정하였습니다. 다만 피청구인은, 청구인이 처벌받은 전력이 없고, C와 합의하였으며 C가 처벌불원의 의사표시를 한 점 등을 참작하여 기소유예처분을 하였습니다.

## 2. 헌법소원심판청구의 적법성

### 가. 자기관련성

피청구인은 청구인에 대한 피의사실을 인정하여 이 사건 처분을 하였고, 이로 인해 처분의 직접 상대방인 청구인은 행복추구권과 평등권을 침해 받았습니다. 따라서 청구인의 자기관련성이 인정됩니다.

### 나. 다른 권리구제절차의 부존재

(생략)

### 다. 청구기간의 준수

(생략)

### 라. 소결론

청구인의 자기관련성이 인정되고, 기소유예처분을 다툴 다른 구제 방법이 없으며,

이 사건 청구는 청구 기간을 준수하는 등 달리 헌법소원을 부적법하게 할 만한 사유가 없습니다. 따라서 이 사건 심판 청구는 적법합니다.

## 3. 기본권을 침해하는 기소유예처분

### 가. 문제의 제기

누구도 아무런 정당한 사유 없이 억울하게 범죄 누명을 쓰는 일이 있어서는 안 됩니다. 검사가 피의자에게 자의적으로 범죄 혐의를 인정하여 기소유예처분을 한다면, 그 피의자는 '위법한 처분 일반으로부터 자유로울 권리'라는 측면에서 '행복추구권' 내지 '일반적 행동의 자유'가 침해될 뿐만 아니라, 정당하게 판단이 내려졌더라면 무혐의 처분을 받았을 잠재적 비교집단에 비해 아무런 합리적 사유 없이 불리한 취급을 받았다는 측면에서는 '평등권'을 침해 받게 됩니다.[2]

청구인에게 피의사실이 인정되지 않음에도, 피청구인은 자의적으로 기소유예처분을 하였습니다. 피청구인은 피해자 C의 추상적 진술과 고의를 확인할 수 없는 CCTV 영상을 편의에 따라 자의적으로 해석하여 청구인의 절취 사실을 인정하였습니다. 청구인의 구체적인 상황 설명과 변소에 대해서는 제대로 듣지 않고, 청구인과 피해자의 진술이 어긋나는 점 등에 대한 추가 조사를 하지 않았습니다.

### 나. 피청구인의 수사미진

#### 1) 관련 법리

헌법재판소는 검사의 수사미진이 기소유예처분 결정에 영향을 미친 경우 자의적인 검찰권 행사라고 보아 헌법소원심판청구를 인용하고 있습니다.

---

[2] 기소유예처분이란 공소를 제기하기에 충분한 혐의가 있고 소송조건도 구비되어 있음에도 검사가 제반 사항을 고려하여 공소를 제기하지 않는다는 내용의 처분입니다. 이러한 기소유예처분은 일종의 유죄 판단이므로 검사가 범죄혐의가 없음이 명백한 사안을 자의적이고 타협적으로 기소유예처분을 했다면 이는 헌법이 금지하고 있는 차별적인 공권력의 행사가 됩니다(헌법재판소 1999. 12. 23. 선고 99헌마403 결정 등). 나아가 검사의 자의적인 기소유예처분으로 그 피의자는 사회적으로 범죄자로 인식될 위험도 있어, 행복추구권도 침해받게 됩니다(헌법재판소 1999. 9. 16. 선고 99헌마219 결정 등).

"단지 수사 및 소추기관만이 아니고 공익의 대표자인 검사로서는 피의자에게 범죄의 혐의가 없다고 무혐의 불기소처분을 하는 경우라면 모르되 피의사실이 인정된다고 단정하려면 적어도 한번쯤은 피의자를 소환하여 그 변소를 들어보고 그에게 유리한 증거제출과 증거설명의 기회를 부여하는 한편 피의사실에 부합하는 증거와 그에 배치되는 증거의 신빙성에 관하여 필요한 최소한도의 조사는 해 보았어야 할 것이다. (…) 피청구인으로서는 각자의 주장을 그대로 받아놓은 것에 불과한 경찰에서의 청구인과 백○수에 대한 각 피의자신문조서들만으로 판단할 것이 아니라 (…) 안이한 사실인정에 그치며 기소유예처분을 하였다고 할 것이다." (헌법재판소 2003. 4. 24. 선고 2002헌마794 결정, 헌법재판소 2013. 5. 30. 선고 2012헌마980 결정 등 참조).

아울러 다음과 같은 수사미진의 위법성에 대한 선례가 있습니다.

① 대법원 1984. 12. 11. 선고 84도2002 판결

자정 가까운 시간에 점포를 폐점하면서 제조년월일이 오래된 빵을 별다른 감수조치를 취함이 없이 점포 밖에 방치하였다면 외관상 피해자가 그 소유를 포기한 물품으로 오인될 수도 있고, 이러한 경우에 그 빵을 가져간 행위는 절도의 범의를 인정하기 어려운 경우가 있을 것이므로 원심으로서는 위 빵이 쌓여있던 위치와 감수조치의 유무 및 종전에도 피해자가 부패된 빵을 점포 앞에 방치해 둔 사례가 있었는지 여부 등을 더 심리해 보아 부패하여 버린 빵으로 오인했다는 피고인 주장의 당부를 가렸어야 할 것이다.

② 헌법재판소 2017. 9. 28. 선고 2017헌마281 결정

3. 판단

가. 인정되는 사실관계

이 사건 수사기록에 의하면 다음과 같은 사실이 인정된다.

(1) 직업이 약사인 청구인은 서울시 양천구 ○○로 ○○. ○○백화점을 자주 이용하면서 2016년 한 해 ○○백화점에서 신용카드로 총 54,093,456원을 결제하는 등 다액의 물품을 구입한 실적이 있어서, 이 사건 당시 백화점 우수 고객(쟈스민 회원)으로 발레파킹서비스 등 각종 혜택을 받고 있었다.

(2) 청구인은 2016. 10. 30. 오후 1시경 ○○백화점에 가서 발레파킹서비스를 이용하여 주차한

뒤, 유니클로 매장에서 히트텍(내복) 3장을 구입하고, 좌판에서 티셔츠 한 장을 구입하였다. 그리고 청구인은 유니클로 매장에서 받은 쇼핑백을 버리고 좌판에서 티셔츠를 사서 넣어왔던 ○○백화점 로고가 그려진 종이 쇼핑백에 같이 옷을 넣었다. 위 종이 쇼핑백은 이 사건 쇼핑백과 형태와 색상이 동일하였다. 이후 청구인은 오휘화장품 매장에서 화장품 3개를 구입하고 화장품들과 함께 사은품 세트를 받아서 다른 쇼핑백 1개에 넣었고, 정관장 매장에서 영양제를 구입하고 또 다른 쇼핑백 1개에 넣어, 총 3개의 쇼핑백을 소지하게 되었다(이하 위 쇼핑 과정을 '1차 쇼핑'이라 한다). 그 후 청구인은 위 3개의 쇼핑백을 발레파킹서비스 요원에게 맡겼다.

(3) 이후 청구인은 ○○백화섬 시하 매장으로 가서 우유 등을 사서 쇼핑백에 넣었고, 바이오이페트 화장품 매장에 가서 화장품을 구입하고 쇼핑백에 넣어, 총 2개의 쇼핑백을 들고 1층 행사장으로 이동하여 상품권을 받았다(이하 1차 쇼핑 이후의 위 쇼핑 과정을 '2차 쇼핑'이라 한다). 위 2개의 쇼핑백은 이 사건 쇼핑백과는 모양과 색상이 달랐다.

(4) 청구인은 위 행사장 앞에 있던 둥근 모양의 소파에 가서 앉은 다음 영수증 등을 정리하였는데, 청구인이 앉은 자리 오른쪽에 피해자가 이 사건 쇼핑백을 두고 앉아 있었다. 청구인은 영수증 정리를 마치고는 15:01분경 쇼핑백들을 챙겨 일어섰는데, 이때 자리에 앉을 때 가지고 있던 쇼핑백 2개분만 아니라 피해자 소유의 이 사건 쇼핑백까지 함께 들고 이동하였다(이하 '이 사건 행위'라 한다). 이후 청구인이 후문으로 나가 발레파킹된 자신의 차로 이동하는 모습이 CCTV에 담겨져 있다.

(5) 경찰 조사 시 청구인은 집에 도착하여 승용차 뒷좌석에서 쇼핑한 물건들을 꺼내면서 비로소 자신이 구매하지 않은 트렌치코트가 담겨 있는 이 사건 쇼핑백을 인지하였으나, 이를 차에 그대로 두고 자신이 구매한 물품만을 들고 집으로 들어갔다고 진술하였다.

(6) 이 사건 쇼핑백에는 시가 400,000원 상당의 어린이용 트렌치코트와 시가 70,000원 상당의 니트, 그 외 차량용 방향제가 들어 있었다. 피해자는 청구인이 이 사건 쇼핑백을 가져갈 때는 이를 인지하지 못하였고, 나중에 자신의 쇼핑백이 없어진 것을 알고는 경찰에 이 사건 쇼핑백을 도난당하였다고 신고하였다. 경찰은 ○○백화점 보안팀과 주차팀 직원을 통해 이 사건 쇼핑백을 가져간 사람에 대한 정보 확인을 요청하였고, 청구인이 발레파킹서비스를 이용하였으며 사건 당시 CCTV 영상이 확보되어 있어, ○○백화점 주차팀 직원은 사건 다음날인 2016. 10. 31. 청구인이 이 사건 쇼핑백을 가져갔다는 사실을 확인하였다.

(7) 청구인은 2016. 10. 31. 10:39경 ○○백화점 안전요원으로부터 전화를 받고, 11:06경 자신의 딸에게 카카오톡 메시지로 이 사건 쇼핑백의 트렌치코트가 딸의 것인지를 물어보았으나 딸로부터 기억이 나지 않는다는 답변을 받자, "에고, 나 도둑으로 몰렸어"라는 메시지를 딸에게 보냈다. 청구

인은 같은 날 ○○백화점 안전요원으로부터 서울양천경찰서 경찰관의 연락처를 받아, 경찰관에게 전화를 걸어 통화를 한 후, 다음날인 2016. 11. 1. 위 경찰서에 출석하여 피의자신문을 받았다.

(8) 청구인은 2016. 11. 1. 경찰조사를 받으면서 이 사건 쇼핑백 안의 피해품을 임의 제출하였고, 같은 날 피해자는 이를 모두 인수하였다.

다. 검토

이러한 사정을 종합적으로 고려해 볼 때, 피청구인으로서는 청구인에게 절도의 범의가 인정되는지 여부를 판단하기 위해서는 다음과 같은 자세한 수사가 반드시 필요하였다. 피청구인은 청구인의 이 사건 행위 당시의 CCTV 영상 전체를 확보하여 청구인이 이 사건 쇼핑백 내부를 일정 시간 자세히 살펴보거나 이 사건 행위 전후에 절도 행위를 의심할 만한 행동을 하였는지 아니면 영수증 정리를 마치고 순간적으로 이 사건 쇼핑백을 잡고 일어났는지 여부를 확인했어야 했다. 또한 청구인이 이 사건 행위 당시 쇼핑백 내부를 확인한 것이 사실이라면 이 사건 쇼핑백과 동일한 형태의 청구인의 쇼핑백에 보관되었던 의류와는 색상, 형태 등이 얼마나 차이가 있는지를 조사하였어야 하고, 피해자를 추가로 조사하여 피해자와 청구인이 얼마나 떨어져 앉았는지, 피해자가 이 사건 쇼핑백을 자신으로부터 얼마나 떨어져서 뒀는지, 피해자 자신은 무슨 상황에 있었고 어떤 행동을 하고 있었는지 등을 더 조사했어야 한다. 나아가 피청구인은 청구인의 딸의 조사를 통하여 주말마다 기숙사와 집을 청구인의 차로 오가는 것과 차량에 자신의 물품들을 두고 다니는 것이 사실인지, 사건 당일 학회 참가를 위해 제주도로 떠난 사실이 있는지, 제주도로 떠나기 전 트렌치코트에 대한 이야기를 하였는지, 청구인과 딸의 통화내역 등을 통해 이 사건 카카오톡 메시지 이전에 청구인과 딸이 어떠한 연락을 주고받지는 않았는지 등도 자세히 조사한 후 청구인의 절도 고의 유무를 판단하였어야 한다. 그런데 피청구인은 검찰단계에서 위와 같은 사항들을 충분히 수사하지 아니한 채 피해자의 처벌불원의사를 확인한 것 외에 어떠한 추가 조사도 없이 청구인의 절도의 범의를 인정한 잘못이 있다.

③ 헌법재판소 2013. 10. 24. 선고 2013헌마291 결정

청구인이 술에 만취한 상태에서 피해자의 가방을 자신의 가방으로 오인하여 가지고 내린 것으로 보이고, 공개된 장소에서 범행을 할 만한 특별한 동기를 찾아보기도 어려우며, 위 가방을 가져간 후 단기간에 자발적으로 반환한 점에 비추어 보면, 청구인에게 절도의 범의나 불법영득의 의사가 있었다고 단정하기 어려움에도 불구하고 이에 대하여 충분히 조사하지 아니한 채 절도의 피의사실을 인정하고 이 사건 기소유예처분을 한 것에는 수사미진 및 법리오해의 중대한 잘못이 있다.

④ 헌법재판소 2014. 6. 26. 선고 2013헌마96 결정

[판시사항] 청구인들에게 폭력행위등 처벌에 관한 법률 위반(공동상해) 혐의를 인정한 피청구인의 기소유예처분이 청구인들의 평등권 및 행복추구권을 침해하였다고 본 사례

[전문] 다. 청구인 오○훈의 청구에 대하여

(2) 수사미진 또는 법리오해의 점

이와 같이 청구인 김○근의 피의사실에 부합하는 유○환 및 그 일행의 진술은 그 신빙성에 상당한 의문이 있고, 유○환의 상해진단서 기재만으로는 청구인 김○근이 유○환에게 상해를 입혔다고 단정하기 어렵다.

그러므로 피청구인은 대질조사나 추가조사를 통해 유○환 등이 자신들의 폭행에 대한 책임을 덜기위해 청구인 김○근이 먼저 폭행을 가한 것으로 사실을 왜곡하여 진술할 가능성, 적극적인 처벌의사나 상해의 피해를 주장하지 않다가 뒤늦게 상해진단서를 제출하게 된 경위, 유○환이 주장하는 상해가 청구인 김○근의 폭행에 의한 것인지 등의 점에 대해 좀 더 밝혀본 후 그 혐의 유무를 결정하였어야 함에도, 전체적으로 그 신빙성에 의심할 만한 사정이 있는 유○환 일행의 경찰에서의 진술 및 사건과의 관련성이 모호한 상해진단서 기재에만 의존하여 만연히 청구인 김○근의 피의사실을 인정하였는바, 이는 현저한 수사미진이라고밖에 볼 수 없다.

이처럼 귀 재판소는, 절도의 범의를 인정하기 어려운데도 피의자 주장의 당부를 추가로 수사하지 않으면 위법하다는 전제에서, 절도의 범의를 인정하거나 불법영득의 사가 있었다고 단정하기 어려움에도, 수사기관이 이에 대하여 충분히 조사하지 아니한 채 절도사실을 인정하고 기소유예처분을 한 것은 수사미진 및 법리오해의 중대한 잘못이 있다고 인정하여 기소유예처분을 취소한 바 있습니다.

특히 이 사건과 매우 유사한 사례에서, 사건 행위 당시의 CCTV 영상 전체를 확보하여 청구인이 쇼핑백 내부를 일정 시간 자세히 살펴보거나 행위 전·후에 절도 행위를 의심할 만한 행동을 하였는지, 사건 행위 당시 쇼핑백 내부를 확인한 것이 사실이라면 쇼핑백과 동일한 형태의 청구인의 쇼핑백에 보관되었던 의류와는 색상, 형태 등이 얼마나 차이가 있는지를 조사하였어야 하고, 피해자를 추가로 조사하여 피해자와 청구인이 얼마나 떨어져 앉았는지, 피해자가 이 사건 쇼핑백을 자신으로부터 얼마나 떨어져서 두었는지, 피해자 자신은 무슨 상황에 있었고 어떤 행동을 하고 있었는지 등

을 더 조사하였어야 하고, 위와 같은 추가 조사를 하지 않았다면 수사미진이 그 결정에 영향을 미친 자의적인 검찰권 행사로서 청구인의 평등권과 행복추구권을 침해한다고 판단하였습니다(헌법재판소 2017. 9. 28. 선고 2017헌마281 결정).

　　2) 피청구인은 청구인과 B의 진술에 귀기울이지 않은 수사미진의 잘못이 있습니다.

　　피청구인은 피해자의 진술, 피의자신문조서에서 청구인이 이 사건 쇼핑백을 가지고 간 후 돌려주지 아니한 사실에 대하여 인정하고 있는 기재, CCTV 영상, 피해품의 상태, D ○○아울렛 전화통화 내용을 들면서 피의사실을 인정하였습니다(불기소처분이유서 1쪽, 1항 이하). 하지만 피청구인이 들고 있는 사실인정은 관련 증거에 반하고 막연한 추측에 터잡고 있습니다.

　　우선 청구인과 B는 일관되게 '자신의 물품으로 착오하여 이 사건 쇼핑백을 가지고 나왔다'고 진술하였습니다. 구체적으로 이 사건 인정사실에 관하여 B는 다음과 같이 진술하였습니다.

(각 신문조서를 구체적으로 직접 인용한 부분은 생략)

　　이처럼 청구인과 B가 C의 쇼핑백을 착오로 잘못 가져왔던 상황을 상세히 설명하였다면, 대질신문에까지 이르지 않더라도 적어도 피해자에게 당시의 상황을 재확인을 하는 등의 사실의 진위여부, 나아가 이 사건 쇼핑백을 가져간 전·후 상황에 대해서 추가 조사가 진행되었어야 합니다. 그럼에도 피청구인은 추가적인 조사 없이 이 사건 처분을 하여, 청구인의 헌법상 권리인 행복추구권(헌법 제10조) 및 평등권(헌법 제11조)을 침해하였습니다.

　　청구인과 B가 다른 사람의 쇼핑백을 몰래 들고 나올 이유가 전혀 없음에도 피해자의 진술과 청구인의 일부 행위에만 초점을 두고 편견을 바탕으로 CCTV 화면을 자의로 발췌하여 청구인의 절취 범의를 인정한 이 사건 처분은 위헌을 면할 수 없습니다.

### 다. 불법영득의사의 부존재

#### 1) 관련 법리
불법영득의사에 대해서는 다음과 같은 선례가 있습니다.

① 대법원 2010. 6. 24. 선고 2008도6755 판결

불법영득의사는 내심의 의사에 해당하므로 행위자가 불법영득의사가 없었다고 주장하는 경우 이러한 주관적 요소로 되는 사실은 사물의 성질상 그와 상당한 관련성이 있는 간접사실 또는 정황사실을 증명하는 방법에 의하여 이를 입증할 수밖에 없다. 불법영득의 의사는 자기 또는 제3자의 이익을 꾀할 목적으로 업무상의 임무에 위배하여 보관하고 있는 타인의 재물을 자기의 소유인 것과 같이 사실상 또는 법률상 처분하는 의사를 의미하는데, 이는 내심의 의사에 속하고 피고인이 이를 부인하는 경우 이러한 주관적 요소로 되는 사실은 사물의 성질상 그와 상당한 관련성이 있는 간접사실 또는 정황사실을 증명하는 방법에 의하여 이를 입증할 수밖에 없다.

② 헌법재판소 2015. 7. 30. 선고 2014헌마913 결정

[판시사항]

절도 혐의를 인정한 피청구인의 기소유예처분이 청구인의 평등권 및 행복추구권을 침해하였다고 본 사례

[결정요지]

청구인이 스스로 고소인 매장에 찾아와 이 사건 의류대금을 지급한 점, 청구인이 의류 태그를 계속 보관하고 있었던 점, 고소인이 청구인을 퇴사처리하면서 직원에게 지급되는 포인트를 삭제하지 아니하였다면 청구인은 적립된 포인트로 이 사건 의류대금을 지급할 수 있었던 점 등 이 사건 기록에 나타난 제반 사정에 비추어 보면, 청구인에게 처음부터 이 사건 의류를 절취하려는 고의 내지 불법영득의 의사가 있었다고 단정하기 어렵다. 그렇다면 청구인의 절도 혐의를 인정한 피청구인의 기소유예처분은 자의적인 검찰권의 행사로서 청구인의 평등권과 행복추구권을 침해하였다.

위와 같은 선례를 살펴보면, 귀 재판소는 절도죄가 성립하기 위해서는 절도의 고의와 불법영득의사가 인정되어야 하고, 절도의 고의와 불법영득의사는 내심의 의사이므로 간접사실 또는 정황사실을 증명하는 방법에 의해 입증되어야 하며, 여러 정황을 토대로 청구인의 절취의 고의 내지 불법영득의 의사가 있었다고 단정하기 어려움에도 기소유예처분을 함은 청구인의 평등권과 행복추구권을 침해한다고 판단하였습니다. 이러한 법리는 이 사건에도 그대로 적용될 수 있습니다.

2) 청구인과 B는 피해물품을 자신들이 구입한 물건으로 착오하였습니다.

청구인과 B가 들고 나온 이 사건 쇼핑백은 ★★ 브랜드 쇼핑백으로 청구인과 B는 이미 당일 13:16경 동일한 ★★ 매장에서 B의 셔츠 1점을 이미 구입하였던 사실이 인정되고, 그 쇼핑백과 이 사건 쇼핑백이 동일하였던 사실이 객관적으로 확인되므로, 청구인이 자신들이 구입한 물품의 쇼핑백으로 착오하였던 것이 오히려 훨씬 자연스러운 일입니다(갑 제1호증 청구인의 ★★포인트 적립내역).

(포인트 적립 증거 직접 인용 부분 생략)

3) 청구인과 B의 구체적인 행동을 분석해 보면 청구인에게 불법영득의사가 없음을 확인할 수 있습니다.

경찰이 작성한 B에 대한 피의자신문조서에 의하면 청구인이 이 사건 쇼핑백을 손에 집어든 시각이 20##. #. ##. 13:35경이고, 청구인과 B가 이 사건 매장에서 나온 시각이 약 2분 뒤인 20##. #. ##. 13:37경으로 확인됩니다(수사기록 75쪽 B 피의자신문조서). 만일 청구인과 B가 절취할 의사가 있었다면 이 사건 쇼핑백을 집어 들고 바로 매장을 빠져나왔을 가능성이 높습니다. 하지만 청구인과 B는 2분 이상 매장에 머무르며 구경을 계속 하였습니다.

한편, 청구인과 B는 쇼핑백을 매장에서 가지고 나온 이후 20##. #. ##. 13:50경 커피숍에서 이야기를 나누던 도중 자신들이 쇼핑백을 잘못 가지고 나온 사실을 비로소 알게 되었습니다.[3] 하지만 여러 곳을 돌아다니면서 쇼핑을 했기 때문에 그중 어느 매장에서 이 사건 쇼핑백을 가지고 나왔는지 정확히 알 수 없었고, 그렇기 때문에 곧바로 그 매장으로 가서 쇼핑백을 되돌려줄 수가 없었습니다.[4]

이후 청구인과 B는 고객센터를 찾기 위해 아울렛 직원들에게 고객센터의 위치를 문의하였으나, 대형 아울렛 매장의 복잡한 구조로 인해 고객센터를 쉽게 찾지 못했습

---

3) B가 20##. #. ##. 13:50경 이 사건 쇼핑백을 잘못 가져온 사실을 알고, ★★ 매장 직원에게도 전화한 사실이 있으나 경황이 없어 통화 내용을 정확히 기억하지는 못하고 있습니다.

4) 만일 ※※※ 매장에서 가지고 나온 사실을 알 수 있었다면 당연히 그곳으로 돌아가 쇼핑백을 바로 돌려주었을 것입니다.

니다.[5] 나아가 사건 당일은 추석 연휴로 대형 쇼핑몰이 더욱 붐볐고, 청구인과 B는 점심도 먹지 못한 상태였으므로, 나중에 고객센터에 직접 전화를 하여 돌려주기로 하고, 일단 이 사건 쇼핑백을 트렁크에 넣고 집으로 가게 되었습니다.

(쇼핑몰 구조도 그림 인용 생략)

한편, 청구인은 잘못 가져온 쇼핑백을 발견한 이후부터 자신의 어머니인 B에게 쇼핑백을 반드시 돌려 달라고 수차례 당부하였습니다. 청구인은 서울에 살고 있었으나 B는 서울에서 멀리 떨어진 ○○아울렛 인근 지역에 거주하였으므로, 다시 먼 지방으로 오기 쉽지 않았던 청구인은 어머니에게 쇼핑백 반환을 부탁하였습니다. 이후 청구인으로서는 쇼핑백이 반환되었을 것이라고 믿었기 때문에, 어머니가 쇼핑백을 돌려주는 것을 잊고 자신의 차량 트렁크에 그대로 방치하였으리라고는 생각하지 못했습니다. 더구나 청구인은 당시 이직활동[6]과 회사업무를 병행하는 상황이어서 어머니가 쇼핑백을 돌려주었는지에 대해 크게 주의를 기울이지는 못했습니다.

이렇게 청구인과 B는 쇼핑 직후 예정된 해외여행을 위한 준비를 하고, 이후 B도 다른 건축일로 바쁘다 보니 쇼핑백을 돌려줘야 한다는 사실을 잊고 있었습니다. 그러던 중 20@@. @@.경 경찰의 연락을 받고 그제서야 미처 쇼핑백을 돌려주지 못한 사실을 떠올리게 되었습니다(갑 제2호증 여권사증, 갑 제3호증 비행기 티켓).

4) 청구인과 B는 해당 물품을 사용하거나 훼손한 사실이 전혀 없습니다.

청구인과 B는 자신들이 잘못 가져온 쇼핑백 안에 있던 커플티를 훼손하거나 태그Tag를 떼어낸 사실이 없습니다. 청구인과 B에게 전혀 필요 없는 물건을 사용할 하등의 이유가 없었습니다. 만일 청구인과 B에게 절도의 고의 내지 불법영득의사가 있었다면 쇼핑백 안에 있던 커플티를 꺼내 본 흔적이라도 있어야 할 것입니다. 하지만 청구인과 B는 쇼핑백 안에 있던 커플티 태그도 제거하지 않은 채 B의 차량 트렁크에 계속해서

---

5) ○○아울렛은 지하 1층, 지상 2층의 구조로 되어 있고, 지하 1층은 31개, 지상 1층은 75개, 지상 2층은 54개의 매장이 있으며, 안내데스크는 지상 1층의 안쪽 깊숙한 곳에 위치해 있습니다.

6) 청구인은 현재 G 주식회사 이직하였는데, 20**. *. *.부터 채용논의가 있었고, 20**. **. **. 서류 테스트, 20**. **. **. 1차 면접, 20**. **. *. 최종 면접 과정을 거치고 있었습니다.

보관하여 왔습니다. 그렇기 때문에 청구인과 B는 20@@. @@. 물품 원형 그대로 C에게 돌려줄 수 있었습니다.

라. 경제적 가치나 효용이 없는 커플티

귀 재판소는 절도의 범의가 문제된 사건에서, 청구인에게 아무런 경제적 가치나 효용이 없는 물건에 대한 절취의 동기를 찾기 어렵다는 이유로 기소유예처분을 취소한 사례가 있습니다(헌법재판소 2014. 6. 26. 선고 2013헌마96 결정).

[헌법재판소 2015. 10. 21. 선고 2015헌마32결정]
[판시사항]
절도 혐의를 인정한 피청구인의 기소유예처분이 청구인의 평등권 및 행복추구권을 침해하였다고 본 사례

[결정요지]
청구인은 피해자와 만날 당시 자신의 인적사항에 대해 비교적 상세히 알려주었고, 피해자와 헤어진 후 먼저 피해자에게 안부 문자메시지를 보냈으며, 이후 실제로 휴대폰을 돌려주었으므로, 청구인이 피해자의 휴대폰을 가져갔다는 점만으로 청구인에게 휴대폰에 대한 절도의 고의 내지 불법영득의사가 있었다고 단정하기 어렵다. 또한 피해자 소유의 남성용 반팔 티셔츠와 지갑은 청구인에게 아무런 경제적 가치나 효용이 없어 절취의 동기를 찾기 어려울 뿐 아니라 달리 청구인이 이를 절취하였다는 증거가 없으므로, 이 사건 기록에 나타난 사정만으로 청구인의 절도 혐의를 인정하기 어렵다. 그렇다면 청구인에게 절도 혐의를 인정한 피청구인의 기소유예처분은 청구인의 평등권 및 행복추구권을 침해하였다.

이 사건도 마찬가지입니다. 쇼핑백 안에 있던 피해품은 젊은 남녀들이 주로 입는 체크무늬 셔츠였습니다. B와 청구인에게 피해자 소유의 셔츠는 아무런 경제적 가치나 효용이 없습니다. 청구인과 B는 이미 자신들에게 필요한 물품을 구입한 상태였고, 이 사건 이후에도 추가로 필요한 물품을 더 구입하였습니다. 그렇기 때문에 쇼핑백 안에 있던 셔츠의 태그를 떼지도 않았고 가져온 상태 그대로 보관하고 있었습니다. 청구인이나 B에게 아무런 경제적 이득이나 가치도 없는 물건에 대한 절취행위를 감행할 이유가 없습니다.

## 마. 절취 동기의 부존재

청구인은 절도는 물론 어떠한 전과도 없고, B 역시 동종 전과가 없으므로 B와 청구인은 절취의 습벽을 가지고 있지 않습니다.

한편, 청구인은 &&공대를 졸업하고 당시 qqmm에 근무하면서 WWW원에 이르는 고액 연봉의 수입이 있었고(갑 제4호증의 1, 2 각 근로소득지급명세서), 주식자산만 $$만원 상당을 보유하고 있었습니다(갑 제5호증의 1 Ⅰ투자증권 계좌, 2 Ⅱ투자증권 계좌, 3 Ⅲ증권 계좌, 갑 제6호증 2018년 신용카드 등 사용금액 확인서). B 역시 남편 E와 함께 건축업에 종사하면서 연 W억원 정도의 수입이 있고, W억원 상당의 상가주택을 소유하고 있으며, 금융자산만 하더라도 WW억여원에 이릅니다. 청구인과 B는 경제적으로 곤궁한 처지에 있다고 보기 어렵습니다. 이런 부수적 사정을 살펴보더라도, B와 청구인에게는 해당 물품을 절취할 만한 동기가 없습니다.

## 바. 소결론

청구인과 B에게 절도의 고의나 불법영득의사를 인정할 만한 간접사실 또는 정황사실이 달리 발견되지 않습니다. 반면, 사건이 벌어진 장소 CCTV 영상과 그 밖의 사건 전후 사정을 면밀히 살펴보면 청구인에게 절도의 고의 내지 불법영득의사가 없었다는 점을 쉽게 알 수 있습니다.[7] B는 사건이 발생한 지 거의 두 달이 지나 경찰로부터 연락을 받을 때까지 쇼핑백과 티셔츠를 원형 그대로 보존하고 있었습니다. 더구나 청구인으로서는 B가 이미 돌려주었다고 생각하고 있었습니다. '절취의 동기와 경위'라는 판단기준에 비춰보면, 청구인에게 절도의 범의가 인정되지 않는다는 점이 더욱 분명해집니다.

피청구인으로서는, 우리 헌법상 무죄추정의 원칙(헌법 제27조 제4항)을 고려하여 사건의 실체 진실을 더 조사해볼 필요가 있었습니다. 그럼에도 피청구인은 만연히 청구인의 절도죄를 인정하여 기소유예처분을 함으로써 청구인의 평등권 및 행복추구권을

---

7) CCTV 영상을 살펴보면, 청구인과 B는 피해자 일행과 지근거리에 있었고 피해자 일행 중 한 명은 청구인을 바라보는 위치에 있었으므로, 청구인이 쇼핑백을 절취하겠다는 마음을 먹기는 어려운 상황이었습니다. 청구인과 B는 이 사건 매장 안에 있는 여러 물품들을 살피는 데만 집중을 할 뿐, 조금이라도 피해자 일행을 의식하거나 경계하는 장면을 찾아볼 수 없습니다. 이 사건 쇼핑백을 잘못 들고 난 후에도 바로 매장을 떠나지 않고 다른 물건들을 둘러보며 쇼핑을 계속하는 모습이 확인됩니다.

침해하였습니다.


## 4. 향후 입증 계획

(생략)


## 5. 결론

이 사건 기소유예처분은 헌법 제11조 제1항의 평등권 및 제10조의 행복추구권뿐만 아니라, 재판을 통해 무죄를 다툴 기회를 상실하게 함으로써 헌법 제27조 제1항의 재판을 받을 권리마저 침해하였습니다.

위헌인 이 사건 처분을 취소하여 주시기 바랍니다.


**헌법재판소          귀중**

법/률/의/지/평/

# 논 문

인권

# 한국 이주구금제도의 문제점에 관한 국제인권법적 검토*

김진** · 이상현*** · 박찬호**** · 임주연***** · 황현운******

## 목 차

---

* 이 글은 서울대학교 공익인권법센터와 서울대학교 법학전문대학원 인권법학회가 발간하는 『공익과 인권』 제20호 (2020. 9.)에 게재하였던 필자들의 글을 일부 수정, 보완한 것입니다. 이 글을 『법률의 지평』에 담는 것에 대해서 양해를 해주신 『공익과 인권』 측에 감사의 말씀을 드립니다.

** 사단법인 두루 소속, 외국변호사(뉴질랜드 및 호주)

*** 사단법인 두루 소속, 한국변호사

**** 제주대학교 법학전문대학원 전문석사과정

***** 서강대학교 법학전문대학원 전문석사과정

****** 고려대학교 법학전문대학원 전문석사과정

## 초록

현행 출입국관리법 제63조 제1항은 강제퇴거명령을 받은 사람을 대한민국 밖으로 즉시 송환할 수 없는 경우 이 사람을 송환할 수 있을 때까지 보호시설에 '보호', 즉 구금할 수 있도록 규정하고 있다. 현재 국내의 이주구금 관련 논의를 종합해보면, 외국인에게도 신체의 자유가 보장되어야 하며, 이주 및 출입국 행정의 절차에서도 적법절차 원칙이 준수되어야 한다는 데에는 이견이 없으나, 출입국의 통제 및 출입국관리법상 보호는 국가행정인 출입국관리행정의 일환이자 국가가 고유한 주권을 행사하는 데 반드시 필요하다고 인식되고 있다. 이러한 인식하에 외국인의 출입국 관리에는 집행 단계에서 상당한 재량이 인정되는 것으로 이해되는 것이다. 신체의 자유 보장 및 적법절차 원칙 준수에 대한 요구와 국가 주권 행사로서의 출입국 통제에는 폭넓은 재량이 인정된다는 대립된 입장, 그 괴리에 이주구금제도의 인권문제가 존재한다.

이주구금제도와 인권의 문제는 우리나라에서만 발생하는 특수한 것이 아닌, 전 세계에서 공통적으로 발생하는 문제이다. 이에 유엔 산하의 인권 조약기구와 기타 위원회, 독립 전문가로 구성된 유엔의 실무그룹 및 특별절차, 유럽 등 지역의 인권 관련 기구들은 이주구금과 자의적 구금금지 원칙에 대한 활발한 논의를 진행해왔다.

본 글에서는 이주구금제도에 대한 국제인권법의 일반원칙과 현재까지 논의된 이주구금 관련 국제사회의 담론을 검토하고, 이를 바탕으로 현행 이주구금제도의 문제점을 재조명하고자 한다.

또한, 현행 제도의 비판적 검토를 통해 국제인권법에 부합하는 이주구금 법제의 개정 방향을 제시하고자 한다. 이러한 논의가 관련 규정에 대한 국회의 조속한 입법 및 헌법재판소의 위헌결정으로 이어져 궁극적으로는 구금된 외국인의 인권을 침해하고 있는 한국의 현행 이주구금제도가 개선될 수 있기를 기대한다.

## I. 서론

이주구금immigration detention이란 이주 및 출입국을 통제하는 권한에 근거하여 이루어지는 구금을 말한다. 외국인에게도 신체의 자유가 보장되어야 하며, 이주 및 출입국행정의 절차에서도 적법절차원칙의 준수가 요구된다는 점에는 이론의 여지가 없다. 한편, 외국인에게는 입국이나 체류의 자유가 인정되지 않으며, 출입국의 통제는 국가가 고유한 주권을 행사하는 것의 일환이라고 일반적으로 인식되고 있다. 이러한 인식하에 외국인의 출입국관리에 관해서는 입법단계와 집행단계에서 상당한 재량이 인정되는 것으로 이해되고 있다.[1] '신체의 자유 보장 및 적법절차원칙 준수에 대한 요구'와 '국가주권 행사의 성격을 가진 출입국 통제에서는 폭넓은 재량이 인정된다는 입장'이 대립하는 것이다. 바로 그 괴리에 이주구금제도의 인권문제가 존재한다.

출입국관리법 제63조 제1항 위헌제청 사건은 두 관점의 대립을 분명하게 보여준다. 출입국관리법 제63조 제1항[2]은 강제퇴거 대상인 외국인에 대한 구금을 규정하고 있는, 이주구금제도의 근거조항이다. 그 규정의 위헌 여부에 대해서 헌법재판소의 입장은 둘로 나뉘었다. 합헌의견[3]과 위헌의견[4]은 모두 외국인에게도 신체의 자유가 보장되어야 하며, 이주 및 출입국행정의 절차에서도 적법절차원칙의 준수가 요구된다는 점에 동의한다. 하지만 합헌의견은 "[이주구금은] 출입국관리행정의 일환이며, 주권국가로서의 기능을 수행하는 데 필요한 것이므로 일정 부분 입법정책적으로 결정될 수 있다"며, 현행 이주구금제도가 피구금자의 신체의 자유를 침해하지 않고 적법절차원칙에 반하지 않는다고 본다. 반면, 위헌의견은 이주구금제도가 필요하다고 하더라도 이 제도로 인하여 피구금자의 신체의 자유가 제한되는 정도가 지나치게 커서 과잉금지원칙에 위배되며, 구금의 적법성 통제수단이 충분하지 않은 등 적법절차원칙에 위반된다는 입장이다.[5]

가장 최근의 헌법재판소 결정에서는 위헌의견(5인)이 합헌의견(4인)보다 다수였지만 위헌정족수에 이르지는 못하였고,[6] 결국 이주구금제도는 존속하게 되었다. 하지만

---

1) 이에 대한 비판적 견해로는, 최계영, "출입국관리행정, 주권 그리고 법치", 31쪽, 행정법연구 제48호(2017. 2.) 참조.

2) 출입국관리법 제63조(강제퇴거명령을 받은 사람의 보호 및 보호해제) ① 지방출입국·외국인관서의 장은 강제퇴거명령을 받은 사람을 여권 미소지 또는 교통편 미확보 등의 사유로 즉시 대한민국 밖으로 송환할 수 없으면 송환할 수 있을 때까지 그를 보호시설에 보호할 수 있다.

3) 헌법재판소 2016. 4. 28. 선고 2013헌바196 결정 중 재판관 김창종, 재판관 안창호의 다수의견에 대한 보충의견, 헌법재판소 2018. 2. 22. 선고 2017헌가29 결정 중 재판관 김창종, 재판관 안청호, 재판관 서기석, 재판관 조용호의 합헌의견

4) 헌법재판소 2016. 4. 28. 선고 2013헌바196 결정 중 재판관 이정미, 재판관 김이수, 재판관 이진성, 재판관 강일원의 반대의견, 헌법재판소 2018. 2. 22. 선고 2017헌가29 결정 중 재판관 이진성, 재판관 김이수, 재판관 강일원, 재판관 이선애, 재판관 유남석의 위헌의견

5) 헌법재판소 2018. 2. 22. 선고 2017헌가29 결정

6) 헌법재판소법 제23조 제2항 제1호

헌법재판소에서도 위헌의견이 합헌의견보다 다수였다는 사실이 방증하듯, 현행 이주구금제도에 인권침해의 문제가 존재함은 분명하다. 합헌의견도 '출입국관리법 제63조 제1항이 위헌에 이르렀다고 할 수는 없으나, 현행 이주구금제도를 정비할 필요성이 있다'는 점을 인정한 바 있다.[7]

이와 같은 이주구금제도로 인한 인권침해 문제는 한국만의 고유한 문제가 아니며, 전 세계에 공통되는 인권문제이다. 대부분의 국가가 이주구금제도를 두고 있으며, 이에 따라 이주구금제도로 인한 인권침해의 문제 역시 중요한 현안이 되고 있다. 이주구금제도를 운용하면서도 피구금자에게 최소한의 인권이 보장되도록 하는 깃은 전 세계적 과제인 것이다.

이러한 배경하에서, 유엔 산하의 인권조약기구, 유럽인권재판소 등을 중심으로 이주구금제도에 관한 국제인권법적 논의가 활발하게 이루어져 왔다. 기존 국제인권조약의 해석과 새로운 국제협약의 도입을 통해서 이주구금제도에 관한 국제적인 기준이 수립되고 있다. 이를 바탕으로 개별·구체적인 사건에서 해당 이주구금의 인권침해 여부가 판단되고 있으며, 국제인권기준에 부합하도록 이주구금제도가 개선된 사례도 존재한다. '이주구금제도를 운용함에 있어서 피구금자의 인권이 침해되지 않도록 하기 위한 최소한의 기준'이 여러 조약과 사례, 논의 등을 통해서 하나의 '규범'으로 자리잡고 있는 것이다.

국내적 맥락에서도, '이주구금제도에 관한 국제인권법적 규범'은 현행 제도에 내재한 인권침해적 요소의 진단과 제도의 개선방안 제시를 위한 핵심적인 기준이 된다. 국제인권규범은 그 자체로 '효력근거'로서의 법원法源에 해당하며,[8] 설령 그렇지 않다고 하더라도 현행 법질서가 진정한 의미의 법질서인지에 관한 정당화 및 비판을 위한 '평가근거'로서의 법원,[9] 혹은 법으로 마땅히 인식되어야 하는 것을 탐색하기 위한 '인식근거'로서의 법원[10]으로 보아야 하기 때문이다.

---

7) 헌법재판소 2018. 2. 22. 선고 2017헌가29 결정 중 재판관 김창종, 재판관 안창호, 재판관 서기석, 재판관 조용호의 합헌의견

8) 헌법 제6조 ① 헌법에 의하여 체결·공포된 조약과 일반적으로 승인된 국제법규는 국내법과 같은 효력을 가진다.

9) 효력근거로서의 법원에 대하여는, P. Liver, Der Begriff der Rechtsquelle, in: ders, Privatrechtliche Abhandlungen, Bern 1972, S. 36-37 참조. 박정훈, 행정법의 체계와 방법론, 115-116쪽, 박영사(2005)에서 재인용.

10) 인신근거로서의 법원에 대하여는, 박정훈, 앞의 책, 116-117쪽 참조.

본고에서는 한국의 현행 이주구금제도의 문제점을 국제인권법적인 관점에서 검토
하였다. 아래의 Ⅱ절에서는 현행 이주구금제도의 연혁 및 법령, 현황, 인권침해 문제
를 개관한다. Ⅲ절에서는 이주구금제도에 관한 국제인권법의 일반원칙을 살펴본다.
Ⅳ절에서는 현행 이주구금제도가 국제인권법에 부합하는지 여부를 위 일반원칙에 비
추어서 검토한다.


## Ⅱ. 현행 이주구금제도의 개관

### 1. 연혁

출입국관리법은 1963. 3. 5. 기존의 「외국인의 입국·출국과 등록에 관한 법률」을
보다 구체화하는 내용으로 제정되었다. 기존의 법률은 일정한 사유에 해당하는 외국
인에 대한 '출국명령'만을 규정하고 있는데,[11] 제정된 출입국관리법에서 강제퇴거제도
가 새롭게 도입되었다.[12] 그리고 제정된 출입국관리법은 '강제퇴거의 명령을 받은 자
의 수용 및 절차'에 관한 사항을 하위법령에 위임하였고, 1966. 1. 12. 제정된 출입국관
리법 시행령이 위 위임규정에 근거해서 강제퇴거명령을 받은 자의 수용에 관한 사항을
규정하였는데,[13] 이것이 한국의 이주구금제도에 관한 최초의 규정인 것으로 보인다.

출입국관리법은 1967년에 기존에는 출입국관리법 시행령에 규정되어 있던 수용에
관한 사항을 법률로 정하는 것으로 개정되었다.[14] 그 개정이유를 보면, "강제퇴거에
관한 절차는 주로 외국인의 인신구속에 관한 사항이므로 수용 등 그 절차를 법에 직접
규정"한다는 점이 명시되어 있다.[15] 그리고 위 개정법률은 '강제퇴거명령을 받은 자에
대한 수용' 외에 '강제퇴거 여부의 심사를 위한 수용'을 새롭게 규정하였고, 수용시설
의 설비, 피수용자의 처우 등에 관한 사항을 법무부령으로 정하도록 하였다.[16]

---

11) 구 「외국인의 입국·출국과 등록에 관한 법률」(1949. 11. 17. 법률 제65호로 제정된 것) 제12조

12) 구 출입국관리법(1963. 3. 5. 법률 제1289호로 제정된 것) 제26조

13) 구 출입국관리법(1963. 3. 5. 법률 제1289호로 제정된 것) 제26조 제2항, 구 출입국관리법 시행령(1966. 1. 12.
대통령령 제2372호로 제정된 것) 제36조, 제37조

14) 구 출입국관리법(1967. 3. 3. 법률 제1900호로 개정된 것) 제36조 내지 제40조, 제47조

15) 구 출입국관리법(1967. 3. 3. 법률 제1900호로 개정된 것) 개정이유

16) 구 출입국관리법(1967. 3. 3. 법률 제1900호로 개정된 것) 제36조 내지 제40조, 제80조

이후 1992년에 출입국관리법은 이주구금제도의 명칭을 '수용'에서 '보호'로 변경하는 내용으로 개정되었고, 이때 입국거부자, 조건부입국허가자 또는 출국명령을 받은 자로서 도주하거나 도주할 우려가 있는 자에 대한 일시보호제도가 도입되었다.[17] 2005년에는 보호시설 내 외국인에 대한 강제력 행사의 요건에 관한 규정이 도입되었고 구금된 외국인의 처우에 관한 사항 중 일부를 법률로 정하는 것으로 개정되었다.[18] 2010년에는 '보호'에 관한 정의규정을 신설하고, 보호기간이 3개월을 초과하는 보호에 대한 법무부장관의 승인제도 등의 절차적 규정을 도입하며, 강제퇴거명령을 받은 자에 대한 보호의 요건을 '여권 미소지 또는 교통편 미확보 등'의 사유로 구체화하는 내용의 개정이 이루어졌다.[19]

## 2. 근거법령 및 내용

이러한 과정을 거쳐서 현재의 모습에 이르게 된 한국의 이주구금제도는 그 구체적인 내용이 출입국관리법 및 그 시행령, 시행규칙, 외국인보호규칙(법무부령), 외국인보호규칙 시행세칙(법무부 훈령)에 규정되어 있다.

먼저 정의규정을 살펴보면, 출입국관리법 제2조 제11호는 외국인 '보호'를 '출입국관리공무원이 강제퇴거 대상에 해당된다고 의심할 만한 상당한 이유가 있는 사람을 출국시키기 위하여 외국인보호실, 외국인보호소 등에 인치하고 수용하는 집행활동'으로 규정하고 있다. 그 명칭은 '보호'이지만, 전술한 연혁에서 알 수 있듯이 이는 '수용'에 관한 규정을 명칭만 변경한 것으로서, 실질에 있어서는 구금에 해당한다.[20][21] 출입국관리법상 '보호'는 사람을 그의 의사에 반하여 일정 기간 동안 일정한 장소에 격리함으로써 공간적 제약을 가하고 신체의 자유를 제한하는 것이기 때문이다.

출입국관리법이 정하고 있는 이주구금은 크게 '심사결정을 위한 보호', '긴급보호',

---

17) 구 출입국관리법(1992. 12. 8. 법률 제4522호로 개정된 것) 제2조 제11호 내지 제12호, 제51조 내지 제57조, 제63조

18) 구 출입국관리법(2005. 3. 24. 법률 제7406호로 개정된 것) 제56조의2 내지 제57조

19) 구 출입국관리법(2010. 5. 14. 법률 제10282호로 개정된 것) 제2조 제11호, 제54조 제2항, 제56조의9, 제63조

20) 같은 취지에서, 대법원도 출입국관리법 제63조 제1항에 따른 보호가 "실질적인 인신구속"이자 "구금"이라고 판단한 바 있다. 대법원 2001. 10. 26. 선고 99다68829 판결 참조.

21) 이에 이하에서는 제도의 실질에 보다 부합하도록 출입국관리법에 따른 보호를 '구금'이라고 칭하며, 다만 법령을 그대로 인용하는 경우에만 '보호'라고 한다.

'강제퇴거명령의 집행을 위한 보호', '일시보호'로 나누어볼 수 있다. '심사결정을 위한 보호'는 강제퇴거의 사유에 해당한다고 의심할 만한 상당한 이유가 있고 도주하거나 도주할 염려가 있는 외국인을 보호하는 것으로, 그 기간은 10일을 상한으로 하며 1회에 한해서 10일을 연장할 수 있다.[22] '긴급보호'는 사전에 지방출입국·외국인관서의 장으로부터 보호명령서를 발급받아야 하는 심사결정을 위한 보호와 달리, 보호명령서를 발급받을 여유가 없는 긴급한 경우에 출입국관리공무원이 먼저 외국인을 긴급보호한 후 48시간 이내에 심사결정을 위한 보호에 관한 보호명령서를 발급받는 것이다.[23] '강제퇴거명령의 집행을 위한 보호'는 강제퇴거명령을 받은 외국인을 여권 미소지 또는 교통편 미확보 등의 사유로 즉시 대한민국 밖으로 송환할 수 없으면 송환할 수 있을 때까지 구금하는 것으로서, 관련 법령은 그 구금기간의 상한을 명시적으로 정하고 있지 않다.[24] 한편 '일시보호'는 입국거부자, 조건부입국허가자 또는 출국명령을 받은 자로서 도주하거나 도주할 우려가 있는 자를 출입국관리공무원이 일시적으로 구금하는 것으로, 구금기간의 상한은 48시간이며 1회에 한해서 48시간을 연장할 수 있다.[25]

구금의 절차는 심사결정을 위한 보호와 강제퇴거명령의 집행을 위한 보호를 중심으로 규정되어 있다. 심사결정을 위한 보호와 강제퇴거명령의 집행을 위한 보호의 경우, 출입국관리공무원은 소장 등으로부터 보호명령서를 발급받아 구금대상자에게 이를 내보임으로써 보호명령을 집행한다.[26] 이때 국내에 있는 구금대상자의 법정대리인·배우자·직계친족·형제자매·가족·변호인 또는 그가 지정하는 사람에게 3일 이내에 보호의 일시·장소 및 이유를 서면으로 통지해야 하고, 보호에 대해서는 이의신청이 가능하다.[27] 강제퇴거명령의 집행을 위한 보호는 보호기간이 3개월을 넘는 경우 3개월마다 미리 법무부장관의 승인을 받아야 하고 승인을 받지 못하면 지체 없이 보호를 해제하여야 하며, 구금된 외국인이 송환될 수 없음이 명백하게 된 경우에는 보호를 해제할 수 있다.[28] 구금된 외국인에 대해서는 일정한 경우 보증금 예치 및 주거 제한 등의

---

22) 출입국관리법 제51조, 제52조
23) 출입국관리법 제51조 제3항 내지 제5항
24) 출입국관리법 제63조
25) 출입국관리법 제56조
26) 출입국관리법 제53조, 제63조 제6항
27) 출입국관리법 제54조, 제55조, 제63조 제6항
28) 출입국관리법 제63조 제2항 내지 제4항

조건을 붙여 보호를 일시해제할 수 있다.[29]

한편, 구금된 외국인의 처우에 관하여 출입국관리법은 화재 등의 경우 긴급이송, 피보호자의 인권 존중, 강제력 행사의 요건과 절차, 신체 및 휴대품의 검사, 면회 및 청원 등을 규정하고 있다.[30] 그리고 외국인보호규칙과 외국인보호규칙 시행세칙은 출입국관리법의 위임에 근거해서 구금의 절차, 물품과 현금 보관, 의료 및 침구의 지급·대여, 급식, 위생 및 진료, 운동 및 면회, 통신 등 구금시설 내 생활에 관한 사항, 청원 및 고충상담, 강제력 행사 등을 규정하고 있는데, 그 내용은 대체로「형의 집행 및 수용자의 처우에 관한 법률」과 유사하다.

### 3. 이주구금제도의 운용 현황

법무부 제출 자료에 따르면, 화성외국인보호소, 청주외국인보호소, 여수출입국관리사무소의 보호외국인은 2015년 16,561명, 2016년 21,793명, 2017년 23,660명이다. 보호 명령된 1인의 평균보호기간은 10.8일이며, 일일 평균으로 보호소에서 보호되는 인원은 886명이다. 2018. 5. 1. 기준으로 보호기간을 살펴보면, 총 813명 중 8명이 1년 이상 장기 구금되어 있다. 이들이 장기 구금된 주된 이유는 난민신청 불허처분소송 등으로 단기간에 강제퇴거 집행이 어려운 상황인 것으로 파악된다.[31]

보호소에서는 하나의 방에서 약 20여 명의 사람이 함께 잠을 자고, 화장실과 샤워실을 공유하며 생활한다. 보호소 내의 외국인들은 도주를 방지하기 위한 이중, 삼중의 폐쇄 감금 장치 안에서 생활하고, 보호시설에서의 생활은 보호거실이라고 불리는 방안으로 제한되어 있어, 자유로운 이동이 불가능하다. 의료시설이나 면회실의 이용도 허가를 받아야 하고, 운동을 위한 야외활동도 격일 1시간 정도 내외로 짧게 주어진다. 보호 거실 안에 있는 샤워실과 화장실의 가림막도 개선이 이루어졌다고는 하지만 여전히 충분히 가려지지 않으며, 대부분의 활동이 CCTV로 촬영되고, 보호소의 직원은 도주의 방지와 질서유지를 위해 보호 외국인을 대상으로 강제력을 사용할 수 있어, 필요한 경우 경찰봉, 가스총, 전자 충격기 등을 사용할 수도 있다. 뿐만 아니라 외국인이

---

29) 출입국관리법 제65조

30) 출입국관리법 제56조의2 내지 제56조의9

31) 재인용: 여경수, "출입국관리법상 외국인 보호제도의 개선방안", 77쪽, 건국대학교 법학연구소. 일감법학 제41호 (2018) 인용: "출입국관리법 일부개정법률안에 대한 의견표명", 4쪽, 국가인권위원회(2018).

담당 공무원의 명령을 따르지 않았거나 방해했을 경우 독방에 격리되는 징계도 받을 수 있다. 이러한 현황은 출입국관리법상의 '보호'가 신체에 대한 제한의 정도와 실질에서 볼 때 교도소에 구금되어 있는 것과 유사하다는 점을 보여준다.[32]

## 4. 이주구금제도의 인권침해 문제 개관

이주구금제도의 인권침해 문제에 대해서는 여러 비판이 있어왔는데, 비판의 상당 부분은 헌법재판소와 국가인권위원회의 결정에 반영된 바 있다. 아래에서는 헌법재판소와 국가인권위원회의 결정례를 중심으로 현행 이주구금제도의 인권침해 문제를 개관한다.

### 가. 헌법재판소 결정례에 비추어 본 이주구금제도의 인권침해 문제

헌법재판소는 두 차례에 걸쳐서 '강제퇴거명령의 집행을 위한 보호'의 근거조항인 출입국관리법 제63조 제1항의 위헌 여부에 관한 판단을 내린 바 있다. 헌법재판소는 두 사건에서 모두 결론적으로 합헌결정을 내렸지만, 2016년도 결정에서는 4인의 재판관이, 2018년도 결정에서는 5인의 재판관이 위헌의견을 밝힌 바 있다.[33]

위헌의견은 출입국관리법 제63조 제1항이 보호기간의 상한을 설정하지 않아 피보호자에 대한 무기한 보호를 가능하게 하므로 신체의 자유를 침해한다는 점을 지적하였다. 특히 강제 송환되지 아니할 권리를 핵심으로 가지는 난민신청자들이 장기 보호되고 있어 기본권 침해 논란이 계속되고 있음을 강조하였다. 또한 외국인의 인신구속의 타당성을 심사할 수 있는 객관적·중립적 장치가 없다는 점, 이에 따라 보호명령을 받는 자가 자신에게 유리한 진술을 하거나 의견을 제출할 수 있는 기회가 보장되지 않는다는 점에서 적법절차원칙에 위배된다고 판단하였다.[34]

한편, 합헌의견도 '출입국관리법 제63조 제1항이 위헌에 이르렀다고 할 수는 없으나, 현행 이주구금제도를 정비할 필요성이 있다'는 점을 인정하였다는 점은 전술한 바

---

32) 김희정, "행정구금을 실질적 형사구금으로 볼 수 있는 법리의 검토: 출입국관리법의 외국인 '보호'문제를 중심으로", 119-120쪽, 전남대학교 법학연구소 공익인권법센터, 인권법평론 제20호(2018).

33) 헌법재판소 2016. 4. 28. 선고 2013헌바196 결정, 헌법재판소 2018. 2. 22. 선고 2017헌바29 결정

34) 헌법재판소 2016. 4. 28. 선고 2013헌바196 결정 중 재판관 이정미, 재판관 김이수, 재판관 이진성, 재판관 강일원의 반대의견, 헌법재판소 2018. 2. 22. 선고 2017헌가29 결정 중 재판관 이진성, 재판관 김이수, 재판관 강일원, 재판관 이선애, 재판관 유남석의 위헌의견

와 같다. 특히 합헌 의견은 보호의 개시 및 연장에 관한 판단을 사법부 등 제3의 기관
이 하도록 하는 입법적 방안을 검토할 필요가 있고, 지나친 장기보호의 문제가 발생하
지 않도록 하기 위해서 합리적인 보호기간의 상한을 정하는 것을 검토할 수 있으며,
관련 절차가 신속하고 효율적으로 진행될 수 있도록 제도를 정비할 필요성이 있다는
점을 지적하였다.[35]

### 나. 국가인권위원회 결정례에 비추어 본 이주구금제도의 인권침해 문제

이주구금제도의 인권침해 문제에 관한 국가인권위원회의 지석은 크게 출입국관리법의
개정법률안에 대한 의견표명 등을 통해 개선을 요구한 구금의 대상 및 절차, 기간에 관한
것과 방문조사 등을 통해서 확인된 반인권적인 처우에 관한 것으로 나누어볼 수 있다.

먼저, 구금의 대상에 대해 국가인권위원회는 (i) 출국명령과 출국명령 등 강제퇴거
의 대안적인 절차를 적극 활용하여 구금의 대상을 최소화해야 한다는 점,[36] (ii) 구금
의 필요성과 아동 등 구금되는 외국인의 취약성 고려가 명문으로 규정되어야 한다는
점,[37] (iii) 강제퇴거의 전망이 없는 외국인, 특히 난민신청자에 대해서는 구금대안적
방안이 적극적으로 시행되어야 한다는 점,[38] (iv) 아동의 경우 구금이 최후의 조치로
서만 이루어져야 한다는 점[39]을 지적하였다. 그리고 구금의 절차와 관련해서는 (v) 이
주구금은 그 본질상 형사사법절차상의 인치, 구금과 유사하므로 그 근거와 절차, 권리
보장체계를 형사사법절차에 준하여 마련하여야 한다는 점,[40] (vi) 구금의 개시 및 연
장 단계에서 객관적·중립적 통제절차가 마련되어야 한다는 점,[41] (vii) 구금기간 연장
과정에서 구금된 외국인의 이의신청권과 의견진술권이 보장되어야 한다는 점[42]을 지

---

35) 헌법재판소 2018. 2. 22. 선고 2017헌가29 결정 중 재판관 김창종, 재판관 안청호, 재판관 서기석, 재판관
    조용호의 합헌의견

36) 국가인권위원회 2007. 12. 17.자 결정, "외국인 보호 및 교정시설 방문조사에 따른 권고"

37) 국가인권위원회 2018. 7. 26.자 결정, "출입국관리법 일부개정법률안에 대한 의견표명"

38) 국가인권위원회 2019. 1. 16.자 결정, "2018년도 외국인보호소 방문조사에 따른 권고", 국가인권위원회
    2019. 8. 29.자 19진정0117700·19진정0214900(병합) 결정

39) 국가인권위원회 2009. 12. 28.자 09진인2790 결정

40) 국가인권위원회 2005. 5. 23.자 결정, "출입국관리법 일부개정법률안에 대한 의견표명", 국가인권위원회
    2007. 12. 6.자 5결정, "출입국관리법 일부개정법률안에 대한 의견표명"

41) 국가인권위원회 2018. 7. 26.자 결정, "출입국관리법 일부개정법률안에 대한 의견표명"

42) 국가인권위원회 2007. 12. 17.자 결정, "외국인 보호 및 교정시설 방문조사에 따른 권고"

적하였다. 구금기간에 대해서는 (viii) 구금기간의 상한이 명시되어야 한다는 점,[43] (ix) 특히 아동의 경우에는 구금을 하더라도 필요최소기간 동안으로 제한되어야 한다는 점[44]을 지적하였다.

그리고 구금시설 내 처우와 관련해서 국가인권위원회는 (i) 구금된 외국인에 대한 현재의 과도한 통제 위주의 운영에서 자율성을 바탕으로 한 친인권적 운영으로 시스템을 변경하여야 한다는 점,[45] (ii) 구금된 외국인에게 충분한 운동시간이 주어져야 한다는 점,[46] (iii) 장기수용된 외국인에 대한 상시적 심리상담 프로그램 등이 마련되어야 한다는 점,[47] (iv) 구금된 외국인이 인터넷을 통해 외부와 소통할 수 있도록 하는 점,[48] (v) 구금시설 입소 시 구금시설 내 생활, 보호일시해제의 절차 등에 대해 표준화된 정보를 제공할 것[49] 등을 지적하였다.

## Ⅲ. 이주구금제도에 관한 국제인권법의 일반원칙

인신의 자유는 인간의 존엄을 보존하기 위해 보장해야 하는 가장 기본적인 권리이다. 이는 세계인권선언Universal Declaration of Human Rights에 가장 먼저 등장하는 실체적 권리로, 세계인권선언은 "모든 사람은 생명과 신체의 자유와 안전에 대한 권리를 가진다." 그리고 "어느 누구도 자의적으로 체포, 구금 또는 추방되지 아니한다."고 규정하여(제3조, 제9조) 인신의 자유 보호의 중요성을 강조하고 있다. 「시민적 및 정치적 권리에 관한 국제규약International Covenant on Civil and Political Rights(이하 '자유권규약')」 역시 모든 사람은 신체의 자유와 안전에 대한 권리를 가진다고 명시하고 있다(제9조). 자유권규약은 이어 "누구든지 자의적으로 체포되거나 또는 억류되지 않는다. 어느 누구도 법률로 정한 이유 및 절차에 따르지 않고는 그 자유를 박탈당하지 않는다."고 명시하며, 신체의 자유와 안전의 권리 보장을 위한 '자의적 구금의 금지 원칙'을 규정하고 있다.

---

43) 국가인권위원회 2018. 7. 26.자 결정, "출입국관리법 일부개정법률안에 대한 의견표명"
44) 국가인권위원회 2009. 12. 28.자 09진인2790 결정
45) 국가인권위원회 2019. 2. 22.자 결정, "2018년도 외국인보호소 방문조사에 따른 권고"
46) 국가인권위원회 2017. 12. 27.자 17방문0000900 결정
47) 국가인권위원회 2019. 2. 22.자 결정, "2018년도 외국인보호소 방문조사에 따른 권고"
48) 국가인권위원회 2017. 12. 27.자 17방문0000900 결정
49) 국가인권위원회 2019. 2. 22.자 결정, "2018년도 외국인보호소 방문조사에 따른 권고"

자유권규약의 이행 감독기구인 자유권규약위원회Human Rights Committee는 자유권규약 제9조에 대한 일반논평 제35호를 통해 '자의적 구금'을 일반적인 불법 구금 또는 체포보다 더 넓은 개념으로, '부적절함, 불공정함, 예측 가능성의 부재, 적법절차의 결여, 합리성과 필요성의 부존재, 비례의 원칙 위반' 등이 포함된다고 정의하였다.[50] 그리고 위 일반논평에 따르면, 이주구금이 그 자체로 자의적 구금인 것은 아니나, 외국인의 이주를 사유로 한 자유박탈을 정당화하기 위해서는 합리성과 비례성을 갖추어야 하고, 구금이 장기화될 경우 구금이 자의적인지 여부를 정기적으로 심사받을 수 있어야 한다.[51]

최근 국제이주에 대한 최초의 정부 간 합의문인「안선하고, 질서있고 정규적인 이주를 위한 글로벌 컴팩트Global Compact for Safe, Orderly and Regular Migration(이하 '이주 글로벌컴팩트')」는 (i) 이주구금을 오직 최후의 수단으로만 사용하고 비구금적인 대안을 우선시할 것, (ii) 개별적 평가에 기반하여 비례의 원칙에 부합하게 이주구금이 이루어지도록 할 것, (iii) 적법절차의 원칙과 절차적 안전장치를 준수할 것, (iv) 피구금자의 사법접근권을 보장할 것, (v) 구금기간을 최소화할 것, (vi) 피구금자의 처우를 보장할 것을 규정하여, 이주구금에 관한 국제인권법의 원칙을 재확인하였다.[52]

이와 같이 일련의 국제인권규범이 규정하고 있는 '자의적 구금의 금지 원칙' 등 구금에 관한 국제인권법상의 원칙은 그 내용을 아래의 다섯 가지 원칙으로 요약할 수 있다.

① 구금 기간의 상한을 마련하여 구금 기간을 예측 가능하도록 할 것
② 구금을 합리적인 목적과 비례의 원칙에 따라 집행할 것
③ 구금 관련 절차를 법에 명시하고, 독립된 기관이 정기적으로 심사하도록 할 것
④ 구금 시 피구금자에 대한 인간적인 처우를 보장할 것
⑤ 아동의 구금은 원칙적으로 금지할 것

위의 다섯 가지 '일반원칙'은 이주구금제도에 대해서도 마찬가지로 적용된다.[53] 아

---

50) Human Rights Committee, International Covenant on Civil and Political Rights General Comment No. 35: Article 9 (Liberty and security of person), 16 December 2014, CCPR/C/GC/35, para 12.

51) Human Rights Committee, International Covenant on Civil and Political Rights General Comment No. 35: Article 9 (Liberty and security of person), 16 December 2014, CCPR/C/GC/35, paras 12, 18.

52) Global Compact for Safe, Orderly and Regular Migration, formally endorsed by the United Nations General Assembly on 19 December 2018, objective 13.

53) 예컨대, 자유권규약위원회는 일반논평 제35호를 통해서 신체의 자유에 관한 자유권규약 제9조의 규정이 외

래에서는 이주구금의 맥락에서 위 일반원칙들의 구체적인 내용을 차례로 살펴보겠다.

## 1. 기한의 상한 없는 구금의 금지

기한의 상한을 정하지 않은 인신의 구속은 그 종료 시기의 예측을 불가능하게 한다. 나아가, 이는 피구금자의 정신적 · 육체적 건강에 해를 끼칠 수 있다. 이에 유엔인권위원회UN Commission on Human Rights의 자의적 구금에 관한 실무그룹Working Group on Arbitrary Detention은 무기한 구금 금지의 원칙을 확립하였다.54) 이러한 원칙은 이주구금제도에 동일하게 적용된다. 자의적 구금에 관한 실무그룹도 "이주민에 대한 모든 형태의 구금은 최소한의 기간 동안만 이루어져야 하며, 구금의 상한 기간은 국내 입법을 통해 달성하여야 한다"고 강조한 바 있다.55)

유럽에서는 1998년 유럽인권재판소가 유럽인권협약 제5조를 인용하며 무기한 구금은 자의적 구금에 해당한다고 판시한 이래,56) 지침Directive을 통해 구금 기간의 상한 설정에 대해 참고할 만한 입법례가 제시되어 있다. 유럽연합이 2008년에 채택한 「제3국 이주민의 미등록 체류로 인한 송환에 관한 유럽연합 당사국의 기준과 절차에 관한 지침」은 유럽연합 회원국에서 이루어지는 이주민에 대한 행정 및 사법적 구금의 최대 기간이 6개월을 넘을 수 없고, 행정석으로 지연될 경우에도 추가로 12월까지만 연장할 수 있다고 정하고 있다.57)

한편, 국제인권법은 난민의 경우에는 구금기한의 상한을 둘 필요성을 더욱 강조하고 있다. 난민은 본국으로 돌아갈 경우 그 생명이나 자유가 위협받을 우려가 있어 본

---

국인, 난민, 비호신청자, 무국적자, 이주노동자에게도 동일하게 적용되고, 형사절차에만 적용되는 자유권규약 제9조 제2항의 일부 및 제3항을 제외하고는 자유권규약 제9조가 자유를 박탈당한 모든 사람에게 적용되며, 여기서 자유의 박탈은 행정구금도 포함한다는 점을 분명히 하고 있다. Human Rights Committee, International Covenant on Civil and Political Rights General Comment No. 35: Article 9 (Liberty and security of person), 16 December 2014, CCPR/C/GC/35, paras 3-5.

54) United Nations Human Rights Office of the High Commissioner, Working Group on Arbitrary Detention, Report of the Working Group, E/CN.4/2000/4, (28 December 1999).

55) United Nations Human Rights Office of the High Commissioner, Working Group on Arbitrary Detention, Report of the Working Group, A/HRC/39/45, (2 July 2018).

56) European Court of Human Rights, *Assenov and Others v. Bulgaria Application* No.90/1997/874/1086 judgment of 28 October 1998.

57) Directive 2008/115/EC of the European Parliament and of the Council of 16 December 2008 on common standards and procedures in Member States for returning illegally staying third-country nationals, article 15.

국으로 귀환하는 방법으로 구금상태에서 해제될 수 없으므로, 구금기한의 상한을 두지 않는다면 구금이 무기한으로 지속될 수 있기 때문이다. 이러한 취지에서 유엔난민기구의 「구금에 관한 지침Detention Guidelines」은 "비호신청자58) 구금의 상한 기간이 법률에 부재하다면 이는 해당 법률의 타당성에 문제가 있는 것이므로, 최장 구금기간은 법으로 정해져야 하며, 출입국 관리 목적으로 이루어지는 비호신청자에 대한 사실상 무기한적 구금은 국제인권법상 '자의적인 구금'에 해당"함을 분명히 하였다.59)

## 2. 합리직 필요성과 비례성의 원칙

자유권규약위원회에 따르면, 합리성과 필요성, 비례성이 결여된 구금은 자의적 구금에 해당한다.60) 자의적 구금 금지의 원칙에서 파생되는 '이주구금에 관한 합리적 필요성과 비례성의 원칙'은 그 구체적인 내용을 (i) 구금을 최후의 수단으로서만 택해야 하며 비구금적 대안을 우선시하여야 한다는 점, (ii) 구금대상자의 구체적인 상황을 고려한 개별적 심사에 기반하여 필요성과 비례성을 심사하여야 한다는 점, (iii) 엄격한 요건하에서만 구금의 필요성을 인정하여야 한다는 점으로 요약할 수 있다.

먼저 구금의 최후수단성과 비구금적 대안의 필요성에 대해 살펴보면, 「비구금 조치에 관한 유엔 최소표준규칙United Nations Standard Minimum Rules for Non-custodial Measures」은 자유가 원칙이어야 하며, 구금은 이에 대한 예외여야 함을 분명하게 규정하고 있다. 같은 취지에서 이주 글로벌컴팩트도 이주구금에 대한 비구금적 대안을 우선시하여야 할 것을 규정하고 있다.61)

구금대상자의 구체적인 상황은 특히 비호신청자의 경우에 중요하게 고려되어야 한

---

58) 여기서 비호신청자란 '난민의 지위에 관한 협약과 난민의 지위에 관한 의정서상의 난민의 정의에 따라 난민 지위를 신청한 자와 보완적, 부차적, 혹은 일시적 형태의 보호를 받고자 하는 자'를 통칭한다. 비호신청자는 난민지위 등의 심사절차, 형식심사, 사전심사 또는 기타 유사한 절차를 통해 그 신청을 심사받는 이들을 포함한다. UNHCR, Detention Guidelines: Guidelines on the Applicable Criteria and Standards relating to the Detention of Asylum-seekers and Alternatives to Detention, 2012 참조.

59) UNHCR, Detention Guidelines: Guidelines on the Applicable Criteria and Standards relating to the Detention of Asylum-seekers and Alternatives to Detention, 2012.

60) Human Rights Committee, International Covenant on Civil and Political Rights General Comment No. 35: Article 9 (Liberty and security of person), 16 December 2014, CCPR/C/GC/35, para 12.

61) Global Compact for Safe, Orderly and Regular Migration, formally endorsed by the United Nations General Assembly on 19 December 2018, objective 13.

다. 비호신청자는 난민사유 등에 관한 주장에 대해서 최종 결정이 나올 때까지는 추방의 대상이 아니기 때문에 보호 절차가 진행 중일 때 추방을 이유로 비호신청자를 구금하는 것은 국제인권법에 반하기 때문이다.[62] 추방 목적의 구금은 최종심사가 이루어져 비호신청이 기각된 이후에만 이루어질 수 있으며, 다만 특정 비호신청자가 추방을 지연시킬 목적으로 비호신청하는 등의 사정이 있는 경우에는 구금이 정당화될 여지가 있다.[63]

구금의 필요성에 관한 요건과 관련해서, 유럽연합은 '이주민에 대한 구금은 그 목적은 송환이나 추방의 행정집행을 확보하기 위함이고, 이를 위해 오직 도주의 위험이 있거나, 체류자격 신청이 명백히 이유없거나 허위 신청을 이유로 체류자격 신청이 기각된 경우, 또는 공공질서나 국가안보에 위협이 되는 경우에만 이주민에 대한 구금이 가능하다'는 내용으로 목적의 합리성과 비례성 원칙의 구체적 요건을 정하고 있다.[64] 따라서 설사 이주민이 불법적인 경로로 입국했다 하더라도 이러한 사정만으로 구금의 필요성을 입증할 수 없다. 특히 위법하게 입국한 비호신청자의 경우, 그들의 입국을 문서화하고, 그들의 주장을 기록하며, 신원을 확인하기 위해 입국 초기의 짧은 기간 동안 구금하는 것은 허용될 수 있으나, 그 이상으로 구금하는 것은 국가안보에의 위험 등 해당 비호신청자에게 특별한 이유가 없는 이상 자의적 구금에 해당한다.[65] 자유권규약위원회는 불법적인 경로로 입국해 비호신청한 캄보디아의 난민 가족이 호주 정부를 상대로 제기한 자의적 구금에 대한 손해배상 소송에서 자유권규약 제9조를 적용하여, "불법으로 입국한 이주민이라도 불법 입국, 미등록 체류의 사실만으로는 구금의 필요성이 충족됐다고 볼 수 없다"고 명시하며, "도주 가능성이 명백하거나 국가 기능에 비협조적인 것이 명백한 경우에만 구금의 합리성과 필요성이 인정된다"고 판단하였다.[66]

---

62) UNHCR, Guidelines on the Applicable Criteria and Standards relating to the Detention of Asylum-seekers and Alternatives to Detention, 2012, para 33.

63) UNHCR, Guidelines on the Applicable Criteria and Standards relating to the Detention of Asylum-seekers and Alternatives to Detention, 2012, para 33.

64) Directive 2008/115/EC of the European Parliament and of the Council of 16 December 2008 on common standards and procedures in Member States for returning illegally staying third-country nationals, article 15.

65) Human Rights Committee, International Covenant on Civil and Political Rights General Comment No. 35: Article 9 (Liberty and security of person), 16 December 2014, CCPR/C/GC/35, para 18.

66) A. v. Australia, CCPR/C/59/D/560/1993, UN Human Rights Committee (HRC), 3 April 197, available at:

## 3. 독립된 기관에 의한 구금의 정기적 심사

자유를 박탈당한 사람은 누구든지 법원이 자유박탈의 합법성을 지체 없이 결정하고, 억류가 합법적이 아닌 경우에는 석방을 명령할 수 있도록 하기 위하여 법원에 절차를 취할 권리를 가진다(자유권규약 제9조 제4항). 특히 행정 구금에 대해서는 신속하고 정기적인 사법 심사 내지 사법부와 동일한 정도의 독립성과 공정성을 갖춘 기관에 의한 심사가 이루어져야 한다.[67] 미주인권협약 제7조, 유럽인권협약 제5조 등도 구금 시 법원에 의하여 지체 없이 구금의 적법성 심사를 받을 수 있는 피구금자의 권리를 규정하고 있다.

자유권규약위원회는 일반논평 제8호를 통해 인신 구속에 대해 법원이 적법성 여부를 심사하는 제도적 장치들은 형사사건이나 행정사건 중 개인의 자유를 박탈하는 모든 경우에 적용된다고 강조했다.[68] 따라서 만약 정부부처의 장관 등에 의한 심사 및 이의제기로 법원의 적법성 심사를 갈음하는 경우, 이는 자의적 구금을 금지한 자유권규약을 위반하는 사례에 해당될 수 있는 것이다. 실제로 자유권규약위원회는 *Torres v. Finland*[69] 사건에 대한 논평을 통해 핀란드 내무부가 구금의 적법성 심사와 보호 여부를 심의 및 결정하는 것은 그 조치가 어느 정도 수준을 유지하더라도 자유권규약 제9조를 위반한 것이라고 판단하였음을 밝혔다. 핀란드는 이 사건 이후 관련법을 개정하여, 이주민에 대한 행정 구금 시 지체 없이 법원의 심사를 받도록 하였다.

자유 박탈의 적법성 심사를 받을 권리는 단순히 형식적으로만 제시되어서는 안 되며, 실효적으로 행사 가능해야 한다. 유럽인권재판소는 적법성 심사의 실효성을 담보하기 위한 요건으로 "구금의 적법성에 대한 이의제기를 합리적 간격을 두고 제기할 수 있을 것"과 "구금에 대한 짧은 간격의 주기적 심사가 이루어지도록 할 것"을 제시하고 있다.[70] 구금을 통한 신체적 자유 제한을 정당화했던 사유들이 시간이 지남에 따라

---

https://www.refworld.org/cases,HRC,3ae6b71a0.html

67) "General comment no. 35, Article 9 (Liberty and security of person)", UN Human Rights Committee (HRC), 16 December 2014, CCPR/C/GC/35, para 15.

68) Human Rights Committee, International Covenant on Civil and Political Rights General Comment No. 8: Article 9 (Right to Liberty and security of person), 30 June 1982.

69) *Torres v. Finland*, CCPR/C/38/D/291/1988, UN Human Rights Committee (HRC), 5 April 1990.

70) European Court of Human Rights, *Koendjbiharie v. the Neatherlands*, No. 11487/85, judgement of 26 October 1990.

소멸할 가능성이 있으므로, 법원에 의한 계속된 심사 기회가 확보되어야만 피구금자의 실효적 구제 수단을 마련할 수 있기 때문이다. 즉, 유럽인권재판소에 의하면, 수년 동안 이루어진 미결 구금에 대한 법원의 적법성 심사가 한 번밖에 없었거나, 구금 최초 결정 후 그 구금을 적법성 심사에서 면제되는 것으로 해석하는 등 구금의 적법성에 대해 주기적으로 심사를 받지 못하는 경우에는 유럽인권협약 제5조의 대상과 목적에 반하게 된다. 또한, 유럽인권재판소는 자유권규약 제9조와 유럽인권협약 제5조가 이야기하는 '신속하고 지체 없는 구속 심사'는 미결구금이 엄격하게 제한된 기간 동안만 이루어지는 것을 전제로 하고 있으므로, 적법성 심사가 짧은 기간 내에 신속하게 이루어져야 한다고 판단한 바 있다.[71]

자유권규약위원회도 어떤 형태의 구금이든 구금을 계속하는 것의 정당성에 관하여 주기적인 재평가가 이루어지지 않는다면 그것은 자의적 구금임을 분명히 하고 있으며,[72] 자의적 구금에 관한 실무그룹도 이주구금의 적법성에 관한 심사는 주기적이어야 함을 강조하고 있다.[73]

### 4. 피구금자의 기본적 처우 보장

모든 사람은 자유를 박탈당한 상황에서도 인간으로서의 존엄성을 보장받아야 한다. 이때, 인간의 존엄성 보장은 물질적 최저수준을 넘어 건강하고 문화적인 생활을 누릴 수 있는 권리를 의미하며, 자유박탈 상황은 개인이 인간다운 생활을 향유할 권리에 영향을 미쳐서는 안 된다. 이러한 취지에서 자유권규약은 "자유를 박탈당한 모든 사람은 인도적으로 또한 인간의 고유한 존엄성을 존중하여 취급된다"고 규정하고 있으며, 「경제적, 사회적 및 문화적 권리에 관한 국제규약International Covenant on Economic, Social and Cultural Rights」(이하 '사회권규약')은 "연령, 법적 지위를 불문하고 모든 사람의 적정한 생활 수준을 누릴 권리와 이를 지속적으로 향유할 수 있는 권리"를 보장하고 있다.

유엔 총회가 채택한 「피구금자 처우에 관한 최저기준 규칙Standard Minimum Rules for the Treatment of Prisoners」(이하 '유엔 최저기준규칙')은 위의 원칙을 보다 구체화하여 자유를 박탈

---

71) European Court of Human Rights, *Barnowski v. Poland,* No. 28959/95, judgement of 28 March 2000.

72) Human Rights Committee, International Covenant on Civil and Political Rights General Comment No. 35: Article 9 (Liberty and security of person), 16 December 2014, CCPR/C/GC/35, para 12.

73) UN Working Group on Arbitrary Detention, Revised Deliberation No. 5 on Deprivation of Liberty of Migrants, 2018, paras. 13-14.

당한 모든 사람들에게 보장되어야 할 개인위생, 건강과 의료서비스에 관한 기준을 규정하고 있다. 아래에서는 이주구금시설의 처우와 관련된 주된 쟁점을 중심으로 국제인권법상의 기준을 살펴보겠다.

## 가. 과밀수용

유엔 최저기준규칙에 따르면, 피구금자가 사용하도록 마련된 모든 거주설비는 공기의 용적, 최소건평에 관하여 적절한 고려를 함으로써 건강유지에 필요한 모든 조건을 충족하여야 하고, 개개의 피구금자마다 야간에 방 한 간이 제공되어야 하는 것이 원칙이며 일시적인 과잉수용 등과 같은 특별한 이유로 예외를 둘 필요가 있는 경우에도 방 한 간에 2명의 피구금자를 수용하는 것은 바람직하지 않다.[74] 유럽고문방지위원회는 정원 이상의 수용자를 수용하게 된다면 시설 내의 모든 서비스와 행위에 부정적인 영향을 미칠 것이고 시설 내의 전반적인 생활의 질이 심각하게 떨어질 수 있으며, 인원과잉의 정도가 심해지면 그 자체만으로도 비인간적 혹은 굴욕적인 상황이 될 수 있다며, 과밀수용에 따른 인권침해의 문제를 지적한 바 있다.[75] 유럽고문방지위원회는 독거실의 경우 화장실을 제외하고 면적이 $6m^2$ 이상일 것을, 혼거실의 경우 화장실을 제외하고 면적이 1인당 $4m^2$일 것을 요구한다.[76]

## 나. 개인위생

유엔 최저기준규칙은 제15조와 제18조에서 피구금자가 청결유지에 필요한 만큼의 생활용수와 세면용품을 지급하고, 청결하고 적절한 방식으로 생리적 욕구를 해소할 수 있는 설비를 마련할 것을 정하고 있다. 유럽고문방지위원회는 이를 바탕으로 1992년에 발간한 일반보고서 제2호에서 적절한 화장실을 사용하고 청결을 유지하는 것이 인간적인 환경에 필수불가결한 요소이므로, 되도록 화장실 시설은 피구금자가 수용되는

---

74) United Nations Standard Minimum Rules for the Treatment of Prisoners (the Nelson Mandela Rules) §12, §13.

75) 2nd General Report on the CPT's activities covering the period 1 January to 31 December 1991; CPT/Inf (92)3, 13 April 1992, para 46.

76) Living space per prisoner in prison establishments: CPT standards, European Committee for the Prevention of Torture and Inhuman or Degrading Treatment or Punishment, CPT/Inf(2015)44, 15 December 2015.

시설에 별도의 구획으로 설치되는 것이 권장된다고 밝힌 바 있다.[77]

## 다. 의복 및 침구

피구금자의 의복과 관련해서, 유엔 최저기준규칙은 피구금자에게 기후에 알맞고 건강유지에 적합한 의류가 지급되어야 한다고 규정하고 있다.[78] 그리고 위 규칙은 모든 의류는 청결해야 하며 적합한 상태로 간수될 것, 내의는 위생을 유지하기에 필요한 만큼 자주 교환되고 세탁되어야 할 것을 요구한다.[79]

피구금자의 침구와 관련해서, 자유권규약위원회는 적절한 침구류 미지급은 수용자에 대한 인도적 대우와 존엄성 존중을 정한 자유권규약 제10조 위반 사유가 될 수 있다고 판단한 바 있다.[80] 피구금자 처우에 관한 최저기준규칙은 모든 피구금자에게 개별 침대와 충분한 전용침구가 제공될 것, 그 청결을 유지할 수 있도록 충분히 자주 교환될 것을 요구한다.[81]

## 라. 보건의료서비스

사회권규약 제12조에 의하면 모든 사람은 도달 가능한 최고 수준의 신체적·정신적 건강을 향유할 권리와 질병 발생 시 의료와 간호의 제공을 확보할 여건을 보장받을 권리를 가진다. 아프리카 인권위원회,[82] 유럽 인권재판소[83]도 국가가 피구금자에게 적정 수준의 위생환경과 의료적 접근권을 보장해야 할 의무를 설시하고 있다. 자유권규약위원회는 제36호 일반논평에서 자유를 박탈당한 개인에 대해 자유권규약 당사국은 수용자에 대한 적정 수준의 의료수준을 보장하고 수용자가 해당 의료서비스를 언제든 향유할 수 있게 의료접근성을 보장해야 하고, 당사국의 재원 부족이나 수용시설

---

77) European Committee for the Prevention of Torture and Inhuman or Degrading Treatment or Punishment(CPT), 2nd General Report on the CPT's activities, 13 April 1992.

78) United Nations Standard Minimum Rules for the Treatment of Prisoners (the Nelson Mandela Rules) §19(1).

79) United Nations Standard Minimum Rules for the Treatment of Prisoners (the Nelson Mandela Rules) §19(2).

80) *HaroldElahie v. Trinidad and Tobago*, Communication No. 533/1993, UN Doc. CCPR/C/60/D/533/1993

81) United Nations Standard Minimum Rules for the Treatment of Prisoners (the Nelson Mandela Rules) §21.

82) *Achutan v. Malawi,* Communication No. 64/92, 68/92, the 7th African Commission on Human and Peoples' Rights, Annual Activity Report Annex IX.

83) European Court of Human Rights, Mouisel v. France, No. 67263/01, judgement of 14 November 2002.

이 소재한 장소의 지리적 제한사항은 그러한 당사국의 책임을 경감시킬 수 있는 항변사유가 되지 않는다고 결정한 바 있다.[84]

　유엔 최저기준규칙은 피구금자에게 보장되어야 할 보건의료서비스에 관한 기준을 보다 구체적으로 정하고 있다. 위 규칙은 피구금자에게 보건의료 서비스를 제공하는 것이 국가의 의무임을 명시하면서, 피구금자는 사회에서 제공되는 것과 동일한 수준의 보건의료 혜택을 누릴 수 있어야 하며, 무상으로 법적 신분으로 인한 차별 없이 필요한 보건의료서비스를 이용할 수 있어야 한다고 규정하고 있다.[85] 나아가, 위 규칙은 보건의료서비스가 충분한 수의 심리학 및 정신의학 분야의 전문가 등 여러 전문영역에 걸친 팀에 의해 이루어져야 하며, 모든 피구금자는 치과의사의 진료를 받을 수 있어야 한다고 규정하고 있다.[86]

　외부 진료와 관련해서, 유엔 최저기준규칙은 전문적 치료 또는 외과수술을 요하는 피구금자는 특수 교정시설 또는 국·공립병원으로 이송되어야 한다고 규정하고 있다.[87] 그리고 위 규칙에 따르면, 의료와 관련된 결정은 권한이 있는 보건의료 전문가가 내려야 하며 비의료분야에 종사하는 교도소 직원은 그 결정을 거부하거나 간과해서는 안 된다.[88] 같은 취지에서, 유럽고문방지위원회도 구금시설의 의료서비스는 정기적인 외래 진료와 응급치료를 제공할 수 있어야 하며, 의무관은 전문의의 치료를 요청할 수 있어야 함을 분명히 하였다.[89]

　정신질환을 앓고 있는 수용자, 여성 등 특별한 의료 관리가 필요한 수용자들에게는 건강문제에 대해 특별하게 훈련된 의료진에 의한 의료서비스가 제공돼야 한다. 모든 수용자의 정신건강 이상 유무는 조기에 발견할 필요가 있으며, 이를 위해 정신과의사, 심리학자를 교도소 상근직원으로 확보할 필요가 있다.[90] 여성 수용자의 경우 유방

---

84) Human Rights Committee, General comment No. 36 (2018) on Article 6 (Right to life) of the International Covenant on Civil and Political Rights, on the right to life, the U.N. Doc. CCPR/C/GC/36

85) United Nations Standard Minimum Rules for the Treatment of Prisoners (the Nelson Mandela Rules) §24.

86) United Nations Standard Minimum Rules for the Treatment of Prisoners (the Nelson Mandela Rules) §25.2.

87) United Nations Standard Minimum Rules for the Treatment of Prisoners (the Nelson Mandela Rules) §27.1.

88) United Nations Standard Minimum Rules for the Treatment of Prisoners (the Nelson Mandela Rules) §27.2.

89) European Committee for the Prevention of Torture and Inhuman or Degrading Treatment or Punishment, 3rd General Report on the CPT's activities covering the period 1 January to 31 December 1992, CPT/Inf (93) 12, 4 June 1993, para. 35.

90) United Nations Standard Minimum Rules for the Treatment of Prisoners (the Nelson Mandela Rules)

암, 자궁암과 같이 치명적인 여성 질환을 앓을 수 있으므로 가능하다면 이에 대한 예방적 의료조치를 제공 받을 필요가 있고, 출산을 앞둔 임신 중인 수용자를 위해 가능하다면 수용 시설 밖의 병원에서 분만할 수 있도록 해야 한다.[91]

### 마. 운동

유엔 최저기준규칙에 따르면 실외작업을 하지 않는 모든 피구금자는 날씨가 허락하는 한 매일 적어도 1시간의 적당한 실외운동을 하도록 해야 하고, 소년피구금자 및 적당한 연력 및 체격을 가진 그 밖의 피구금자에게는 체육 및 오락훈련을 위한 공산, 설비 및 용구가 제공되어야 한다.[92] 같은 취지에서, 유럽고문방지위원회도 충분히 여가활동으로서 실외 운동을 할 수 있는 조치가 이루어져야 한다고 권고한 바 있다.[93]

### 바. 외부와의 통신

자유권규약 제17조에 따르면, 모든 개인은 그의 사생활, 가정, 주거 또는 통신에 대해 자의적이거나 불법적인 간섭을 받지 않는다. 이러한 전제하에 유엔 최저기준규칙은 제58조에서 일정한 기간마다 가족, 친지와의 접견과 통신이 허용돼야 함을, 제61조에서는 법률자문을 해줄 수 있는 변호사와의 접견권과 통신권을 규정하고 있다. 이와 관련해서, 유럽인권재판소는 수용자의 통신을 제한할 때 정부의 재량이 개입될 수는 있지만 민주사회에서 추구하는 정당한 목적에 비례해야 함을 강조한 바 있다.[94]

### 사. 구금시설 내 징벌

유엔 총회가 채택한 「모든 형태의 억류·구금하에 있는 사람들을 보호하기 위한

---

§76-78.

91) European Committee for the Prevention of Torture and Inhuman or Degrading Treatment or Punishment, 10th General Report on the CPT's activities, 8 March 1999.

92) United Nations Standard Minimum Rules for the Treatment of Prisoners (the Nelson Mandela Rules) §23.

93) European Committee for the Prevention of Torture and Inhuman or Degrading Treatment or Punishment(CPT), Report to the Swiss Federal Council on the Visit to Switzerland.

94) European Court of Human Rights, Case of Campbell v. the United Kingdom, judgment of 25 March 1992.

원칙」[95]은 억류 또는 구금 중에 징벌의 원인이 되는 행위의 형태, 과해진 징벌의 종류와 기간, 징벌을 과하는 기관은 법률 또는 법률에 따른 규칙에 명기되고 정확히 공표되도록 해야 한다고 규정하고 있다.[96] 나아가 위 원칙은 억류 또는 구금된 자에게는 징벌이 집행되기 전에 청문을 받을 권리가 있어야 하며, 징벌을 받은 자는 상급기관에 재심을 신청할 권리를 갖도록 해야 한다고 규정하고 있다.[97] 또한 유엔 최저기준규칙은 '제한, 규율 및 징벌'이라는 표제하에 피구금자는 그가 이해할 수 있는 언어로 자신에 대한 혐의사실에 대하여 즉각적인 통보를 받고 자신을 방어할 수 있는 적당한 시간과 시설을 제공받아야 하고, 자신을 직접 방어하거나 필요 시 법적 지원을 빌을 권리가 있다고 규정하고 있다.[98]

### 아. 청원 및 진정

유엔 최저기준규칙에 따르면, 모든 피구금자는 수용과 동시에 지체 없이 정보를 구할 권리, 법률 자문을 받을 권리, 청원 및 불복절차, 피구금자의 의무 및 규율위반에 대한 처벌에 관한 정보를 서면으로 제공받아야 하며, 이러한 정보는 피구금자의 필요에 따라 가장 통용되는 언어로 제공되어야 한다.[99]

### 5. 아동 구금의 금지

전 세계 가장 많은 국가가 비준한 국제인권조약인 「아동의 권리에 관한 협약(이하 '아동권리협약')」은 아동과 관련된 모든 활동에 아동 최상의 이익이 최우선적으로 고려되어야 함을 강조한다(제3조). 또한, 제37조를 통해 특히 구금을 포함한 아동의 자유박탈은 최후의 수단으로만 사용되어야 한다고 명시하고 있다. 아동권리협약 제37(b)조

---

95) "Body of Principles for the Protection of All Persons under Any Form of Detention or Imprisonment", G.A. res. 43/173, UN Doc. A/43/49.

96) "Body of Principles for the Protection of All Persons under Any Form of Detention or Imprisonment", Principle 30.

97) "Body of Principles for the Protection of All Persons under Any Form of Detention or Imprisonment", Principle 30.

98) United Nations Standard Minimum Rules for the Treatment of Prisoners (the Nelson Mandela Rules) §41.2., §41.3.

99) United Nations Standard Minimum Rules for the Treatment of Prisoners (the Nelson Mandela Rules) §54, §55.

는 아동의 구금에 대해 엄격한 제한을 두고 있는데, "어떠한 아동도 위법적 또는 자의적으로 자유를 박탈당하지 아니 한다"라는 자유권규약 제9조의 자의적 구금 금지와 유사한 일반적 규범에 이어 "아동의 체포, 억류 또는 구금은 법률에 따라 행해져야 하며, 오직 최후의 수단으로서 또한 적절한 최단기간 동안만 사용되어야 한다"고 규정하였다. 이때, "최후의 수단"이란 아동의 자유박탈은 마지막 선택이어야 하며 원칙적으로 피해야 한다는 의미로, 만일 예외로서 자유의 박탈이 불가피하고 해당 사건의 특정한 상황에서 엄격하게 필요한 경우라면 가장 적절한 최단기간 동안만 적용될 수 있는 것이다.[100][101]

1989년에 채택된 아동권리협약의 적용에 따라 오랜 기간 이주와 관련된 사유에 의한 아동의 자유박탈 역시 최후의 수단으로, 최단기간 동안이라면 가능하다고 해석되어 왔다. 하지만 아동의 이주구금은 그 자체로 아동권리 침해라는 문제제기 이후 관련 논의가 계속되었고, 아동권리위원회는 「국제이주의 맥락에 있는 모든 아동의 권리에 관한 2012년 일반토론의 날 보고서」에서 그동안의 논의를 정리하며 "본인 또는 부모의 이주 지위에 대한 이유만으로 아동이 구금되는 것은 어떠한 상황에서도 아동의 권리를 침해하는 행위로, 어떠한 경우에도 정당화될 수 없다"[102]고 강조하였다. 위원회는 이어 "아동이 출입국 관련 문제가 해결될 때까지 불법 취급을 받거나 구금 같은 징벌 조치의 대상이 되어서는 안 된다. 본인 또는 부모의 이주 지위 때문에 아동을 구금하는 것은 언제나 아동 최상의 이익의 원칙에 위배된다. 이러한 관점에서 국가는 이주를 사유로 한 아동의 구금을 신속하고 완전하게 중단해야 한다."고 천명하였다.[103] 아동권리협약의 정신에 의해 아동의 이주구금은 그 자체로 절대로 허용되어서는 안 되고, 출입국 관련 문제가 해결되는 동안에도 가족과 함께 생활할 수 있는 권리를 포함한 아동의 기본권이 보장되어야 하며, 해당 아동 최상의 이익에 부합하는 방식의 가족 및 보호자와 함께 있을 수 있는 비구금적 대안이 채택되어야 한다는 것이다.

---

100) United Nations General Assembly, "아동의 자유박탈에 대한 국제연구: Global Study on Children Deprived of Liberty", 11 July 2019, A/74/136.

101) 아동권리협약 제45조 제3호에 따라 유엔 아동권리위원회는 유엔 사무총장이 아동권리와 관련된 특정 이슈를 연구하도록 유엔 총회에 권고할 수 있다. 2016. 10., Manfred Nowak 교수가 본 연구를 주도하는 독립전문가로 임명된 후 연구가 진행되었으며 2019년 제74차 유엔 총회에서 보고서가 채택되었다.

102) UN Committee on the Rights of the Child, *Report of the 2012 Day of General Discussion on the Rights of All Children in the Context of International Migration,* 28 September 2012, www.ohchr.org/Documents /HRBodies/CRC/Discussions/2012/DGD2012ReportAndRecommendations.pdf에서 볼 수 있음.

103) 위의 자료, 78항.

아동권리위원회와 국제 사회의 아동의 이주구금 전면 금지에 대한 이러한 입장은 2017년에 채택된 「국제이주 맥락에서의 아동 인권에 관한 출신국, 경유국, 목적국 및 귀환국에서의 국가 의무에 관하여 공동으로 채택한 모든 이주노동자와 그 가족의 권리보호 위원회Committee on the Protection of the Rights of All Migrant Workers and Members of their Families 일반논평 4호 및 아동권리위원회의 일반논평 23호」(이하 '공동 일반논평')를 통해 다시 한 번 강조되며 보다 명확해졌다. 공동 일반논평은 "모든 아동은 언제나 신체의 자유와 이주 구금으로부터 자유로울 권리를 갖는다. [...] 모든 유형의 아동 이주구금은 법으로 금지되어야 하며, 이러한 금지는 실제로 완전히 이행되어야 한다."고 명시하였다. 이때, 이주구금이란 아동의 자유박탈과 관련한 이유, 장소, 시설 등과 관계없이 아동이 자신 또는 부모의 이주 지위로 인해 자유를 박탈당한 모든 행위를 의미한다. 관련하여 두 위원회는 아동권리협약 제37(b)조의 아동의 자유박탈에 대한 일반원칙은 "비정규 입국이나 체류 관련 위반 행위에는, 어떠한 상황에서도 범죄의 자행에 따른 위반 행위와 유사한 결과가 주어져서는 안 되"며, 제37(b)조의 최후의 수단으로서의 아동 구금 원칙은 아동사법 등 다른 맥락에서 적용되는 원칙으로 아동의 이주구금에는 적용되지 않음을 분명히 했다.

현재 아동의 이주구금 전면 금지는 원칙으로 자리잡아, 최근에는 「자유가 박탈된 아동에 대한 국제연구를 주도한 독립전문가의 보고서」 역시 "본 연구 조사는 이주를 사유로 한 아동 구금은 최후의 수단으로도 사용되어서는 안 되며, 절대로 아동 최상의 이익이 될 수 없으므로 반드시 금지되어야 함을 확인한다."고 정리하기도 하였다.[104]

## IV. 국제인권법의 일반원칙에 위배되는 현행 이주구금제도

아래에서는 현행 이주구금제도가 국제인권법에 위배된다는 점을 앞서 도출한 이주구금제도에 관한 국제인권법의 일반원칙을 중심으로 살펴보겠다.

### 1. 기한의 상한이 없는 구금

심사결정을 위한 보호 및 긴급보호의 경우, 구금기간의 상한이 10일이고, 1회에 한

---

104) United Nations General Assembly, "아동의 자유박탈에 대한 국제연구: Global Study on Children Deprived of Liberty", 11 July 2019, A/74/136 제56항.

해서 10일을 연장할 수 있다.105) 일시보호의 경우, 구금기간의 상한은 48시간이고, 1회에 한해서 48시간을 연장할 수 있다.106) 그러나 강제퇴거명령의 집행을 위한 보호의 경우에는 구금기간의 상한을 정하는 규정이 존재하지 않는다. 출입국관리법은 '해당 외국인을 송환할 수 있을 때까지' 구금할 수 있다고 규정하고 있을 뿐이다.107)

이에 대해서 대법원은 강제퇴거명령의 집행을 위한 보호가 송환이 가능할 때까지 필요한 '최소한의 기간' 동안에만 보호할 수 있고 다른 목적을 위하여 보호기간을 연장할 수 없다는 '시간적 한계'를 가진다고 보고 있으나,108) 장기 내지 무기한 보호의 가능성이 사라지는 것은 아니다. 위 판례는 보호의 성질상 한계를 설시한 것일 뿐 보호기간의 상한을 설정한 것이 아니므로 보호기간을 제한할 수 있는 실질적인 통제기능을 한다고 보기 어렵다.109)

실제로도 이러한 보호기간의 상한 부재로 인해서 다수의 외국인들이 장기간 구금되고 있다. 특히 난민심사절차나 난민소송을 하고 있는 난민신청자들의 경우, 장기구금 문제가 더욱 심각하다. 2015. 8. 기준 통계에 따르면 보호 중인 난민신청자의 평균 구금기간은 약 425일에 달하며,110) 4년 8개월 동안 장기 구금된 난민신청자의 사례도 보고된 바 있다.111) 최근의 통계에 따르더라도 2020. 8. 3.을 기준으로 7인의 외국인을 1년 이상 구금하고 있다.112)

전술하였듯, 국제인권법은 구금기간의 상한은 법률로 정해져야 하고, 특히 비호신청자에 대한 구금은 최장 구금기간이 법으로 정해야 함을 강조하면서, 기한의 상한이 없는 구금은 자의적 구금임을 분명히 하고 있다. 따라서 이주구금 관련 법령이 구금기간의 상한을 명문으로 정하지 않고 있는 것은 그 자체로 국제인권법에 정면으로 반한다.

---

105) 출입국관리법 제52조

106) 출입국관리법 제56조

107) 출입국관리법 제63조

108) 대법원 2001. 10. 26. 선고 99다68829 판결

109) 같은 취지로, 헌법재판소 2016. 4. 28. 선고 2013헌바196 결정 반대의견

110) 헌법재판소 2016. 4. 28. 선고 2013헌바196 결정 반대의견

111) 세계일보 2018. 7. 18.자 기사, '보호소에서 무려 4년 8개월… 아직도 난민 재판 중' https://segye.com/newsView/20180717005821

112) 법무부 2020. 8. 10.자 정보공개청구에 대한 회신

## 2. '합리적 필요성과 비례성의 원칙' 위배

심사결정을 위한 보호와 긴급보호, 임시보호의 경우, 도주 우려나 긴급성이 인신을 구금하기 위한 명문의 요건으로 규정되어 있다.113) 반면 강제퇴거명령의 집행을 위한 보호의 경우에는 그 근거법률이 구금에 있어서 이러한 요건을 요구하지 않는다.114) 대법원도 강제퇴거명령의 집행을 위한 보호에 '강제퇴거명령의 집행확보 이외의 다른 목적을 위하여 이를 발할 수 없다는 목적상의 한계'와 '필요한 최소한의 기간 동안 잠정적으로만 보호할 수 있다는 시간적 한계'가 따른다고 보았을 뿐, 도주 우려나 긴급성이 인정되는 경우에 한해서 구금이 가능하다고 보지는 않았다.115) 이처럼 현행 법령은 구금의 사유를 엄격하게 제한하지 않고 있기 때문에, 실무상으로도 도주 우려 등에 대한 심사 없이 강제퇴거명령의 집행을 위한 보호명령이 내려지고 있다.116)

앞서 살펴보았듯이 국제인권법에 따르면 불법 입국, 미등록 체류의 사실만으로는 구금의 필요성이 충족되었다고 볼 수 없고 도주 가능성이 명백하거나 국가 기능에 비협조적인 것이 명백한 경우에만 구금의 합리성과 필요성이 인정된다. 따라서 이주구금 관련 법령이 도주 가능성이나 긴급성을 강제퇴거명령의 집행을 위한 보호의 요건으로 정하지 않고 있는 것은 국제인권법에 위배된다.

한편, 강제퇴거명령의 집행을 위한 보호의 근거법률은 일정한 사유가 있는 경우 '보호할 수 있다'는 재량규정으로 되어 있으나, 실무상 강제퇴거명령이 발령되면 보호의 필요성 등 보호명령 자체에 대한 특별한 심사 없이 강제퇴거명령과 동시에 또는 연이어 보호명령이 발령되고 있다.117) 강제퇴거명령을 받았으나 즉시 송환할 수 없는 외국인에 대해서 보호명령이 발부되지 않은 사례는 단 한 건도 없는 것으로 확인되고 있으며, 강제퇴거명령이 있으면 보호명령은 "거의 자동적으로" 발부되는 것으로 이해되고 있다.118) 즉, 개별 사례에 관한 '구금의 합리적 필요성'이나 '비례성'에 관한 검토 없이 구금이 이루어지고 있는 것이다. 이러한 실무관행은 이주구금에 있어서 '합리적

---

113) 출입국관리법 제51조, 제56조
114) 출입국관리법 제63조
115) 대법원 2001. 10. 26. 선고 99다68829 판결
116) 헌법재판소 2016. 2. 28. 선고 2013헌바196 결정 반대의견
117) 헌법재판소 2016. 2. 28. 선고 2013헌바196 결정 반대의견
118) 헌법재판소 2016. 2. 28. 선고 2013헌바196 결정 반대의견

필요성과 비례성의 원칙'에 입각한 심사를 요구하며 인신구속의 최후의 수단으로 선택하도록 하는 국제인권법에 반한다.

그리고 현행 이주구금제도는 송환될 경우 생명이나 신체, 자유를 위협받을 수 있는 난민신청자의 상황에 대한 고려가 이루어지지 않고 있다. 위와 같은 우려에서 난민신청자에 대해서는 강제송환 금지의 원칙이 적용됨에도 불구하고, 난민신청자에 대한 강제퇴거명령 및 강제퇴거명령의 집행을 위한 보호가 내려지고 있는 것이다. 법문상으로는 난민법이 난민신청자의 강제송환을 금지하고 있고[119] 출입국관리법이 강제퇴거명령을 받은 사람이 송환될 수 없음이 명백하게 된 경우에는 강제퇴거명령의 집행을 위한 보호를 해제할 수 있도록 규정하고 있기 때문에,[120] 난민신청자에 대해서는 강제퇴거명령 및 강제퇴거명령의 집행을 위한 보호명령이 내려지지 않아야 한다고 해석될 여지가 다분하다. 하지만 전술한 통계에서 확인할 수 있는 바와 같이 실무상으로는 난민신청자에 대해서도 강제퇴거명령 및 강제퇴거명령의 집행을 위한 보호명령이 내려지고 있는 것이다. 법원도 난민신청자라는 사유만으로 그에 대한 강제퇴거명령이나 강제퇴거명령의 집행을 위한 보호명령이 위법하지는 않다는 것이 주류적인 입장인 것으로 보인다.[121]

이와 같이 난민신청자의 특수성을 고려하지 않고 강제퇴거명령의 집행을 위한 보호를 하고 있는 현행 이주구금제도는 이주구금에 있어서 '구금의 필요성'과 '신체의 자유 제한' 사이에 엄격한 비례성 심사를 할 것을 요구하고 있는 국제인권법에 위반될 소지가 크다. 난민소송 등 관련 절차가 종료될 때까지는 강제퇴거명령을 집행할 수 없음에도 불구하고, 난민신청자를 언제 종료될지 모르는 관련 절차의 진행기간 동안 구금한다면, 장기간의 구금으로 인해 '신체의 자유 제한'이 심대해지는 반면 '구금의 필

---

119) 난민법 제3조

120) 출입국관리법 제63조 제4항

121) 주류적인 하급심 판결은 강제퇴거명령의 집행을 위한 보호명령의 근거조항은 '강제퇴거명령을 받은 사람'에 대하여 보호명령을 내릴 수 있다고 규정하고 있을 뿐 '강제퇴거명령을 집행할 수 있는 사람'에 대하여 보호명령을 내릴 수 있다고 규정하고 있지 않다거나, 출입국관리법은 강제퇴거명령과 그 집행을 이원적으로 규정하고 있으므로 당장의 집행을 전제로 하지 않은 강제퇴거명령도 적법할 수 있다는 입장이다(서울고등법원 2015. 3. 19. 선고 2014누59773 판결, 서울고등법원 2017 5. 2. 선고 2016누77072 판결).

다만, 난민신청자에 대한 강제퇴거명령의 취소소송에서 '강제송환금지원칙상 실제로 강제퇴거명령의 집행이 실제로 이루어지지 않는다면 집행이 가능해지기 이전에 강제퇴거를 명해야 할 실익이 없다'는 점을 지적하면서 난민신청자에 대한 강제퇴거명령이 위법하다고 판단한 하급심 판결도 존재한다(서울고등법원 2014. 9. 19. 선고 2013누49861 판결).

요성'은 적기 때문이다.

같은 취지에서 국가인권위원회도 난민소송이 진행 중인 난민신청자에 대해서 강제퇴거명령과 강제퇴거명령의 집행을 위한 보호명령을 내리는 것은 자의적 구금 금지 원칙과 「난민의 지위에 관한 협약」에 반한다고 판단한 바 있다.[122]

## 3. 독립된 기관에 의한 구금의 정기적 심사 부재

현행 이주구금제도는 구금의 개시, 연장 단계에서 사법기관이 전혀 관여하고 있지 않으며, 제3의 독립된 중립적 기관에 의한 심사도 존재하지 않는다.

먼저 구금의 개시에 관해서 살펴보면, 출입국관리공무원이 용의자를 단속하여 조사를 진행하면 지방출입국·외국인관서의 장이 보호명령서를 발부하고 이를 출입국관리공무원이 집행하도록 되어 있으나,[123] 이는 형식적으로 조사 및 심사절차와 보호명령서의 발부주체, 집행기관이 구분되어 있는 것일 뿐이고, 실질적으로는 출입국관리사무소 내 하급자와 상급자의 관계에서 사실상 동일한 주체가 용의자 조사, 긴급보호, 강제퇴거명령과 보호명령의 발령 및 집행을 모두 함께 하고 있는 것이다. 즉, 보호명령서의 발부주체인 지방출입국·외국인관서의 장은 독립된 제3의 기관이 아니라 출입국관리공무원이 속한 동일한 집행기관 내부의 상급자에 불과하여 실질적으로 기관이 분리되어 있다고 볼 수 없다.[124]

구금기간이 3개월을 넘는 경우에는 3개월마다 미리 법무부장관의 승인을 받아야 하지만,[125] 법무부장관은 보호명령을 발부·집행하는 행정청의 관리감독청에 불과하므로 이러한 연장심사제도를 제3의 독립된 중립적 기관에 의한 심사라고 볼 수는 없다.[126] 실제로 2015. 8.을 기준으로 그때까지 이의신청이 인용된 사례는 단 한 건도 없고,[127] 그 이후로도 2017년까지 이의신청이 인용된 사례가 없는 것으로 알려져 있다.[128]

보호명령을 받은 자나 그의 법정대리인은 법무부장관에게 보호에 대한 이의신청을

---

122) 국가인권위원회 2009. 2. 23.자 결정, '난민신청자에 대한 강제퇴거명령 및 보호에 관한 개선 권고'
123) 출입국관리법 제51조, 제63조, 제53조
124) 헌법재판소 2016. 2. 28. 선고 2013헌바196 결정 반대의견
125) 출입국관리법 제63조 제2항
126) 헌법재판소 2016. 2. 28. 선고 2013헌바196 결정 반대의견
127) 헌법재판소 2016. 2. 28. 선고 2013헌바196 결정 반대의견
128) 헌법재판소 2018. 2. 22. 선고 2017헌가29 결정 위헌의견

할 수 있으나,[129] 법무부장관은 지방출입국·외국인관서의 관리감독청이라는 점에서 이러한 제도도 제3의 독립된 중립적 기관에 의한 사후적 적법성 통제절차라고 볼 수 없다. 실무상으로도 보호 연장에 대한 법무부장관의 승인은 지방출입국·외국인관서의 장이 승인신청서류를 제출하면 거의 예외 없이 승인되고 있다고 한다.[130]

이처럼 현행 이주구금제도 중 구금의 개시 및 연장에 관한 부분은 '구금 시 법원에 의하여 지체 없이 구금의 적법성이 심사되도록 할 것'과 '구금의 적법성에 대한 주기적인 심사가 이루어지도록 할 것'을 요구하는 국제인권법에 부합하지 않는다.

한편, 구금된 외국인은 강제퇴거명령이나 보호명령에 대해서 행정소송을 제기할 수 있으나, 행정소송과 같은 일반적·사후적인 사법통제수단만으로는 한국의 사법시스템이나 한국어에 능통하지 못한 외국인의 권리를 보장하기에 미흡하다.[131] 실제로도 장기간 구금되어 있는 외국인의 숫자에 비해서 강제퇴거명령 및 보호명령에 대한 취소소송의 제기 건수가 극히 소수이다. 국제인권법은 '이주구금을 당한 외국인에게 적법성 심사를 받을 권리를 보장할 것'을 요구하고 있으나 이러한 권리가 실효적으로 보장되고 있지 않은 것이다. 그리고 만약 강제퇴거명령이나 보호명령에 대한 행정소송제도를 구금에 대한 실효적인 적법성 심사제도라고 볼 수 있다고 하더라도, 이러한 소송만으로는 구금의 적법성에 대한 '정기적 심사'가 이루어질 수 없다는 문제는 여전히 남는다. 강제퇴거명령 및 보호명령에 대한 행정소송은 그 위법성을 판단하는 기준 시점이 '처분 시점'이므로,[132] 보호개시 이후의 사정변경으로 인하여 더 이상 구금의 적법성이 인정되지 않는 경우에 대한 심사제도가 될 수 없다. 또한 강제퇴거명령 및 보호명령에 대한 취소소송제도는 처분이 있음을 안 날부터 90일 이내, 처분이 있는 날부터 1년 이내에 소가 제기되어야 한다는 점에서도[133] 장기 구금에 대한 심사제도로서 한계가 존재한다. 강제퇴거명령 및 보호명령에 대한 무효확인소송의 경우 제소기간의 제한은 없으나, 본안요건으로 '구금의 위법성'을 넘어서서 '중대·명백한 위법성'을 요구한다는 점에서[134] 실효적인 구제수단이 될 수 없다. 즉, 강제퇴거명령 및 보호명령

---

129) 출입국관리법 제55조 제1항
130) 헌법재판소 2016. 2. 28. 선고 2013헌바196 결정 반대의견
131) 헌법재판소 2016. 2. 28. 선고 2013헌바196 결정 반대의견
132) 대법원 2007. 5. 11. 선고 2007두1811 판결
133) 행정소송법 제20조
134) 대법원 2017. 12. 28. 선고 2017두30122 판결

에 대한 행정소송제도만으로는 구금의 적법성에 대한 정기적 심사를 요구하는 국제인권법의 기준을 충족하지 못한다.

인신보호법상 인신구제청구제도는 수용이 위법하게 개시된 경우는 물론이고 '적법하게 수용된 후 그 사유가 소멸되었음에도 계속 수용되어 있는 때'에도 수용의 해제를 법원에 청구할 수 있는 제도이므로,[135] 국제인권법이 요구하는 '구금의 적법성에 대한 정기적 심사제도'의 대안이 될 수 있다. 하지만 인신보호법은 출입국관리법에 따라 보호된 자를 인신구제법의 적용대상에서 제외하고 있다.[136]

## 4. 피구금자 처우에 관한 기준 위배

### 가. 과밀수용

유엔 고문방지위원회는 2018년 대한민국 제3, 4, 5차 통합 정기보고서에 대한 최종견해에서 이주구금 시설의 과잉수용 문제에 대해 우려를 표한 바 있다.[137] 국가인권위원회의 방문조사에 따르면, 특히 외국인보호실은 적정 보호인원을 초과하여 운영되는 경우가 많다고 한다.[138] 이처럼 현행의 이주구금실태는 국제인권기준에 반하는 과밀수용에 해당할 소지가 크다.

### 나. 개인위생

국가인권위원회에 따르면, 이주구금시설에서는 식사, 용변 등 모든 생활이 철창 안 보호실 안에서 이루어지고 있고,[139] 화장실과 거실 사이의 차폐시설이 제대로 갖추어져 있지 않아 악취가 그대로 거실로 전해진다고 한다.[140] 이는 화장실 시설을 피구금자가 수용되는 시설에 별도의 구획으로 설치하는 것을 권장하는 국제인권법상의 기준에 부합하지 않는다.

---

135) 인신보호법 제3조

136) 인신보호법 제2조 제1항 단서

137) Committee against Torture, Concluding observations on the combined third to fifth periodic reports of the Republic of Korea, para. 41, CAT/C/KOR/CO/3-5

138) 국가인권위원회 2007. 12. 17.자 결정, '외국인 보호 및 교정시설 방문조사에 따른 권고'

139) 국가인권위원회 2018. 7. 26.자 결정, 「출입국관리법 일부개정법률안」에 대한 의견표명'

140) 국가인권위원회 2006. 1. 25.자 보도자료, '미등록 외국인 단속 및 외국인 보호시설 인권실태조사 결과발표 및 토론회 개최', 7쪽.

## 다. 의복 및 침구

국가인권위원회의 실태조사에 따르면, 이주구금된 외국인에게는 단 한 벌의 의복만 제공되고 있고, 의복을 갈아입을 일정한 기간이 지나도 새로운 의복으로 교체해주지 않고 있다고 한다.[141] 그리고 일부 이주구금시설에서는 다른 이주구금된 외국인이 사용하던 담요를 세탁하지 않은 채 제공한다고 하며,[142] 침구류에서 심한 악취가 나는 사례도 확인된 바 있다.[143] 관련 행정규칙은 구금된 외국인에게 겉옷 1벌, 속옷 1벌만을 제공하도록 규정하고 있을 뿐이다.[144] 이는 의류가 청결하게 유지되도록 할 것, 전용침구를 제공할 것, 의류와 침구류를 자주 교환하고 세탁할 것을 요구하는 국제인권법에 위반된다.

## 라. 보건의료서비스

국가인권위원회는 방문조사 결과를 토대로 이주구금시설 내 의료인력의 부족을 지적한 바 있다.[145] 또한 국가인권위원회는 방문조사 결과를 토대로 주기적인 정신건강진단서비스, 심리학적 또는 임상의학적 치료프로그램을 마련할 필요가 있음을 지적하였다.[146] 이러한 의료인력의 부족과 정신건강에 관한 전문가의 부재는 전술한 국제인권법의 기준에 위반될 소지가 크다.

외국인보호규칙은 보호시설 안의 의료설비·의약품 및 인력으로 치료할 수 없는 병을 가진 보호외국인이 자기 부담으로 외부 의료기관에서 진료받기를 요청하는 경우에는 병이나 상처의 정도와 도주 우려 등을 판단한 후 이를 허가할 수 있다고 규정하고 있다.[147] 이러한 규정은 세 가지 측면에서 국제인권법에 위반된다. 첫째, 국제인권

---

141) 국가인권위원회 2006. 1. 25.자 보도자료, '미등록 외국인 단속 및 외국인 보호시설 인권실태조사 결과발표 및 토론회 개최', 7쪽.

142) 국가인권위원회 2006. 1. 25.자 보도자료, '미등록 외국인 단속 및 외국인 보호시설 인권실태조사 결과발표 및 토론회 개최', 7쪽.

143) 국가인권위원회 2011. 11. 3.자 결정, '외국인보호시설 보호외국인 인권개선 방안 권고'

144) 외국인보호규칙 시행세칙 [별표 1]

145) 국가인권위원회 2011. 11. 3.자 결정, '외국인보호시설 보호외국인 인권개선 방안 권고', 국가인권위원회 2012. 11. 29.자 결정, '외국인보호시설 보호외국인의 인권개선 방안 권고', 국가인권위원회 2014. 11. 25. 자 결정, '보호외국인의 인권증진을 위한 외국인보호시설 개선방안 권고'

146) 국가인권위원회 2014. 11. 25.자 결정, '보호외국인의 인권증진을 위한 외국인보호시설 개선방안 권고'

147) 외국인보호규칙 제21조 제2항.

법은 피구금자에게 보건의료 서비스를 제공하는 것을 국가의 의무로 선언하면서 무상으로 사회에서 제공되는 것과 동일한 수준의 보건의료 혜택을 누릴 수 있어야 한다고 규정하고 있으나, 위 규정은 보호시설의 시설적 한계로 인한 외부진료의 경우에도 그 비용을 피구금자에게 부담시키고 있다. 둘째, 국제인권법은 피구금자의 외부진료권을 포함한 의료접근권을 '권리'로 규정하고 있으나, 위 규정은 외부진료를 국가의 재량에 따른 허가사항으로 규정하고 있다. 셋째, 국제인권법은 외부진료 등에 관한 결정은 보건의료 전문가가 판단하여야 할 사항으로 규정하면서 비의료분야 구금시설 종사자의 개입을 배제하고 있는바 이는 외부진료에 관한 결정은 오직 의료적 필요에 기반하여 내려져야 한다는 취지로 보아야 하나, 위 규정은 의료적 필요와는 무관한 '도주우려'를 외부진료에 관한 판단기준으로 규정하고 있다.[148]

### 마. 운동

국가인권위원회에 따르면, 이주구금시설에서는 30분 내지 60분 동안의 운동시간이 주 3회에 한해서 주어지고 있다.[149] 국가인권위원회의 방문조사 결과에 따르면, 이주구금시설에 운동기구가 충분히 비치되어 있지 않다.[150] 특히 빌딩형 구금시설으로 되어 있는 외국인보호실의 경우에는 실외운동이 불가능하며, 실내운동을 위한 프로그램이나 운동기구도 마련되어 있지 않다.[151] 이러한 현황은 매일 적어도 1시간의 실외운동이 보장되어야 한다는 국제인권법에 위반된다.

### 바. 외부와의 통신

국가인권위원회는 이주구금시설에서 본국에 있는 가족에게 연락을 하거나 외부에 있는 사람들과 소통하기 위한 인터넷 사용이 극히 제한된 범위 내에서만 허용되고 있다고 보고한 바 있다.[152] 이러한 실태는 '피구금자에게는 합리적인 조건과 제한에 따라 외부사회와 교통할 충분한 기회가 마련되어야 한다'는 국제인권법의 기준에 반할

---

148) 같은 취지에서, 대한변호사협회도 도주우려를 외부진료의 판단기준에서 삭제하는 것이 바람직하다고 판단한 바 있다. 외국인보호소 실태조사 결과보고서, 100쪽, 대한변호사협회(2015. 2) 참조.

149) 국가인권위원회 2017. 12. 27.자 17방문0000900 결정

150) 국가인권위원회 2007. 12. 17.자 결정, '외국인 보호 및 교정시설 방문조사에 따른 권고'

151) 국가인권위원회 2007. 12. 17.자 결정, '외국인 보호 및 교정시설 방문조사에 따른 권고'

152) 국가인권위원회 2017. 12. 27.자 17방문0000900 결정

소지가 크다.

## 사. 구금시설 내 징벌

출입국관리법은 일정한 경우 구금된 외국인을 다른 외국인과 격리하여 보호할 수 있다고 규정한다.[153] 그리고 외국인보호규칙은 구금된 외국인이 도주, 난동 등 보호시설의 안전이나 질서유지를 해치는 행위를 하였을 때 그를 독방에 격리 보호할 수 있고, 구금된 외국인을 격리 보호할 때에는 해당 외국인에게 의견을 진술할 기회를 줄 수 있다고 규정하고 있다.[154] 그런데 출입국관리법이나 외국인보호규칙은 격리조치를 당하는 외국인의 청문권이나 상급기관에 재심사를 요청할 권리를 규정하고 있지 않으며, 청문이나 의견제출에 관한 절차를 정하고 있지 않다. 또한 관련 법령은 징계의 이유에 관한 고지절차도 두고 있지 않다. 징벌적 독거수용에 관한 절차와 통제장치가 마련되어 있지 않다는 점에 대해서는 국가인권위원회도 지적한 바 있다.[155] 이는 징벌에 대한 청문권 및 상급기관에의 재심사요청권, 징계사실에 대한 통보를 받을 권리를 규정하고 있는 국제인권기준에 위배된다.

## 아. 청원 및 진정

국가인권위원회의 방문조사 결과에 따르면, 보호외국인이 입소할 때 시설의 생활규칙 등의 안내가 이루어지고 있고 청원 및 진정방법에 대한 안내문이 개별 거실에 게시되어 있으나, 보호외국인의 상당수는 해당 사항을 잘 이해하지 못하고 있다. 국가인권위원회는 거실에 게시되어 있는 권리구제절차 및 고충상담에 관한 안내문이 한국어, 영어, 중국어 등 3개 언어로만 작성되는 것을 문제로 지적한 바 있다. 한편, 국가인권위원회에 따르면 위 3개의 언어 외의 언어로 권리구제에 대한 안내문을 배포하는 경우도 있으나, 꼭 포함되어야 할 중요한 내용이 누락되는 경우가 발생하고 있다고 한다. 이는 청원 및 진정 절차에 관한 정보를 피구금자에게 통용되는 언어로 제공하도록 하는 국제인권기준에 위반된다고 볼 소지가 크다.

---

153) 출입국관리법 제56조의4 제1항.

154) 출입국관리법 제40조 제1항, 제4항.

155) 국가인권위원회 2007. 12. 17.자 결정, '외국인 보호 및 교정시설 방문조사에 따른 권고'

## 5. '아동에 대한 이주구금 금지의 원칙' 위배

현행 출입국관리법에는 아동에 대한 별도의 규정이 없으며, "19세 미만의 사람"에 대해서는 특별히 보호해야 한다고 규정하고 있을 뿐이다.156) 따라서 한국에서는 이주아동의 구금이 계속되고 있다. 국가인권위원회에 따르면, 2015년부터 2017년까지 이주구금을 당한 18세 미만의 아동은 총 225명이며, 그중에는 2세 여아가 50일 동안 구금된 사례도 있다고 한다.157) 또한, 법무부에 의하면 지난 5년간 구금된 아동의 평균 구금기간은 7.7일, 최장 구금기간은 140일에 해당한다.158)

현재 한국에서는 출입국관리법 외에 행정규칙인 외국인보호규칙을 두어 피구금 아동에 대한 교육, 보호 등에 대해 규정하고 있다. 외국인보호규칙은 외국인 보호시설의 장으로 하여금 보호 외국인이 14세 미만의 자녀를 부양하고 있고, 보호 외국인 외에는 그 아동을 부양하고자 하는 자가 없는 경우에는 해당 아동이 보호 대상이 아닌 경우에도 "보호 외국인과 함께 생활하도록 허가"할 수 있다고 규정한다. 따라서 부모에 대한 강제퇴거 명령을 발부하면서 부모의 동의가 있는 경우 14세 미만의 아동을 같이 구금할 수 있는데, 대부분의 경우 부모는 대안이 없으므로 '동의'는 사실상 강제에 가까운 경우가 많다. 외국인보호규칙은 이어 3세 미만의 아동의 경우 보호외국인 외 아동을 부양하려는 사람이 있는 경우에도 친부모인 보호외국인과 함께 생활할 수 있도록 허가할 수 있다고 규정한다. 결과적으로 영유아도 부모와 함께 구금되는 관행이 존재하는 것이다.

그 외에도 외국인보호규칙은 만 14세 이상의 아동 보호 시 전담 공무원이 면담을 실시하도록 하고, 면담 결과를 고려하여 교육, 운동, 진료 등 특별한 조치가 필요한지 여부를 검토하도록 하고 있다. 하지만 교육이나 특별한 보호가 제공된다 하더라도 구금 자체가 아동에게 미치는 영향을 부정할 수는 없다. 앞서 기술한 바와 같이 국제사회가 이주를 사유로 한 아동 구금을 전면 금지해야 한다는 원칙을 확립해옴에 따라 아동의 구금을 허용하고 있는 현행 이주구금제도는 국제인권법에 정면으로 위배된다.

---

156) 출입국관리법 제56조의3

157) 국가인권위원회 2018. 7. 26.자 결정, 「출입국관리법 일부개정법률안」에 대한 의견표명'

158) 한국의 자유박탈아동 실태조사, 57쪽, 자유박탈아동에 대한 한국 실무그룹(2020).

## 6. 소결

이와 같이 현행 이주구금제도는 이주구금제도에 관한 국제인권법의 다섯 가지 일반원칙에 모두 위배된다. 이 점은 유엔 산하 인권조약기구들도 한국 정부에 대한 권고를 통해서 반복적으로 지적한 바 있다.

자유권규약위원회는 2015년 대한민국 제4차 정기보고서에 대한 최종견해에서, 구금기간의 상한이 없는 문제(일반원칙 ①), 구금시설의 거주환경 문제(일반원칙 ④), 아동에 대한 구금 문제(일반원칙 ⑤)를 지적하면서 이에 대한 개선을 권고하였다.[159]

인종차별철폐위원회는 2019년 대한민국 제17, 18, 19차 통합 정기보고서에 대한 최종견해에서, 구금기간 제한 설정(일반원칙 ①), 구금 외 다른 대안적 조치의 우선 적용 및 최후수단으로서의 난민신청자 구금, 최단 기간 동안의 구금(이상 일반원칙 ②), 구금의 적법성에 대한 독립적 기구의 정기적 검토(일반원칙 ③), 아동구금의 금지(일반원칙 ⑤)를 권고하였다.[160]

고문방지위원회는 2018년 대한민국 제3, 4, 5차 통합 정기보고서에 대한 최종견해에서 구금기간의 상한이 없는 문제(일반원칙 ①), 열악한 구금환경의 문제(일반원칙 ④), 아동에 대한 구금 문제(일반원칙 ⑤)를 지적하며, 이에 대한 개선을 권고하였다.[161]

아동권리위원회는 2019년 대한민국 제5, 6차 통합 정기보고서에 대한 최종견해에서, 아동의 구금을 삼갈 것을 촉구하였다(일반원칙 ⑤).[162]

이상의 내용을 정리하여 보면 다음의 표와 같다. 현행 이주구금제도가 이주구금제도에 관한 국제인권법의 다섯 가지 일반원칙에 모두 위배된다는 점에는 이론의 여지가 없다.

---

159) Human Rights Committee, Concluding observations on the fourth periodic report of the Republic of Korea, para. 38-39, CCPR/C/KOR/CO/4

160) Committee on the Elimination of Racial Discrimination, Concluding observations on the combined 17th to 19th periodic reports of Republic of Korea, para 18, CERD/C/KOR/CO/17-19

161) Committee against Torture, Concluding observations on the combined third to fifth periodic reports of the Republic of Korea, paras. 41-42, CAT/C/KOR/CO/3-5

162) Committee on the Rights of the Child, Concluding Observations on the combined fifth and sixth periodic reports of the Republic of Korea, para. 43, CRC/C/KOR/CO/5-6

|  | 자유권규약위원회 | 인종차별철폐위원회 | 고문방지위원회 | 아동권리위원회 |
|---|:---:|:---:|:---:|:---:|
| 일반원칙 ① 위배:<br>구금기간의 상한 규정 부재 | ✓ | ✓ | ✓ |  |
| 일반원칙 ② 위배:<br>필요성과 비례성 원칙 위배 |  | ✓ |  |  |
| 일반원칙 ③ 위배:<br>정기적 적법성 검토 부재 |  | ✓ |  |  |
| 일반원칙 ④ 위배:<br>열악한 구금시설 처우 | ✓ |  | ✓ |  |
| 일반원칙 ⑤ 위배:<br>아동 구금 | ✓ | ✓ | ✓ | ✓ |

## V. 나가며

헌법 제6조 제1항은 "헌법에 의하여 체결·공포된 조약과 일반적으로 승인된 국제 법규는 국내법과 같은 효력을 가진다"고 규정한다. 따라서 비준된 유엔 인권조약과 확립된 국제인권법적 기준은 구속력이 있는 법원에 해당하며, 국가의 모든 공권력 작용은 이에 부합하게 이루어져야 한다.

그런데 현행 이주구금제도는 확립된 국제인권법상의 일반원칙에 반할 뿐 아니라, 대한민국 정부가 적법하게 비준하여 발효된 자유권규약, 인종차별철폐협약, 고문방지협약, 아동권리협약에도 위반된다. 그러므로 현행 이주구금제도를 국제인권법에 부합하도록 개선시키는 것은 선택의 문제가 아니다. 그것은 국가가 마땅히 이행하여야 할 책무이며, 국가의 공권력 작용에 관한 헌법의 명령이다.

현행 이주구금제도의 인권침해적 요소를 제거하는 방법은 크게 두 가지가 있다. 첫 번째는 입법에 의한 해결이다. 현행 이주구금제도에 대한 개선입법안은 국회에서 몇 차례 발의되었으나 법률 개정으로는 이어지지 않은 바 있는데,163) 국회는 이주구

---

163) 예컨대, 20대 국회에서는 「출입국관리법 일부개정법률안」으로 박주민의원의 대표발의안(2018. 5. 23.)과 금태섭의원의 대표발의안(2017. 6. 29.), 임종성의원의 대표발의안(2017. 2. 1.)이 발의된 바 있다. 위 개정 법률안은 구금기간의 상한을 정하고, 구금의 연장에 대한 정기적인 사법심사를 가능하게 하며, 구금의 필 요성이나 피구금자의 취약성을 고려하여 보호명령을 발부하도록 하고, 아동에 대한 이주구금은 원칙적으로 금지하며, 영장주의에 부합하도록 법관에 의한 보호영장 발부 및 적부심제도를 도입하는 것을 내용으로 한다.

금제도를 인권친화적으로 개선시키는 방향으로 현행 출입국관리법을 조속히 개정하여야 할 것이다. 두 번째는 헌법재판소의 위헌결정에 의한 해결이다. 현재 헌법재판소에는 강제퇴거명령의 집행을 위한 보호의 근거법률인 출입국관리법 제63조에 관한 위헌법률심판이 계류 중이다.[164] 헌법재판소는 위 조항을 위헌으로 판단함으로써, 현행 이주구금제도에 따른 인권침해의 문제를 종식시켜야 할 것이다.[165] 국회와 헌법재판소의 결단을 기대한다.

---

164) 헌법재판소 2020헌가1

165) 참고로, 대만과 남아프리카공화국, 이스라엘에서도 헌법재판을 통해서 이주구금제도가 위헌이라고 판단된 후 이주구금제도가 개선된 바 있다. 이주구금제도에 대한 위헌결정은 인권을 보장하기 위한 실천적이고 실효적인 수단인 것이다.

# 참고문헌

## 1. 단행본

대한변호사협회·대한변협인권재단, 외국인보호소실태조사 결과보고서, 대한변호사협회(2015).
박정훈, 행정법의 체계와 방법론, 박영사(2005).
자유빅딸아동에 대한 한국실무그룹, 한국의 자유바탈아동실태조사(2020).
P. Liver, *Der Begriff der Rechtsquelle,* Privatrechtliche Abhandlungen, Bern(1972).

## 2. 논문 등 인쇄자료

김희정, "행정구금을 실질적 형사구금으로 볼 수 있는 법리의 검토: 출입국관리법의 외국인 '보
       호' 문제를 중심으로", 인권법평론 제20호(2018).
최계영, "출입국관리행정, 주권 그리고 법치", 행정법연구 제48호(2017).

## 3. 판례

국내 판례
헌법재판소 2020헌가1(계류 중).
헌법재판소 2016. 4. 28. 선고 2013헌바196 결정.
헌법재판소 2018. 2. 22. 선고 2017헌가29 결정.
대법원 2001. 10. 26. 선고 99다68829 판결.
대법원 2007. 5. 11. 선고 2007두1811 판결.
대법원 2017. 12. 28. 선고 2017두30122 판결.
서울고등법원 2015. 3. 19. 선고 2014누59773 판결.
서울고등법원 2017. 5. 2. 선고 2016누77072 판결.
서울고등법원 2014. 9. 19. 선고 2013누49861 판결.

기타 국가기관 결정
국가인권위원회 2005. 5. 23.자 "출입국관리법 일부개정법률안에 대한 의견표명" 결정.
국가인권위원회 2007. 12. 6.자 "출입국관리법 일부개정법률안에 대한 의견표명" 결정.
국가인권위원회 2007. 12. 17.자 "외국인 보호 및 교정시설 방문조사에 따른 권고" 결정.
국가인권위원회 2009. 2. 23.자 "난민신청자에 대한 강제퇴거명령 및 보호에 관한 개선 권고" 결정.
국가인권위원회 2009. 12. 28.자 09진인2790 결정.
국가인권위원회 2011. 11. 3.자 "외국인보호시설 보호외국인 인권개선 방안 권고" 결정.
국가인권위원회 2017. 12. 17.자 "외국인 보호 및 교정시설 방문조사에 따른 권고" 결정.
국가인권위원회 2017. 12. 27.자 17방문0000900 결정.

국가인권위원회 2018. 7. 26.자 "출입국관리법 일부개정법률안에 대한 의견표명" 결정.

국가인권위원회 2018. 8. 21.자 "출입국관리법상 일부개정법률안에 대한 의견표명" 결정.

국가인권위원회 2019. 1. 16.자 "2018년도 외국인보호소 방문조사에 따른 권고" 결정.

국가인권위원회 2019. 2. 22.자 "2018년도 외국인보호소 방문조사에 따른 권고" 결정.

국가인권위원회 2019. 8. 29.자 19진정0117700 · 19진정0214900(사건병합) 결정.

외국 판례

A. v. Australia, no. 560/1993, UN Doc. CCPR/C/59/D/560/1993.

Achutan v. Malawi, no. 64/92, 68/92, the 7th ACHPR AAR Annex IX.

Barnowski v. Poland, no. 28358/95, judgment of 28 March 2000.

Campbell v. the United Kingdom, no. 13590/88, judgment of 25 March 1992.

Elahie v. Trin. & Tobago, no. 533/1993, UN Doc. CCPR/C/60/D/533/1993.

Koendjbiharie v. the Netherlands, no. 11487/85, judgment of 25 October 1990.

Mouisel v. France, no. 67263/01, judgment of 14 November 2002.

Torres v. Finland, no. 291/1988, UN Doc. CCPR/C/38/D/291/1988.

## 4. 법령

현행 법령

경제적·사회적 및 문화적 권리에 관한 국제규약(조약 제1006호, 발효 1990. 7. 10.)

난민법(법률 제14408호, 일부개정 2016. 12. 20., 시행 2016. 12. 20.)

대한민국헌법(헌법 제10호, 전부개정 1987. 10. 29., 1988. 2. 25.)

인신보호법(법률 제14972호, 일부개정 2017. 10. 31., 시행 2017. 10. 31.)

외국인보호규칙(법무부령 제927호, 타법개정 2018. 5. 15., 시행 2018. 5. 15.)

외국인보호규칙 시행세칙(법무부훈령 제607호, 일부개정 2007. 12. 27., 시행 2008. 1. 14.)

출입국관리법(법률 제16921호, 일부개정 2020. 2. 4., 시행 2020. 8. 5.)

헌법재판소법(법률 제15495호, 일부개정 2018. 3. 20., 시행 2018. 3. 20.)

행정소송법(법률 제14839호, 타법개정 2017. 7. 26., 시행 2017. 7. 26.)

구 법령

구 외국인의입국출국과등록에관한법률(법률 제65호, 제정 1949. 11. 17., 시행 1950. 1. 7.)

구 외국인의입국·출국과등록에관한법률(법률 제1289호, 제정 1963. 3. 5., 시행 1963. 3. 5., 타법 폐지 1963. 3. 5.)

구 출입국관리법(법률 제1900호, 전부개정 1967. 3. 3., 시행 1967. 5. 3.)

구 출입국관리법(법률 제4522호, 전부개정 1992. 12. 8., 시행 1993. 4. 1.)

구 출입국관리법(법률 제7406호, 일부개정 2005. 3. 24., 시행 2005. 9. 25.)

구 출입국관리법(법률 제10282호, 일부개정 2010. 5. 14., 시행 2010. 11. 15.)

구 출입국관리법 시행령(대통령령 제2372호, 제정 1966. 1. 12., 시행 1966. 1. 12.)

외국 법령

Directive 2008/115/EC of the European Parliament and of the Council of 16 December 2008 on common standards and procedures in Member States for returning illegally staying third-country nationals.


기타 외국 법률 자료

"Body of Principles for the Protection of All Persons under Any Form of Detention or Imprisonment", G.A. res. 43/173, UN Doc. A/43/49.

"Global Compact for Safe, Orderly and Regular Migration", United Nations General Assembly, 19 December 2018.

United Nations Standard Minimum Rules for the Treatment of Prisoners(the Nelson Mandela Rules)


5. 기타 자료

국문 인터넷 자료

김지연, "보호소에서 무려 4년8개월…아직도 난민 재판 중", 세계일보, https://segye.com/newsView/20180717005821.

국가인권위원회, "미등록 외국인 단속 및 외국인 보호시설 인권실태조사 결과발표 및 토론회 개최", https://www.humanrights.go.kr/site/program/board/basicboard/view?&boardtypeid=24&menuid=001004002001&boardid=555032(2020. 8. 23. 확인).


외국어 인터넷 자료

"Report of the 2012 Day of General Discussion on the Rights of All Children in the Context of International Migration", CRC, September 2012, available at www.ohchr.org/Documents/HRBodies/CRC/Discussions/2012/DGD2012ReportAndRecommendations.pdf.


국문 기타 자료

법무부, 2020. 8. 10.자 정보공개청구에 대한 회신.


외국어 기타 자료

"2nd General Report on the CPT's activities : covering the period 1 January to 31 December 1991", CPT/Inf (92)3, 13 April 1992.

"3rd General Report on the CPT's activities : covering the period 1 January to 31 December 1992", CPT, CPT/Inf (93), 12 June 1993.

"10th General Report on the CPT's activities : covering the period 1 January to 31 December 1999", CPT, CPT/Inf (2000), 13 March 1999.

"CCPR General Comment No. 8: Article 9 (Right to Liberty and Security of Persons)", UN Human Rights Committee (HRC), 30 June 1982.

"Concluding Observations on the combined fifth and sixth periodic reports of the Republic of Korea", Committee on the Rights of the Child, CRC/C/KOR/CO/5-6.

"Concluding observations on the combined third to fifth periodic reports of the Republic of Korea", Committee against Torture, CAT/C/KOR/CO/3-5.

"Concluding observations on the fourth periodic report of the Republic of Korea", Human Rights Committee, CCPR/C/KOR/CO/4.

"Concluding observations on the combined 17th to 19th periodic reports of Republic of Korea", Committee on the Elimination of Racial Discrimination. CERD/C/KOR/CO/17-19.

"Detention Guidelines: Guidelines on the Applicable Criteria and Standards relating to the Detention of Asylum-seekers and Alternatives to Detention", UN High Commissioner for Refugees (UNHCR), 2012.

"General comment no.35, Article 9 (Liberty and security of person)", UN Human Rights Committee (HRC), 16 December 2014, CCPR/C/GC/35.

"General comment no.36, Article 6 (Right to Life)", Human Rights Committee, UN Doc. CCPR/C/GC/36.

"Global Study on Children Deprived of Liberty", UN Doc. A/74/136.

"Living space per prisoner in prison establishments: CPT standards", European Committee for the Prevention of Torture and Inhuman or Degrading Treatment or Punishment (CPT), CPT/Inf(2015)44, 15 December 2015.

"Report to the Swiss Federal Council on the Visit to Switzerland", CPT, October 2012.

"Report of Working Group on Arbitrary Detention", UN Human Rights Office of the High Commissioner ,Working Group on Arbitrary Detention, 28 December 1999, E/CN.4/2000/4.

"Report of Working Group on Arbitrary Detention", UN Human Rights Office of the High Commissioner, Working Group on Arbitrary Detention, 2 July 2018, A/HRC/39/45.

"Revised Deliberation No. 5 on deprivation of liberty of migrants", Working Group on Arbitrary Detention, 7 February 2018.

건설 · 부동산

# 태양광사업 개발행위허가 또는 사용허가에 관한 최근 판례 동향 및 시사점*

송경훈

## 목 차

## 초록

본 논문은 태양광사업에 관한 허가 중 육상태양광사업에서 주로 문제되는 개발행위허가, 그리고 수상태양광사업에서 주로 문제되는 사용허가와 관련하여 2020년 상반기(2020. 1. 1. ~ 2020. 6. 30.) 사이 선고된 38건의 판결(이하 통칭하여 '대상판결')을 기초로 판례상 공통된 법리와 개별적인 법리를 분석하고 각각의 시사점을 도출한다.

대상판결 38건 중 결과적으로 개발행위허가나 사용허가를 부정한 판결은 28건, 인정한 판결은 10건이었다. 행정청 기준 승소율은 74%, 패소율은 26%였다. 2010년부터 2019년까지 행정청의 행정소송 패소율이 9~11%에 그쳤다는 점을 감안할 때 이러한 패소율(38건 중 10건으로 약 26%)은 다른 행정사건에 비해 유의미하게 높다.

---

\* 이 글은 서울변호사협회의 『변호사』 제53집(2021. 2.)에 게재된 논문이다.

본 논문에서 주로 시사점을 도출한 부분은 대상판결에서 다뤄진 신뢰보호원칙, 평등원칙, 비례원칙이다. 법원은 신뢰보호원칙의 경우 '공적인 견해표명'이라는 추상적인 법논리에 갇혀 구체적 타당성을 도외시하는 결론에 이르러서는 안 될 것이며, 평등원칙의 경우 평등의 재량을 인정함에 있어 신중을 기해야 한다. 비례원칙과 관련해서는 태양광사업과 환경보전 사이의 계량화된 이익형량의 결과물이 존재하지 않는 한 태양광사업의 공익을 다른 공익에 비해 낮게 평가하는 데에도 신중을 기해야 한다.

가까운 시일 내에 태양광사업과 환경보전 사이의 계량화된 이익형량의 결과가 도출되고 또 이것이 재판 과정에서 제대로 기능함으로써 사법신뢰 제고에 기여하게 되기를 기대해본다.


## I. 서론

「신에너지 및 재생에너지 개발·이용·보급 촉진법」(이하 '신재생에너지법')은 기존의 화석연료를 변환시켜 이용하거나 수소·산소 등의 화학 반응을 통하여 전기 또는 열을 이용하는 에너지를 '신에너지', 햇빛·물·지열地熱·강수降水·생물유기체 등을 포함하는 재생 가능한 에너지를 변환시켜 이용하는 에너지를 '재생에너지'로 각각 정의하고 있다(제2조 제1호, 제2호). 신에너지와 재생에너지를 묶어 '신재생에너지'라고 통칭하는데, 전세계적으로 널리 활용되고 있는 대표적인 재생에너지가 바로 태양에너지이다.

정부(산업통상자원부)는 2017. 12. '재생에너지 3020 이행계획'을 통해 2030년까지 재생에너지 발전량 비중을 20%로 확대하겠다는 계획하에 신규 설비의 95% 이상을 태양광·풍력 등 청정에너지로 보급하겠다고 발표하였고,[1] 2020. 2.에는 향후 3년간 11조 원을 투입해 총 69개의 재생에너지 발전 단지를 조성하겠다는 내용의 '신재생에너지 기술 개발 및 이용·보급 실행계획'도 발표하는 등 정부 차원에서 태양에너지 보급을 확대하겠다는 의지를 거듭 분명하게 밝혔다.[2] 그럼에도 불구하고 태양에너지 중 특히 태양광사업에 관하여 사업자들이 소송에서 계속해서 패소하고 있다는 기사가 이어졌다.[3]

---

1) 2016년 기준 재생에너지 발전량은 7% 수준에 그친다[산업통상자원부, '재생에너지 3020 이행계획(안)', 2017. 12.].

2) 정부는 2020. 7. 14. 관계부처 합동으로 이른바 '한국판 뉴딜'의 종합계획을 발표하기도 하였다.

3) "태양광 발전시설 소송 사업자 줄줄이 패소"(경남신문, 2019. 9. 3.자), "무분별한 태양광 사업…「빨간불」"

본 논문은 단순한 의문에서 출발하였다. 굳이 우리 정부의 계획이나 방침을 언급하지 않더라도 신·재생에너지 보급을 확대하는 것이 전세계적 추세임을 감안할 때, 어떤 이유로 위와 같은 기사가 반복적으로 나오는지, 그리고 그 실제가 기사 내용과 같을지 등에 대한 의문이었다. 그리하여 2020. 1. 1.부터 2020. 6. 30.까지 2020년 상반기에 태양광사업 개발행위허가 및 사용허가와 관련하여 선고된 판결 약 38건(이하 통칭하여 '대상판결')을 톺아보았다.

## II. 태양광사업 및 허가제도 개관

### 1. 태양광사업 개관

태양에너지는 태양광太陽光을 이용하는 방식과 태양열太陽熱을 이용하는 방식으로 나뉜다. 집열기술의 한계, 빛반사 문제 등으로 인해 국내에서는 신재생에너지로 대부분 태양열이 아닌 태양광을 이용하고 있다. 국내 태양광사업은 다시 육상에서 진행되는 육상태양광사업과 수상에서 진행되는 수상태양광사업으로 나뉘는데, 여전히 육상태양광사업이 주를 이루고 있으나 이용토지(주로 임야, 전답)의 수용한계 등으로 인해 근래에는 수상태양광사업이 각광받고 있다.[4]

수상태양광사업은 기존의 육상태양광 발전기술과 플로팅floating 기술을 융합한 새로운 개념의 태양광발전 방법으로, 수면 산란광, 낮은 수온, 통풍조건 등으로 인하여 육상태양광보다 발전량이 약 10% 많고, 인공 수초 등을 쉽게 부착할 수 있어 어류의 산란 번식이나 수질 개선에 유리한 환경을 만들 수 있다는 부수적 효과가 있다.[5]

육상이든 수상이든 태양광사업은 크게 사업타당성검토 → 기초설계 → 전기사업허가 → 실시설계 → 개발행위허가 또는 사용허가 → 공사계획신고 → 설치공사 → 사용

---

(그린포스트코리아, 2019. 11. 26.자), "태양광 행정소송 급증…주민들 손 들어주는 법원"(한국경제, 2020. 6. 21.자)

4) "신재생에너지의 진화…'수상 태양광' 뜬다"(매일경제, 2018. 5. 25.자), "호수에 뜬 태양광 모듈 8000개…'녹조 대신 치어 떼 몰려든다.'"(중앙일보, 2019. 10. 14.자)

5) 윤소라, "수상태양광 설치 등 수면활동에 관한 법규제의 타당성에 관한 연구", 249-250쪽, 과학기술과 법(2019. 12.).

전검사 → (PPA[6] 체결) → 사업개시신고 → REC[7] 발급[8] → REC 거래 순으로 진행된다.

## 2. 태양광사업 관련 허가제도 개관

### 가. 전기사업허가

전기사업을 하려는 자는 전기사업의 종류별로 산업통상자원부장관의 허가를 받아야 하고, 허가받은 사항 중 중요사항을 변경하려는 경우에도 허가를 받아야 한다(전기사업법 제7조 제1항). 태양광사업은 전기사업법상 전기사업 중 발전사업[9]의 하나로(전기사업법 제2조 제1호, 제4호), 태양광사업을 하려는 자는 위 허가를 받아야 한다. 실무상이러한 허가는 전기사업허가 또는 발전사업허가로 불리는데, 본 논문에서는 전기사업허가로 통칭한다.

현행 법령상 전기사업의 허가기준은 ① 전기사업을 적정하게 수행하는 데 필요한 재무능력 및 기술능력이 있을 것(제1호), ② 전기사업이 계획대로 수행될 수 있을 것(제2호), ③ 배전사업 및 구역전기사업의 경우 둘 이상의 배전사업자의 사업구역 또는 구역전기사업자의 특정한 공급구역 중 그 전부 또는 일부가 중복되지 아니할 것(제3호), ④ 구역전기사업의 경우 특정한 공급구역의 전력수요의 50% 이상으로서 대통령령으로 정하는 공급능력을 갖추고, 그 사업으로 인하여 인근 지역의 전기사용자에 대한 다른 전기사업자의 전기공급에 차질이 없을 것(제4호), ⑤ 발전소나 발전연료가 특정 지역에 편중되어 전력계통의 운영에 지장을 주지 아니할 것(제4의2호), ⑥ 「신에너지 및 재생에너지 개발·이용·보급 촉진법」 제2조에 따른 태양에너지 중 태양광, 풍력, 연료전지를 이용하는 발전사업의 경우 대통령령으로 정하는 바에 따라 발전사업 내용에

---

6) Power Purchase Agreement의 약자로 전력수급계약, 즉 태양광사업주가 생산한 전력을 한국전력과 직접 판매계약을 맺는 것을 말한다.

7) Renewable Energy Certificates의 약자로 신·재생에너지 공급인증서, 즉 태양광 등 신·재생에너지로 전기를 생산하고 공급을 한다는 내용의 인증서를 의미한다. 사업자는 통상 현물시장에서 이를 거래하여 수익을 창출한다.

8) 참고로 법원은 수원지방법원 2016. 7. 12. 선고 2015구합70042 판결을 통해 REC 발급대상설비확인 행위에 대하여 처분성을 인정하였다(이진성, "신재생에너지 공급인증서 발급대상 설비확인의 처분성", 환경법연구, 2018. 11.).

9) '전기를 생산하여 이를 전력시장을 통하여 전기판매사업자에게 공급하는 것을 주된 목적으로 하는 사업'을 뜻한다(전기사업법 제2조 제3호).

대한 사전고지를 통하여 주민 의견수렴 절차를 거칠 것(제5호), ⑦ 그 밖에 공익상 필요한 것으로서 대통령령(전기사업법 시행령)으로 정하는 기준에 적합할 것(제6호)으로 일곱 가지이다(전기사업법 제7조 제5항 제1호 내지 제6호).

구 전기사업법[10]은 주민 의견수렴 절차를 요구하지 않았으나 2020. 10. 1. 시행된 개정 전기사업법 제7조에서 이를 추가 요건으로 정하였다. 주변 주민의 동의나 반대 여부가 전기사업허가의 법령상 요건이 아니었음에도 불구하고 그간 행정청이 관행적으로 주변 주민의 동의를 요구해 왔던 점을 법에 반영한 것이다.[11][12]

### 나. 개발행위허가 또는 사용허가

태양광 발전설비는 통상 태양전지[Solar cell]로 구성된 모듈[Module] 고축전지 및 전력변환장치로 구성되며, 이러한 공작물[13]을 육상에 설치하는 등 개발행위를 하기 위해서는 특별시장·광역시장·특별자치시장·특별자치도지사·시장 또는 군수로부터 개발행위허가를 받아야 한다[「국토의 계획 및 이용에 관한 법률」(이하 '국토계획법') 제56조 제1항].[14]

---

10) 2020. 3. 31. 법률 제17170호로 개정되기 전의 것

11) 이러한 문제는 아래 개발행위허가나 사용허가의 경우도 동일하나, 개발행위허가나 사용허가의 경우 사전에 주민 의견수렴절차를 거쳐야 한다는 규정은 아직 없다. 향후 정비가 필요하다.

12) "지역수용성 문제로 사업 자체가 좌초되거나 지연되는 사례가 계속 문제되어 왔고, 발전사업허가 단계에서 지방자치단체장의 확인서를 제출하는 것만으로는 이를 해결하기에 부족하다는 비판에 직면하여 지역주민의 알 권리를 보장하고 지역수용성을 제고하기 위한 개정 조치로 이해됩니다. 이제까지는 개발행위허가 단계에서 주변 주민이나 환경 단체의 민원이 문제되어, 허가 조건으로 민원의 해결을 명시하거나 관할 지방자치단체가 비공식적으로 지역주민의 동의서를 요구하는 경우가 많았는데, 개정 전기사업법의 시행으로 이러한 관행에 실질적인 변화가 초래될지 관심 있게 지켜볼 필요가 있습니다."[2020. 9. 11.자 법무법인(유) 지평 뉴스레터: 개정 전기사업법 주요 내용]

13) '건축물'이란 토지에 정착(定着)하는 공작물 중 지붕과 기둥 또는 벽이 있는 것과 이에 딸린 시설물, 지하나 고가(高架)의 공작물에 설치하는 사무소·공연장·점포·차고·창고, 그 밖에 건축법 시행령으로 정하는 것을 의미하는데(건축법 제2조 제2호), 이에 따르면 토지에 정착하는 공작물이라고 하여 모두 건축물에 해당하는 것은 아니고, 그중에서도 '지붕과 기둥 또는 벽이 있는 것'과 '이에 딸린 시설물' 또는 '건축법 시행령으로 정하는 것'만이 건축물에 해당한다. 그런데 태양광 발전시설의 경우 일반적으로 금속제 지지대 위에 태양광발전판을 올려놓는 형태로 지붕과 기둥 또는 벽이 존재하지 않고 별도의 건물 등에 부속되는 것도 아니므로, 건축법상 '건축물'에는 해당하지 않는다[서울고등법원(춘천) 2020. 2. 19. 선고 2019누1307 판결](인용).

14) 건축물 등에 설치하는 경우에는 개발행위허가가 필요하지 않다.

개발행위허가는 '주변지역의 토지이용실태 또는 토지이용계획, 건축물의 높이, 토지의 경사도, 수목의 상태, 물의 배수, 하천·호소·습지의 배수 등 주변환경이나 경관과 조화를 이룰 것' 등의 기준을 충족하는 경우에만 가능하다(국토계획법 제58조 제1항 제4호).

개발행위허가 시 관련 인·허가가 의제되는 경우가 많은데, 임야에 설치되는 경우가 많은 태양광사업의 특성상 특히 산지관리법에 따른 산지전용허가, 산지일시사용허가, 토석채취허가나 「산림자원의 조성 및 관리에 관한 법률」에 따른 입목벌채立木伐採 등의 허가가 의제되는 경우가 많다. 이 경우 사업자가 개발행위허가를 받기 위해서는 위 산지전용허가 등의 요건 또한 갖추어야 한다([대법원 2011. 1. 20. 선고 2010두14954 전원합의체 판결, 대법원 2015. 7. 9. 선고 2015두39590 판결, 서울고등법원(춘천) 2020. 1. 22. 선고 2019누1178 판결(기각)].[15]

반면 수상태양광사업의 경우 일반적으로 농어촌정비법상 농업생산기반시설인[16] 저수지 등에 태양광 발전설비를 설치하므로 농업생산기반시설관리자로부터 사용허가를 받아야 한다(농어촌정비법 제23조 제1항). 이 경우 농업생산시설기반관리자는 농업생산기반시설을 유지하거나 보수하는 데에 필요한 경비의 전부 또는 일부를 사업자로부터 사용료로 징수할 수 있다(농어촌정비법 제23조 제3항).[17]

개발행위 중 일정한 경우, 관계 행정기관의 장은 허가 시 중앙도시계획위원회나 지방도시계획위원회의 심의를 거쳐야 하고(국토계획법 제59조), 행정안전부장관과 재해영향성검토 및 재해영향평가에 관한 협의를 하여야 하며(자연재해대책법 제4조), 소규모 환경영향평가의 대상이 되는 사업의 경우 사업자는 소규모 환경영향평가서를 작성하여 승인기관의 장(관계 행정기관의 장)에게 제출하여야 하고, 승인기관의 장(관계 행정기관의 장)은 환경부장관에게 소규모 환경영향평가서를 제출하고 소규모 환경영향평가에

---

15) 본 논문에서는 이해의 편의를 위해 일반적인 판결 인용방식과 달리 말미에 (인용)/(기각) 여부를 표시한다.

16) 농업생산기반시설은 농업생산기반 정비사업으로 설치되거나 그 밖에 농지 보전이나 농업 생산에 이용되는 저수지, 양수장(揚水場), 관정(管井: 우물) 등 지하수 이용시설, 배수장, 취입보(取入洑), 용수로, 배수로, 유지(溜池: 웅덩이), 도로(「농어촌도로 정비법」 제4조에 따른 농도(農道) 등 농로를 포함], 방조제, 제방(堤防: 둑) 등의 시설물 및 그 부대시설과 농수산물의 생산·가공·저장·유통시설 등 영농시설을 말한다(농어촌정비법 제2조 제6호).

17) 한편, 상수원보호구역 내에 수상태양광 발전설비를 설치하는 특수한 경우의 법률문제에 대해서는 별도의 논의가 있다(윤소라, 앞의 논문, 252-255쪽).

대한 협의를 요청하여야 한다(환경영향평가법 제43조, 제44조).

## Ⅲ. 태양광사업 개발행위허가 또는 사용허가에 관한 판례 동향 및 시사점

### 1. 판례통계 및 분석범위

2020. 1. 1.부터 2020. 6. 30.까지 사이에 선고된 태양광사업 허가 특히 육상태양광사업의 개발행위허가와 수상태양광사업의 사용허가 거부처분의 취소를 구하는 행정소송의 판결은 법원과 심급을 불문하고 38건이다.

통계로 보면 총 38건의 대상판결 중 결과적으로 개발행위허가나 사용허가를 부정한 판결은 28건, 인정한 판결은 10건이다. 행정청 기준 승소율은 74%, 패소율은 26%였다. 2010년부터 2019년까지 행정청의 행정소송 패소율이 9~11%에 그쳤다는 점[18]을 감안할 때 사업자의 줄패소라든가 태양광사업의 빨간불이라는 말에는 분명 어폐가 있음을 알 수 있다. 이하 대상판결의 공통된 법리와 개별적인 법리를 분석하고 시사점을 도출해본다.

### 2. 판례상 공통된 법리 및 시사점

#### 가. 행정절차법과 처분의 위법성

##### 1) 처분의 이유 제시의무 위반 여부: 행정절차법 제23조

처분의 이유 제시의무와 처분의 위법성의 관계에 대해서는 이미 판례를 통해 법리가 확립되었다고 평가할 수 있다. 대표적인 판례는 다음과 같다. "행정절차법 제23조 제1항은 행정청이 처분을 하는 때에는 당사자에게 그 근거와 이유를 제시하도록 규정하고 있고, 이는 행정청의 자의적 결정을 배제하고 당사자로 하여금 행정구제절차에서 적절히 대처할 수 있도록 하는 데 그 취지가 있다. 따라서 처분서에 기재된 내용과 관계 법령 및 당해 처분에 이르기까지 전체적인 과정 등을 종합적으로 고려하여, 처분 당시 당사자가 어떠한 근거와 이유로 처분이 이루어진 것인지를 충분히 알 수 있어서 그에 불복하여 행정구제절차로 나아가는 데에 별다른 지장이 없었던 것으로 인정되는

---

18) e-나라지표 기준(법무부 국가송무과 제공)

경우에는 처분서에 처분의 근거와 이유가 구체적으로 명시되어 있지 않았다 하더라도 그로 말미암아 그 처분이 위법하게 되지는 않는다."(대법원 2013. 11. 14. 선고 2011두18571 판결 등).

대상판결에서도 사업자의 승·패소를 불문하고 위 법리가 반복적으로 확인되는데, 특히 사업자가 승소한 경우[광주고등법원 2020. 1. 23. 선고 2019누10206 판결(인용), 광주지방법원 2020. 1. 16. 선고 2019구합10146 판결(인용) 등]에도 법원이 행정절차법 제23조 제1항의 위반을 인정하지 않았다는 것은, "불복하여 행정구제절차로 나아가는 데에 별다른 지장이 없는 경우 처분서에 처분의 근거와 이유가 구체적으로 명시되어 있지 않았다 하더라도 그로 말미암아 그 처분이 위법하게 되지는 않는다."라는 위 법리가 설득력이 있을 뿐만 아니라 실효적이라는 점을 방증한다.

2) 처분의 방식 위반 여부: 행정절차법 제24조

행정청이 처분을 할 때에는 다른 법령 등에 특별한 규정이 있는 경우를 제외하고는 문서로 하여야 하며, 전자문서로 하는 경우에는 당사자 등의 동의가 있어야 한다. 다만, 신속히 처리할 필요가 있거나 사안이 경미한 경우에는 말 또는 그 밖의 방법으로 할 수 있으며, 이 경우 당사자가 요청하면 지체 없이 처분에 관한 문서를 주어야 한다. 그리고 처분을 하는 문서에는 그 처분 행정청과 담당자의 소속·성명 및 연락처(전화번호, 팩스번호, 전자우편주소 등을 말한다)를 적어야 한다(행정절차법 제24조).

위 제24조와 관련하여 대상판결 중에는 한 명의 원고가 여러 신청지에 관한 사용허가를 신청한 경우 행정청이 여러 신청지에 관하여 하나의 문서로 거부처분을 하는 것이 위법한지 여부가 문제된 사례가 있다. 위 판결에서 법원은 수개의 처분에 대해 반드시 수개의 문서로써 하도록 정하고 있지 않을 뿐만 아니라 수개의 허가신청에 대한 행정처분이 반드시 수개의 문서로 이루어져야 한다고 볼 아무런 근거가 없다는 이유로 위 제24조 위반 주장을 배척하였다[전주지방법원 2020. 4. 16. 선고 2019구합184(기각)]. 신청인이 같고 처분의 이유가 제대로 고지되었다면 신청지가 여럿인 경우라 하더라도 하나의 문서로 처분해도 신청인의 이익을 침해하는 것이라고 보기는 어렵다는 점에서 위 결론은 충분히 수긍할 수 있다.

### 3) 고지의무 위반과 처분의 위법성: 행정절차법 제26조

행정절차법 제26조에 따른 고지의무 위반만으로는 처분의 위법성이 인정되지 않는다는 다음과 같은 법리 역시 판례를 통해 줄곧 확인되었다. 행정절차법 제26조는 "행정청이 처분을 하는 때에는 당사자에게 그 처분에 관하여 행정심판 및 행정소송을 제기할 수 있는지 여부, 기타 불복을 할 수 있는지 여부, 청구절차 및 청구기간 기타 필요한 사항을 알려야 한다."라고 규정하고 있다.

고지절차에 관한 위 조항은 행정처분의 상대방이 그 처분에 대한 행정심판의 절차를 밟는 데 편의를 제공하려는 것이어서 처분청이 위 규정에 따른 고지의무를 이행하지 아니하였다고 하더라도 경우에 따라 행정심판의 제기기간이 연장될 수 있음에 그칠 뿐, 그 때문에 심판의 대상이 되는 행정처분이 위법하다고 할 수는 없다(대법원 1987. 11. 24. 선고 87누529 판결, 대법원 2016. 4. 29. 선고 2014두3631 판결, 대법원 2018. 2. 8. 선고 2017두66633 판결 등).

대상판결 중에서도 사업자가 고지의무 위반으로 인한 처분의 위법성을 주장하는 경우가 있었는데, 위 판례 법리대로 주장이 받아들여지지 않았다[대구고등법원 2020. 4. 10. 선고 2019누4791 판결(인용)[19] 등].

### 나. 개발행위허가 및 사용허가: 재량행위

개발행위허가와 사용허가는 모두 재량행위이다. 대상판결에서도 "개발행위허가는 허가기준 및 금지요건이 불확정개념으로 규정된 부분이 많아 그 요건에 해당하는지 여부는 행정청의 재량판단의 영역에 속한다. 그러므로 그에 대한 사법심사는 행정청의 공익판단에 관한 재량의 여지를 감안하여 원칙적으로 재량권의 일탈이나 남용이 있는지 여부만을 대상으로 하고, 사실오인과 비례·평등의 원칙 위반 여부 등이 그 판단 기준이 되며, 재량권의 일탈·남용에 대하여는 그 행정행위의 효력을 다투는 사람이 증명책임을 진다."라고 하거나[춘천지방법원 강릉지원 2020. 1. 9. 선고 2019구합30592 판결(인용)], "관련 조항의 규정형식, 문언 및 입법취지 등에 비추어 볼 때, 피고가 농업생산기반시설의 목적 외 사용을 허가하는 것은 신청인에게 당초 그 점용 또는 사용이 금지된 농업생산기반시설을 본래 목적 외의 목적으로 사용할 수 있도록 권한을 부여하

---

19) 다만 위 판결에서 법원은 고지의무 위반이 아닌 다른 이유로 처분의 위법성을 인정하였다.

는 처분으로 허가권자가 신청인의 적격성, 목적 외 사용의 목적, 공익상의 영향 등을 참작하여 허가 여부를 결정할 수 있는 재량행위에 해당한다."라고 하여 재량행위임을 반복적으로 확인하였다[전주지방법원 2020. 4. 16. 선고 2019구합184 판결(기각)].

같은 재량행위라도 재량의 폭이 다를 수 있음은 물론이다. 대상판결에서 법원은 "환경의 훼손이나 오염을 발생시킬 우려가 있는 개발행위에 대한 행정청의 허가와 관련하여 재량권의 일탈·남용 여부를 심사할 때에는, 해당지역 주민들의 토지이용실태와 생활환경 등 구체적 지역 상황과 상반되는 이익을 가진 이해관계자들 사이의 권익 균형 및 환경권의 보호에 관한 각종 규정의 입법 취지 등을 종합하여 신중하게 판단하여야 한다. 그러므로 그 심사 및 판단에는, ① 우리 헌법이 '모든 국민은 건강하고 쾌적한 환경에서 생활할 권리를 가지며, 국가와 국민은 환경보전을 위하여 노력하여야 한다'고 규정하여(제35조 제1항) 환경권을 헌법상 기본권으로 명시함과 동시에 국가와 국민에게 환경보전을 위하여 노력할 의무를 부과하고 있는 점, ② 환경정책기본법은 환경권에 관한 헌법이념에 근거하여 환경보전을 위하여 노력하여야 할 국민의 권리·의무와 국가 및 지방자치단체, 사업자의 책무를 구체적으로 정하는 한편(제1조, 제4조, 제5조, 제6조), 국가·지방자치단체·사업자 및 국민은 환경을 이용하는 모든 행위를 할 때에는 환경보전을 우선적으로 고려하여야 한다고 규정하고 있는 점(제2조), ③ '환경오염 발생 우려'와 같이 장래에 발생할 불확실한 상황과 파급효과에 대한 예측이 필요한 요건에 관한 행정청의 재량적 판단은 그 내용이 현저히 합리성을 결여하였다거나 상반되는 이익이나 가치를 대비해 볼 때 형평이나 비례의 원칙에 뚜렷하게 배치되는 등의 사정이 없는 한 폭넓게 존중될 필요가 있는 점 등을 함께 고려하여야 한다. 그리고 이 경우 행정청의 당초 예측이나 평가와 일부 다른 내용의 감정의견이 제시되었다는 등의 사정만으로 쉽게 행정청의 판단이 위법하다고 단정할 것은 아니다."라고 하였다[대구지방법원 2020. 1. 23. 선고 2019구합240 판결(기각), 대구지방법원 2020. 2. 6. 선고 2019구합22028 판결(기각) 등]. 이른바 기속행위, 기속재량행위, 재량행위의 구별에 있어 법원은 개발행위허가와 사용허가를 모두 재량행위로 보고 있다고 평가할 수 있다.

나아가 대상판결에서 법원은 "개발행위 운영지침은 개발행위허가의 사무처리와 관련한 최소한의 기준을 세부적으로 정한 것으로 대외적 구속력이 없으므로, 처분의 위법 여부는 행정규칙에 불구한 위 지침상의 허가기준을 모두 충족하였는지 여부와는 무관하게 재량판단의 내용이 위법한지에 따라 판단되어야 한다. (중략) 처분의 신청이 조례에 규정한 요건을 충족한다고 하더라도 다른 법령에서 요구하는 사항을 충족하지 못한다면 행정청으로서는 재량 판단에 의하여 그 신청을 거부할 수 있다."라고도 하는 바, 개발행위허가나 사용허가에 법원이 폭넓은 재량을 인정하고 있음을 알 수 있다[대전지방법원 2020. 1. 30. 선고 2018구합107953 판결(기각) 등].

### 다. 관련 법령상의 절차

앞서 언급한대로 개발행위허가 시 일정한 경우 관계 행정기관의 장은 행정안전부장관과 재해영향성검토 및 재해영향평가에 관한 협의를 하여야 하고(자연재해대책법 제4조), 소규모 환경영향평가의 대상이 되는 사업의 경우 사업자는 소규모 환경영향평가서를 작성하여 승인기관의 장(관계 행정기관의 장)에게 제출하여야 하며, 승인기관의 장(관계 행정기관의 장)은 환경부장관에게 소규모 환경영향평가서를 제출하고 소규모 환경영향평가에 대한 협의를 요청하여야 한다(환경영향평가법 제43조, 제44조).

대상판결에서 법원은 위 재해영향환경평가 등의 협의나 소규모 환경영향평가 협의 요청은 행정청이 어떠한 사업을 허용하거나 이를 시행하는 내용으로 결정·처분을 할 때 거쳐야 할 절차에 불과하고, 반대로 행정청이 어떠한 사업을 불허하거나 이를 시행하지 못하도록 할 때에 거쳐야 할 절차가 아니라면서, 개발행위불허가처분 시 위 협의 내지 협의 요청을 하지 않았다는 것만으로 처분이 위법해지지는 않는다고 보았다[부산고등법원(창원) 2020. 2. 5. 선고 2019누11166 판결(기각)].

위 재해영향환경평가 등의 협의나 소규모 환경영향평가 협의가 없더라도 다른 이유로 거부처분을 하게 된 것이고, 그 이유가 재량의 범위 내에 있다면 결과적으로 위 재해영향환경평가 등의 협의나 소규모 환경영향평가 협의 요청을 하지 않았더라도 처분이 위법하게 되는 것은 아니라는 결론에는 동의할 수 있다. 위 2019누11166 판결의 사안 역시 해당 지방자치단체의 조례에서 개발행위허가의 요건으로 신청지와 도로 사이의 이격거리로 800미터를 요구하고 있음에도 불구하고 실제 신청지와 도로 사이의 이격거리가 200미터 이내였고, 행정청은 이를 거부처분의 첫 번째 사유로 제시했었으며, 법원은 이를 주된 이유로 사업자의 청구를 기각하였다. 그러나 위 사안과 달리 거부처분의 다른 이유가 명백하지 않은 경우까지 재해영향환경평가 등의 협의나 소규모 환경영향평가 협의를 거치지 않은 행위의 위법성을 부정할 수 있는지는 의문이다.

## 3. 판례상 개별적인 법리 및 시사점

### 가. 민원처리법과 처분의 위법성

민원처리법에 따른 보완 요구에 관한 대상판결에서 법원은, 우선 형식적·절차적 요건의 흠과 실질적 요건의 흠을 구별하고, 위 두 가지 흠 모두 보완이 가능한 경우에만 보완을 요구할 수 있는데, 특히 실질적 요건의 흠은 설령 보완이 가능한 경우라 하더라도 민원인의 단순한 착오나 일시적인 사정 등에 기한 경우 등 그 원인이 사소한 것이 아닌 이상 보완을 요구할 수 없다고 보았다[대구고등법원 2020. 4. 10. 선고 2019누4791 판결(인용), 대구지방법원 2020. 1. 15. 선고 2019구합23786 판결(인용)[20] 등].

이는 다음과 같은 대법원 판례를 재확인한 것이다. "민원처리법 제9조 제1항, 제22조 제1항, 같은 법 시행령 제25조 제1항은 행정기관의 장은 민원의 신청을 받았을 때에는 다른 법령에 특별한 규정이 있는 경우를 제외하고는 그 접수를 보류하거나 거부할 수 없고, 접수된 민원문서를 부당하게 되돌려 보내서는 아니 되며, 접수한 민원문서에 보완이 필요한 경우에는 상당한 기간을 정하여 지체 없이 민원인에게 보완을 요구하여야 하고, 민원인이 기간 내에 민원문서를 보완하지 아니한 경우에는 그 이유를 분명히 밝혀 접수된 민원문서를 되돌려 보낼 수 있다고 정하고 있다. 그런데 위 규정에 정해진 보완의 대상이 되는 흠은 보완이 가능한 경우이어야 함은 물론이고, 그 내용 또한 형식적·절차적인 요건이거나, 실질적인 요건에 관한 흠이 있는 경우라도 그것이 민원인의 단순한 착오나 일시적인 사정 등에 기한 경우 등이라야 한다."(대법원 2004. 10. 15. 선고 2003두6573 판결 등).

### 나. 위임입법의 한계 일탈 여부

대상판결에서 법원은 "대한민국 헌법 제117조 제1항은 지방자치단체에 포괄적인 자치권을 보장하고 있으므로, 자치사무와 관련한 조례에 대한 법률의 위임은 법규명령에 대한 법률의 위임과 같이 구체적으로 범위를 정하여야 할 엄격성이 반드시 요구되지는 않는다. 법률이 주민의 권리의무에 관한 사항에 관하여 구체적으로 범위를 정하지 않은 채 조례로 정하도록 포괄적으로 위임한 경우에도 지방자치단체는 법령에 위반되지 않는 범위 내에서 각 지역의 실정에 맞게 주민의 권리의무에 관한 사항을 조

---

20) 실질적인 요건에 관한 흠이고 민원인의 단순한 착오나 일시적인 사정 등에 기한 경우가 아니었던 사안이다.

례로 제정할 수 있다. 따라서 비록 국토계획법이 태양광발전시설 설치의 이격거리 기준에 관하여 조례로써 정하도록 명시적으로 위임하고 있지 않더라도, 조례에의 위임은 포괄 위임으로 충분한 점, 도시·군계획에 관한 사무의 자치사무로서의 성격, 국토계획법령의 다양한 규정들의 문언과 내용 등을 종합하면, 위 조례 조항은 국토계획법령이 위임한 사항을 구체화한 것이라고 보아야 한다."라는 대법원 판결(대법원 2019. 10. 17. 선고 2018두40744 판결) 등을 언급하며 위임입법의 한계 일탈 주장을 일률적으로 배척하였다[춘천지방법원 강릉지원 2020. 4. 23. 선고 2019구합30660 판결(기각) 등].

대상판결에서 언급된 위 법리를 떠나 개발행위허가 또는 사용허가에 관한 현행 법령의 체계에 비추어 볼 때 위임입법의 한계 일탈 주장은 더 이상 실효성이 없어 보인다.

### 다. 신뢰보호원칙 위배 여부

행정청의 행위에 대하여 신뢰보호의 원칙이 적용되기 위해서는, ① 행정청이 개인에 대하여 신뢰의 대상이 되는 공적인 견해표명을 하여야 하고, ② 행정청의 견해표명이 정당하다고 신뢰한 데에 대하여 그 개인에게 귀책사유가 없어야 하며, ③ 그 개인이 그 견해표명을 신뢰하고 이에 상응하는 어떠한 행위를 하였어야 하고, ④ 행정청이 그 견해표명에 반하는 처분을 함으로써 견해표명을 신뢰한 개인의 이익이 침해되는 결과가 초래되어야 하며, ⑤ 그 견해표명에 따른 행정처분을 할 경우 이로 인하여 공익 또는 제3자의 정당한 이익을 현저히 해할 우려가 있는 경우가 아니어야 한다(대법원 2006. 6. 9. 선고 2004두46 판결, 대법원 2012. 11. 29. 선고 2012두5824 판결 등).

대상판결에서는 위 ① 내지 ⑤의 요건 중 ①이 주로 문제되었고, 그 쟁점은 대부분 행정청의 일반 공중에 대한 의사표시를 공적인 견해표명이라고 볼 수 있는지 여부였다. 이와 관련해 대상판결에서 법원은 "원고들이 주장하는, 산업통상자원부의 태양광 발전사업허가에 있어서 이격거리제한 폐지 내지 제한 원칙 발표, 고성군 개발행위허가(태양광) 운영 지침 부칙 제2조의 문언, 고성군의 2018. 1. 이후의 허가에 관한 계획 등은 모두 원고들 개인이 아닌 일반 공중에 대한 의사표시라고 봄이 상당한바, 이를 두고 원고들에 대한 공적견해의 표명이라고 볼 수도 없다."라고 판단하였다[춘천지방법원 강릉지원 2020. 4. 23. 선고 2019구합30660 판결(기각)].

그러나 '공적인 견해표명'을 이와 같이 특정 개인에 대한 것으로 한정하는 것은 부당하다. 특정 개인에 대한 것이 아니라도 법규명령이나 행정규칙 또는 행정계획에 대한 신뢰 역시 보호해야 할 대상임은 분명하다. 이미 신뢰가 발생한 이상 개인에 대한 것이었는지 불특정 다수에 대한 것이었는지는 중요한 문제가 아니다.[21] 행정청과 개인 간의 신뢰 문제는 신뢰보호원칙보다는 오히려 신의성실원칙의 문제로 접근해야 할 것이다.[22]

　행정청이 보완요구를 하고 사업자가 이에 응한 경우, 위 보완요구가 공적인 견해 표명에 해당하는지 여부가 문제된 예도 있다[청주지방법원 2020. 2. 13. 선고 2019구합6364 판결(기각)]. 해당 사건에서 사업자는 1차 개발행위허가 신청 후 행정청의 보완요구에 따라 사업예정지를 축소(29,900㎡→19,192㎡)한 뒤 2차 개발행위허가를 신청하였고, 그 후 행정청의 보완요구에 따라 사업예정지를 다시 축소(19,192㎡→15,416㎡)하고 소규모 환경영향평가 보완서를 제출한 뒤 3차 개발행위허가를 신청하였으나 경관 훼손 우려, 배수 계획 부적합, 자연재해 우려를 이유로 행정청으로부터 거부처분을 받았다. 개별 사안마다 사정은 다를 수 있으나 보완요구가 여러 차례 있었고 그에 따라 사업자가 성실하게 보완에 응한 경우 등 일정한 경우에는 그 과정에서 발생한 사업자의 신뢰를 보호해야 할 필요도 있을 것으로 보인다. '공적인 견해표명'이라는 추상적인 법논리에 갇혀 구체적 타당성을 도외시하는 결론에 이르러서는 안 된다.[23]

　한편, 전기사업허가가 그에 이어지는 개발행위허가 또는 사용허가에 대한 신뢰를 부여한 것인지 여부도 문제된다. 대상판결에서 법원은 "국토계획법에 근거한 개발행

---

21) 같은 취지로 박균성, 행정법론(상), 60-61쪽, 박영사(2020).

22) 대법원 판결 중에도 행정청과 개인 사이의 신뢰 문제를 신의성실원칙의 문제로 접근한 예가 있다(대법원 2004. 7. 22. 선고 2002두11233 판결).
　　"신의성실의 원칙은 법률관계의 당사자는 상대방의 이익을 배려하여 형평에 어긋나거나 신뢰를 저버리는 내용 또는 방법으로 권리를 행사하거나 의무를 이행하여서는 아니된다는 추상적 규범을 말하는 것으로서, 신의성실의 원칙에 위배된다는 이유로 그 권리의 행사를 부정하기 위하여는 상대방에게 신뢰를 주었다거나 객관적으로 보아 상대방이 그러한 신의를 가짐이 정당한 상태에 이르러야 하고, 이와 같은 상대방의 신의에 반하여 권리를 행사하는 것이 정의 관념에 비추어 용인될 수 없는 정도의 상태에 이르러야 하고(대법원 2001. 7. 13. 선고 2000다5909 판결 참조), 일반 행정법률관계에서 관청의 행위에 대하여 신의칙이 적용되기 위해서는 합법성의 원칙을 희생하여서라도 처분의 상대방의 신뢰를 보호함이 정의의 관념에 부합하는 것으로 인정되는 특별한 사정이 있을 경우에 한하여 예외적으로 적용된다고 할 것이다(대법원 2002. 10. 25. 선고 2001두1253 판결 참조)."

23) "신뢰보호의 원칙을 작동시키는 첫 단추로서 공적 견해표명의 존부가 과연 논증의 안정성을 가져다줄 지 의문스럽다."라는 견해도 같은 취지로 보인다(김중권, "행정법상 신뢰보호 원칙의 신뢰도제고에 관한 小考", 법률신문, 2012. 9. 24.).

위허가는 특정 사업지에서 이루어지는 건축물 등의 건축, 토지형질변경 등 행위에 대한 허가를 목적으로 하는 반면, 전기사업법에 근거한 전기사업허가는 전기사업을 영위할 수 있는 자격을 부여함을 목적으로 하므로, 양자는 목적과 대상을 달리하는 것이고, 개발행위허가와 전기사업허가를 받기 위하여 행정청에 제출하여야 하는 서류나 행정청이 위 허가 여부를 결정하기 위하여 심사하여야 하는 사항이 서로 다르며, 전기사업허가를 검토함에 있어 전기설비 설치장소에 실제로 개발행위허가를 받을 수 있을 것이라는 요건이 전기사업허가기준이 되는 것도 아니다. 따라서 전기사업허가를 하였다고 해서 행정청이 개발행위허가를 할 것이라는 공적인 견해표명을 하였다고 볼 수는 없다."라고 판단하였고[춘천지방법원 강릉지원 2020. 4. 23. 선고 2019구합30660 판결(기각), 광주고등법원 2020. 1. 23. 선고 2019누10206 판결(인용), 창원지방법원 2020. 2. 13. 선고 2019구합260 판결(기각)], 그 결론의 타당성을 부정하기는 어려워 보인다.

### 라. 평등원칙 위배 여부

평등원칙과 관련하여 대상판결에서 법원은 ① "허가 여부 판단에 있어서 여러 사정을 적극적으로 고려할 수 있는 폭넓은 재량권을 가지고 있다는 점에 비추어 보면, 평등 원칙에 위배되었다고 볼 수 없다."라고 하거나[대구고등법원 2020. 2. 21. 선고 2019누3262 판결(기각), 서울고등법원(춘천) 2020. 1. 22. 선고 2019누1178 판결(기각)], ② "이 사건 신청지 주변 토지의 이용현황을 보면 이미 개발행위허가가 이루어져 태양광발전시설이 설치되고 있거나, 원고와 같이 태양광발전시설 설치를 위한 개발행위 허가를 신청하였다가 불허가처분을 받고 현재 행정소송이 진행 중인 것으로 보인다. 이러한 상황에서 이 사건 신청에 따른 이 사건 발전시설의 설치가 허가될 경우, 이 사건 신청지 주변의 다른 농지나 임야 등에 대하여도 개발 요구가 많아져 무분별한 난개발이 이루어질 가능성을 배제할 수 없다."라고 하였으며[대구지방법원 2020. 2. 13. 선고 2019구합1281 판결(기각)], ③ 심지어 "과거에 다른 태양광발전시설의 설치를 위한 개발행위허가 여부를 판단함에 있어서 비교적 유연한 태도를 취하여 개발행위를 허가하였다고 하더라도 처분 당시의 상황을 고려하여 보다 엄격한 태도를 취하여 개발행위허가를 거부할 수도 있는 것"이라고 판단하기도 하였다[서울고등법원(춘천) 2020. 5. 18. 선고 2019누1604 판결(기각)].

그런데 구체적 사안이나 그 결론의 당부를 떠나 평등원칙 위배 여부를 위와 같은 기준으로 판단한다면 과연 평등원칙이 재량권 일탈·남용의 기준으로 제대로 작동 가능한 것인지 근본적인 의문을 가지지 않을 수 없다. 사업자 입장에서는 주변의 개발행위허가 또는 사용허가 사례가 있다면 최우선으로 평등원칙 위배를 주장할 수밖에 없는데, 완전히 동일한 입지조건이란 것이 존재하기 어려운 점을 감안할 때, 위와 같은 기준대로라면 사실상 평등원칙 위배 주장은 하나마나 한 셈이 된다. 재량의 평등과 평등의 재량은 엄연히 다른 문제이고, 법원은 평등의 재량을 인정함에 있어 보다 신중을 기해야 할 필요가 있다.

### 마. 주변환경·경관과의 조화, 보전의 필요성

#### 1) 육상태양광사업: 차폐시설

태양광 발전설비 특히 육상태양광 발전설비의 특성상 주변환경·경관과의 조화 여부를 판단하는 유력한 기준은 차폐시설의 존부이다.[24] 대상판결 중에는 차폐수목 등 차폐시설을 설치해 경관 훼손을 최소화했다는 사정을 개발행위불허가처분의 취소사유로 삼은 예가 있는 반면[광주지방법원 2020. 1. 16. 선고 2019구합10146 판결(인용)], 차폐시설을 설치하더라도 태양광 발전시설을 완전히 가리지 못하는 한 차폐시설의 설치만으로 개발행위불허가처분이 위법성이 인정되기는 어렵다고 본 사례들도 있었다.

후자의 예로는 ① "태양광 발전시설은 최대한 태양광을 많이 흡수하도록 모듈이 설치되어야 하는 특성상 차폐에 한계가 있다. 특히, 이 시건 시설은 표고 55m 이상부터 160m 이하까지의 경사면을 따라 10,274.65㎡의 대규모 면적에 설치될 예정이므로, 원고가 주장하는 바와 같이 측백나무 250주를 차폐조경으로 식재한다거나 2m 높이의 능형망 펜스를 설치한다고 하더라도 이 사건 시설을 모두 차폐할 수 있을 것으로 보이지 않는다."라는 판결과[대전지방법원 2020. 5. 7. 선고 2019구합103323 판결(기각)], ② "이 사건 부지는 강원 양구군의 중요 관광지인 G로 향하는 도로인 H 국도와 약 300m 정도밖에 떨어져 있지 않고 실제로 위 국도에서 이 사건 부지를 조망할 수 있다. 또한 이 사건 부지에서 G까지의 거리는 자동차로 주행 시 대략 15분 정도에 불과하다. 따

---

24) 국토계획법 제58조 제1항 제4호는 '주변환경이나 경관과 조화를 이룰 것'을 요구하고 있고, 국토계획법 시행령 [별표 1의2] 1.라.(1)은 '주변의 자연경관 및 미관을 훼손하지 아니하고, 그 높이·형태 및 색채가 주변 건축물과 조화를 이루어야 하며, 도시·군계획으로 경관계획이 수립되어 있는 경우에는 그에 적합할 것'을 요구하고 있다.

라서 이 사건 부지에 원고들의 신청 내용과 같은 상당한 규모의 태양광 발전시설이 들어서는 경우 가로수로 일부가 가려진다고 하더라도 여전히 그 모습이 G로 향하는 관광객들의 시야에 들어올 것으로 예상되고, 원고들의 주장대로 주변에 추가로 나무를 식재하더라도 이를 완전히 가리기는 어려울 것으로 보인다."라는 판결이 있다[서울고등법원(춘천) 2020. 1. 20. 선고 2019누670 판결(기각)].

작게는 몇 천에서 크게는 몇 만 제곱미터에 이르는 태양광 사업지를 완전히 차폐할 것을 요구한다는 것은 사실상 개발행위허가 또는 사용허가를 하지 않겠다는 것과 다름이 없다. 그렇다고 어느 정도의 차폐를 요구하는 것이 합당한지에 대한 일응의 기준을 정립하는 것도 어렵다. 차폐 정도에 대한 계량적인 판단 없이 단순히 완전한 차폐를 요구한 대상판결에는 아쉬움이 남는다.

2) 수상태양광사업: 수면면적 대비 수상태양광 발전설비의 설치면적의 비율

수상태양광사업의 경우는 주변환경·경관과의 조화, 보전의 필요성과 관련하여 수면면적 대비 수상태양광 발전설비의 설치면적의 비율이 주로 문제된다. 이 비율을 규제하는 법령은 따로 존재하지 않는데, 대상판결에서 법원은 그 비율이 ① 45.6% 또는 37.8%였던 경우[광주고등법원(전주) 2020. 5. 13. 선고 2019누1970 판결(기각)], ② 약 1/4 내지 1/6였던 경우[전주지방법원 2020. 4. 16. 선고 2019구합184 판결(기각)] 모두 사업자의 사용허가거부처분 취소 청구를 기각하였다.

대상판결만 보면 수상태양광 발전설비가 수면면적의 최소 16.6%에서 최대 45.6%까지 차지하는 경우 모두 사용허가가 거부될 수 있다는 것인데, 사업자의 이익뿐만 아니라 행정행위의 예측가능성을 위해서라도 일정한 비율 기준이 정립되어야 할 필요가 있다. 차폐 정도에 대한 계량적인 판단이 필요한 것처럼 위 비율 역시 일정한 잣대가 필요하다.

바. 주변 주민들의 동의나 민원

국토계획법 제58조 제1항, 제3항, 같은 법 시행령 제56조 제1항 [별표 1의2]에서는 구체적인 개발행위허가기준을 규정하고 있는데, 위 법령에서는 '인근 주민들의 동의'를 개발행위허가의 요건으로 규정하고 있지 않다. 또한 인근 주민들의 반대 민원이 있다는 사실 자체가 개발행위허가 여부를 판단함에 있어서 적법한 기준이 될 수는 없다

(대법원 2002. 7. 26. 선고 2000두9762 판결 등). 그러므로 "원고들이 모든 주민들의 동의를 얻지 못하였고, 피고가 보완을 요구한 인근 주민에 대한 협의사항 보완자료를 제출하지 못하였다는 사유를 들어 이 사건 신청을 반려한 피고의 이 사건 처분은 위법하다."라는 대상판결이 법원의 원칙적인 입장이라고 볼 수 있다[대구고등법원 2020. 4. 10. 선고 2019누4791 판결(인용), 춘천지방법원 2020. 2. 4. 선고 2019구합52568 판결(인용)].

다만, 실제로는 위 대상판결처럼 법령상 근거도 없이 주변 주민들의 동의가 없었다는 것을 주된 이유로 행정청이 거부처분을 하는 경우는 거의 없다는 점에서 주변 주민들의 동의나 민원이 판결에 구체적으로 어떤 영향을 미쳤는지는 다른 대상판결들을 살펴보아야 한다.

우선 대상판결 중에는 ① 저수지 인근 주민들 20여 명으로부터 동의서를 받은 사안[광주고등법원(전주) 2020. 5. 13. 선고 2019누1970 판결(기각)], ② 신청지로부터 약 700m 이격된 자연부락 주민들의 동의를 받은 사안[대전지방법원 2020. 1. 30. 선고 2018구합107953 판결(기각)]에서 주변 주민들의 동의를 받았다고 하더라도 행정청으로서는 개발행위를 하는 것이 부적절하다고 판단할 수 있다고 본 예가 있다. 한편, 사업지로부터 약 45m 떨어진 주변 주민들이 개발행위허가처분의 취소를 구한 사건에서 법원은 기각판결을 하면서 "신청 당시 조례에 따라 반경 100m~200m 범위에 거주하는 67세대 중 80%가 넘는 54세대로부터 이 사건 각 토지의 개발행위에 대한 동의도 얻었다."라는 이유를 제시하기도 하였다[전주지방법원 2020. 4. 23. 선고 2020구합98 판결(기각)].

위 대상판결을 보면 주변 주민들의 동의를 얻더라도 개발행위허가 또는 사용허가가 반려될 수 있다는 점을 알 수 있다. 사업자로서는 적어도 사후에 개발행위허가 또는 사용허가가 취소되는 것을 막기 위해서라면 법령상 요건이 아니라고 하더라도 주변 주민들의 동의를 받아야 할 것이다. 실무 관행상 행정청이 주변 주민들의 동의를 요구하고 있고, 사업자들이 이에 따라 동의를 받고 있음에도 불구하고 이와 같이 동의의 효과가 불분명한 것은 현행 법령상의 한계 때문이다. 전기사업법 개정으로 전기사업허가 시 주민 의견수렴 절차를 거칠 것을 요구한 것처럼, 개발행위허가나 사용허가 시에도 적어도 절차적 요건으로 기능할 수 있도록 관계 법령을 개정할 필요가 있다.25)

---

25) 나아가 주민들이 쉽게 참여하여 수익을 얻을 수 있는 여러 유형의 우수 사업모델을 확립하고, 지방자치단체별 혹은 나아가 마을단위별로 적합한 형태의 사업모델을 적용해 나가는 노력이 지속되어야 할 것이라는 견해에도 동의한다[조상민·이석호, "지역별 경제성을 고려한 태양광 시장잠재량 산정 및 이행비용 분석",

## 사. 비례원칙 위배 여부 : 태양광사업의 공익성

개발행위허가가 재량행위인 만큼 태양광사업의 공익성 역시 재량판단의 기준 내지 비례원칙 위배 여부의 판단기준으로 작용했다. 먼저 원고 청구를 인용한 사안에서 대상판결은 "태양광 발전사업은 신재생에너지를 이용한 친환경사업으로서 이산화탄소 배출량을 줄여 환경 보호에 기여하는 환경적 공익이 있을 뿐만 아니라 화석에너지의 수입·사용을 대체하기 위하여 그 개발 및 보급을 활성화해야 할 정책적인 필요성과 경제적인 공익도 인정할 수 있다."라고 하여, 태양광사업의 공익성을 인용의 근거 중 하나로 거시하였다[춘천지방법원 강릉지원 2020. 1. 9. 선고 2019구합30592 판결(인용), 전주지방법원 2020. 1. 8. 선고 2019구합184 판결(인용)].

반면 원고 청구를 기각한 사안에서는 ① "태양광발전사업이 신재생에너지를 이용한 친환경사업이기는 하나 산림지역에 입지하는 경우 산림생태계 및 지형·경관을 훼손하는 등 환경에 부정적 영향을 미치게 되므로 생태계 훼손 및 토사유출 등의 환경영향을 면밀하게 고려하여야 하는바, 행정청이 태양광발전사업의 확산만을 우선적으로 고려할 수는 없다."라거나[대구지방법원 2020. 2. 13. 선고 2019구합22028 판결(기각)], ② "이 사건 사업이 기후변화에 대응하기 위한 친환경 에너지산업이기는 하나 한편 이 사건 사업은 산림생태계 및 지형·경관 훼손 등 환경에 부정적 영향을 미치는 측면도 함께 가지고 있는 점, 주요 생물종의 서식 공간이자 산사태 방지를 위한 핵심 요소가 되는 산림의 보호·보전 또한 중요한 과제인 점, 무분별한 국토 개발에 따른 경관 등의 훼손을 방지할 공익 또한 큰 점 등을 고려하면 행정청이 이 사건 신청지를 산림으로 유지함으로써 달성할 수 있는 공익이 태양광발전시설의 설치로써 얻는 원고의 사익이나 친환경에너지원의 확보 등 다른 공익보다 크다 할 것이므로 이 사건 처분이 비례의 원칙에 반한다고 볼 수도 없다."라고 하였다[대전지방법원 2020. 5. 7. 선고 2019구합103323 판결(기각)].

이미 결론이 정해진 이상 태양광사업의 공익성이 인용의 근거나 기각의 근거 어느 쪽에든 쓰일 수 있다는 점은 어느 정도 이해 가능하다. 그러나 위 대상판결의 내용만으로는 태양광사업의 공익성에 대한 면밀한 평가가 이루어졌는지, 적어도 과학적이라거나 객관적인 평가자료를 판단의 근거로 삼았는지에 대해서 의문이 남는다. 특히 "피

---

96쪽, 에너지경제연구원(2018. 12.)].

고(행정청)가 이 사건 허가처분으로 인한 환경피해가 발생하지 않도록 철저하고 지속적인 감시·감독권을 행사하면서 참가인(사업자) 등이 실제 환경피해를 유발한 경우에는 그에 응당한 규제를 가함으로써 원고들(주변 주민들)이 우려하는 환경피해를 예방·방지하는 것 또한 충분히 가능할 것으로 보인다."라는 이유로 주변 주민들의 개발행위허가처분의 취소 청구를 기각한 예도 있다는 점에 비추어 볼 때[전주지방법원 2020. 4. 23. 선고 2020구합98 판결(기각)] 이익형량의 과정에서 태양광사업의 공익성을 다른 공익에 비해 낮게 평가하는 데에는 신중을 기해야 할 것으로 보인다.[26]

## IV. 결론

대상판결만으로 섣불리 단정하기 어려우나, 적어도 사업자들이 태양광사업 관련 소송에서 줄줄이 패소하고 있다거나 태양광사업에 빨간불이 켜졌다고 평가하기는 어렵다. 다만, 창원지방법원에서 선고한 7건의 판결이 모두 사업자 패소 판결이었다는 점, 광주지방법원에서 선고한 3건의 판결이 모두 사업자 승소 판결이었다는 점에서 특정한 지방자치단체에 승소나 패소 판결이 집중되는 경향은 발견할 수 있었다(특히 위 7건의 판결은 재판부도 모두 동일했다).

한편, 대부분 행정법 일반에 관한 것이기는 하나 대상판결에 공통된 법리나 개별적인 법리 모두 각각의 시사점이 충분히 있었다. 신뢰보호원칙과 관련한 공적인 견해표명의 존부 판단에는 근본적인 시각의 전환이 필요해 보이고, 육상태양광사업의 차폐시설이나 수상태양광사업의 수면면적 대비 수상태양광 발전설비의 설치면적의 비율에 대해서는 일응의 기준이 필요해 보인다. 입법의 개선이 필요한 부분도 있다.

탄소중립은 기업이나 개인이 발생시킨 탄소 배출량만큼 탄소 흡수량도 늘려 실질적인 탄소 배출량을 '0'으로 만든다는 개념이다. 전세계 70여 개 국가가 2050년까지 탄소중립을 달성하겠다고 앞다투어 선언하고 있는 가운데 우리나라만큼은 아직도 뒤처지고 있다. 국민 의견을 수렴해 2050년 온실가스 배출량을 2017년 대비 최대 75%에서 최저 40%로 설정하겠다는 최근 정부 입장을 보면, 2050년까지 탄소중립을 달성

---

26) 게다가 대상판결 중에는 비례원칙 위배 여부를 판단하는 과정에서 사업자의 사익과 다른 공익 사이의 형량만 한 채 태양광사업의 공익과 다른 공익 사이의 형량은 아예 하지 않은 경우들도 있었다[창원지방법원 2020. 2. 13. 선고 2019구합51107 판결(기각) 등].

하겠다는 전세계적 추세에 따르는 것을 포기한 것으로 보이기도 한다.

대상판결만 보면 우리 법원이 탄소배출량을 줄이는 태양광사업과 탄소흡수량을 유지해주는 환경보전 사이에서 아직 갈팡질팡하고 있다고 봐도 무방하다. 태양광사업과 환경보전 사이의 계량화된 이익형량의 결과물이 존재하지 않는 한 법원만 탓할 수는 없다. 탄소중립까지는 아니더라도 2050년까지 탄소 배출량을 획기적으로 줄이기 위해서는 태양광사업에 대한 계량화된 객관적인 평가가 반드시 필요하다. 그것이 태양광사업의 사업자, 행정청, 법원 모두가 납득할 수 있는 결과물이라면, 이를 기초로 한 법원의 판단 역시 누구나 납득할 수 있게 될 것이다.

# 참고문헌

김중권, 김중권의 행정법, 법문사(2019).

박균성·함태성, 환경법, 박영사(2017).

박균성, 행정법론(상), 박영사(2020).

박정훈, 행정법의 체계와 방법론, 박영사(2005).

박정훈, 행정소송의 구조와 기능, 박영사(2006).

조상민·이석호, 지역별 경제성을 고려한 태양광 시장잠재량 산정 및 이행비용 분석, 에너지경제
연구원(2018. 12).

홍준형, 환경법, 박영사(2001).

강화연, "프랑스 행정법상 '법의 일반원칙'과 헌법원리와의 관계", 행정법연구(2016. 8).

김원기·백승희, "세법상 과세관청의 신의성실원칙: 公的인 見解表明을 中心으로", 기업법연구
(2008. 3).

김중권, "행정법상 신뢰보호 원칙의 신뢰도제고에 관한 小考", 법률신문(2012. 9. 24).

김향기, "자기구속의 법리와 평등원칙", 행정판례평선(2016. 10. 15).

김희곤, "태양광 발전시설 관련 법제와 자치입법의 과제", 토지공법연구(2019. 2).

박시원, "재생에너지 법정책의 현황과 개선과제", 환경법연구(2017. 11).

박정훈, "행정법의 일반원칙", 행정법 판례라인(2017. 2. 17).

송시강, "행정재량과 법원리 - 서론적 고찰", 행정법연구(2017. 2).

윤소라, "수상태양광 설치 등 수면활동에 관한 법규제의 타당성에 관한 연구", 과학기술과 법(2019. 12).

이순자, "에너지 전환시대의 친환경적 토지이용규제의 쟁점과 전망", 환경법연구(2019. 11).

이진성, "신재생에너지 공급인증서 발급대상 설비확인의 처분성", 환경법연구(2018. 11).

장경원, "EU 행정법상 비례원칙", 행정법연구(2012. 12).

전력거래소, "태양광 발전사업 안내서"(2018. 12).

조성자, "미국 뉴욕주의 재생에너지 법제에 대한 연구", 과학기술과 법(2018. 10).

허성욱, "태양반사광에 의한 눈부심 현상이 발생한 경우에 그로 인한 침해 정도가 사회통념상 참
을 한도를 넘었는지 판단하는 기준", 법경제학연구(2017. 12).

# 마이너스 금리에 대한 법적 검토*

김원순

## 목 차

## 초록

본 논문은 마이너스 금리 현상의 법적 규율 문제와 관련하여 마이너스 금리를 기존 법체계에 어떻게 포섭하고 마이너스 금리의 법적 성질은 무엇으로 보아야 할지 검토해보고 마이너스 금리 현상에 따라 발생할 수 있는 다양한 법적 문제에 대해 검토하고자 한다. 일반적으로 법률상 이자는 금전 기타 대체물의 사용대가로서 원본액과 사용기간에 비례하여 지급되는 금전 기타의 대체물로 정의되어 왔다. 그런데 이러한 기존의 법률상 이자 개념은 이자가 원본의 사용대가로서의 성질을 가지지 않는 상황에서는 적합하지 않은 면

---

* 이 글은 은행법학회의 『은행법연구』 제13권 제2호(2020. 11.)에 게재된 논문을 수정·보완한 것이다.

이 있다. 이자는 (i) 원본의 사용대가로서의 성질을 가지는 경우 외에도 (ii) 화폐의 가치 변동에 따른 금전의 실질가치 변동을 고려한 급부로서의 성질을 가지는 경우(동질, 동종, 동량의 물건 반환으로서의 성질을 갖는 경우)도 있을 수 있다는 점을 고려하여 법률상 이자의 개념을 수정하고 이자의 성질별로 법적으로 달리 규율할 필요가 있다.

금리가 계약의 주요 요소인 계약유형으로는 대출계약, 예금계약, 채권계약 등이 있다. 기존의 주류적인 견해는 변동금리부 대출약정에서 명시적인 약정이 없는 경우에도 차주가 대주에게 이자를 지급하는 것을 전제로 하는 것이 타당하다고 보았지만, 이와 같은 대출약정상 이자지급의무와 관련된 보충적인 해석은 좀더 신중하게 접근할 필요가 있다. 가정적 의사를 함부로 추단하여 당사자가 의욕하지 아니하는 법률효과를 계약의 이름으로 불합리하게 강요해서는 안 된다. 개별적인 사안마다 계약의 목적과 내용, 거래관계, 거래관행, 계약이 체결된 당시 사회적·경제적 상황(시중금리, 마이너스 금리에 대한 사회적 인식 등), 거래당사자의 특성(전문성), 적용법규, 신의칙 등에 비추어 객관적으로 추인되는 정당한 이익조정 의사를 면밀하게 살펴보아야 할 것이다. 개별사안에 따라 이러한 당사자의 가정적 의사가 인정되지 않을 경우 계약일부무효 법리나 사정변경의 원칙을 적용하는 것도 가능할 것이다.

대출약정상 마이너스 금리의 취급과 관련하여 아직까지 국내 판례는 없었던 것으로 보인다. 외국에서는 대출약정상 마이너스 금리의 취급 관련 판례와 학계 논의가 일부 있다. 스위스 대법원은 계약 당사자 간에 달리 정하지 않는 한, 대출약정상 이자지급의무는 대주에게 부과될 수 없다고 판시했고, 영국 고등법원도 대주의 차주에 대한 마이너스 금리 지급의무를 부정했다. 이와 달리 네덜란드 금융분쟁조정기구는 대주의 차주에 대한 마이너스 금리 지급 의무를 인정했다. 빈발하게 이루어지는 국제금융거래와 관련하여 각국 법원이나 유권해석기관의 판단이 각기 달라 국제금융계약 해석 관련 불안정성이 존재하는 상황에서 국내에서도 대출약정 해석을 둘러싼 분쟁상황이 발생하기 전에 법령 개정, 가이드라인 제정 등을 통해 마이너스 금리의 법적 취급에 대한 예측 가능성을 높이고 불확실성을 해소할 필요가 있다.

계약 자유의 원칙에 따라 대출계약, 예금계약 등에서 마이너스 이자율을 적용하여 일정 금액을 지급하도록 정하는 것은 가능하다. 당사자 간 합의에 따라 마이너스 금리를 지급하기로 정한 대출계약이나 예금계약의 경우에는 비전형계약 또는 무명계약에 해당할 것으로 보인다. 이때의 이자는 원본의 사용대가로서의 전통적인 이자 개념에 부합하지는 않으며, 화폐의 실질가치 변동에 따른 손해보전적 성격 또는 보관료 내지 수수료 등의 성격을 가진다고 보아 그에 적합한 법적 규율을 하는 것이 필요해 보인다. 거래전형적 계약에서는 약관의 사용이나 거래관행에 의하여 보다 통일적인 규율이 가능한데, 국제적으로 널리 사용되는 표준화된 금융계약 양식은 개정작업을 통해 마이너스 금리에 대한 내용을 포함하고 있다. 마이너스 금리에 관하여 계약상 규정으로는 2006 ISDA 용어집상 '마이너스 금리방법', 2014. 5. 담보계약상 마이너스 금리 프로토콜, LMA 대출계약상 '영 한도 금리조항'의 세 가지가 있다.

한편 마이너스 금리 예금·대출 상품에 대한 금융규제법상 법적 취급, 마이너스 금리를 기초자산으로 한 파생결합증권의 금융투자상품 해당성, 중앙은행의 마이너스 금리 통화정책의 법적 근거나 디지털화폐 발행과의 연관성, 재산권 침해 이슈 등에 대해서도 관련된 법적 검토가 필요해 보인다.


## I. 서론 – 연구의 필요성

2008. 9. 글로벌 금융위기 이후 유럽중앙은행, 일본은행 등 주요국 중앙은행은 실물경제 장기침체와 디플레이션 우려에 대응하기 위해 완화적인 통화정책을 지속적으로 확대하는 과정에서 마이너스 금리를 도입했다.[1] 지급준비제도란 금융기관으로 하여금 지급준비금 적립대상 채무의 일정 비율에 해당하는 금액을 중앙은행에 지급준비금으로 예치하도록 의무화하는 제도를 의미하는데,[2] 마이너스 금리 통화정책은 중앙은행이 시중은행들이 중앙은행에 예치해야 하는 법정지급준비금에 대해 마이너스 금리를 부과하는 것을 뜻한다. 한국의 경우, 현행 한국은행법상 허용되는지 아니면 마이너스 금리 통화정책을 시행하기 위해서는 우선적으로 한국은행법 개정이 필요하다고 보아야 할지에 대한 논의가 필요하다.

마이너스 금리 정책을 최초로 도입한 곳은 덴마크 중앙은행으로 2012년 기준금리를 마이너스로 낮췄다. 유럽중앙은행European Central Bank과 일본은행Bank of Japan 등도 마이너스 금리 도입을 결정함에 따라 변동금리부 대출이나 변동금리를 참조하는 파생상품 거래 등에서 기준이 되는 LIBORLondon Interbank Offered Rate(런던 은행 간 금리)[3], TIBORTokyo

---

1) Arteta, C., Kose, M. A., Stocker, M., & Taskin, T. "Negative interest rate policies: Sources and implications", 1-69쪽, The World Bank(2016); 김보성·박기덕·주현도, "주요국 중앙은행의 마이너스 정책금리", 2쪽, BOK 이슈노트 제2016-4호.
2) 한국은행, "통화정책수단 > 지급준비제도", https://www.bok.or.kr/portal/main/contents.do?menuNo=200297. 2020. 10. 1. 방문.
3) '리보금리'란 런던 금융시장에서 은행 간 조달 시 적용되는 금리를 가리킨다. 미국 IBA(Intercontinental

Interbank Offered Rate(도쿄 은행 간 거래금리) 등의 금리지표가 마이너스가 되는 현상도 발생해왔다.

영란은행Bank of England은 최근 마이너스 금리 도입 가능성을 시사하고, 영란은행 샘우즈 부총재는 최근 시중은행들에 마이너스 금리 대비 상황을 묻는 서한을 발송하였다.[4] 캐나다 중앙은행Bank of Canada 총재도 경제 부양책 옵션 중 하나로 마이너스 금리를 꼽는 등 Covid-19 상황으로 세계경기가 악화되고 국가채무 부담이 증가하면서 세계 각국 중앙은행은 마이너스 금리방안에 대해 고려하기 시작한 것으로 보인다.[5] 중앙은행이 마이너스 금리정책을 시행한다는 것이 시중 예금, 대출 금리 또는 일반 채권 금리가 마이너스가 된다는 것을 의미하지는 않는다. 다만 중앙은행의 통화신용정책은 "기준금리 변동 → 은행간금리Interbank Rate 변동 → 예금, 대출금리 변동"을 통해 실현된다.[6] 만약 예금자 이탈우려로 마이너스 금리를 예금금리로 전가하지 못할 경우 은행의 예대마진이 축소되어 수익성이 악화된다.[7] 이미 시중 예금, 대출 및 채권 금리가 마이너스로 전환된 사례들이 세계 각국에서 확인되고 있다.[8]

---

Exchange Benchmark Administration)가 은행 간 차입금리 정보(신용도 높은 주요 대형은행들이 적정한 시장 규모를 가정하고 매 영업일 오전 11시 직전에 은행 간 조달을 통해 자금을 조달할 경우 제시할 이자율 수치)를 수집하고 그 평균값을 산출하여 발표한다. 국제 금융시장에서 은행 자금 조달비용 외에도 기업·소매대출 및 각종 금리 파생상품의 기초가 되는 준거금리로 활용된다. 국제금융시장에서 LIBOR에 기반을 두는 자산 규모는 최소 200조 미국달러 이상으로 추정되며, 이러한 이유로 LIBOR를 '세상에서 가장 중요한 숫자(Worlds Most Important Number)'라고도 부른다. 한편, 영국의 금융감독청(Financial Conduct Authority)은 2017. 7.에 2022년부터 LIBOR 산출에 참여하는 대형은행들에게 LIBOR 호가 제출 의무를 부여하지 않겠다는 방침을 공식 발표하였고, 이에 따라 시장 참여자들에게 LIBOR 퇴출 가능성이 가시화되었다. 김은서, "LIBOR 대체금리 선정 경과 및 향후 전망", 37-59쪽, 산은조사월보 제755호(2018. 10.); 한국은행, 경제용어사전, https://www.bok.or.kr/portal/ecEdu/ecWordDicary/search.do?menuNo=200688, 2020. 11. 19. 방문.

4) BBC뉴스, "Bank deputy governor warns against negative interest rates", 2020. 9. 28., https://www.bbc.com/news/business-54332980, 2020. 10. 2. 방문.

5) Financial Post, "Bank of Canada keeps door open to possibility of negative rates", 2020. 10. 8, https://financialpost.com/news/economy/bank-of-canada-keeps-door-open-to-possibility-of-negative-rates. 2020. 10. 10. 방문.

6) 한재준·소인환, "마이너스 금리와 은행 수익성 산의 관계 분석", 56쪽, 한국은행 경제연구원, 경제 분석 제24권 제2호(2018. 6.).

7) 한재준·소인환, 앞의 글, 57쪽.

8) 덴마크 은행은 세계 최초로 마이너스 금리 모기지론 상품을 도입했다. 해당 상품의 경우, 이용자가 대출이자를 지급하기는 하나, 이용자가 지급하는 대출이자액보다 대출원금에서 차감해주는 금액이 더 크기 때문에 실질적으로 마이너스 금리 대출에 해당한다(A Danish bank has launched the world's first negative interest

이러한 마이너스 금리 현상을 경제학적으로 분석한 국내 연구는 일부 있으나,[9] 현재까지 본격적으로 마이너스 금리 현상을 법적으로 분석한 국내 연구는 확인되지 않는다. 다만 해외에서는 마이너스 금리에 대한 법적 분석이 일부 선행되었다.[10] 해외에서는 기준금리가 마이너스 금리가 되는 등 이미 마이너스 금리 현상이 일부분 현실화되어 법적 검토 필요성이 국내보다 시간적으로 앞서서 발생함에 따라 관련 연구도 먼저 이루어진 것으로 생각된다.

국내에서도 금리 인하 흐름이 계속되어 2020. 10. 기준 정기예금, 정기적금 이자율이 1% 이하로 떨어진 금융상품이 본격적으로 증가하고 있다.[11] 한국은행 자료에 따르면, 2020. 8. 기준 0%대 정기예금 비중은 84.3%를 차지한다.[12] 한국 정부는 2020. 9. 9. 5년물 유로채를 5년물 유로 미드스왑에 35bp를 가산한 −0.059%로 발행하였다(발행금리: −0.059%, 표면금리: 0%). 이는 비유럽국가의 유로화 표시 국채 중 최초로 발행되는

---

rate mortgage–handing out loans to homeowners where the charge is minus 0.5% a year)(Patrick Collinson, Danish bank launches world's first negative interest rate mortgage, The Guardian, 2019. 8. 13., https://www.theguardian.com/money/2019/aug/13/danish-bank-launches-worlds-first-negative-interest-rate-mortgage. 2020. 11. 21. 방문).

덴마크 대형 은행인 유스케은행(Jyske Bank)은 잔고 750만 크로네(약 13억 4천 700만 원)를 초과하는 계좌에 대해 연 0.6%의 수수료(마이너스 금리)를 받는다고 발표했다. 스위스 UBS은행은 2019. 11. 1.부터 잔고 200만 스위스 프랑(약 24억 6천 700만 원)을 초과하는 스위스 국내 개인계좌에 연 0.75%의 수수료를 물리기로 했다. 유로화 계좌에 대해서는 연 0.6%의 수수료를 물리는 대상을 종전 잔고 100만 유로 이상에서 50만 유로 이상으로 확대했다. 크레디트스위스은행도 2019. 9. 1.부터 잔고가 100만 유로를 초과하는 개인 유로화 계좌에 연 0.4%의 수수료를 부과할 방침이다. 법인고객 등에게 이미 적용해온 마이너스 금리를 개인 부유층에게도 확대한다(이해영, "유럽 민간銀 마이너스 금리 확산 … 개인 계좌에 수수료 부과", 연합뉴스, 2019. 8. 21., https://www.yna.co.kr/view/AKR20190821046700073, 2020. 11. 23. 방문).

9) 한국은행 경제연구원, 앞의 글; 이윤호, 마이너스 금리의 이해, 경제교육연구, 제23권 3호(2016. 12); 한국금융연구원 주간금융브리프 연구자료 다수(한국금융연구원, 마이너스 금리정책의 유용성 논란, 주간금융브리프 29권 12호(2020. 6.); 한국은행, ECB 마이너스 금리정책에 대한 평가 및 시사점, 해외경제 포커스 제13호(2015); 한국금융연구원, 국제금융 이슈 : 일본의 마이너스 금리 진입과 은행권 수익모델 조정방향, 주간금융브리프 25권 9호(2016. 3.) 등 포함)

10) Settanni, Giuseppe. "Loans and Negative Interest Rates." Eur. Bus. L. Rev. 27 (2016): 697-708쪽; Alvaro, Simone, Aurelio Gentili, and Carlo Mottura. "Effects of Negative Interest Rates on Floating Rate Loans and Bonds. Analysis of Legal and Financial Profiles." CONSOB Legal Research Papers (Quaderni Giuridici) No. 14 (2017), pp.1-83; 金融法委員会가 公表한 「マイナス金利の導入に伴って生ずる契約解釈上の問題に対する考え方の整理」(平成 28年 2月 19日).

11) 금융감독원, "금융상품통합비교공시", http://finlife.fss.or.kr, 2020. 10. 7. 방문.

12) 한국은행 경제통계시스템, 예금은행 금리수준별 수신비중, https://ecos.bok.or.kr/EIndex.jsp , 2020. 10. 6. 방문.

마이너스 금리 채권이자 우리 정부 채권 중 마이너스 금리로 발행된 첫 사례이다.[13] 한국수출입은행도 2020. 9. 15. 15억 달러 규모의 −0.118% 유로화 3년물 본드를 발행했다. 채권이라 함은 일반적으로 확정이자부 유가증권으로 채권발행인이 소지인에게 만기까지 소정의 이자를 지급하고 만기일에 원금을 상환하기로 약정한 채무증서를 의미하나, 발행인이 채권 매수인으로부터 지급받는 채권 발행가액이 채권 만기 시 발행인이 채권 소지인에게 지급해야 하는 액면가액보다 높고, 발행인이 채권 소지인에게 지급하는 이자가 없는 채권의 경우, 할증발행 방식을 통한 마이너스 금리 채권이라고 볼 수 있다. 한국은행에서는 마이너스 금리 통화정책에 대해 검토한 바 있고, 저금리 시대에 현행과 같은 연 5%의 민사 법정이율을 유지하기 어렵다는 시각에서 민법 개정을 통해 민사 법정이율을 시중금리에 따라 변동시키자는 주장도 제기되고 있다.[14] 이에 더해서 내국인 당사자가 참가하는 외국채나 해외기준금리를 기초로 한 크로스보더cross-border 금융거래까지 고려하면 국내에서도 마이너스 금리에 대한 법적 분석이 필요한 시기가 본격적으로 도래한 것으로 생각된다.

본 논문에서는 마이너스 금리 현상의 법적 규율과 관련하여 마이너스 금리를 기존 법체계에 어떻게 포섭하고 마이너스 금리의 법적 성질은 무엇으로 보아야 하는지 검토해보고 마이너스 금리 현상에 따라 발생할 수 있는 다양한 법적 문제에 대해 살펴보기로 한다.


## II. 마이너스 금리에 대한 민사법적 검토

### 1. 마이너스 금리 현상의 이해

마이너스 금리란 명목 이자율이 0보다 낮은 금리 상태를 의미한다.[15] 경제 정책과 경제 이론은 명목 금리의 제로(0) 하한을 자연스러운 것으로 받아들였으나, 2012. 7.

---

13) 기획재정부, 한국정부, 외평채 성공적 발행(美달러화 6.25억 달러, 유로화 7억 유로), 2020. 9. 10.자 보도자료.

14) 한국은행, "중앙은행 디지털 화폐", 1-82쪽, 2019. 1.; 한국은행, 이주열 총재 모두발언 및 질의응답, 통화정책방향 관련 총재 기자간담회(2020. 5.), https://www.bok.or.kr/portal/bbs/B0000169/view.do?nttId=10058466&menuNo=200059, 2020. 11. 25. 방문

15) 이윤호, 앞의 글, 85-107쪽; 마이너스 금리란 이자가 음(−)이 되어 채권자가 차입자에게 이자를 지불하는 경우를 뜻한다고 보는 견해도 있다(한재준·소인환, 앞의 글, 58쪽).

덴마크 중앙은행Danmarks Nationalbank이 중앙은행예치금에 대해 −0.2%의 마이너스 금리를 적용했고,16) 유럽중앙은행European Central Bank이 2014. 6. 마이너스 정책 금리를 전격 적용한 데 이어 일본이 2016. 1. 마이너스 정책 금리의 도입을 결정하면서 마이너스 정책금리는 세계 GDP 기준 약 1/4에 해당하는 나라들이 사용하는 통화정책의 주요 내용으로 현실에 등장했다.17)

[표 1] 마이너스 정책금리 도입 주요국가

| 국가 | 마이너스 금리 실시일 |
|---|---|
| 스웨덴 | 2009. 7. 8. |
| 덴마크 | 2013. 7. 6. |
| 유로존 | 2014. 6. 5. |
| 스위스 | 2014. 12. 18. |
| 일본 | 2016. 1. 29. |

마이너스 정책금리가 심화될수록 은행들은 수익성 측면에서 예금자에게 마이너스 금리를 적용해야 하는 상황에 처하게 된다. 유로 지역의 은행들은 이미 거액 기업 예금에 대해 마이너스 금리를 적용하기 시작했고, 다음 단계는 개인 고액 예금자들에게도 마이너스 금리를 적용하는 것이 될 것이다.18) 다만 은행들은 대규모 인출 사태를 우려하여 소액 거래자들에게까지 마이너스 금리를 당장 적용하기는 쉽지 않아 보인다.19) 시중은행들은 마이너스 예금 금리가 주는 부정적 이미지 때문에 마이너스 금리의 적용보다는 수수료율을 높이는 방식으로 대응할 수도 있다. 일본 시중은행들은 요구불예금 계좌에 대해 입금액의 2~3% 정도를 수수료로 부과하고 있으며, 이런 부담을 피하기 위해 집안에 개인 금고를 마련하는 경우도 생기고 있다. 금리 수준이 마이너스라는 것은 은행 예금에 대해서 예금자가 이자를 받는 것이 아니라 마이너스 금리

---

16) www.riksbank.se; The Economist, 2014. 7. 12.

17) Jobst, A., & Lin, H. "Negative interest rate policy (NIRP): implications for monetary transmission and bank profitability in the euro area", 1-48쪽. International Monetary Fund(2016).

18) 이윤호, 앞의 글, 98쪽.

19) Wihnhoven, Geert/Jaap Kes/ING Bank Treasury, "Negative Interest Rate Policy of the ECB and Other Central Banks: Driver for Global Economic Growth and Impact on Banking Sector," 2016. 3., ING., p.7("Banks are reluctant to pass on the negative rates to the retail savings").

에 해당하는 보관료를 은행에 내는 것과 경제적 실질에서 같다.[20] 은행들조차도 마이너스 금리 부담을 줄이기 위해 초과지급준비금을 중앙은행에 예치하지 않고 대형 금고에 보관하려 할 수 있다. 얼터너티브뱅크Alternative Bank Schweiz는 스위스 시중은행 중 최초로 일반 예금금리를 −0.125%로 설정했다.[21] 덴마크에선 주택구입을 위해 3년 만기 대출을 받은 고객에게 매달 이자를 지급하고 있다.[22] 2019. 8. 말 기준 금리가 마이너스인 세계 국채 규모는 16조 8천억 미국달러로 투자적격 국채 가운데 34%를 차지했다.[23]

이처럼 현실사회에 등장한 마이너스 금리를 법적으로는 어떻게 바라봐야 할 것인지 고민이 필요하다. 마이너스 금리를 법적으로 이자 또는 법정과실로 볼 수 있을지 혹은 이자율이 마이너스인 대출약정, 예금계약, 채권계약 및 파생상품계약의 성격은 어떻게 파악하고 그에 따른 권리의무관계를 어떻게 규율해야 할 것인지, 마이너스 금리를 기초자산으로 한 금리연계형 파생상품의 경우 원본손실 가능성이 인정되어 금융투자상품에 해당하는지 등을 포함해서 다양한 법률문제가 파생될 수 있다.


## 2. 이자의 개념 및 성격

### 가. 이자의 법률상 개념

먼저 이자의 법률상 개념과 성질을 파악할 필요가 있다. 우리 민법은 이자의 개념을 명확히 정의하고 있지 않다.[24] 다만, 민법 제101조 제2항은 물건의 사용대가로 받는 금전 기타의 물건은 법정과실로 한다고 정하고 있고 금전의 사용대가로서 이자는 법정과실의 대표적인 예로 이해되어 왔다. 즉, 법률상 이자란 금전 기타 대체물의 사용대가로서 원본액과 사용기간에 비례하여 지급되는 금전 기타의 대체물로 정의될 수

---

20) 이윤호, 앞의 글, 99쪽.

21) Brian Blackstone, Small Swiss Bank Gambles, and Wins, by Charging for Deposits, The Wall Street Journal, 2017. 3. 20., https://www.wsj.com/articles/small-swiss-bank-gambles-and-wins-by-charging-for-deposits-1490014744

22) 방현철, "[글로벌 이코노미] 은행에 웃돈 주고 예금… 마이너스 금리 시대 '성큼'", 조선일보, 2019. 8. 29., https://biz.chosun.com/site/data/html_dir/2019/08/29/2019082900015.html

23) "글로벌 마이너스 금리 국채 발행 증가와 그 영향", 3쪽, 자본시장연구원, 자본시장포커스(2019-19호).

24) 김용담, 주석 민법 채권총칙(1), 354쪽, 제5판, 한국사법행정학회(2014).

있다.[25] 그리고 이(자)율은 원본에 대한 이자의 비율을 의미한다. 대법원은 "법률상 이자는 금전이나 기타 대체물의 원본채권으로부터 부수적으로 생기는 소득으로서 일정한 비율에 의하여서 원본액과 그 존속기간에 비례하여 지급되는 금전이나 그 밖의 대체물을 말하는 것"이라고 판시한 바 있다(대법원 1965. 11. 25. 선고 65다1422 전원합의체 판결).

## 나. 이자의 법률상 개념의 문제점 및 한계

앞서 살펴본 이자의 법률상 개념은 이자율이 양(+)인 일반적인 형태의 소비대차나 소비임치, 채권계약에서 발생하는 이자에 대하여는 적합할 수 있으나 이자가 수반되는 다양한 법률관계에서 이러한 정의가 항상 적합하다고 보기는 어렵다.

물건으로부터 생기는 경제적 수익을 과실果實이라고 하고, 과실을 생기게 하는 물건을 원물元物이라고 한다.[26] 천연과실은 물건의 용법에 의하여 수취하는 산출물을 의미하고(민법 제101조 제1항), 법정과실은 물건의 사용대가로 받는 금전 기타의 물건을 의미한다(민법 제101조 제2항). 법정과실과 천연과실은 원물로부터 생기는 경제적 수익이라는 점에서 공통되지만 그 본질은 다르기 때문에 민법도 두 가지에 관하여 따로따로 규정하고 있다.[27] 기존 민법연구나 관련 문헌에서는 금전의 사용대가인 이자, 임대차의 차임, 지상권의 지료 등이 법정과실에 해당한다고 평가하고 있다.[28] 다만 이자와 천연과실, 법정과실 간의 차이에 주목하여, 천연과실과 법정과실의 경우 유책사유 없이 그러한 이익을 받지 못한 채무자는 이를 반환할 필요가 없지만, 이자의 경우에는 단지 원본을 가지고 있었다는 이유만으로 이자를 반환하여야 하는 경우가 인정된다는 점에 주목한 선행 연구도 있었다.[29]

---

25) 김용담, 앞의 책, 358쪽; 곽윤직, 채권총론, 50쪽 이하, 신정(수정)판, 박영사(2001); 지원림, 민법강의, 916쪽, 제15판, 홍문사(2017); 김준호, 민법총칙, 195쪽, 제11판, 법문사(2017); 송덕수, 채권법총론, 84쪽, 제4판, 박영사(2018)는 원본인 금전 기타의 대체물을 소비의 방법으로 사용할 수 있는 것에 대한 대가로서 수익에 관계없이 사용기간에 비례하여 지급되는 금전 기타의 대체물이 이자라고 한다; 다만 이자에 관해서 원본채권의 수익으로서 과실이 아니지만 그 귀속에 관해서는 민법 제102조 제2항을 유추적용할 수 있다는 소수설도 있다[김상용, 민법총칙, 298쪽, 화산미디어(2009); 김주수, 민법총칙, 288쪽, 제5판, 삼영사(2002)].

26) 곽윤직 · 김재형, 민법총칙, 232쪽, 제8판, 2012.

27) 곽윤직 · 김재형, 앞의 책, 232쪽.

28) 김용덕, 주석 민법 물권총칙(2), 342-346쪽, 제5판, 한국사법행정학회(2014).

29) 김기환, "법률관계 유형에 따른 법정이율 기준", 290-292쪽, 서울대학교 법학 제61권 제1호(2020. 3.); 위임의 경우에 수임인이 위임사무의 처리로 인하여 받은 금전의 경우에는 아직 발생하지 않은 이자에 대하여는

법정과실은 타인에게 물건을 사용하게 하고 사용 후에 원물 자체 또는 그 물건과 동종·동질·동량의 것을 반환하여야 하는 법률관계가 있는 경우에 그 물건을 사용한 사용대가로 지불하는 것을 말한다. 민법상 소비대차는 당사자 일방이 금전 기타 대체물의 소유권을 상대방에게 이전할 것을 약정하고 상대방은 그와 같은 종류, 품질 및 수량으로 반환할 것을 약정함으로써 그 효력이 생기는데, 화폐의 실질가치의 변동을 고려하면, 만약 차주가 대주에게 이자 없이 원금만을 그대로 반환할 경우 이를 두고 동량, 동질의 금전을 반환하는 것으로 평가하기 어려운 측면이 있다.

화폐의 미래가치

$$FV = PV \times (1+R)^n$$
$$미래가치 = 현금가치 \times (1+이자율)^{기간}$$

또한, 선행 연구에서 검토된 바와 같이, 위임 관계에서 수임인이 필요비를 지출한 경우 위임인은 그 원금과 법정이율의 이자를 상환할 의무를 부담하는데(민법 제688조 제1항), 이때의 이자를 위임인이 수임인의 돈을 사용한 대가라고 보기는 어렵다. 이때 이자는 수임인이 정당하게 사용한 돈에 대하여 수임인에게 필요비 자체의 상환뿐만 아니라 필요비 지출에 따른 손해를 전보해 주려는 취지가 강하다고 볼 수 있다.[30] 또한 매매계약이 해제된 경우 원본과 함께 이자, 사용수익, 과실 등을 반환하도록 하고 있는데(민법 제548조) 이 또한 원본의 사용대가라고 보기 어렵다. 매도인이 매매대금을 수령한 뒤 이를 적극적으로 활용할 의무를 가지는 것은 아니기 때문이다. 매도인은 매매대금을 금고에 넣어 두는 등 이를 활용하지 않을 수 있다.[31]

이때의 이자는 원본의 사용대가로서의 성질을 갖기보다는, 사용(수령)시점과 반환

---

지급할 의무가 없는 것으로 보인다. 한편 점유자, 유치권자, 저당물의 제3취득자, 임차인, 사무관리의 관리자 등이 필요비 또는 유익비를 지출하고 이를 상환청구하는 경우에는 그 이자를 청구할 수 없고 그 지출금액에 한하여 청구할 수 있다. 유증의무자가 유언자의 사망 후에 그 목적물의 과실을 수취하기 위하여 필요비를 지출한 경우에도 마찬가지로 이자는 청구할 수 없다(제1080조). 이와 달리 수임인이 필요비를 지출한 경우 위임인에게 지출한 날 이후의 이자를 청구할 수 있다(제688조 제1항).

30) 김기환, 앞의 글, 289-290쪽.
31) 김기환, 앞의 글, 289-290쪽.

시점 사이 기간 동안 발생한 화폐의 실질가치변동(화폐의 미래가치와 현재가치 사이 가치변동)에 따른 원본의 실질가치 변동을 고려한 급부로서의 성질을 갖는다. 다시 말해, 금전의 명목가치nominal value는 동일하지만 실질가치real value는 변동하기 때문에, 엄밀히 말하면 금전의 경우 '동종·동질·동량의 것을 반환'했는지의 기준은 금전의 명목가치가 아니라 실질가치가 되어야 하는 것이다. 예를 들어, 원금 10,000원을 1년간 무상으로 차입하고, 반환하기로 하였는데, 물가상승률(인플레이션율)이 10%인 경우, 1년 후에 원금 10,000원을 반환하게 될 경우 동종·동질·동량의 금전을 반환하였다고 볼 수 있을지 의문이다.

변동금리부 소비대차 또는 소비임치 계약에서 이자율이 음(−)인 경우의 이자 취급과 관련해서도 앞서 살펴본 이자의 법적 개념에 부합되지 않는다는 지적이 가능하다. 예금계약상 예금자가 은행에 지급하는 마이너스 금리 상당의 금전이나 대출계약상 대주가 차주에게 지급하는 마이너스 금리 상당의 금전을 예금자나 대주가 원본(예치금, 차입금)을 사용한 대가로 보기 어렵다.

예를 들어서, 차주가 대주로부터 1년간 금 10,000원을 차입하는데, 1년간 디플레이션으로 금전의 실질가치가 20% 상승하는 경우를 가정해보자(예컨대, 차입 당시에는 A라는 동일 재화나 서비스를 구매하기 위해 10,000원이 필요했다면 디플레이션으로 인하여 1년 후에는 8,000원만 필요한 경우 금전의 실질가치는 상승한 것이다). 이때 대출약정이율은 연 −12%(월 −1%)로 대주가 차주에게 매달 금 100원씩 이자를 지급하기로 약정한 경우, 대주는 대출만기에 차주에게 대출원금을 돌려받게 되고, 대출 기간 동안 차주에게 매달 일정한 이자를 지급하였음에도 불구하고, 대주는 화폐의 실질가치 상승으로 인한 대출원금의 실질가치 상승에 따라서 경제적 이득을 누리게 된다. 대출기간 동안 원본을 사용한 것은 차주이기 때문에 이때의 이자는 원본의 사용대가로서 지급된 것이라기보다는 금전의 점유이전이 있던 기간 동안 발생한 화폐의 실질가치 변동을 고려하여 점유반환 시 원본의 실질가치 증감으로 인해 발생하게 되는 경제적 이익이나 손해를 조정하는 기능을 수행하는 것으로 볼 수 있다. 예금계약에서 임치인이 수치인에게 마이너스 이자를 지급하게 되는 경우도 마찬가지이다.

살펴본 바와 같이 마이너스 금리 이자는 전통적인 이자의 법률상 개념(금전 기타 대체물의 사용대가로서 원본액과 사용기간에 비례하여 지급되는 금전 기타의 대체물)에 부합하지 않는다. 대법원은 국립공원의 입장료는 수익자 부담의 원칙에 따라 국립공원의 유지·

관리비용의 일부를 입장객에게 부담시키는 것에 지나지 않고, 토지의 사용대가가 아니라는 점에서 민법상의 과실이 아니라고 판단한 바 있는데 마이너스 금리에 대해서도 그와 유사한 취지로 금전의 사용대가가 아니라는 점에서 민법상의 과실이 아니라는 판단이 가능할 것으로 보인다(대법원 2001. 12. 28. 선고 2000다27749 판결).

정리하면 민법상 이자는 크게 ① 원본의 사용대가로서의 기능을 수행하는 경우(법정과실에 해당)와 ② 화폐의 실질가치변동에 따른 원본의 실질가치 변동으로 인한 가치보전으로서의 기능을 수행하는 경우(동질·동종·동량의 물건 반환에 해당)로 나누어 볼 수 있겠다. 금전소비대차나 금전소비임치에 있어서 이자율이 양(+)인 경우에는 이자는 ①과 ② 기능을 모두 수행하는 것으로 볼 수 있으나, 이자율이 음(−)인 경우에는 ② 기능만 수행하는 것으로 보는 것이 타당하다.

살펴본 바와 같이 법률상 이자 개념은 민법 제101조의 법정과실의 정의에 부합하지 않는 면이 있다. 금전대차나 임치에 있어서의 이자를 법정과실로 보는 전통적인 견해는 오랫동안 유지되어온, 양(+)의 금리를 전제로 금전에 대해 수취할 과실이 있는 전통적인 사회적·경제적 상황을 전제로 한 것인데, 앞으로 마이너스 금리가 보편화될 경우 이러한 사회적·경제적 상황에 대한 전제는 유지되기 어려울 것이다. 마이너스 금리 상황에서 이자에 대한 기본 전제나 개념에 대한 경제학적 재검토가 이루어지는 상황에서,[32] 법률상 이자 개념에 대해서도 재검토 및 보완이 필요하다. 사회의 변화에 따른 사회적 수요를 반영하여 민법을 개정할 필요성이 인정되므로, 마이너스 금리 현상이 보편화될 경우에는 민법의 개정이 필요할 수도 있다.

이하에서는 금리가 계약의 중요요소로 포함된 금융계약에서 마이너스 금리가 어떻게 취급될 것인지 검토해본다.

---

[32] Buiter, Willem H, "Overcoming the zero bound on nominal interest rates with negative interest on currency: Gessell's solution", The economic journal, 113(490), 723-746쪽; Arteta, C., Kose, M. A., Stocker, M., & Taskin, T. "Negative interest rate policies: Sources and implications", pp.1-69, The World Bank(2016).

## III. 금융계약에서의 마이너스 금리의 취급 및 해석

### 1. 기존의 금융계약상 마이너스 금리의 취급 및 해석

#### 가. 대출약정에서의 금리

##### 1) 대출약정의 성격과 의의

여신거래행위란 금융기관이 상대방에게 신용을 공여하는 행위를 말한다.[33] 대출은 은행의 신용공여(여신)의 한 종류이다.[34] 대출은 은행이 이자수취를 목적으로 원리금의 반환을 약정하고 고객에게 자금을 대여하는 행위로 인식되어 왔다. 이러한 금융기관의 여신거래행위는 기본적 상행위로서 상법이 적용되고, 상법에 특칙이 없는 경우에는 민법이 적용된다.

전형적인 대출계약은 민법 제598조에서 정하는 소비대차에 해당한다고 이해되어 왔다. 민법상으로 소비대차는 금전 기타 대체물의 사용의 대가인 이자를 그 요소로 하지 않는 점에서 원칙적으로 무상계약이다(민법 제598조).[35] 기존 법률 연구에 따르면 당사자 간 특약이나 법률의 규정에 의해 이자를 지급하기로 한 경우에는 그 이자부 소비대차는 유상·쌍무계약이 된다고 설명되어 왔고,[36] 유상계약에 관하여는 원칙적으

---

33) 상법(2020. 9. 10. 시행) 제46조.

34) 은행법상 신용공여는 "대출, 지급보증 및 유가증권의 매입(자금지원적 성격인 것만 해당한다), 그 밖에 금융거래상의 신용위험이 따르는 은행의 직접적, 간접적 거래"를 말한다(은행법 제2조 제1항 제7호). 이하에서는 편의상 은행이 대주로 참여하는 대출약정을 중심으로 검토한다. 은행이 아닌 경제주체가 대주로 참여하는 대출약정에 대한 법적 검토도 크게 다르지 않을 것으로 생각한다.

35) 금전소비대차에 있어서의 이자의 약정은 법률상 그 대차에 반드시 수반되어야 하는 것이 아니며, 거래의 통념상 그 약정이 있었음이 추정되는 것도 아니다(대법원 1960. 2. 25.자 4292민상125 결정).

36) 금전소비대차계약은 쌍무계약으로, 대주는 차주에게 금전의 소유권을 이전할 채무를 부담하고 차주는 대주에게 같은 액수의 금전을 반환할 채무를 부담하며 이는 서로 대가적인 의미를 가지는 채무들이고, 한편 쌍무계약의 당사자 일방은 상대방이 그 채무이행을 제공할 때까지 자기의 채무이행을 거절할 수 있다(서울고등법원 2010. 6. 18. 선고 2009나10272 판결). 서울고등법원 2015. 6. 19. 선고 2014나47513 판결과 서울고등법원 2015. 11. 13. 선고 2015나2030402 판결에서는 '무이자 소비대차계약은 편무계약이지만, 이자부 소비대차의 경우에는 대주가 부담하는 목적물의 소유권을 차주에게 이전하여야 할 채무와 차주가 부담하는 이자지급 의무가 서로 대가적 의미를 가지고 그 성립·이행·존속상 법률적·경제적으로 상호의존적인 견련성을 가지고 있어서 서로 담보로서 기능한다고 볼 수 있으므로 쌍무계약에 해당한다. 따라서 이자부 금전소비대차에 해당하는 자금보충약정은 채무자회생법 제119조 제1항에서 정한 쌍무계약에 해당한다고 봄이 상당하다'고 판시하였다(배성진, "대여형 자금보충약정의 회생절차상 취급", 법무법인(유)지평, 법무리포트, 2015. 11. 26.); 윤진수, "논설: 금융기관(金融機關)의 수신거래(受信去來)와 여신거래(與信去來)(II)", 64쪽,

로 매매에 관한 규정이 준용된다(민법 제567조). 다만 상법상 상인 간의 금전소비대차의 경우에는 약정이 없더라도 대여자는 법정이자를 청구할 수 있다(상법 제55조 제1항).

다만 금전소비대차는 민법 제598조에서 정하는 소비대차 개념 정의에 완벽히 부합되지 않는 면이 있다. 흔히 유상계약은 계약 당사자가 서로 대가적 의미가 있는 재산상의 출연을 하는 계약이라고 설명되고 있다.[37] 계약의 유상성 여부는 계약의 성립부터 채무의 이행까지의 전 과정을 종합적으로 보았을 때 당사자들이 재산적 이익의 상호성 있는 출연을 하는지에 따라 판단되어야 한다.[38] 특히 유상계약인지 여부에 대한 판단은 논리적 이분법에 따라 모든 계약에 일률적으로 관철되어야 하는 것이 아니며, 기능적 관점에서 각 계약의 구체적인 사정을 고려하여 파악되어야 할 필요가 있다.[39] 화폐의 실질가치 변동분 상당의 이자 지급은 진정한 의미에서 사용대가로서의 성질을 가진다고 보기 어려운 측면이 존재하고 오히려 동질·동종·동량의 금전 반환으로서의 성격을 가진다고 볼 수 있다는 점을 고려할 때, 화폐의 가치변동분 상당의 이자만을 지급하는 금전소비대차 또는 금전소비임치 계약은 유상계약보다는 무상계약에 가깝다고 보아야 할 것이다. 이는 비단 금전소비대차 또는 금전소비임치뿐 아니라, 우리 법상 금전과 관련하여 유상과 무상계약 개념의 수정·변경을 요하는 작업일 것으로 생각된다.

대출은행과 차입 고객 사이 대출 관련 권리의무는 기본적으로 대출계약의 내용에 따른다. 은행은 불특정 다수의 고객과 정형화된 대출거래를 반복적으로 행하기 때문에 계약의 기본적인 사항은 약관에 의하게 되는데, 대출거래에는 은행여신거래기본약관이 사용된다.[40]

---

BFL 제1호(2005. 11.); 윤일구, "소비자보호를 위한 이자제한의 법리", 317쪽, 법학논총 제30집 제3호(2010); 구민법 제587조의 해석으로서는 소비대차가 요물, 편무의 계약이라는 것이 학설 및 판례의 대세였으나 신민법하의 소비대차는 낙성, 쌍무의 계약이다(대법원 1966. 1. 25. 선고 65다2337 판결).

37) 곽윤직, 채권각론, 신정판(1995), 44쪽(김용담, 주석 민법 채권각칙, 제4판, 한국사법행정학회(2016. 6.), 64쪽에서 재인용)

38) 김용담, 주석 민법 채권각칙, 64쪽, 제4판, 한국사법행정학회(2016. 6.).

39) 명순구, "대차형 계약의 쌍무성, 유상성 판단에 관한 비판적 시각", 294-295쪽, 안암법학 제13권(2001).

40) 박준, 금융거래와 법, 66쪽, 박영사, 제2판.

## 2) 대출약정상 이자

당사자 사이에 목적물 사용의 대가로서 이자의 약정을 맺은 때에는 차주는 이자를 지급할 의무를 지게 된다. 금전소비대차에서 이자채무의 액을 산정하기 위한 구성요소는 원금, 이자율, 기간의 경과 3개이고 결국 이자율이 결정적인 요소이다. 민법 제104조의 폭리행위에 해당하지 않고 이자제한법에서 허용한 범위에서 당사자는 자유롭게 이자율을 정할 수 있다.[41] 상법 제54조상 법정이율은 연 6%이지만 은행 여신실무상 계약 시 약정이자율을 정하도록 하고 있어 법정이자율이 적용되는 사례는 거의 발생하지 않는다.[42] 약정이율과 이율결정방식은 계약기간 동안 변동 없이 적용되는 것이 통례이지만, 금리변경 방식에 따라 대출약정기간 동안 금리가 변경 적용될 수 있다.

은행여신거래기본약관과 여신거래약정서는 은행 대출금에 대한 이자율을 ① 채무의 이행을 완료할 때까지 은행이 그 율을 변경할 수 없음을 원칙으로 하는 것과 ② 채무의 이행을 완료할 때까지 은행이 그 율을 수시로 변경할 수 있는 것으로 나누어 전자를 고정이자율, 후자를 변동이자율로 부르고 있고, 여신거래약정서 체결 시 한쪽을 선택하고 그 이자율을 정하여 기재하도록 하고 있다(기업용 은행여신거래기본약관 제3조 제2항, 여신거래약정서 제1조).

금융기관의 대표적인 변동금리방식의 대출은 시장금리(CD, 국고채, 금융채 등)의 변동과 연동하여 그 금리가 변경되는 것이다.[43] 변동이자율은 ① 기준금리benchmark에 일정한 가산금리를 더한 이자율로 정하는 경우(일정 기간마다 기준금리의 변동에 맞춰 이자율이 변동)와 ② 은행이 시장이자율을 반영하여 일정 기간마다 이자율을 정하여 게시, 통지하는 경우로 나누어 볼 수 있다. 여신거래약정서는 "기준금리 + 가산금리" 방식과 기타 다른 방법으로 변동이자율을 정할 수 있도록 하였다(제1조 거래조건).

한편, "기준금리＋가산금리" 방식으로 이자율을 약정한 경우 기준금리가 제공되지 않거나 기준금리가 시장이자율(또는 은행의 자금조달비용)을 충분히 반영하지 못하는 경우 이자율을 어떻게 정할 것인지의 문제가 발생한다. 이를 대비하여 국제금융시장에서 사용하는 대출계약서에서는 통상 대체금리 조항을 상세히 규정하고 있으나, 은행

---

41) 이자제한법(2014. 7. 15. 시행) 제2조 및 이자제한법 제2조 제1항의 최고이자율에 관한 규정(2018. 2. 8. 시행); 이자제한법상 금전대차에 관한 계약상의 최고이자율은 연 24퍼센트이다.

42) 은행법학회, 금융법의 이론과 실무, 999쪽, 피앤씨미디어(2016. 11.).

43) 김용담, 앞의 책, 362쪽.

여신거래기본약관은 이에 대한 조항을 두고 있지 않다. 변동금리 약정을 한 경우 은행이 이자율을 합리적인 범위 내에서 변경할 수 있으나(기업용 은행여신거래기본약관 제3조 제2항 제2호 및 제4항), 대체금리조항의 기능을 하기는 어렵다.

은행여신거래기본약관(기업용) 제3조 제4항은 변동이자율 약정에 대해 합리적인 범위 내에서 인상, 인하가 가능한 것으로 규정하고 있다. 기준금리＋가산금리 방식으로 이자율을 약정한 경우 가산금리는 대출계약 체결 시 차주의 신용을 반영하여 확정하는 것이고, 자금조달상황의 악화와 같은 금융시장의 변동은 기준금리에 반영될 것이므로 자금조달상황의 악화를 이유로 가산금리를 인상하는 것도 정당화하기 어렵다. 마찬가지로 위 약관 조항에 의거하여 마이너스 금리 상황을 이유로 가산금리를 높이거나 이자율을 인상하는 것도 정당화되기 어려울 것으로 보인다.

위와 같은 이른바 금리변경권 약정에 대하여, 대법원은 "금융거래에 있어서 금리를 결정하는 방식에는 고정금리방식과 변동금리방식이 있고, 계약자 일방에게 금리나 그 결정방법 등을 변경할 수 있는 권한을 부여하는 이른바 금리변경권 약정은 고정금리방식 또는 변동금리방식에 의한 금리결정방식을 보완하여 예측하기 곤란한 경제사정의 불확실성에 대비하기 위한 것"이라고 판단한 바 있다.[44]

만약 대출계약상 기준금리를 정하지 않고 은행이 일정 기간마다 이자율을 변경할 수 있도록 하는 경우에는 그 변경의 기준이 무엇인지가 문제될 수 있다. 이 점을 고려하여 여신거래기본약관은 변동이자율에 관한 은행의 인상, 인하는 건전한 금융관행에 따라 합리적인 범위 내에서 이루어지도록 규정하고 있다(제3조 제4항). 이러한 종류의 변동이자율 약정을 한 경우 시장금리가 인하되었음에도 불구하고 은행이 정당한 이유 없이 이자율을 인하하지 않으면 채무자에 대하여는 과도한 이자 수취에 따른 부당이득의 문제가 발생할 수 있고, 공정거래법상 불공정거래행위에 해당할 수 있다. 나아가 2018년 말 은행법을 비롯하여 여신을 담당하는 금융회사에 관한 법률들이 개정되어 채무자의 금리인하요구권이 법률에 규정되었다.[45]

다만 이러한 금리인하요구권은 차주가 대주에게 지급하는 상황을 전제로 한 것으로, 금리인하요구권 조항에 따라 차주가 대주에게 마이너스 금리 지급을 요구할 권리가 법률에 근거하여 인정되기는 어려울 것으로 판단된다.

---

44) 대법원 2001. 12. 11. 선고 2001다61852 판결.

45) 박준, 앞의 책, 88-90쪽.

## 나. 기존의 대출상 마이너스 금리의 취급 및 해석

전형계약이란 민법 제3편 제2장 제2절 내지 제15절(계약각칙)에 규정되어 있는 15종의 계약을 포함하여 상법 등의 법률에서 계약의 유형으로 선별되어 특별한 규정이 마련되어 있는 계약을 말한다.[46] 그리고 그 밖의 계약유형을 비전형계약 또는 무명계약이라고 부른다. 비전형계약 중에서 일정한 전형계약의 구성분자가 포함된 계약을 혼합계약 또는 혼성계약이라고 부른다. 혼합계약에는 둘 이상의 전형계약의 징표가 서로 섞여 있는 경우와 전형계약 요소와 비전형계약 요소가 섞여 있는 경우가 있다. 이러한 경우 전형계약에 관한 각각의 규정이 어느 한도에서 적용되는가 하는 문제가 제기된다.[47]

구체적인 계약이 어느 전형계약의 징표에 해당하게 되면 이에 대하여는 당해 계약에 법률상 규정과 다른 내용의 특별한 약정이 없는 한, 법률이 이와 같은 경우에 대비하여 미리 마련하고 있는 규정이 그대로 적용된다. 그만큼 전형계약에서는 합의의 흠결의 보충이 쉽게 이루어진다. 이러한 임의규정 내지 보충규정에 대하여는 많은 경우 판례와 학설에 의한 해석의 성과가 축적되어 있어 당사자 법률관계는 그만큼 명확하게 되어 법적 안정성이 보장된다. 그러나 비전형계약에 대해서는 그러한 흠결보충이 행하여지지 않는다.[48] 변동금리부 대출약정에서 이자가 마이너스 금리인 경우에는 비전형계약에 해당하여 합의의 흠결 보충이 이루어지기 어렵다. 고정금리부 대출약정에서 처음부터 고정이율이 마이너스 금리인 경우도 마찬가지로 비전형계약에 해당할 것이다.

따라서 변동금리부 대출약정 체결 당시 당사자 간에 이자율이 마이너스가 될 경우의 권리관계에 대한 별도의 합의나 명시적인 약정이 없는 경우 이를 어떻게 처리해야 하는지 문제된다. 앞서 살펴본 이자의 법적 개념과 대출약정의 성격에 비추어 변동금리 기반 대출약정에서 금리의 하한값floor을 정하고 있지 않은 경우, 기준금리가 내려가서 기준금리에 가산금리를 합산한 이자율이 음(-)의 값이 된다면 대주가 차주에게 이자를 지급해야 하는지 문제가 생기는 것이다.

변동금리대출의 경우 기준금리에 가산금리를 합산한 적용금리를 원금에 곱하여 이

---

46) 각각 법률이 붙인 명칭이 있다는 의미에서 유명계약이라고도 부른다.

47) 양창수·김형석, 앞의 책, 5쪽.

48) 양창수·김형석, 앞의 책, 9쪽.

자를 계산한다. 적용금리가 마이너스인 경우 대주는 차주에 대하여 지급일자에 금리의 절대값 상당의 이자액을 지급할 의무를 진다고 보아야 할 것인가. 명시적인 약정이 없는 경우에는 대출계약은 차주가 대주에게 이자를 지급하는 것을 전제로 해석하는 것이 주류적인 견해이다.[49] 은행이용자인 차입자와 은행과의 사이에서 각각 채무자와 채권자로서 채권채무관계에 있는 것으로 보고, 대출약정상 합의는 차주가 차용한 금전의 사용대가로서 이자를 대주에게 지급하는 것이고 거꾸로 대주가 차주에게 마이너스 금리 상당의 금전을 지급하는 것은 이러한 정의에 부합하지 않는다고 보는 것이다.[50]

이처럼 명시적인 약정이 없는 경우라고 하더라도 보충적 해석에 따라 금전소비대차인 대출계약은 반드시 차주가 대주에게 이자를 지급하는 것을 전제로 해석하는 것이 타당한지를 검토해볼 필요가 있다. 금전소비대차는 이자를 그 필수적 개념요소로 하지 않는다. 보충적 해석은 계약에 흠결이나 공백이 있는 경우에 이른바 가정적인 당사자의사에 의하여 계약을 보충하는 것이다. 여기에서 가정적인 당사자의사라 함은 당사자들이 만일 계약에 흠결이 있는 사항을 알았더라면 규정하였을 것이라고 추측되는 것을 말한다.[51]

대법원은 "계약당사자 쌍방이 계약의 전제나 기초가 되는 사항에 관하여 같은 내용으로 착오를 하고 이로 인하여 그에 관한 구체적 약정을 하지 아니하였다면, 당사자가 그러한 착오가 없을 때에 약정하였을 것으로 보이는 내용으로 당사자의 의사를 보충하여 계약을 해석할 수도 있으나, 여기서 보충되는 당사자의 의사란 당사자의 실제 의사 내지 주관적 의사가 아니라 계약의 목적, 거래관행, 적용법규, 신의칙 등에 비추어 객관적으로 추인되는 정당한 이익조정 의사를 말한다고 할 것이다"라고 판결하여 보충적 해석을 인정한 바 있다(대법원 2006. 11. 23. 선고 2005다13288 판결).[52]

대출계약의 목적, 계약당사자의 의도나 인식, 거래관행이나 민법, 은행법 등의 관련 법률상 이자지급 관련 규정 등을 종합적으로 고려했을 때 마이너스 금리일 경우에

---

49) 정순섭, 은행법, 294-296쪽, 지원출판사(2017. 8.).

50) 은행법학회, 앞의 책, 1001쪽.

51) 양창수·김형석, 계약법, 84쪽, 박영사, 제3판. 다만 이것이 계약의 해석인지 아니면 법의 적용인지에 대해서는 견해가 나뉜다.

52) 양창수·김형석, 앞의 책, 84-85쪽.

대주가 차주에게 이자를 지급하는 것으로 당사자 의사를 보충하는 것도 쉽지 않아 보인다. 그렇다고 하더라도 가정적 의사를 함부로 추단하여 당사자가 의욕하지 아니하는 법률효과를 계약의 이름으로 불합리하게 강요하는 것이 되지 아니하도록 신중을 기하여야 한다. 대법원은 매매계약이 약정된 매매대금의 과다로 말미암아 불공정한 법률행위에 해당하여 무효인 경우에도 무효행위의 전환에 관한 민법 제138조가 적용될 수 있는지 여부에 대한 판시에서 "당사자의 의사는 매매계약이 무효임을 계약 당시에 알았다면 의욕하였을 가정적假定的 효과의사로서, 당사자 본인이 계약 체결 시와 같은 구체적 사정 아래 있다고 상정하는 경우에 거래관행을 고려하여 신의성실의 원칙에 비추어 결단하였을 바를 의미한다. 이와 같이 여기서는 어디까지나 당해 사건의 제반 사정 아래서 각각의 당사자가 결단하였을 바가 탐구되어야 하는 것이므로, 계약 당시의 시가와 같은 객관적 지표는 그러한 가정적 의사의 인정에 있어서 하나의 참고자료로 삼을 수는 있을지언정 그것이 일응의 기준이 된다고도 쉽사리 말할 수 없다. 이와 같이 가정적 의사에 기한 계약의 성립 여부 및 그 내용을 발굴·구성하여 제시하게 되는 법원으로서는 그 '가정적 의사'를 함부로 추단하여 당사자가 의욕하지 아니하는 법률효과를 그에게 또는 그들에게 계약의 이름으로 불합리하게 강요하는 것이 되지 아니하도록 신중을 기하여야 한다"고 판시한 바 있다(대법원 2010. 7. 15. 선고 2009다50308 판결).

따라서 개별사안마다 계약의 목적, 거래관행, 적용법규, 신의칙 등에 비추어 객관적으로 추인되는 정당한 이익조정 의사를 살펴보아야 할 것이고, 대출약정이 체결된 시기, 당시 시중 금리 상황, 마이너스 금리에 대한 인식, 당사자의 전문성 등이 모두 고려되어야 할 것이다.

마이너스 금리가 변동금리부 대출계약 성립 당시에는 양 당사자가 예견할 수 없었다고 볼 수 있을 경우에는, 사정변경에 대한 원칙이 적용될 수 있을지에 대해서도 검토할 필요가 있다. 계약을 체결한 후에 사정변경을 이유로 계약을 수정하거나 해제 또는 해지할 수 있는지의 문제에 대하여 초기의 판례는 부정적이었다. 대법원은 "매매계약 체결시와 잔대금 지급시 사이에 장구한 시일이 지나서 그동안 화폐가치의 변동이 극심한 탓으로 매수인이 애초계약시의 금액표시대로 잔대금을 제공하면 앙등한 목적물의 가액에 비하여 현저히 균형을 잃은 이행이 되는 경우라도 사정변경의 원칙을 내세워 해제권이 생기지 않는다"고 판결한 바 있다(대법원 1963. 9. 12. 선고 63다452 판결).[53] 그러나 최근 대법원은 사정변경을 이유로 계약을 해제할 수 있다고 판시하고 있다. 대법원은 "이른바 사정변경으로 인한 계약해제는 계약 성립 당시 당사자가 예견할 수 없었던 현저한 사정의 변경이 발생하였고 그러한 사정의 변경이 해제권을 취득하는 당사자에게 책임 없는 사유로 생긴 것으로서, 계약내용대로의 구속력을 인정한다면 신의칙에 현저히 반하는 결과가 생기는 경우에 계약준수 원칙의 예외로서 인정되는 것이고, 여기에서 말하는 사정이라 함은 계약의 기초가 되었던 객관적인 사정으로서, 일방당사자의 주관적 또는 개인적인 사정을 의미하는 것은 아니라 할 것이다. 또한, 계약의 성립에 기초가 되지 아니한 사정이 그 후 변경되어 일방당사자가 계약 당시 의도한 계약목적을 달성할 수 없게 됨으로써 손해를 입게 되었다 하더라도 특별한 사정이 없는 한 그 계약내용의 효력을 그대로 유지하는 것이 신의칙에 반한다고 볼 수도 없다"라고 판단하였다(대법원 2007. 3. 29. 선고 2004다31302 판결; 대법원 2013. 9. 26. 선고 2012다13637 전원합의체 판결; 대법원 2014. 6. 12. 선고 2013다75892 판결).

학설에서도 계약준수의 원칙에 대한 예외로서 사정변경의 원칙을 인정하고 있다. 계약 성립 당시 당사자가 예견할 수 없었던 현저한 사정변경이 있는 경우에 계약을 그대로 준수하도록 하는 것은 가혹하다는 생각에서 계약에 따른 구속력을 예외적으로 부정할 수 있도록 한 것이다. 다만 그 효과에 관해서는 해제 또는 해지를 인정할 것인지, 계약의 수정도 인정할 것인지 논란이 있다.[54]

이에 따르면, 구체적인 사실관계에 따라 금리가 영(0) 이상일 것이라는 점이 계약의 기초가 되었던 객관적인 사정에 해당하는지, 금리가 마이너스가 될 수 있다는 점이 계약성립 당시 당사자가 예견할 수 없었던 현저한 사정에 해당하는지 그리고 계약내용대로의 구속력을 인정하여 마이너스 금리를 지급하게 할 경우 당사자 일방에게 과도한 부담이 생기거나 현저히 균형을 잃게 되는지 등을 고려하여 사정변경을 인정할 것인지를 결정해야 하고, 그에 따른 효과로서 해제 또는 해지를 인정할 것인지 아니면 계약의 수정도 인정할 것인지의 문제가 검토되어야 할 것이다.

한편, 민법 제138조는 무효인 법률행위가 다른 법률행위의 요건을 구비하고 당사자가 그 무효를 알았더라면 다른 법률행위를 하는 것을 의욕하였으리라고 인정될 때에는 다른 법률행위로서 효력을 가진다고 정하고 있다. 그리고 민법 제137조에서는

---

53) 김재형·최봉경·권영준·김형석, 민법개정안 연구, 212-213쪽, 박영사(2019. 9.).
54) 2012. 6. 27. 민법개정위원회 제4기 제2차 전체회의에서는 사정변경의 원칙에 관한 조문을 신설하는 개정안 찬성을 표결하기도 했다. 김재형·최봉경·권영준·김형석, 앞의 책, 212-213쪽.

"법률행위의 일부분이 무효인 때에는 그 전부를 무효로 한다. 그러나 그 무효부분이 없더라도 법률행위를 하였을 것이라고 인정될 때에는 나머지 부분은 무효가 되지 아니한다"고 정하고 있다.

통설은 법률행위의 효력요건 또는 유효요건의 하나로 법률행위 내용의 확정 또는 특정을 들고 있으며 법률행위의 내용이 특정되어 있지 않으면 법률행위가 무효라고 본다.[55] 대법원의 태도에 비추어볼 때 약정 당시 합의가 이루어지지 않았더라도 계약 체결 경위, 당사자의 인식, 조리, 경험칙 등에 비추어 특정할 수 있는 경우에는 법률행위의 내용이 특정되었다고 볼 수 있고, 법률행위의 내용이 특정되지 않거나 특정할 수 있는 기준이 없다면 당사자 사이에 법률행위가 성립했다고 볼 수 없다.[56] 한편 계약의 주요한 사항에 관하여 의사가 합치되어 있다면 부수적인 사항에 관하여 의사의 합치가 없다고 하더라도 계약이 성립되었다고 볼 수 있다. 소비대차의 경우, 목적물인 금전 기타 대체물을 특정해야 하며, 이자에 대한 부분은 계약의 부수적인 사항으로 보는 것이 기존 통설로 보인다.[57] 다만 이는 이자를 개념요소로 하지 않는 소비대차에 한정되어 그러한 것이고, 당사자 간에 이자를 지급하기로 정한 금전소비대차계약에서는 이자에 대한 부분도 계약의 주요한 사항에 해당한다고 보는 것이 타당하다고 생각된다. 한편 법률행위의 내용이 확정되었거나 확정될 수 있다는 점에 관한 입증책임은 법률행위에 따른 청구를 하는 당사자에게 있다고 보는 것이 타당하다.[58]

약정 체결 당시 당사자 간 마이너스 금리에 대한 합의나 명시적인 약정이 없었던 변동금리부 대출약정과 관련하여 대출약정상 기본 전제는 차주가 차용한 금전의 사용 대가로서 이자를 대주에게 지급하는 것이기 때문에 변동금리가 음(−)의 값이 되는 경우 대주의 차주에 대한 이자 지급 의무가 인정될 수 없다고 본다면, 변동금리가 음(−)의 값이 될 때 당사자 간에 어떠한 권리를 가지고 어떠한 의무를 부담하게 되는지 판단해야 할 것이다. 당사자가 어떠한 권리를 갖고 의무를 부담하는지를 알 수 없다면 법률행위가 존재한다고 할 수 없다는 점을 유의할 필요가 있다.[59] 이에 따라 대출약

---

55) 김재형, "법률행위 내용의 확정과 그 기준", 241-257쪽, 서울대학교 법학 제41권 제1호(2000).
56) 김재형, 앞의 글, 241-257쪽.
57) 김재형, 앞의 글, 249쪽.
58) 김재형, 앞의 글, 243쪽.
59) 김재형, 앞의 글, 243쪽.

정을 무효라고 보아야 할지, 유효한 법률행위로서 구체적인 계약내용은 어떻게 구성할 수 있을지, 일부 무효라고 본다면, 나머지 부분을 유효라고 보아, 최소한 가산금리(마진)만큼은 차주가 대주에게 지급해야 한다고 보아야 할지, 아니면 마이너스인 기준금리의 절대값이 가산금리보다 클 경우에는 어떠한 이자지급도 없는 것으로 해석해야 할지, 차주에게 중도상환수수료 없는 임의적 조기상환청구권을 부여해야 할지, 아니면 변동금리가 마이너스로 전환된 시점을 기점으로 만기가 도래하는 것으로 보아야 할지 등 여러 가지 해석이 가능할 것으로 보인다.

기준금리에 가산금리(마진)를 합산하는 형태의 변동금리일 경우에는, 최소한 가산금리(마진)만큼은 차주가 대주에게 지급해야 한다고 보아야 할지, 아니면 마이너스인 기준금리의 절대값이 가산금리보다 클 경우에는 어떠한 이자지급도 없는 것으로 해석해야 할지에 대한 판단은 쉽지 않다. 다만 기준금리와 가산금리를 합산한 금리가 영(0)보다 낮더라도 차주가 대주에게 가산금리만큼은 무조건 지급해야 하는 것으로 해석하는 것은 차주에게 지나치게 불리한 해석이라는 점에서, 이자율의 하한을 영(0) 값으로 보는 것이 당사자 간의 정당한 이익조정 의사에 보다 부합하는 해석으로 일견 생각된다.

이와 관련해서는 법률행위의 내용을 특정할 수 있는 기준이 정해져 있기 때문에 법률행위가 유효하게 성립하였으나, 그 후 위와 같은 기준에 따라 법률행위의 내용을 확정할 수 없게 된 경우 계약의 효력이 어떻게 되는지, 법관이 독자적으로 법률행위의 내용을 정할 수 있는지가 문제되었던 과거 판례 사안들을 참고하는 것이 유용할 수 있다.[60] 대법원은 아파트 분양약정의 해석상 당사자 사이에 분양가격의 결정기준으로 합의하였던 기준들에 의하여 분양가격 결정이 불가능하게 되었다면, 당사자 사이에 새로운 분양가격에 관한 합의가 이루어지지 않는 한 그 분양약정에 기하여 당사자 일방이 바로 소유권이전등기절차의 이행을 청구할 수는 없고, 여기에 법원이 개입하여 당사자 사이에 체결된 계약의 해석의 범위를 넘어 판결로써 분양가격을 결정할 수 없다고 판시한 바 있다(대법원 1995. 9. 26. 선고 95다18222 판결). 당사자의 계약에 법원이 개입할 수 있는 한계를 선언한 것으로, 대출약정상 마이너스 금리의 취급 및 해석에 대한 법원의 개입 한계에 대해서도 참고가 될 수 있을 것으로 보인다.

한편, 금융소비자와 금융상품판매업자 사이의 거래의 경우 2021. 3. 25.부터 시행

---

60) 김재형, 앞의 글, 247쪽.

되는 「금융소비자 보호에 관한 법률」(이하 '금융소비자보호법') 제19조 제1항 제1호 다목 및 라목에 따라 예금성 상품이나 대출성 상품에서의 중요한 사항에 해당하는 금리 또는 이자율에 대한 설명의무를 위반한 것으로 보아, 금융소비자보호법 제47조에 따라 계약 체결일로부터 5년, 설명의무 위반 사실을 안 날로부터 1년 내에 위법계약의 해지 여부를 다툴 여지도 인정될 수 있다.

### 다. 기타 금융계약상 마이너스 금리의 취급 및 해석[61]

대출약정 외에도 약정 체결 당시 당사자 간 마이너스 금리에 대한 합의나 명시적인 약정이 없었던 변동금리부 예금계약이나 사채계약 또는 이자율 스왑 계약상 마이너스 금리의 취급 및 해석에 대해서도 추가적인 검토가 필요하다. 우선 변동금리부 예금계약의 경우에는 앞서 살펴본 변동금리부 대출계약과 같이 계약의 해석 문제에 더하여 원본손실가능성에 따른 금융투자상품에 해당하게 되는지도 문제될 수 있는데 이에 대해서는 다음 장에서 후술하기로 한다. 사채계약은 기존 통설에 의하면 그 성질이 금전소비대차계약으로 파악되고 있는데, 사채계약에서의 마이너스 금리의 취급 및 해석도 본질적으로 대출계약에서의 마이너스 금리의 취급 및 해석과 같을 것으로 보인다.

특히 채권의 경우, 앞서 살펴본 바와 같이 일반적으로는 확정이자부 유가증권으로 채권발행인이 소지인에게 만기까지 소정의 이자를 지급하고 만기일에 원금을 상환하기로 약정한 채무증서를 의미하나, 발행인이 채권 매수인으로부터 지급받는 채권 발행가액이 채권 만기 시 발행인이 채권 소지인에게 지급해야 하는 액면가액보다 높고, 발행인이 채권 소지인에게 지급하는 이자가 없는, 소위 할증발행을 통해서 마이너스 금리 채권과 동일한 채권 발행 구현이 가능하며 이러한 채권 구조는 전형적인 채권 개념과 충돌되는 부분이 없어 보인다.

### 2. 금융계약상 마이너스 금리의 취급에 대한 해외 판례 검토

금융계약상 마이너스 금리의 취급과 관련하여 현재까지 국내 판례나 유권해석은 없는 것으로 확인된다. 하지만 이미 외국에서는 금융계약상 마이너스 금리의 취급 관

---

61) 본 논문에서 지면상 한계와 필자의 역량의 한계로 이에 대해서 구체적으로 다루지는 못했으나, 별도의 후속 연구를 통해 다룰 예정이다.

련 판례와 연구[62]가 존재하는바, 이를 검토하는 작업은 향후 국내에서 발생할 수 있는 대출약정상 마이너스 금리의 취급과 관련해서도 도움을 줄 수 있다.

## 가. 마이너스 금리에 대한 스위스 대법원 판례[63][64]

스위스 대법원은 금리가 마이너스가 됨에 따라 대출약정상 이자지급의무의 주체가 차주에서 대주로 변경될 수 있는지에 대한 판단을 한 바 있다. 스위스 대법원은 계약당사자들이 달리 정하지 않는 한, 대주에게 대출약정상 이자지급의무를 부과할 수 없다고 판시하였다.

### 1) 사실관계

해당 판결에서 문제된 대출약정은 2006. 7. 20. 체결되었고, 이자율은 변동금리로 6개월 LIBOR-CHF 이자율을 기준금리로 하고 연 0.0375%를 가산하기로 하였다. 2015. 1. 마이너스 이자율의 도입과 스위스은행의 CHF-EUR 최소 이자율 폐지에 따라, 6개월 LIBOR-CHF 이자율은 마이너스 이자율이 되었다. 기준금리가 마이너스 이자율이 되었고, 연 0.0375% 가산금리를 고려하더라도 여전히 마이너스 값이었기 때문에, 대주가 차주에게 이자율을 지급할 의무가 발생했다고 볼 여지가 생겼다. 동 대출약정의 차주는 대주에게 6개월 LIBOR-CHF 이자율 변동에 따라 대주에게 마이너스 이자만큼 지급할 것을 요구했다. 대주는 이와 같은 주장에 반대하면서, 대출약정이 6개월 LIBOR-CHF 이자율이 마이너스 금리로 떨어지는 예기지 못한 상황에 대해서는 명시적인 규정을

---

62) S, Alvaro, A. Gentili, C. Mottura, Effects of negative interest rates on floating rate loans and bonds, Commissions Nazionale Per Le Societa E La Borsa, 2017. 11. 4-83, Giuseppe Settanni, Loans and Negative Interest Rates, European Business Law Review (2016) 697-706; Nikolić Dušan Ž., The impact of negative interest rates on the work of endowments and foundations, Proceedings of the Faculty of Law, Novi Sad 2015, vol. 49, no. 4, p.1509-1518.

63) 스위스 대법원, 2019. 5. 7. 결정, 4A_596/2018 (Bundesgericht, 4A_596/2018 Arrêt du 7 mai 2019 Ire Cour de droit civil):
https://www.bger.ch/ext/eurospider/live/de/php/aza/http/index.php?highlight_docid=aza%3A%2F%2Faza://07-05-2019-4A_596-2018&lang=de&zoom=&type=show_document

64) 이하 내용은 Sebastian Hepp/Markus Dörig(Badertscher Attorneys at Law), Federal Supreme Court: negative interest in loan agreements, International Law Office, 2020. 4. 13., 1-3쪽에 소개된 사실관계 및 판결내용을 번역·정리한 것이다. https://www.b-legal.ch/wp-content/uploads/2020/04/Federal_Supreme_Court_negative_interest_in_loan_agreements.pdf

두고 있지 않다고 주장했다. 이에 따라 차주는 대주를 상대로 이자 지급을 구하는 소송을 제기하였다.

2) 법원의 판단

1심, 2심 재판부는 대주의 계약 해석이 타당하다고 보아 원고의 청구를 기각했다. 스위스 대법원the Federal Supreme Court은 이자가 대출약정상 약정기간 동안 신용 공여를 제공한 것에 대한 반대급부에 해당한다고 보았다. 그리고 이러한 이자개념의 정의에 따라, 마이너스 금리는 스위스 채무법Code des obligations에 따라 법적인 의미에서 이자에 해당하지 않는다고 보았다. 한편 재판부는 스위스 채무법 제312조에 따라 차주는 대주에게 동종·동량의 목적물을 반환할 의무가 있다는 점을 지적했다. 이러한 조항에 비추어, (마이너스 금리를 지급할 경우 차주가 대주에게 동종·동량의 목적물을 반환하지 못한다는 측면에서) 마이너스 금리는 신용 공여에 대한 대가로서의 성질을 가지지 못하는 문제가 있다고 보았다. 다만 계약당사자들 간에 대출약정 내용을 자유롭게 정하는 것은 가능하다고 보았다. 스위스 채무법 관련 규정은 강행규정이 아니기 때문이다. 즉, 마이너스 금리 지급의무에 대해 당사자 간에 임의로 정하는 대출약정은 비전형적인 대출약정 또는 무명계약에 해당하는 것으로 본 것이다.

본건 대출약정의 경우, 계약당사자들이 마이너스 이자 지급 가능성에 대해 명시적으로 합의하지 않았고 당사자들의 실제 의사가 추정될 수 있는 경우가 아니므로, 대출약정은 스위스 법상 소위 형평 원칙principle of trust에 따라 객관적으로 해석되어야 한다고 보았다. 재판부는 대출약정상 기준이자율이 마이너스가 되는 경우 발생하는 결과에 대한 견해를 몇 가지 언급했다. 첫 번째 견해는 이자율은 가산이자율보다 낮을 수 없고, 이자율의 최소값은 가산이자율이라는 견해다.[65] 가산금리만큼은 차주가 대주에

---

65) (MAURENBRECHER/ECKERT, op. cit., p. 376; SCHÄRER/MAURENBRECHER, no 1c ad art. 314 CO; cf. aussi en droit allemand: HANNS-PETER KOLLMANN, Negative Zinsen, Eine rechtsökonomische Analyse, 2016, p. 135; WOLFGANG ERNST, Negativzinsen aus zivilrechtlicher Sicht—ein Problemaufriss, in Zeitschrift für die gesamte Privatrechtswissenschaft (ZfPW) 1/2015, p. 253; en droit français: FRANCIS-J. CRÉDOT, Variation du taux d'intérêt en fonction d'un indice monétaire (LIBOR CHF 3 mois) - Taux devenu négatif - Obligation du prêteur d'appliquer le taux d'intérêt négatif, in Revue de droit bancaire et financier no. 2, mars 2016, p. 18; SAMIN/TORCK, Taux d'intérêt négatif, obligation de restitution de l'emprunteur, rémunération du prêteur et marge commerciale de la banque: zéro est arrivé ou zéro pointé?, in Revue de droit bancaire et financier no. 6, novembre 2018, p. 3)

게 지급해야 하고, 대주가 차주에게 이자를 지급할 경우는 없다는 견해이다. 두 번째 견해는 기준이자율은 마이너스가 될 수 있으나, 가산금리만큼만 그러하다는 견해이다. 즉, 기준이자율이 가산금리 이상으로 마이너스 값이 되는 경우에는 차주에 의해 부과되는 이자율은 0%가 된다.[66] 따라서 두 번째 견해의 경우에도 대주는 차주에게 이자를 지급하지 않는다. 세 번째 견해는 이자율이 0%로 떨어질 수 있다는 견해다.[67] 재판부는 이 세 가지 견해 중에서 특별히 어느 견해를 취하지는 않았다. 대신에, 본건 대출약정이 6개월 LIBOR-CHF 이자율이 마이너스가 되는 상황에 대해 명시적인 규정을 두지 않았고, 대주에 대한 0.0375% 이자율을 확실히 보장하는 조항을 두지도 않았다는 점, 나아가서, 대출약정은 이자지급의무 주체의 전환 가능성에 대한 조항을 두지도 않았다는 점과 그에 반해 대출약정상 여러 조항들은 명시적으로 차주의 이자지급의무에 대해 언급하고 있는 점에 주목했다. 또한 재판부는 대출약정이 체결될 당시인 2006년에 대주와 차주가 마이너스 금리를 예상했다거나 차주가 마이너스 금리를 대주로부터 지급받을 것을 의도했다고 볼 수 없다고 판단했다. 따라서 대출약정의 객관적인 해석 및 신의성실의 원칙에 따라 차주가 대주로부터 마이너스 금리 상당의 이자를 받을 수 있다는 해석을 도출하기는 어렵다고 보았다. 재판부는 오직 대주가 차주에게 마이너스 금리를 지급할 의무가 있는지에 대해서만 판단했고, 대주가 여전히 0.0375% 가산금리는 받을 수 있는지(1번 견해) 아니면 최종적인 합산 이자율이 0%로 떨어지는 것으로 보아야 하는지(2번 견해)에 대한 문제에 대한 판단은 별도로 내리지 않았다.

---

66) (SCHALLER, op. cit., p. 266 s.; cf. aussi en droit allemand: SIMON BEHR, Vertragsrechtliche Zulässigkeit negativer Verzinsung im Einlagenbereich, 2018, p. 195 s.; Binder/Ettensberger, "Automatischer" Negativzins bei darlehensvertraglichen Zinsänderungsklauseln im Niedrigzinsumfeld? - Vertragsauslegung und Lösungsansätze -, in Zeitschrift für Wirtschafts- und Bankrecht (WM) 2015, p. 2073; en droit français: FRANCK AUCKENTHALER, Taux d'intérêt négatif: le monde à l'envers?, in Revue de droit bancaire et financier no. 6, novembre 2016, p. 11; Rapport du Haut Comité Juridique de la place financière de Paris sur la problématique des taux d'intérêts négatifs du 30 mars 2017, p. 10 s.)

67) ZELLWEGER-GUTKNECHT, op. cit., p. 373 s.; cf. aussi en droit allemand: LANGNER/MÜLLER, Negativzinsen im Passivgeschäft auf dem Prüfstand, in Zeitschrift für Wirtschafts-und Bankrecht (WM) 2015, p. 1983.

### 3) 검토

국내에서도 계약자유의 원칙에 따라 계약당사자들이 마이너스 금리에 대한 규정을 대출약정에 포함시키는 것은 가능할 것이다. 스위스 대법원은 만약 대출약정에 마이너스 금리에 대한 규정이 포함되어 있지 않은 경우, 대주가 차주에게 이자를 지급할 의무는 인정되기 어렵다고 판단했다. 그리고 기준이자율이 마이너스가 되는 경우, 대주가 여전히 최소한 가산금리만큼 보장을 받는지 아니면 0%까지 감소하는지, 아니면 마이너스 금리만큼 대주가 지급할 의무가 발생하는지에 대한 문제는 계약 해석의 문제로 보았다.

스위스은행이 2015. 1. 마이너스 금리를 도입하기 이전에 체결된 대출약정의 해석이 문제된 위 스위스 대법원 판결에 따라 스위스에서 2015. 1. 이전에 체결된 대출약정과 관련해서 이자지급의무 주체의 전환이 인정되는 경우는 극히 예외적일 것으로 보인다. 한편, 2015. 1. 이후 준거법이 스위스 법인 대출약정에 대해서는 더 이상 대주가 마이너스 금리 가능성을 인지하지 못했다는 주장을 하기 힘들기 때문에, 법원은 대주가 마이너스 금리 가능성을 염두에 두고 대출약정에 특별조항을 두었어야 한다고 판단할 수 있다.

### 나. 마이너스 금리에 대한 영국 고등법원 판례[68]

영국 고등법원도 The State of the Netherlands v. Deutsche Bank AG [2018] EWHC 1935 (Comm) 사건에서 대주의 차주에 대한 마이너스 금리 지급의무를 부정하는 판시를 하였다.

### 1) 사실관계

네덜란드 정부the State of Netherlands와 도이치은행Deutsche Bank AG은 ISDA Master Agreement 및 Credit Support Annex(이하 'CSA')에 따라 2001. 3. 14. 수 개의 파생상품계약을 체결했다. 파생상품계약서는 ISDA Master Agreement의 1992년 버전과 CSA 1995년 버전의

---

68) 이하 내용은 J. Paul Forrester/Adam C. Wolk, Negative Interest Rates: How Would They Affect Legacy Credit Agreements Without a Floor?, Perspectives, Mayer Brown, 2020. 5.에 소개된 사실관계 및 판결내용을 번역·정리한 것이다. https://www.mayerbrown.com/en/perspectives-events/publications/2020/05/negative-interest-rates-how-would-they-affect-legacy-credit-agreements-without-a-floor

표준계약에 따라 작성되었다. 동 계약서는 2014년 ISDA Collateral Agreement Negative Interest Protocol이 도입되기 이전에 체결되었고, 2014년 이후 동 계약서 내용 변경 및 수정은 이루어지지 않았다.[69] 네덜란드 정부가 은행에 부담하는 신용 익스포저net credit exposure가 존재하는 경우, CSA 계약은 은행으로 하여금 정부에게 현금담보cash collateral를 지급하도록 하는 규정을 두었다. CSA는 현금담보에 대하여 EONIAEuro Over-Night Index Average 금리에서 0.04%를 차감한 수치에 해당하는 이자가 지급되도록 정했다. 그런데 2014. 6. 13. 이후 대부분의 기간 동안 이자율은 영(0) 이하로 내려갔다. 이에 따라 법원은 본건 계약에 의거하여 은행이 네덜란드 정부에 마이너스 금리를 지급할 의무가 있는지 판단해야 했다.

CSA 계약의 핵심 조항은 제5(c)(ii)조이다. 이자율 조항으로, "11(f)(iii)조에 달리 명시되지 않는 한, 양도인은 양수인에게 11(f)(iii)조에서 정한 시기에 이자 Interest Amount 를 지급해야 한다"고 정하고 있다. 그리고 CSA 계약 제11조를 보면 양도인이 정부, 양수인이 은행을 의미하는 것으로 해석된다. CSA 계약 제10조에서는 이자를 정의하고 있다.

## 2) 원·피고 주장 및 법원의 판단

법원은 이자 Interest Amount 정의조항만 보았을 때는 원칙적으로 마이너스 이자 지급도 허용될 수 있으나, 그 점은 단지 검토의 시작점starting point에 불과하고, 계약서 전체를 살펴볼 필요가 있다고 보았다. 결론적으로 CSA 계약상 마이너스 이자 지급 의무는 인정될 수 없다고 판단했다.

법원은 CSA 계약 5(c)(ii)조에서는 정부가 은행에게 이자를 지급할 의무에 대해서만 정하고 있고, 계약서 나머지 조항 중에서 은행이 정부에게 이자 지급할 의무의 근거가 될 수 있는 규정이 없다고 보았다. 정부의 주장과 같이 은행이 정부에게 이자를 지급할 의무가 인정되려면, 계약 5(c)(ii)조 이외 별도 다른 지급 구조를 통한 이자 지급이 이루어져야 하는데, 계약당사자들이 그러한 의사결정을 내렸을 것이라고 볼 만한 타당한 근거credible commercial rationale for the parties to have made such a choice가 있다고 보기 어렵다고 판단했다. 나아가서 법원은 계약당사자들이 은행이 자금credit support을 잘못된

---

69) 2010년에 계약서 제11장을 삭제하는 일부 수정이 있었으나 금리와는 관련 없는 수정이었다.

은행 계좌로 송금할 경우, 해당 계좌 자금에 대한 이자는 영(0)이 되는 것으로 CSA 계약을 개정한 부분에도 주목했다.

정부는 CSA 계약 이자조항의 목적과 취지는 형평성equivalence에 있고, 정부가 현금담보를 가지는 사실로 인해 양 당사자가 추가적으로 손해도 보지 않고 이득도 보지 않는 상황을 만들기 위한 것에 있다고 주장했다. 그러나 법원은 정부의 이러한 주장을 받아들이지 않았고, 마이너스 금리 상황에서 정부가 현금담보를 가지고 있다고 해서 반드시 정부에게 손해가 발생한다고 볼 수 없으며, 계약 당사자 간에 정부가 다른 용도로 담보물인 현금을 사용하여 이자소득을 얻을 것을 허용한 점에도 주목했다.

정부는 또한 ISDA 프로토콜에 대해 언급하면서, 개정된 ISDA 프로토콜은 ISDA 담보계약에서 마이너스 금리 지급의무가 인정되도록 도입된 것이라고 주장했으나, 법원은 ISDA 프로토콜은 계약당사자들이 합의하는 경우 CSA 계약 제5(c)조를 개정하여 마이너스 금리 지급의무를 인정할 수 있도록 제정된 것인데, 이 사건에서는 그와 같은 당사자 간 합의에 따른 계약 내용 변경이 이루어지지 않았다고 보았다.

결론적으로 마이너스 금리 지급의무 발생 여부는 계약 당사자 간 합의로 결정될 사안이므로, 만약 CSA 계약에서 마이너스 금리 지급의무가 인정되려면, 계약상에 지급의무 관련 내용이 포함되어야 한다고 본 것이다. 물론 개별 사안마다 구체적인 사실관계에 따라 달리 판단될 수 있겠으나 전문가sophisticated party에 해당하는 당사자 간의 금융계약의 경우, 계약서에 마이너스 금리 지급의무에 대해 명시하지 않은 경우 영국 법원은 마이너스 금리 지급의무를 인정하지 않을 가능성이 높을 것으로 보인다.

### 다. 마이너스 금리에 대한 네덜란드 금융분쟁기구의 결정70)

앞서 살펴본 스위스 대법원 및 영국 고등법원 판결의 경우, 차주의 대주에 대한 마이너스 금리 지급의무를 인정하지 않았는데, 이와 다르게 네덜란드 금융분쟁기구the Dutch

---

70) Uitspraak Geschillencommissie Financiële Dienstverlening nr. 2016-143 (Judgment (Binding Advice) nr. 2016-143 of the Dutch Financial Services Complaints Tribunal (Geschillencommissie Financiële Dienstverlening)); Brechje van der Velden, Bank must pay negative interest to client under a consumer mortgage loan, EUROPEAN FINANCE LITIGATION REVIEW, Allen & Overy에 소개된 사실관계 및 판결 내용을 번역·정리한 것이다.

Financial Services Complaints Tribunal는 2016. 3. 31. 금융소비자의 네덜란드은행을 상대로 한 청구와 관련하여 대주의 차주에 대한 마이너스 금리 지급 의무를 인정하는 결정binding advice을 내렸다.

1) 사실관계 및 분쟁당사자의 주장

소비자들은 네덜란드 내 한 은행과 롤오버 신용 방식으로 스위스 프랑 통화를 기초로 한 모기지대출약정을 체결했다. 대출약정 약정이율은 CHF Libor 금리 + 0.7%로 정했다. 그런데 2015년 초에 스위스 정부가 유로 대비 스위스 프랑화의 고정환율제를 포기함에 따라 유로화 대비 스위스 프랑화의 가치절상이 발생했고, 이에 따라 대출약정상 원금의 유로화 기준 금액이 그 비율만큼 증가했다. 2016. 1. 28. 1개월 CHF Libor 금리가 −1.016%로 인하되면서, 대출약정상 약정이율은 −0.316%가 되었다. 이때 은행은 소비자들에게 0% 이율 하한을 적용하겠다는 통지를 보냈고, 소비자들은 금융분쟁기구에 분쟁조정을 신청했다. 소비자들은 0% 하한을 적용해서는 안 되며, 대출약정에서 은행의 마이너스 이자 지급을 명시적으로 배제하지 않았기 때문에 은행의 위와 같은 통지 및 의사결정이 대출약정 위반에 해당한다고 보았다. 또한 소비자들은 0% 이율 하한을 두면서 환율 변동으로 인한 대출원리금 증가에 대해서는 상한선을 두지 않음에 따라 은행이 소비자들에게 이자율 위험과 환율 위험을 모두 부과하게 되는 결과가 발생한다고 주장했다. 이에 대해 은행은 대출약정상 은행이 소비자들에게 마이너스 금리를 지급할 의무가 있다고 정한 내용이 없고, 오직 소비자의 이자 지급 의무에 대해서만 정하고 있다고 주장했다. 은행은 소비자에게 마이너스 금리를 지급하는 것은 일반적인 은행 실무 관행normal banking practice에도 부합하지 않으며 당사자 간 의사의 합치가 필요한 부분이라고 주장했다. 마지막으로 은행은 소비자들이 대출약정의 의미를 합리적으로 해석했을 때 소비자들에게 마이너스 금리를 지급받을 권리를 부여하는 것으로 해석할 수 없다고 주장했다.

2) 네덜란드분쟁조정기구의 결정

대출약정은 마이너스 금리 지급을 명시적으로 인정하거나 명시적으로 배제하고 있지 않다. 따라서 네덜란드분쟁조정기구는 대출약정의 합당한 해석은 대출약정의 성격과 언어(문구) 및 대출약정 계약당사자들의 가정적 의사를 고려해야 한다고 보았다. 우선 분쟁조정기구는 은행의 마이너스 이자 지급이 은행시스템의 기능에 부합하지 않는다는 은행의 주장을 배척했다. 기준금리가 마이너스 금리인 현상은 과거에도 발생한 적이 있었다. 대출약정 체결 당시에 마이너스 이자가 발생할 가능성이 매우 낮았다는 사실만으로는 마이너스 금리가 도저히 예측 불가능한 것이라는 의미를 갖지는 않는다고 보았다. 따라서 분쟁조정기구는 대출약정에 마이너스 이자에 대한 내용을 기재하지 않은 책임은 금융전문가이자 본 대출약정서의 작성주체인 은행이 부담할 책임이라고 보았다. 나아가서 분쟁조정기구는 은행이 마이너스 금리 상황에서도 자금조달을 할 수 있기 때문에 차주들에게 마이너스 금리를 지급할 경우 은행이나 금융시스템에 막대한 손해가 발생한다는 은행의 주장이 타당하지 않다고 보았다.

마지막으로 분쟁조정기구는 해당 대출약정이 은행과 소비자 양측 모두에게 높은 수준의 위험이 발생하는 금융계약으로 양측이 이러한 위험을 받아들였다는 점을 인정했다. 대출약정은 이러한 리스크에 대한 상한이나 하한을 설정하지 않았다. 그런데도 이자율 하한이 있다고 해석하는 것은 은행이 합리적인 근거 없이 소비자에게 불리하게 대출약정을 해석·적용하는 것이 된다고 보았다. 결론적으로 기준금리가 −0.7% 미만으로 떨어지게 될 경우 은행이 소비자들에게 이자를 지급할 의무가 발생한다고 판시하였다.

3) 검토

네덜란드 금융분쟁조정기구는 앞서 살펴본 스위스 대법원 및 영국 고등법원과 달리 대주의 차주에 대한 마이너스 금리 지급 의무를 인정했다. 금융소비자와 금융기관 사이의 분쟁조정을 위한 기구라는 판단주체의 특성이 고려된 판단일 수 있고, 전문가와 전문가 간 대출약정이 아니라, 일반 소비자와 금융기관 사이 대출약정이라는 점이 고려된 결과일 수도 있다. 나아가서 일반적인 대출약정과는 달리, 대출원리금의 지급 통화는 유로화이나, 그 유로화 금액은 스위스 프랑화 금액에 연동되어 결정되는 것으로 보이는바, 이러한 스위스 프랑화 연계 유로화 대출의 경우, i) 스위스 프랑화 대출 계약과 ii) 스위스 프랑화와 유로화의 선물환계약 forward이 결합된 상품으로 볼 수 있어, 이러한 상품의 특성으로 인해 일반적인 금융계약과는 달리 취급되었다고 볼 수도 있을 것이다. 네덜란드 금융분쟁조정기구의 계약 해석은 특히 위험의 부담, 예측가능성 및 은행 기능 내지 시스템에 대한 판단 등 마이너스 금리에 대한 법적 검토와 관련하여 여러 가지 시사점을 제시해준다.

이와 같이 각국 법원이나 유권해석기관의 판단이 서로 통일되지 않음에 따라 계약해석 관련 불안정성이 증가한다. 국내에서는 유사한 분쟁상황이 발생하기에 앞서 선제적으로 관련 가이드라인이나 법률 개정 등을 통해 계약 체결 및 계약 결과에 대한 예측가능성을 높이고 불확실성을 해소할 필요가 있다.

## 3. 마이너스 금리 이자를 지급하기로 명시적으로 정한 금융계약

비전형계약 중에는 비록 법률에서 독자적 계약유형으로 정해져 있지는 않지만 거래 실제에서 그 핵심 내용이 빈번하게 반복되어 체결되는 전형적인 계약유형이 존재한다. 이러한 거래전형적 계약에서는 약관의 사용이나 거래관행의 이름으로 보다 통일적인 규율내용이 획득될 수 있다.

### 가. 마이너스 금리 이자를 지급하기로 정한 대출계약의 법적 성격

계약자유의 원칙에 따라 마이너스 이자율을 적용하여 대주가 차주에게 일정 금액을 지급하도록 당사자 간에 정하는 것도 가능할 것이고, 이러한 대출계약은 비전형계약 또는 무명계약에 해당할 것으로 보인다. 앞서 검토한 바와 같이 이러한 마이너스 금리 이자를 두고 전통적인 소비대차계약상 이자라고 보기는 어려울 것이고, 미래가치와 현금가치의 차이 발생에 따른 손해 보전 등의 성격을 가질 것으로 보인다.

한편 마이너스 이자를 지급하기로 하는 금전소비대차는 현재의 무상/유상 및 쌍무/편무계약의 분류에 따르면, 무상·편무계약에 해당하므로, 매매 관련 규정이 준용되지 않는 것으로 보는 것이 타당할 것으로 보인다. 이자 없는 소비대차의 당사자는 목적물의 인도 전에는 언제든지 계약을 해제할 수 있다. 그러나 상대방에게 생긴 손해가 있는 때에는 이를 배상하여야 한다(민법 제601조). 이 규정은 구민법에는 없던 것을 신설한 규정으로 통설적 견해는 이자 없는 소비대차가 무상·편무계약이어서 대주만이 경제적 손실만을 입는 점을 고려하여 당사자 모두에게 해제권을 인정한 것으로 이해하고 있다. 다만 그 해제로 인해 상대방이 손해를 입은 때에는 이를 배상해야 한다.[71] 그렇다면 마이너스 이자 상황에서는 민법상 이자는 없다고 보아 이자 없는 소비대차

---

71) 김준호, 앞의 책, 576쪽.

로 보거나 혹은 이자 없는 소비대차에 준하는 것으로 보아 동일하게 민법 제601조를 적용해야 하는 것으로 보아야 할지의 문제가 생길 것이다.

마이너스 금리 이자를 지급하기로 하는 대출약정이 보편화될 경우에는 이러한 마이너스 금리 지급 권리관계를 보다 명확히 규율할 수 있도록 민법상 금전채권 관련 규정의 개정이나 금전소비대차 관련 규정의 개정이 필요할 수 있다. 예금계약이나 대출계약의 경제적인 중요성을 고려하면, 2016. 2. 4.부터 민법의 여행계약 규정이 신설되어 시행된 것처럼 마이너스 금리 이자(내지 보관료)를 부과하는 대출계약이나 예금계약 관련 규정을 신설하는 것도 가능할 것이다.[72]

### 나. 마이너스 금리 이자를 지급하기로 정한 예금계약의 법적 성격

마이너스 금리 이자를 지급하기로 한 예금계약에서의 이자의 성격은 소비임치 계약에서의 보관료와 그 성질이 유사할 것이다. 실제로 일본 시중은행 등 다수 외국 은행들은 계좌유지 수수료 도입을 검토하고 있는 것으로 보인다. 민법상 금전소비임치에 해당하는 예금계약의 경우, 민법 제702조에 따라 소비대차에 관한 규정이 준용되고 있다. 그러나 마이너스 금리를 지급하기로 정한 예금계약의 경우 민법 제702조에 따른 소비대차 규정의 준용을 배제하고 일반적인 성격의 소비임치 특히 보관료가 부과되는 유상임치와 같이 규율하는 것이 마이너스 금리 예금 계약의 성질에 더 부합하기 때문에 민법 제702조 등의 개정이 필요할 수 있다.

### 다. 표준화된 금융계약 양식상 마이너스 금리의 취급[73]

#### 1) 의의

국제적으로 널리 사용되는 표준화된 금융계약 양식의 경우 개정작업을 통해 마이너스 금리에 대한 내용을 포함하고 있다. 마이너스 금리에 관하여 계약상 규정으로는

---

72) 규정 신설 시 자본시장법상 파생결합증권 정의조항을 참고해볼 수 있다. 자본시장법 제4조(증권) ⑦ 이 법에서 "파생결합증권"이란 기초자산의 가격·이자율·지표·단위 또는 이를 기초로 하는 지수 등의 변동과 연계하여 미리 정하여진 방법에 따라 지급하거나 회수하는 금전등이 결정되는 권리가 표시된 것을 말한다.

73) 정순섭, 앞의 책, 294-296쪽; Amy Kho, Edward Nalbantian, Liz Saxton and Harriet Territt, Negative interest rates: where are we now? Butterworths Journal of International Banking and Financial Law Vol.30 No.10, Nov, 2015, pp. 648-649.

2006 ISDA 용어집상 '마이너스 금리방법', 2014. 5. 담보계약상 마이너스 금리 프로토콜, LMA 대출계약상 '영 한도 금리조항'의 세 가지가 있다.[74]

### 2) 2006 ISDA 용어집상 '마이너스 금리방법'

첫째 유형은 다른 약정이 없는 경우 2006 ISDA 용어집2006 ISDA Definitions에 규정되어 있는 '마이너스 금리방법Negative Rate Method'을 동 용어집을 포함하고 있는 스왑계약에 적용하는 것이다. 마이너스 금리방법에서 변동금리 지급자가 변동금리 부분을 지급하지만, 지급일자에 그 금액이 마이너스 수치인 경우 변동금리지급자는 지급의무가 없는 것으로 간주되고, 상대방 당사자는 마이너스 수치의 절대금액을 지급해야 한다. 2006 ISDA 용어집상 또 다른 가능성은 '영 금리방법Zero Interest Rate Method'을 명시하는 것이다. 이 경우에는 금액이 마이너스로 되면 변동금리지급자의 지급의무를 면제하지만, 상대방 당사자에게로의 금리부담의 역전도 발생하지 않는다.

### 3) 2014. 5. 담보계약상 마이너스 금리 프로토콜

둘째 유형은 ISDA 담보제공약정Credit Support Annex을 포함한 담보계약 수정을 위해 도입된 2014. 5. 담보계약상 마이너스 금리 프로토콜Collateral Agreement Negative Interest Protocol이다. 동 프로토콜은 2006 ISDA 용어집과 유사한 방법으로 각 담보계약의 이자 Interest Amount 조항에 '절대가치 마이너스 금리'AV Negative Interest Amount 개념을 추가하는 내용으로 담보계약 이자조항을 개정하는 것에 사용될 수 있다. 일반적인 경우 양의 이자금액을 수취하는 당사자는 금리가 마이너스 수치인 경우에 마이너스 금리에 해당하는 절대금액을 상대방 당사자에게 지급하게 된다. 이 금액의 지급의무는 지급인에게 제공되거나 이전된 담보금액의 잔액을 감액함으로써 이행된다.

### 4) LMA 대출계약상 '영 한도 금리조항'

셋째 유형은 대출시장협회Loan Market Association의 영국법을 준거법으로 하는 신디케이티드 대출계약서에서 규정하고 있는 '영 한도 금리조항'Zero Floor Interest Provision이다.

---

74) Amy Kho, Edward Nalbantian, Liz Saxton and Harriet Territt, Negative interest rates: where are we now? Butterworths Journal of International Banking and Financial Law Vol.30 No.10, Nov, 2015, pp. 648-649.

동 조항이 계약서에 포함될 경우 금리의 최저 한도는 0으로 간주된다.

## IV. 마이너스 금리에 대한 금융규제법상 검토

### 1. 금융상품으로서의 마이너스 금리 취급

「자본시장과 금융투자업에 관한 법률」(이하 '자본시장법')상 금융투자상품이란 이익을 얻거나 손실을 회피할 목적으로 현재 또는 장래의 특정시점에 금전, 그 밖의 재산적 가치가 있는 것을 지급하기로 약정함으로써 취득하는 권리로서 그 권리를 취득하기 위해 ① 지급하였거나 지급해야 할 금전 등의 총액이 ② 그 권리로부터 회수하였거나 회수할 수 있는 금전 등의 총액을 초과하게 될 위험이 있는 것을 말한다.[75] 금융투자상품의 핵심 개념 요소는 원본손실가능성, 즉 그 권리의 취득을 위해 지급하였거나 지급해야 할 금전 등의 총액이 그 권리로부터 회수하였거나 회수할 수 있는 금전 등의 총액을 초과하게 될 위험이 있는지에 대한 점이다.

지금까지 예금은 원본손실가능성이 없어 비금융투자상품으로 분류되어 왔는데, 만약 시중은행의 예금 금리가 마이너스인 예금상품이 국내에서도 출시될 경우에 이러한 예금상품이 자본시장법상 금융투자상품에 해당하는지 여부에 대한 검토가 필요할 것으로 보인다.

자본시장법 제정 당시 주가연계예금ELD이 금융투자상품에 해당하는지 여부가 검토되었는데, 당시까지 판매한 주가연계예금ELD은 모두 원금 보장이 되는 상품으로써 투자성(원본 손실 가능성)이 없으므로 금융투자상품에 해당하지 않는다고 판단하였다.[76] 향후 파생결합예금이 원본이 보장되지 않는 구조로 설계된다면 이는 금융투자상품에 해당하고 더 이상 예금으로 볼 수 없다는 견해가 제시된 바 있다. 즉, 투자성 있는 파생결합 예금은 금융투자상품(파생결합증권)으로 규율된다는 검토가 이루어진 것이다.

따라서, 고정금리인 경우에는 마이너스 금리를 당사자 간의 약정에 의한 수수료로 구성할 수도 있기 때문에 현행 자본시장법상 금융투자상품에 해당하지 않을 수 있겠

---

75) 자본시장과 금융투자업에 관한 법률(2020. 8. 12. 시행) 제3조 제1항.
76) 재정경제부, "자본시장과 금융투자업에 관한 법률 제정안" 공청회 등을 통한 의견수렴 결과, 2-3쪽, 2006. 6.

으나, 변동금리에 의해 마이너스 금리가 적용될 수 있는 경우에는 기초자산인 이자율에 연동되어 원본손실가능성이 있는 파생결합증권으로서 금융투자상품에 해당할 수 있을 것으로 보인다.[77]

파생결합증권의 발행은 증권에 대한 투자매매업의 금융투자업 인가를 받은 자가 장외파생상품에 대한 투자매매업의 금융투자업 인가를 받은 경우에만 가능하다(자본시장법 제15조 제1항 및 동법 시행령 [별표 1] 인가업무 단위 및 최저자기자본). 즉, 파생결합증권$^{DLS}$은 현재 인가를 받은 금융투자업자만 발행이 가능하고 은행은 이를 발행할 수 없는데, 은행이 마이너스 금리 시 원본 손실 가능성이 있는 변동금리부 예금상품을 판매할 수 있는지, 예외조항 추가 등을 통해 은행의 취급가능상품 범위를 수정해야 하는지 검토가 필요하다.

한편, 대출상품 또한 일반적으로 시장위험에 따른 투자원본의 손실가능성, 즉 자본시장법 제3조 제1항에서 말하는 투자성이 결여되어 자본시장법상 금융투자상품에 해당하지 않는 것으로 보고 있는데,[78] 변동금리부 대출상품의 경우 마이너스 금리에 따른 대주의 투자원본 손실가능성이 인정됨에 따라 자본시장법상 금융투자상품에 해당하게 되어 상품의 모집, 판매 등과 관련하여 자본시장법의 적용을 받아야 할지에 대한 검토가 필요할 수 있다.

예금자보호법은 예금보험의 적용을 받는 예금에 대해 정의하고 있는데(예금자보호법 제2조 제2호), 예금자보호법의 적용을 받는 보호대상 금융상품의 범위 안에 마이너스 금리 예금도 포함되는지, 예금자보호법상 보험금의 계산 및 보험금의 지급한도와 관

---

[77] 자본시장법은 그 규제대상을 정함에 있어 금융투자상품을 포괄적으로 개념정의한 후(제3조 제1항), 금융투자상품을 다시 증권과 파생상품으로 구분하고(제3조 제2항), 이를 다시 증권은 채무증권, 지분증권, 수익증권, 투자계약증권, 파생결합증권, 증권예탁증권 등 6가지로 구분하며(제4조 제2항), 파생상품은 장내파생상품과 장외파생상품으로 구분하고 있다(제3조 제2항 제2호). 자본시장법은 파생결합증권에 대해 "'파생결합증권'이란 기초자산의 가격·이자율·지표·단위 또는 이를 기초로 하는 지수 등의 변동과 연계하여 미리 정하여진 방법에 따라 지급금액 또는 회수금액이 결정되는 권리가 표시된 것을 말한다"고 정의하고 있다(제4조 제7항). 여기서, '기초자산'이란 금융투자상품, 통화(외국의 통화를 포함한다), 일반상품, 신용위험, 그 밖에 자연적·환경적·경제적 현상 등에 속하는 위험으로서 합리적이고 적정한 방법에 의하여 가격·이자율·지표·단위의 산출이나 평가가 가능한 것의 어느 하나에 해당하는 것을 말한다(제4조 제10항). 류혁선, "파생상품의 법적 개념에 관한 소고", 1-41쪽, 증권법연구 제12권 제1호(2011. 5.), 자본시장법상 규제대상의 분류에 따를 때 손실가능성이 인정되는 마이너스 금리 연계형 상품은 파생결합증권으로 분류될 가능성이 있다.

[78] 한민, "신디케이티드 대출에 관한 법적 검토", 221쪽, 법학논집 제16권 제4호(2012. 6.).

련해서 1인당 보호한도금액(원금과 소정이자를 합하여 1인당 금융기관별 5천만 원)의 계산에 있어서 마이너스 금리 예금의 경우 원금과 소정이자 합산을 어떻게 할 것인지, 어떤 기준이나 방식으로 1인당 보호한도를 적용할 것인지 등의 검토도 필요할 것으로 보인다.[79]

나아가서 마이너스 금리로 인해 시중은행의 수익성 악화 및 보험사의 자금운용 악화에 따라 기존 금융산업별 규제 내지 영업행위 규제 등 금융규제 체계의 개선 등이 요구될 수 있으며, 마이너스 금리 시장상황이 현행법상 상품별, 기관별 규제로부터 동일 기능, 동일 취급을 원칙으로 하는 기능별 규제로의 전환 및 규제의 유연성 확보와 같은 규제 변화의 주요 계기나 동력으로 작용할 가능성이 있다.[80]

## 2. 한국은행의 마이너스 금리 통화정책에 대한 검토

### 가. 한국은행의 마이너스 금리 적용의 법적 근거

서론에서 언급한 바와 같이, 마이너스 금리 통화정책은 중앙은행이 시중은행들이 중앙은행에 예치해야 하는 법정지급준비금에 대해 마이너스 금리를 부과하는 것을 뜻한다. 한국의 경우, 금융기관은 예금채무와 그 밖에 대통령령으로 정하는 채무에 대하여 지급준비율을 적용하여 산정한 금액 이상의 금액을 지급준비금으로 보유하여야 하고, 이러한 지급준비금에 대해서는 금융통화위원회가 정하는 바에 따라 이자를 지급할 수 있다(한국은행법 제55조 제1항 및 제2항). 이와 관련해서 마이너스 금리 통화정책은 거꾸로 시중은행이 중앙은행에 이자를 지급하게 하는 것인바, 마이너스 금리 통화정책을 시행하기 위한 법률상 근거조항이 없어 한국은행법의 개정이 필요한 것이 아닌지 논의가 필요하다.

미국 연방준비은행Fed은 기준금리를 마이너스로 인하할 경우 합법성, 은행들의 소송 가능성 달성을 위한 필요성을 검토한 바 있다. 재닛 옐런Janet Louise Yellen 연방준비은행 의장은 2016. 2. 10. 미국 의회 청문회에서 연방준비은행이 독자적인 판단으로 마이너스 금리 정책을 도입하는 것이 합법적인지 검토하고 있다고 밝힌 바 있다. 마이너스 금리 정책의 합법성은 미국 금융규제완화법Financial Services Regulatory Relief Act과 연방준비은행법Federal Reserve Act의 해석에 달려 있는데, 2006년부터 시행되고 있는 금

---

79) 예금자보호법 제32조 제2항, 동법 시행령 제18조 제3항 및 제6항.
80) 정순섭, "금융규제법상 포괄개념 도입의 가능성과 타당성", 301쪽, 서울대학교 법학 제49권 제1호(2008).

융규제완화법은 연방준비은행이 은행이 중앙은행 예치금에 대해 금리를 지급할 수 있는 권한을 처음으로 도입했으나, 당초 마이너스 금리는 상정되지 않았다. 2006년 금융규제완화법에는 예금수취기관들은 연준이 지급하는 이자수익을 수취할 수 있다고 규정되어 있다. 이에 따라 연방준비은행은 연방준비은행법에서 마이너스 금리 정책의 시행 근거를 찾고 있다. 연방준비은행법상 완전고용 및 물가고용 이중책무 부과 및 통화정책의 독립성보장이 마이너스 금리 정책의 법적 근거가 될 수 있다고 보았다.[81]

한국은행의 개정 연혁을 살펴보면, 2011. 9. 16. 한국은행법 일부개정을 통해 한국은행의 설립목적 조항인 제1조에 통화신용정책을 수행함에 있어 금융안정에 유의하여야 한다고 규정함으로써 한국은행에 명시적으로 금융안정 책무를 부여하였다.[82] 금융안정이란 통화량과 이자율 등의 수단을 통해 금융시장의 거시적 안정성을 감독하는 것이다. 한편 한국은행법 제64조에서는 한국은행은 일정 조건하에서 금융기관에 대하여 다양한 여신을 실행할 수 있다고 정하고 있다. 글로벌 금융위기 이후로 세계 각국은 개별 금융기관의 건전성과 함께 전체 금융시스템의 안정을 도모하는 정책의 중요성을 인식하게 되었으며 이를 위해 중앙은행의 역할을 강화하는 방식으로 금융제도를 개편해 나가고 있는 추세이다. 한편, 2020. 11. 6. 한국은행의 설립목적에 고용안전을 추가하여 실물경제 지원을 강화하고, 금융통화위원회의 의결사항에 고용안정을 위한 금융지원에 관한 사항을 추가하는 내용을 골자로 하는 한국은행법 입법안이 발의되기도 했다.[83] 한국은행이 수행하는 기능의 조정 및 강화 추세에 따라 필요할 경우 마이너스 금리 통화정책을 시행하기 위한 명시적 근거조항이 한국은행법 개정을 통해 반영될 수 있을 것으로 보인다.

---

81) 한국금융연구원, "Fed의 마이너스금리 정책 도입을 위한 검토사항", 14쪽, 주간금융브리프 국제금융이슈, 제25권 9호(2016 2. 27. - 3. 4.).

82) 한국은행법[시행 2018. 3. 13.] 제1조(목적) ① 이 법은 한국은행을 설립하고 효율적인 통화신용정책의 수립과 집행을 통하여 물가안정을 도모함으로써 국민경제의 건전한 발전에 이바지함을 목적으로 한다. ② 한국은행은 통화신용정책을 수행할 때에는 금융안정에 유의하여야 한다.

83) 한국은행법 일부개정법률안(류성걸의원 등 13인) / 의안번호 2105076, 제안일자 2020-11-06 제안자 류성걸 의원 등 13인.

## 나. 서울행정법원 2020. 10. 29. 선고 2019구합53723 판결

이와 관련하여 금융기관의 지급준비금 부족에 대한 한국은행의 과태금 부과 관련 서울행정법원 2020. 10. 29. 선고 2019구합53723 판결을 주목할 필요가 있다. 한국은행은 외화예금을 취급하는 은행인 금융기관 A가 2007. 7.부터 2018. 1.까지 특정 외화예금에 대한 지급준비금을 법정 지급준비율보다 과소하게 적립한 사실을 발견하고, 금융기관 A에 대하여 약 157억 원의 과태금을 부과하였다. 이 사건에서는 원화예금뿐만 아니라 외화예금 지급준비금 부족에 대해서도 한국은행법 제60조 제1항에 근거하여 과태금 부과통보를 할 수 있는 것인지가 쟁점으로 다투어졌는데, 재판부는 외화예금에 대해서도 원화예금과 동일하게 한국은행총재에게 과태금을 부과할 규제권한이 있다고 판시하였다.

한국은행법은 금융기관으로 하여금 예금채무 등에 대하여 금융통화위원회가 정한 지급준비율을 적용하여 산정한 금액 이상의 금액을 지급준비금으로 보유하여야 하고, 이에 미치지 못한 경우 최저지급준비금 보유기간 동안 평균 부족액의 1/50에 해당하는 과태금을 한국은행에 내야 한다고 규정하고 있다(한국은행법 제55조, 제56조, 제60조 제1항). 재판부는 위 각 조항은 금융기관으로 하여금 예금채무 등에 대하여 일정 비율 이상을 지급준비금으로 보유하도록 법률상 의무를 부과하고, 이를 지키지 않을 경우 제재를 가함으로써 지급준비금 보유의무를 이행하도록 강제함과 동시에 한국은행에 보유되지 않은 지급준비금 상당액에 대하여 여신 운용을 하여 얻게 된 부당한 경제적 이익을 박탈·환수하는 목적을 달성하고자 하는 규정이라고 평가하였다.

이에 대해 원고는 예금 가운데 원화예금은 한국은행법이 적용되지만, 외화예금은 외국환거래법이 적용되어야 한다는 전제에서 이 사건 처분은 근거법령이 없거나 잘못되었다는 취지의 주장을 하였는데, 재판부는 예금채무에 관한 지급준비금 제도와 관련하여 한국은행법 규정은 단지 예금이라고만 규정할 뿐, 그 범위를 원화예금으로 국한하고 있지 않다고 판단했다. 한편 예금자 보호 및 물가·금융시장 안정 등을 위한 지급준비금 제도의 목적은 원화예금뿐 아니라 외화예금에서도 필요할 수 있다는 취지의 판시도 하였으며, 지급준비금 제도가 예금자 보호 및 물가·금융시장 안정 등 중대한 공익을 위한다는 점 등에 대해서도 주목했다.[84]

---

84) 한편 원고는 과태금 부과액이 너무 과도하다는 취지의 주장을 하였는데, 이에 대해 재판부는 이 사건 과태

한국은행이 명시적인 근거조항 없이 금융기관의 지급준비금에 대하여 마이너스 금리를 부과할 경우 마이너스 금리 부과의 정당성과 관련하여 위와 같은 분쟁이 제기될 가능성이 있다. 물론 명시적인 근거조항이 없다 하더라도, 한국은행의 설립목적, 위 판례에서 판시한 바와 같이 예금자 보호 및 물가·금융시장 안정 등 중대한 공익을 위한 지급준비금 제도의 목적과 취지에 따라 마이너스 금리 통화정책이 인정될 여지도 있어 보인다. 다만 분쟁가능성을 방지하고 법적 안전성을 높이기 위해서는 마이너스 금리 통화정책을 시행하기에 앞서 한국은행법 개정을 통해 명시적인 근거조항을 두는 것이 바람직할 것으로 보인다.

## 다. 현금화폐의 폐지와 마이너스 금리[85]

한편 마이너스 금리 적용 시에 도피처가 될 수 있는 현금화폐의 폐지를 통해 마이너스 금리 정책의 실효성을 강화시키는 방안도 고려되고 있다. 한국은행의 중앙은행 디지털화폐CBDC에 대한 연구를 위한 전담조직에서 발표한 보고서에서는 디지털화폐 발행과 마이너스 금리 정책을 결부시켜 분석하고 있다.

마이너스 금리 환경하에서는 현금화폐의 수요가 증가하게 된다.[86] 현금화폐제도가 폐지되고 은행 계정을 통해 모든 거래가 전자적으로 이루어진다면 중앙은행은 정책 금리 수준을 필요에 따라 포지티브에서 마이너스로 연속적으로 변경할 수 있다.[87] 각국의 중앙은행이 디지털화폐를 발행하려는 중요한 이유 중 하나가 마이너스 금리를 쉽게 시행할 수 있다는 점이다.[88] 중앙은행이 기존의 실물화폐를 디지털화

---

금 처분은 재량행위가 아니라 기속행위임을 밝히면서, 반월 1/100 내지 월 1/50의 비율이 일률적이기는 하나 이자제한법이나 「대부업 등의 등록 및 금융이용자 보호에 관한 법률」 등에서 정한 최고이자율의 범위 내로 과도하다고 보이지 않는다고 판단했다. 또한, 판결문 각주를 통해, 특정한 월에 부족한 지급준비금에 한하여 1/50 상당액이 과태금으로 부과될 뿐이고, 여기에 다시 이자나 지연손해금이 추가로 가산된 것도 아니며, 수년 전 있었던 위반행위임에도 지급준비금 부족액의 1/50 상당액만 부과되었다는 점을 강조하였다.

85) 본 논문에서 이에 대해서 구체적으로 다루지는 않았으나, 별도의 후속 연구를 통해 다룰 예정이다.

86) 개인고객은 기업고객과 달리 현금보유 비용이 적기 때문에, 예금에 대한 명목 금리가 마이너스가 되면 이를 인출하여 현금화하려는 성향이 있다(한재준·소인환, 앞의 글, 60쪽).

87) Buiter, William(2015), "It's Time to Remove the Lower Bound on Interest Rates and Here's How-To", Citi Research

88) 박선종·김용재, "중앙은행의 디지절화폐 발행 시 법률적 쟁점", 349-391쪽, 비교사법학 제25권 제1호(2018. 2.).

[금융·상사] 마이너스 금리에 대한 법적 검토 **235**

폐로 완전히 대체할 경우 디지털화폐를 발행받은 자는 선택권을 행사할 여지가 없이, 디지털화폐를 수동적으로 보유하게 되고 디지털화폐를 인출해 사용할 것인지, 마이너스 금리를 감수하고 디지털화폐를 유지할 것인지 결정해야 한다.[89] 한국은행이 디지털화폐를 발행하면서 마이너스 금리를 적용할 경우 한국은행이 디지털화폐를 보관해주는 수치인으로서 보관료를 징구하는 것으로 해석할 수 있을 것이다.

한편, 중앙은행이 기존의 실물화폐를 완전히 대체할 목적으로 디지털화폐를 발행하면서 마이너스 금리를 전면적으로 시행할 경우, 국가의 공공필요에 의하여 국가가 예외적으로 사적 재산권을 침해할 수 있는 행정작용에 해당하는지와 관련한 헌법적 쟁점에 대한 검토도 필요할 수 있을 것이다.[90]

## V. 마무리

본 논문의 내용을 요약하면 다음과 같다.

주류적인 견해에 따르면 법률상 이자란 금전 기타 대체물의 사용대가로서 원본액과 사용기간에 비례하여 지급되는 금전 기타의 대체물로 정의되어 왔다. 기존의 법률상 이자 개념은 소비대차 계약에서 발생하는 이자에 대하여는 타당한 정의이지만 이자가 발생하는 다른 유형에서도 이러한 정의가 항상 적합하다고 보기 어렵다. 민법상 이자는 크게 ① 원본의 사용대가로서의 기능을 수행하는 경우와 ② 화폐의 가치변동 (화폐의 미래가치와 현재가치 사이 가치변동)에 따른 원본의 실질가치 변동으로 인한 손해보전으로서의 기능을 수행하는 경우로 나뉠 수 있다고 보고 그 수행하는 기능에 따라 법적 규율을 달리 하는 것이 타당할 것으로 생각된다.

변동금리부 대출약정에서 명시적인 약정이 없는 경우에는 금융소비대차인 대출계약은 차주가 대주에게 이자를 지급하는 것을 전제로 해석하는 것이 타당하다고 보는 것이 주류적인 견해이지만 이에 대한 비판적인 검토가 요구된다. 명시적인 약정이 없는 경우라고 하더라도 보충적 해석에 따라 금융소비대차인 대출계약은 차주가 대주에게 이자를 지급하는 것을 전제로 해석하기 위해서는 계약의 목적, 거래관행, 적용법규, 신의칙 등에 비추어 객관적으로 추인되는 정당한 이익조정 의사를 살펴보아야 한다.

---

89) 박선종·김용재, 앞의 글, 362쪽.

90) 박선종·김용재, 앞의 글, 362쪽.

구체적인 사실관계, 개별 거래관계나 계약내용, 계약체결 시기나 시대상황, 계약당사자의 전문가 여부 등에 따라 달리 판단될 여지가 있다. 계약일부무효 법리에 따라 변동금리가 마이너스로 전환되기 이전까지만 계약이 유효한 것으로 보고, 변동금리가 마이너스로 전환된 시점을 기점으로 대출약정이 해지되는 것으로 취급하거나 사정변경의 원칙을 적용하는 것도 가능할 것이다.

계약 자유의 원칙에 따라 마이너스 이자를 적용하여 대주가 차주에게 일정 금액을 지급하도록 하는 것도 가능할 것이나, 이렇게 지급되는 금액을 두고 법률상 전통적인 소비대차계약상 이자라고 보기는 어려우며, 오히려 미래가치와 현금가치 사이 차이 발생에 따른 손해 보전이나 보관료 내지 수수료 등의 성격을 가지는 것으로 규율하는 것이 타당하다.

한편, 민법상 금전소비임치에 해당하는 예금계약의 경우, 민법 제702조에 따라 소비대차에 관한 규정이 준용되고 있는데 마이너스 금리 상태에서의 예금계약의 경우 민법 제702조 준용규정의 적용을 배제하고 일반적인 성격의 소비임치 특히 보관료가 부과되는 유상임치와 같이 규율하는 것이 계약의 실질에 보다 부합할 것으로 판단된다.

당사자 간 합의에 따라 마이너스 금리를 지급하기로 정한 대출약정은 비전형계약 또는 무명계약에 해당할 것으로 보인다. 거래전형적 계약에서는 약관의 사용이나 거래관행의 이름으로 보다 통일적인 규율내용이 획득될 수 있다. 국제적으로 널리 사용되는 표준화된 금융계약 중 마이너스 금리 지급에 대한 내용을 반영한 것으로는 2006 ISDA 용어집상 '마이너스 금리방법', 2014. 5. 담보계약상 마이너스 금리 프로토콜, LMA 대출계약상 '영 한도 금리조항'이 있다.

대출약정상 마이너스 금리의 취급과 관련한 국내 판례는 아직까지 없으나, 해외에서는 몇 차례 다루어진 바 있다. 스위스 대법원과 영국 고등법원은 대출약정상 대주의 차주에 대한 이자지급의무는 마이너스 금리상황에서 인정될 수 없다고 판시한 것에 반해 네덜란드 금융분쟁조정기구는 대주의 차주에 대한 마이너스 금리 지급의무를 인정하는 결정을 내렸다. 국내에서도 분쟁상황이 발생하기에 앞서 관련 가이드라인을 마련하거나 관련 법률을 개정하여 계약 체결 및 계약 결과에 대한 예측가능성을 높이고 불확실성을 해소할 필요가 있겠다.

마지막으로 한국은행의 마이너스 금리 정책 시행 또한 시행 가능 여부에 대한 한국은행법 기타 금융 관련법상 근거에 대한 검토 그리고 행정작용에 의한 헌법상 재산권 침해 여부에 대한 헌법적 검토가 요구된다.

# 참고문헌

## 1. 단행본

곽윤직, 채권각론, 신정판(1995).

곽윤직, 채권총론, 신정(수정)판, 박영사(2001).

김상용, 민법총칙, 화산미디어(2009).

김용담, 주석 민법 채권각칙, 제4판, 한국사법행정학회(2016).

김용담, 주석 민법 채권총칙(1), 제5판, 한국사법행정학회(2014).

김용덕, 주석 민법 물권총칙(2), 제5판, 한국사법행정학회(2014).

김재형·최봉경·권영준·김형석, 민법개정안 연구, 박영사(2019).

김주수, 민법총칙, 제5판, 삼영사(2002).

김준호, 민법총칙, 제11판, 법문사(2017).

김증한·김학동, 채권총론, 제6판, 박영사(1998).

박준, 금융거래와 법, 제2판, 박영사(2019).

송덕수, 채권법총론, 제4판, 박영사(2018).

양창수·김형석, 계약법, 제3판, 박영사(2020).

은행법학회, 금융법의 이론과 실무, 피앤씨미디어(2016. 11.).

정순섭, 은행법, 지원사(2017).

지원림, 민법강의, 제15판, 홍문사(2017).

The Economist, 2014. 7. 12.

The Economist, 2016. 2. 6.

## 2. 논문

김기환, "법률관계 유형에 따른 법정이율 기준", 서울대학교 법학연구소, 서울대학교 법학 제61권
　　　제1호(2020. 3.).

김보성·박기덕·주현도, "주요국 중앙은행의 마이너스 정책금리", BOK 이슈노트 제2016-4호.

김은서, "LIBOR 대체금리 선정 경과 및 향후 전망", 산은조사월보, 제755호(2018. 10.).

김재형, "법률행위 내용의 확정과 그 기준", 서울대학교 법학연구소, 서울대학교 법학 제41권 제1호
　　　(2000).

명순구, "대차형 계약의 쌍무성, 유상성 판단에 관한 비판적 시각", 안암법학 제13권(2001).

박선종·김용재, "중앙은행의 디지털화폐 발행 시 법률적 쟁점", 비교사법학 제25권 제1호(2018. 2.).

배성진, "대여형 자금보충약정의 회생절차상 취급", 법무법인(유)지평, 법무리포트, 2015. 11. 26.

윤일구, "소비자보호를 위한 이자제한의 법리", 전남대학교 법학연구소, 법학논총 제30집 제3호(2010).

윤진수, "금융기관(金融機關)의 수신거래(受信去來)와 여신거래(與信去來)(II)", 서울대학교 금융법센

터, BFL 제1호(2005. 11.)

이윤호, "마이너스 금리의 이해", 경제교육연구 제23권 3호(2016. 12.).

자본시장연구원, "글로벌 마이너스 금리 국채 발행 증가와 그 영향", 자본시장포커스, 2019-19호.

정순섭, "금융규제법상 포괄개념 도입의 가능성과 타당성", 서울대학교 법학연구소, 서울대학교 법학 제49권 제1호(2008).

한국금융연구원, "마이너스금리정책의 유용성 논란", 주간금융브리프 제29권 제12호(2020. 6.)

한국금융연구원, "Fed의 마이너스금리 정책 도입을 위한 검토사항", 주간금융브리프 국제금융이슈, 제25권 9호(2016. 2. 27. - 3. 4.).

한국은행, "중앙은행 디지털 화폐"(2019. 1.).

한국은행, "ECB 마이너스 금리정책에 대한 평가 및 시사점", 해외경제 포커스 제13호(2015).

한국은행 경제연구원, "마이너스 금리와 은행 수익성 간의 관계 분석", 경제분석, 제24권 제2호(2018. 6.).

한국금융연구원, "국제금융 이슈 : 일본의 마이너스금리 진입과 은행권 수익모델 조정방향", 주간 금융브리프 제25권 제9호(2016. 3.).

한민, "신디케이티드 대출에 관한 법적 검토", 이화여자대학교 법학연구소, 법학논집 제16권 제4호(2012. 6.).

한재준·소인환, "마이너스 금리와 은행 수익성 간의 관계 분석", 한국은행 경제연구원, 경제분석 제24권 제2호(2018. 6.).

Alvaro, Simone, Aurelio Gentili, and Carlo Mottura. "Effects of Negative Interest Rates on Floating Rate Loans and Bonds. Analysis of Legal and Financial Profiles." CONSOB Legal Research Papers (Quaderni Giuridici) No. 14, 2017.

Amy Kho, Edward Nalbantian, Liz Saxton and Harriet Territt, "Negative interest rates: where are we now?", Butterworths Journal of International Banking and Financial Law Vol.30 No.10, Nov. 2015.

Arteta, C., Kose, M. A., Stocker, M., & Taskin, T. "Negative interest rate policies: Sources and implications", The World Bank, 2016.

Brechje van der Velden, "Bank must pay negative interest to client under a consumer mortgage loan", EUROPEAN FINANCE LITIGATION REVIEW, Allen & Overy.

Brian Blackstone, Small Swiss Bank Gambles, and Wins, by Charging for Deposits, The Wall Street Journal, 2017. 3. 20.

Buiter, William, "It's Time to Remove the Lower Bound on Interest Rates and Here's How-To", Citi Research, 2015

Buiter, Willem H, "Overcoming the zero bound on nominal interest rates with negative interest on currency: Gessell's solution", The economic journal, 113(490)

Jobst, A., & Lin, H. "Negative interest rate policy (NIRP): implications for monetary transmission and bank profitability in the euro area", International Monetary Fund, 2016

Nikolić Dušan Ž., The impact of negative interest rates on the work of endowments and foundations, Proceedings of the Faculty of Law, Novi Sad 2015, vol. 49, no. 4.

Settanni, Giuseppe. "Loans and Negative Interest Rates." Eur. Bus. L. Rev. 27, 2016.

Wihnhoven, Geert, Jaap Kes, ING Bank Treasury, "Negative Interest Rate Policy of the WCB and Other Central Banks: Driver for Global Economic Growth and Impact on Banking Sector", ING, 2016.

金融法委員会, マイナス金利の導入に伴って生ずる契約解釈上の問題に対する考え方の整理, 2019. 2. 28.

## 3. 국내 판례

대법원 1960. 2. 25.자 4292민상125 결정.

대법원 1963. 9. 12. 선고 63다452 판결.

대법원 1965. 11. 25. 선고 65다1422 전원합의체 판결.

대법원 1995. 9. 26. 선고 95다18222 판결.

대법원 2001. 12. 11. 선고 2001다61852 판결.

대법원 2001. 12. 28. 선고 2000다27749 판결.

대법원 2006. 11. 23. 선고 2005다13288 판결.

대법원 2007. 3. 29. 선고 2004다31302 판결.

대법원 2010. 7. 15. 선고 2009다50308 판결.

대법원 2013. 9. 26. 선고 2012다13637 전원합의체 판결.

대법원 2014. 6. 12. 선고 2013다75892 판결.

서울행정법원 2020. 10. 29. 선고 2019구합53723 판결.

## 4. 해외 판례

스위스 대법원, 2019. 5. 7. 4A_596/2018 판결.

　　(Bundesgericht, 4A_596/2018 Arrêt du 7 mai 2019 Ire Cour de droit civil)

영국 고등법원 2018. 7. 25. 선고, [2018] EWHC 1935 (Comm) 판결.

　　(The State of the Netherlands v. Deutsche Bank AG [2018] EWHC 1935 (Comm))

네덜란드 분쟁조정기구, 2016. 10. 7. 선고 No. 2016-472 결정.

　　(Uitspraak Geschillencommissie Financiële Dienstverlening nr. 2016-143 (Judgment (Binding Advice) nr. 2016-143 of the Dutch Financial Services Complaints Tribunal (Geschillencommissie Financiële Dienstverlening))

## 5. 웹사이트 및 인터넷 신문 기사

금융감독원, "금융상품통합비교공시", http://finlife.fss.or.kr, 2020. 10. 7. 방문.

기획재정부, "한국정부, 외평채 성공적 발행(美달러화 6.25억 달러, 유로화 7억 유로)", 2020. 9. 10.자 보도자료, 2020. 10. 7. 방문.

방현철, "[글로벌 이코노미] 은행에 웃돈 주고 예금… 마이너스 금리 시대 '성큼'", 조선일보, 2019. 8. 29., https://biz.chosun.com/site/data/html_dir/2019/08/29/2019082900015.html, 2020. 10. 7. 방문.

이해영, "유럽 민간銀 마이너스 금리 확산…개인 계좌에 수수료 부과", 연합뉴스, 2019. 8. 21.,
　　https://www.yna.co.kr/view/AKR20190821046700073, 2020. 11. 23. 방문.

한국은행, "경제용어사전", https://www.bok.or.kr/portal/ecEdu/ecWordDicary/search.do?menuN
　　o=200688, 2020. 11. 19. 방문.

한국은행, "통화정책수단 > 지급준비제도", https://www.bok.or.kr/portal/main/contents.do?men
　　uNo=200297. 2020. 10. 1. 방문.

한국은행 경제통계시스템, 예금은행 금리수준별 수신비중, https://ecos.bok.or.kr/EIndex.jsp, 2020.
　　10. 6. 방문.

스위스 대법원, 2019. 5. 7. 결정 4A_596/2018(Bundesgericht, 4A_596/2018 Arrêt du 7 mai 2019
　　Ire Cour de droit civil): https://www.bger.ch/ext/eurospider/live/de/php/aza/http/inde
　　x.php?highlight_docid=aza%3A%2F%2Faza://07-05-2019-4A_596-2018&lang=de&zoom
　　=&type=show_document, 2020. 9. 10. 방문.

BBC뉴스, "Bank deputy governor warns against negative interest rates", 2020. 9. 28., https://w
　　ww.bbc.com/news/business-54332980, 2020. 10. 2. 방문.

Financial Post, "Bank of Canada keeps door open to possibility of negative rates", 2020. 10. 8.,
　　https://financialpost.com/news/economy/bank-of-canada-keeps-door-open-to-possibility-
　　of-negative-rates. 2020. 10. 10. 방문.

Patrick Collinson, Danish bank launches world's first negative interest rate mortgage, TheGuardian,
　　2019. 8. 13., 2020. 9. 10. 방문.

https://www.theguardian.com/money/2019/aug/13/danish-bank-launches-worlds-first-negative-
　　interest-rate-mortgage., 2020. 11. 21. 방문.

# 개성공단 재개의 법적 과제*

임성택

## 목 차

---

\* 이 글은 통일과 북한법학회의 『북한법연구』 제24호(2020. 12.)에 게재된 논문이다.

## 초록

　　개성공단은 북한법제 또는 남북 간 교류협력법제의 측면에서도 새로운 실험이며 도전이었다. 이러한 진전에도 불구하고 개성공단은 상당한 법제도적 한계를 가지고 있었다. 이러한 한계는 개성공단의 지속가능성을 담보할 수 없게 하므로 공단 재개를 위해서는 반드시 개선될 필요가 있다.

　　우선 개성공단 개발모델에 대한 근본적인 검토가 필요하다. 도시 및 시장과 분리된 공업지구는 한계를 가질 수밖에 없다. 과거 신의주경제특구 또는 중국 쑤저우 개발모델을 참고하여 과감한 개혁개방제도를 도입하는 개성 경제특별구를 만들 필요가 있다. 이 모델은 도시개발과 공단개발을 함께 하며 시장제도를 과감하게 도입하는 것을 요체로 한다.

　　개성공단 재개를 위해서는 무엇보다 공단이 '법의 지배'에 따라 운영되어야 한다. 개성공단은 남북한 합의에 의하여 조성된 공간인만큼 협치協治의 거버넌스를 확립할 필요가 있다. 근본적으로 개성공단과 관련된 입법역량을 강화하여야 한다. 남북 공동의 법제기구를 구성하는 것을 검토하여야 한다. 국제적 수준의 법률제도를 구축하기 위해 법규를 정비하고 법제 간 체계도 확립할 필요가 있다. 분쟁해결제도를 만들어야 한다. 완전한 투자보장을 위한 제도 보완도 필요하다. 남북 간 상사분쟁절차 합의서는 조속히 이행되어 중재기관이 가동되어야 하며, 그 밖에 다른 분쟁해결절차도 마련하여야 한다. 신변안전을 위한 제도도 개선되어야 하고 이를 위해 남북 간의 구체적 부속합의서가 필요하다. 통행, 통신, 통관을 보다 원활히 할 수 있도록 하고 이를 법적으로 뒷받침하여야 한다.

　　개성공단 재개를 위해서는 남한 경협법제의 개선도 필요하다. 낡은 남북교류협력법으로는 대규모 협력사업인 경제특구사업을 뒷받침하는 데 한계를 가질 수밖에 없다. 손실보상 제도도 도입되어야 한다. 남북관계의 변화로 자신의 귀책사유 없이 불의의 피해를 본 국민에게 정당한 보상을 하여야 한다. 경협보험제도도 대폭 보완하여야 한다. 이러한 제도가 있어야 향후 남북관계가 재개될 경우 기업들의 대북투자가 가능할 것이다.

## I. 서론

　　개성공단은 2016. 2.경 전면중단되었다. 2000. 8. 북한에서 개성공업지구법이 제정되고, 2003. 6. 착공식을 가진 이래 2010년 천안함 피격사건과 5·24 조치에도 운영을 계속하였던 개성공단이 폐쇄된 것이다. 2015. 11. 기준으로 개성공단에는 124개의 기업이 입주해 있었고, 남측 근로자 803명, 북측 근로자 54,763명이 일하였다.

개성공단은 남과 북 모두에게 새로운 도전이며 실험이었다. 남북이 교류협력을 시작한 이래 가장 큰 규모로 이루어진 경제협력사업이다. 북한이 토지와 노동력을 내고, 남한이 자본과 공단 운영의 노하우를 내어 협력했다. 남북이 새로운 경제특구의 질서와 제도를 만들어 실험했다는 점에서 개성공단은 역사적 의미를 가지고 있다. 북한은 개성공단을 통해 노동, 회사, 조세 등 분야에서 자본주의 제도를 본격적으로 실험하고 학습했다. 주식회사가 북한에서는 처음으로 도입되었고 부동산 등록제도가 만들어졌으며 조세제도를 구체화하고 부동산 경매절차를 실행하기도 했다. 이러한 경험은 다른 경제특구 또는 경제개발구에 영향을 미쳤다. 남한도 북한 지역에 대규모 투자를 단행하고 관리기관을 구성하며 공단 관리를 맡았다. 남한 기업은 북한법에 따라 주식회사를 설립하고, 수만 명의 북한 근로자를 고용하여 공장을 운영하면서 협력사업의 새로운 경험을 했다.

2018. 4. 27. 남북한 정상은 판문점에서 정상회담을 열고, 판문점 선언을 발표하였다. 9월에는 평양공동선언 및 군사분야합의서도 체결되었다. 이러한 남북관계의 변화는 개성공단이 재개될 수 있다는 희망을 불러 일으켰으나 아직도 쉽지 않은 상황이다. 그 과정에서 만들어진 남북공동연락사무소가 문을 닫았을 뿐만 아니라 북한은 2020. 6. 개성공단에 소재한 해당 건물을 폭파하기도 했다.

그러나 언젠가 개성공단은 다시 재개될 것이다. 남북 교류협력의 소중한 자산이었던 개성공단을 다시 여는 것이야말로 새로운 남북관계의 전제이기 때문이다. 이를 앞두고 개성공단의 한계와 법적 과제는 무엇이었는지 근본적으로 살펴볼 필요가 있다. 국제적 수준에 걸맞은 법제를 구축하여 예측가능성과 법적 안전성을 담보하지 않고서는 개성공단은 언제라도 좌초될 수 있다는 것을 우리는 경험했기 때문이다. 이 글에서는 개성공단 재개를 위한 법적 과제를 살펴보기로 한다. 우선 개성공단 모델의 한계와 과제부터 살펴보자.


## II. 개성공단 모델과 과제

### 1. 개성공단 모델의 문제점

개성공단을 재개할 경우 기존 공단 모델의 문제점을 극복할 필요가 있다. 개성공단은 남북 간 협력모델로 만들어진 공업지구로 많은 장점을 가지고 있었지만 한계도 적지 않았다. 무엇보다 '도시와 시장이 결합되지 않은 분리된 공업지구'라는 한계가 컸다.

개성시의 인구(30만 명 정도로 추정)로는 공단의 지속가능한 발전이 가능하지 않다. 과거 기숙사를 지어 이 문제를 해결하려 하였으나 근본적으로 배후도시가 발전하지 않으면 공단은 성공할 수 없다. 공단 개발을 위해서는 도시개발이 반드시 필요하다. 더 큰 문제는 '시장과의 분리'다. 개성공단은 임금직불제를 법률로 규정하였으나 실현하지 못했다. '배급제'와 '시장의 부재'가 중요한 걸림돌이었다. 기존의 개성공단 개발 총계획에 따르면 공업지구를 넘어 상업지구, 관광지구, 생활지구로 발전할 것을 예정하고 있었지만, 그 계획에도 개성시는 배제되어 있었다. 개성시와 공단이 공존하며 상호보완적일 때 지속가능한 발전이 가능해진다. 기존 계획은 도시개발의 방법, 재원, 민간투자를 위한 조건, 도시의 운영시스템, 발전전략 등을 고민하지 못했다. 공업지구도 중소 영세기업 위주의 노동집약적 산업 위주로 진출하였다. 국제화를 추진하였지만 외국기업은 전혀 입주하지 않았다.

개성공단을 새롭게 열게 될 경우 개성공단의 판을 완전히 새로 짜는 것이 필요하다. 새로운 설계를 해야 세계적인 도시 및 공단이 될 수 있다. 개성을 구舊시가지, 인근의 새로운 신도시, 공업지구를 결합하고 미래의 시스템과 산업을 실험하는 특별행정구로 만드는 새로운 모델이 필요하다.

## 2. 참고 모델: 신의주, 쑤저우

홍콩을 모델로 하였던 신의주 특별행정구(2002년)는 획기적이었으나 시기상조였던 탓에 성공하지 못했다. 그러나 경제개발구를 전국에 확대하고 경제특구를 발전의 기초로 삼으려는 북한의 발전전략에 비추어보면 지금 단계에서는 개성을 신의주 모델처럼 다시 시작할 수 있다고 본다.

「신의주특별행정구 기본법」을 기초로 특별행정구 모델을 살펴볼 필요가 있다. 우선 특별행정구는 독립적인 입법, 행정, 사법권을 가진 특별행정단위이다. 국방과 외교를 제외한 부분에서 자율성을 가진다는 것이 기본적 특징이다. 경제적으로 보면 특별행정구에서는 개인 소유의 재산을 보호하며 그에 대한 상속권이 보장되었다. 독자적인 노동제도, 사회보장제도, 특혜적인 세금 및 관세제도가 실시될 뿐만 아니라 독자적인 화폐금융시책 실시까지 가능하도록 되어 있다. 독자적인 입법기구와 재판소가 구성되며, 특정행정구를 대표하는 초대장관은 외국인 양빈이 임명되기도 했다.

중국의 쑤저우蘇州(소주) 개발 모델도 좋은 참고가 된다. 쑤저우는 중국의 과거, 현재, 미래를 보여주는 곳이다. 구도시는 역사가 살아 있는 관광지역이고, 공업지구는 첨단산업이 자리하며 세계적인 기업이 입주하였다. 신도시는 현대적 도시계획으로 중국 도시개발의 모델이 되었다. 쑤저우 개발은 싱가포르와 공동으로 이루어졌다. 싱가포르의 높은 기준은 공단뿐 아니라 도시의 현대화 및 선진화의 기초가 되었다. 쑤저우 공단은 처음부터 중요한 외국기업이 주주로 참여하였고 입주하였다. 이러한 국제화는 경제적 성공뿐 아니라 공단의 지속가능성을 담보하는 중요한 장치가 되었다.

## 3. 새로운 모델: 개성특별행정구

### 가. 공업, 관광, 상업, 주거의 결합을 통한 선순환 구조 마련

개성공단을 새로 연다면 앞서 본 사례와 과거의 교훈에 기초할 때 공업지구뿐 아니라 관광지구, 상업지구, 주거지구의 결합을 통한 선순환 구조를 마련하는 것이 중요하다. 특히 도시와 공단을 함께 개발하여야 한다.

'개성 구도시'는 최신 기법인 도시재생의 방식으로 개발하여 주거의 편의를 도모하고 관광경쟁력을 갖추어야 한다. 서울－DMZ－개성을 잇는 관광상품은 국제적인 경쟁력을 가지고 있다. 고려의 고도古都 개성과 분단의 상징 DMZ 및 판문점, 국제도시 서울을 연결하는 관광코스는 세계적 상품이 될 수 있다. 나아가 '신도시 개발'을 통해 배후도시를 확장하여야 한다. 신도시는 국제공모를 통해 설계하고, 스마트시티, 친환경 녹색에너지 등 첨단기술을 동원하여 현대적 도시로 개발하여야 한다. 개성공단 근로자를 위한 임대아파트, 북한의 이른바 신흥 돈주 및 남한 체류인과 외국인을 위한 분양아파트를 계획적으로 배치하여야 한다.

### 나. 시장경제 도입 및 실험

배급제 대신 시장을 공식적으로 도입하고 시장경제의 여러 요소를 실험하여야 한다. 저렴한 물건을 시장에서 구매할 수 있어야 임금직불은 성사될 수 있다. 자생적으로 늘어나고 있는 북한의 종합시장을 개성에서 공식화하고 확대하여야 한다. 이렇게 해야 후방효과가 커져 개성 개발이 다른 지역에도 경제적 효과를 만들 수 있다. 신의

주 모델에서 구상하였던 대담한 계획을 개성특별구를 통해서 다시 시작해볼 필요가 있다. 과거의 신의주와는 달리 개성은 공업지구를 통한 학습을 하였기 때문에 충분히 가능하다고 본다.

### 다. 행정, 입법, 사법의 자치권 부여

국제적인 경쟁력을 가진 법제도와 시스템을 구축하여야 남한 기업과 외국 투자자가 유입될 수 있다. 홍콩과 신의주의 자치모델, 중국의 특구 입법자치권을 참고하여야 한다. 신의주에서 시도한 것처럼 남한의 전문가를 개성특별구의 장으로 임명하는 것도 투자유치를 위해 바람직하다.

현재 개성공단 등 북한의 특구는 경제활동에 관해서만 특별입법을 마련하고 있다. 개성 및 금강산의 경우 독자적인 신변안전 프로그램(중대범죄를 제외한 형사소추권 배제)도 가지고 있고, 라진선봉의 경우 행정소송제도가 도입되는 등의 특징이 있다. 남북관계의 경우 상사분쟁절차를 마련하고 있지만 모든 분쟁을 망라할 수 없고 중재조직이 구성되지 않아 실현되지 않고 있다. 이처럼 경제특구는 일정한 자율성이 있지만, 근본적으로 중앙의 통제와 법적 공백이 존재하고 있고 결국 발전의 한계가 되었다.

위에서 본 것처럼 시장경제 도입까지 고려한다면 자치입법권에 기초한 행정체계를 갖추는 것이 절대적으로 필요하다. 신의주 모델처럼 입법, 행정, 사법의 자치권을 부여하는 것이 바람직하나, 최소한 경제 및 행정에 관해서는 독자적인 입법, 행정권한을 가지고 출발하는 것이 전제되어야 한다.

### 라. 선진적 미래 시스템 및 기술 도입

법제도를 넘어서 다양한 영역에서 선진적 시스템이 도입되어야 한다. 예컨대, 경제적으로는 협동조합, 사회적기업 등 사회적경제를 주류화하고 공유경제 모델(공유자동차, 마이크로파이낸스 등)을 구축한다. 이는 북한의 협동단체, 사회적소유와 친화적이므로 가능성이 충분하다.

기술적으로는 자율주행자동차, 블록체인, ICT, 드론, 스마트금융 등 최신기술이 접목된 첨단의 도시로 발전시켜야 한다. 북한은 규제환경이 복잡하지 않고, 새로운 제도에 대한 이해관계자의 반대가 없기 때문에 새로운 시도가 수월하다. 과거의 굴뚝산업을 이식하여 저임금에 기초한 경쟁력을 갖는 것이 아니라 미래의 산업과 경제를 도입하여 북한 및 남북관계의 미래를 만들어나가는 것이 바람직하다.

### 마. 개발 모델의 변화

#### 1) 민간투자 및 공영개발 병행 추진

민간투자에 의한 공단 및 신도시 개발이 이루어져야 지속가능성을 가질 수 있다. 북한은 개발사업자에게 임대수익, 분양수익, 기타 반대급부(상업지구개발권, 자원·항만개발권 등)를 제공하여 민간투자를 끌어내야 한다. 이를 위해 북한이 현재 적극적으로 도입을 시도하고 있는 BOT^Build Own Transfer, BTO^Build Transfer Operate 등 민간투자에 의한 개발모델을 적극적으로 추진하여야 한다. 나아가 개성개발공사, 개성도시주택공사, 개성관광공사 등을 만들고 그 주주로 남북이 공동으로 참여하는 것을 고려해볼 수 있다.

#### 2) 남북 공동개발 및 국제화

남측이 주도하는 공단개발을 넘어 남북이 공동으로 하는 도시개발이 되어야 한다. 북한의 역할이 높아져야 지속가능성을 가질 수 있다. 나아가 세계적 기업을 참여시킬 필요가 있다. 이를 위해서는 제도뿐 아니라 민간투자 및 국제화를 위한 담보와 안전장치가 마련되어야 한다. 여기에는 남한 또는 국제금융기구의 역할이 필요하다. 민간투자에 대한 보증, 보험 등의 프로그램을 마련하고 각종 지원제도도 가동하여야 한다. 세계은행의 MIGA^국제투자보증기구 같은 프로그램을 활용하거나 중국이 주도하는 AIIB^아시아인프라투자은행에 MIGA 같은 프로그램을 만들어 개성투자를 보증하는 방안도 모색하여야 한다.

### 4. 소결

개성공단을 재개하고 확대하는 데 과거의 패러다임은 한계를 가지고 있다. 새로운 시대를 열기 위해서는 개성공단에 관한 새로운 패러다임이 필요하다. 개성을 중국의 홍콩이나 쑤저우처럼 만들 수 있지 않을까? 개성은 전쟁 당시 폭격을 피해 역사의 유물이 고스란히 남아 있는 고려의 고도이다. 선죽교, 박연폭포, 공민왕릉, 한옥마을은 고려의 정취를 보여준다. 무엇보다 서울에서 한 시간이면 이동할 수 있다. 인천공항으로 들어와 서울을 여행하고 판문점선언이 이루어졌던 판문점을 거쳐 개성을 둘러보는 관광상품은 세계적인 경쟁력을 가질 수 있다.

개성공단이 성공하기 위해서도 배후도시의 발전이 필요하다. 개성을 낡은 산업을 위한 저임금 생산기지로 보지 말고, 첨단의 산업과 제도가 실험되는 곳으로, 도시와 산업이 결합하고, 주거, 공업, 관광, 상업이 유기적으로 작동하는 '신세계'로 만들어 볼 것을 남북에 제안한다. 이는 남북이 상생하는 길이며 남북경제공동체를 위한 대담한 첫걸음이 될 것이다.

## III. 개성공단 재개를 위한 남북 간 법적 과제

### 1. 법치주의

개성공단이 '법의 지배'에서 벗어나 '정치 또는 힘의 논리'에 좌우되는 것은 가장 커다란 문제였다. 공단이 안정적으로 운영되고 지속적인 투자를 유치하기 위해서는 무엇보다 법치주의가 확립되어야 한다. 남북은 규범력이 있는 '합의'를 통해 개성공단의 규칙rule을 만들어가야 하고, 당국 간 합의가 이루어졌다면 준수되어야 한다. 북한으로 하여금 법치주의의 중요성을 인식하도록 하고, 합의를 지키도록 추동하여야 한다. 남북한 협의에 따라 법제를 정비하고, 그 규범력을 상호 인정하여야 한다. 남한은 법치주의 국가이고, 북한도 사회주의 법무생활을 강조하면서 최근 법치를 강조하고 있다. 따라서 법의 중요성을 남북이 모두 인식하고 이를 준수하려는 노력을 지속적으로 하는 것이 중요하다. 이를 위해 합의서를 양측 의회에서 비준동의하여 법적 효력을 부여하여야 한다.

남북 모두 남북관계가 법을 뛰어넘는 '통치행위'의 영역이라는 인식에서 벗어나, 통일 과정에서 '법의 지배'를 확립하기 위해 노력해야 한다.1) 남북한 당국이 체결한 합의는 존중되고, 이행되어야 한다. 개성공단을 비롯한 통일정책이 당파적으로 이루어

---

1) 서독의 경우 집권당이 바뀌어도 통일정책은 일관되게 추진되었다. 서독과 동독은 1972년 통일을 위한 첫걸음인 동서독기본조약을 체결하였다. 바이에른주 정부가 이 조약이 서독의 헌법(기본법)에 위배된다고 주장한 사건에서 서독연방헌법재판소는 조약이 합헌이며, 법적 구속력이 있음을 인정하였다. 반면 우리는 어떠한가? 1991년 체결된 남북기본합의서는 통일의 기초가 될 만한 매우 의미있는 합의인데도, 남한의 통치권자뿐 아니라 법치의 수호자가 되어야 할 헌법재판소와 대법원마저 이를 신사협정에 불과하다고 판단하였다. 이는 남북관계를 법치주의의 규범영역으로 끌어올릴 기회를 스스로 부정한 것이다. 이런 전통은 되풀이되어 6·15 선언과 10·4 선언의 효력은 다음 대통령에 의해 부정되었다.

지고 지도자에 따라 변화하기보다는 헌법과 법률에 따라 일관성 있게 이루어져야 한다. 남북관계 및 통일 과정 자체가 '법치주의'에 따라 이루어지지 않는다면 개성공단의 지속적인 발전도 어려워질 것이다.

## 2. 협치協治의 거버넌스governance

개성공단은 남북 간 합의에 따라 조성된 공단이다. 북한이 토지와 노동력을 제공하고 사업을 지도하며, 남한의 개발업자가 공단 개발을 책임지고 관리기관을 구성하여 운영하는 방식을 채택하였다. 지도 및 관리체계는 이원화되어 있다. 즉, 북한의 지도기관이 공업지구 지도를 담당하지만, 구체적 관리는 남한이 구성하는 관리기관이 담당하는 것으로 이원화되어 있는 것이다. 북한의 법률과 규정에 따르지만 남북 간 합의에 터잡아 초기 법제를 구축하였다. 또한 법규로 정하지 않은 사항은 지도기관과 관리기관이 협의하여 처리하도록 하였다.

문제는 지도기관이 관리기관의 상위에 있고, 법률과 규정, 시행세칙의 제정권한을 가진 북한이 특구 운영의 주도권을 쥐고 있다는 것이다. 법규로 정하지 않은 사항은 남북 간 협의를 해야 하지만 법규 제정권은 북한이 가지고 있고 남한의 의견을 듣거나 협의하도록 명시하고 있지 않다. 남한이 구성한 관리기관이 많은 사업준칙을 만들어 공단을 운영하고 있지만, 법률 간 충돌이 발생할 경우 준칙의 규범력이 부정되기 쉽고, 이원화된 거버넌스로 인하여 입법 갈등도 쉽게 일어난다. 한편 지도기관과 관리기관의 협의가 이루어지지 않을 경우 해결방법이 거의 없다는 것도 문제다.

이러한 거버넌스는 나진·선봉 및 황금평 경제특구와는 구별된다. 이들 특구는 북한과 중국 두 나라 정부의 협정에 의하여 운영의 기초를 마련하고 있다. 이에 따라 북한, 중국 공동의 특구 지도기구 산하에 공동관리체계를 갖추고 있다. 중국의 국제적 공업지구로 크게 성공한 소주공업원구蘇州工業園區도 중국과 싱가포르 간의 합의에 따라 공동의 개발과 지도체계를 갖추었다.[2] 예컨대 중국 소주공업원구의 개발공사는 싱가포르와 중국측 파트너가 각각 지분을 나누는 합작기업 형태로 구성되었고, 지도 및 관리체계도 공동으로 이루어졌다.

개성공단은 남북 간 협치協治의 모델로 만들어졌으나, 거버넌스는 지도기관과 관리

---

2) 법무법인(유한) 지평, "소주공업원구 법제에 관한 연구", 5-9쪽, 통일부 용역보고서(2006).

기관으로 이원화하고 있고, 법과 규정의 제정권은 북한이 가지고 있어서 실질적으로는 협치가 잘 이루어지지 않는다는 한계가 있다. 이에 공단이 북한의 법률과 북측 지도기관에 의하여 일방적으로 운영되는 것이 아니라 공동의 합의에 따라 운영하는 것을 모색할 필요가 있다. 2013년 개성공단 정상화를 위하여 구성된 개성공단 공동위원회가 지도기관과 관리기관 사이의 이견을 해소하는 최상위 공동기구로 자리매김될 필요가 있다.

## 3. 입법자치 및 입법역량 형성

개성공단의 입법자치권을 확보하는 문제도 검토의 대상이다. 북한은 신의주특구를 구상할 때 입법자치권을 부여한 바 있으나,[3] 그 후의 모든 경제특구에서는 이를 인정하지 않고 있다. 앞서 살펴본 것처럼 개성공단이 국제적 공단으로 선구적 역할을 하려면 신의주 모델과 유사하게 입법자치권을 부여하는 것도 검토되어야 한다.

입법자치권을 부여한다면 남북이 공동으로 구성한 공동위원회 산하에 입법기능을 담당하는 기구를 두는 것이 바람직하다. 다만 남한 기업과 북한 근로자가 공존하는 공단이며, 일부 남한 주민을 제외하고는 공업지구에 주거하고 있지 않은 사정, 남북한 당국에 의하여 조성된 공단이라는 특성에 비추어 볼 때 입법기구를 민주적으로 구성하는 데에는 복잡한 문제가 있다.

개성공단의 입법역량을 강화하는 문제, 특히 북한의 입법역량을 키우는 문제는 매우 중요하다. 지도총국을 비롯한 개성공단 관련 북한 기관에 법제국을 두고 전문가를 양성할 필요가 있다. 북한 법률가를 양성하고 교육하며, 자본주의 법제에 대한 이해를 높이는 것은 개성공단 법제 구축 및 발전을 위해 매우 중요하다. 현재 사업준칙은 남측 관리기관이 제정하고 북측의 관여가 거의 없으며, 그에 따라 북한의 법제에 대한 이해나 학습이 어렵게 되는 측면이 있다. 남북공동위원회 산하에 남북의 법률가들로 법제국을 공동으로 구성하여 세칙과 준칙을 통합한 입법활동을 전개한다면 법제역량 발전에 도움이 될 것이다. 남북이 공동으로 법제실무협의회[4]를 구성하거나 남북법제

---

3) 2002년에 채택된 「신의주특별행정구 기본법」에 따르면 신의주특별행정구는 입법, 행정, 사법권을 부여받았다. 이에 특별행정구에는 주민들의 선거에 의하여 선출된 16명의 의원으로 입법의회가 구성되며, 여기서 법규를 제정한다. 원칙적으로 특별행정구의 공화국 공민이 의원이 될 수 있으나, 주민권을 가진 다른 나라 사람도 의원이 될 수 있다.

4) 법무법인(유한) 태평양, "개성공단 운영경험에 기초한 법제도기준 개선방안", 54-56쪽, 통일부 용역보고서(2013).

협력위원회5)를 구성하는 방안도 제시되고 있다.

입법절차의 투명성, 민주성을 확보하는 것, 남북 간 협의의 프로세스를 명확히 하고, 이견 발생 시 처리방법 등을 정하는 것도 중요하다. 세칙과 준칙의 제정절차에 관한 법규를 마련하는 것도 필요할 것이다. 관련하여 북한이 2012. 12. 19. 제정한 법제정법 및 관리기관이 제정한 '준칙 제개정 절차 및 공포에 관한 준칙'을 참고하여 통일된 입법절차를 명시적으로 구축할 필요가 있다.

## 4. 국제적 수준의 법률제도 마련

### 가. 법규의 정비

개성공단의 경제활동에 대해서는 북한의 일반법규 적용이 배제된다. 우선 경제활동의 정의가 모호하여 북한법이 어디까지 적용되는지, 어느 범위에서 배제되는지 논란이 생길 수 있다. 사회주의 북한 체제를 전제로 한 행정처벌법 기타 각종 법률이 특구에 적용된다면 법적 부조화를 가져올 뿐만 아니라, 예측하지 못한 법적 상황에 직면할 수 있다. 개성공단은 자본주의 법제를 도입한 곳이므로, 북한법의 적용을 배제하고 개성공단에 적합한 법규를 만들어나갈 필요가 있다. 그런데 개성공단의 법제도는 아직도 턱없이 부족하다. 예컨대 경제활동의 기초가 되는 민법, 상법 등도 존재하지 않는다. 법규의 공백이 없도록 대대적인 법제 정비가 필요하다. 다만 입법자치권 부여가 어렵다면 시행세칙 또는 사업준칙의 형식으로 입법의 공백을 채우는 것이 부득이하다. 그 범위에서 입법자치권을 실현하는 것이다. 다만 세칙과 준칙의 관계 정립은 항을 바꾸어 보기로 한다.

### 나. 법제 간 체계 정비

법과 규정, 세칙, 사업준칙 간의 관계를 자본주의 법제의 법령체계로 설명하는 것은 무리가 있다. 상하관계로 파악할 수 있지만, 상위 규범의 위임이 있어야 하는지, 서로 충돌할 때 우선순위를 어떻게 할 것인지 등을 정리할 필요가 있다. 즉, 법규의 위계 및 체계성을 개성공단에서 만들어 나가야 하는 것이다. 적어도 상위 법규에 모순되는 하위 법규의 효력은 부정될 필요가 있다.

---

5) 박정원·박민, "개성공단의 법제도 개선 과제", 190-191쪽, 법학논총 제27권 제2호(2014. 10.).

개성공단의 법체계상 법제 간의 상하관계를 분명히 하고, 법률의 위임이 있는 경우에만 하위규정을 만들 수 있도록 하거나, 포괄위임을 금지하는 등의 법적 체계를 구축하는 것은 시기상조라고 볼 여지도 있다. 이렇게 볼 경우 사업준칙도 상위법규의 위임이 없다는 점에서 그 규범적 근거를 잃게 된다. 그런데 개성공단법제에서 사업준칙이 갖는 의미는 매우 크다. 창설적인 입법이 요구되는 개성공단에서 북한이 제정한 규범만으로는 법적인 공백을 메우기에 턱없이 부족하기 때문에, 실제로 사업준칙을 통해 구체적인 사항들이 정해지고 있다. 북한의 입장에서는 남한기업들의 입주를 촉진하는 동시에 이들을 규제해야 하는데 이에 필요한 법제도를 구체적으로 어떻게 구축하고 시행하느냐에 대한 지식과 경험이 부족하므로, 남한 주도의 준칙을 통해서 공단관리의 경험을 쌓을 필요가 있다. 그러나 준칙의 경우 형식상 규범력의 한계가 있고, 내용도 남한법제를 그대로 이식하여 개성공단의 발전단계나 특수성에 부합하지 않는 문제도 있다.[6]

근본적으로는 법과 규정 이외에 시행세칙과 사업준칙으로 이원화하고 남북이 각각의 제정권한을 가지도록 한 것이 문제다. 현재의 입법 갈등의 원인은 여기에서 시작되고 있다. 따라서 세칙과 준칙을 일원화하고, 이를 공동위원회에서 제정토록 하는 방안도 생각해볼 수 있다.

현행과 같이 세칙과 준칙을 이원화하더라도 지도기관과 관리기관 사이의 협의에 터잡아 제정되어야 한다. 만일 협의가 이루어지지 못하는 경우 공동위원회에서 그 문제를 풀어야 한다. 현행 개성공단법에 따르면 법규로 정하지 않은 사항은 지도기관과 관리기관이 협의하여 처리하도록 하고 있는바, 여기에서 법규는 법과 규정으로 이해된다.

## 5. 완전한 투자보장

### 가. 투자보장의 필요성

금강산 관광사업이 중단되면서 북한은 투자자산을 몰수하고 동결한다는 발표를 하였다. 이처럼 북한 정부가 남한 기업의 투자자산을 일방적으로 동결하거나 몰수·수용하는 처분을 할 수 있다면 문제가 아닐 수 없다.[7]

---

6) 유욱, "개성공단 법제의 현황 및 개선과제: 하위입법(사업준칙)을 중심으로", 272-273쪽, 남북교류와 관련한 법적 문제점(6)(2007).

7) 북한의 북남경제협력법을 비롯한 경제협력 관련 법규, 민법을 비롯한 일반 법규를 살펴보아도 이러한 조치

그런데 남북 간의 투자보장 합의서에 따르면 남과 북은 자기 지역 안에서 법령에 따라 상대방 투자자의 투자자산을 보호하여야 할 의무를 부담한다(합의서 제4조). 즉, 상대방 투자자산을 국유화 또는 수용하거나 재산권을 제한하지 않으며 그와 같은 효과를 가지는 조치(이하 '수용')를 취하지 못한다. 다만 공공의 목적으로부터 자기측 투자자나 다른 나라 투자자와 차별하지 않는 조건에서 합법적 절차에 따라 상대방 투자자의 투자자산에 대하여 이러한 조치를 취할 수 있지만 이 경우 신속하고 충분하며 효과적인 보상을 해주어야 한다. 이에 따라 투자자 보호를 위한 남북 간 합의를 보다 구체화하여 일방적 몰수, 동결과 같은 근거 없는 처분을 방지하여야 한다.

## 나. 투자자 보호조치 개선 방안

남북 간 투자보장 합의서를 수정, 보완하고 그 합의서의 효력을 북한법에 우선하게 하거나(라선경제무역지대법, 황금평·위화도경제지대법에서 외국과의 조례, 합의서의 우선적 효력을 인정하고 있다), 북한법과 동일한 효력을 부여하는 방법(개성공단법에서는 개성 관련 남북 간 합의서에 법과 동일한 효력을 부여하고 있다)으로 보호장치를 마련할 수 있다. 최근 북한의 입법 경향은 전자이므로, 개성에서도 이러한 원칙을 관철할 필요가 있다. 구체적으로는 다음과 같은 내용을 보완할 필요가 있다.

위장 또는 잠식적 국유화Disguised or Creeping Nationalization를 방지할 필요가 있다. 위장 또는 잠식적 국유화란 "외국투자가에게 차별적인 규제조치를 취함으로써 경영의 실질적인 악화를 초래하거나 궁극적으로 투자가측이 사업을 포기하도록 만드는 것"을 가리킨다.

현재 투자보장합의서는 수용 또는 국유화의 요건으로 ① 공공의 목적, ② 차별금지, ③ 합법적 절차를 제시하고 있다. 우선 공공의 목적이 무엇인지 구체화할 필요가 있고(부속합의를 통해 공공의 목적을 예시하거나 한정적으로 열거할 필요 있음), 합법적 절차로

---

를 취할 법률상 직접적인 근거는 발견되지 않는다. 굳이 유사한 근거를 찾는다면, 북한의 민사소송법에 따른 재산담보처분을 들 수 있다(법 제81조). 그런데 재산담보처분은 민사소송 사건이 제기된 이후 판결을 내릴 때까지 소송당사자의 신청에 의하여 판사가 재산을 담보처분하는 제도로서 우리의 가압류와 유사한 제도이므로, 임의적인 몰수·동결하는 근거가 되기 어렵다. 한편, 행정처벌법에서는 대외경제계약질서를 어긴 행위, 수출입질서를 어긴 행위를 처벌하며, 처벌의 종류에 몰수를 규정하고 있다(제14조, 제55조, 제56조). 우선 금강산관광지구의 경제활동에 대해서는 북한의 다른 법규를 적용하지 않고 '금강산관광특구법'에 따르도록 되어 있으므로(제8조), 행정처벌법이 몰수·동결, 수용 등의 근거가 되기 어렵다. 더욱이 몰수는 비법적(불법적)으로 이루어졌거나 위법행위에 이용된 재산을 대상으로 한다. 남측 사업자가 남북관계 때문에 금강산관광사업을 중지하게 되었다고 해서 이를 대외경제질서를 어긴 행위, 수출입질서를 어긴 행위라고 보기도 어렵다.

하더라도 사후적 입법에 의한 소급적 재산권 침해는 가능하지 않도록 할 필요가 있다.

수용 또는 국유화로 인한 보상에 관해서도 구체화할 필요가 있다. 보상금 액수는 투자자산의 국제시장가치로 하도록 되어 있으나, 자산가치는 자산의 소재지, 종류에 따라 천차만별이며 특히 북한에 소재한 자산의 가치는 낮게 평가될 수 있으므로 구체적 보상기준, 평가기준을 세워 충분한 보상이 가능하도록 할 필요가 있다.

투자보장합의서에서는 '무력충돌 등 비정상적 사태의 경우'에도 원상회복 또는 보상을 하도록 하고 있으나, 공공 목적을 위한 수용 또는 국유화와는 달리 보상의 구체적 기준을 제시하고 있지 않으며, 다만 자기측 투자자나 다른 나라 투자자보다 불리하지 않게 대우하도록 하고 있을 뿐이다. 투자자의 고의, 과실 없이 입은 비정상사태로 인한 손실에 대하여도 보상기준이나 방법을 구체적으로 합의하여 보상의 실효성을 확보할 필요가 있다.

## 6. 분쟁해결제도 구축

### 가. 문제의 상황

현재 남북 간 합의서나 북남경제협력법에 따르면 남북경제협력사업과 관련한 분쟁은 ① 당사자 사이에 협의의 방법으로 해결하거나 ② 남북상사중재위원회에 제기하여 해결할 수 있다. 그런데 금강산의 사례처럼 몰수, 동결 조치와 같이 갈등이 심화되어 극단적인 처분이 행하여질 때 '협의'가 해결방법이 되기는 어렵다.

남북상사중재위원회에 제소하여 분쟁을 해결하는 방법이 합리적 대안이 될 수 있을 텐데, 남북상사중재위원회는 아직 구성되지 못하고 있다. 북한의 외국인투자법에 따르면 북한 재판소에 의한 재판도 이론적인 해결방법이 될 수 있겠으나, 북한의 재판소가 북한 정부의 조치를 위법하다고 판단할 가능성은 낮다. 북한이 투자자의 권리를 해하는 처분을 했을 때, 그 처분의 위법성을 다투어 구제받을 수 있는 실효성 있는 구제절차가 미비하다는 것은 개성공단에서 가장 시급히 해결해야 할 과제다.

### 나. 구체적 방안

#### 1) 남북상재중재위원회 개선방안

이미 체결된 「상사분쟁 해결절차에 관한 합의서」를 실현하기 위한 남북상사중재위원회를 조속히 구성하여야 한다. 남북상사중재위원회가 일단 구성되면 이 위원회를 통한 분쟁해결이 가능해질 것이다. 다만 남북상사중재위원회가 구성되더라도 현재의 시스템으로는 원만한 분쟁해결기관이 되기 어렵다. 그것은 남북이 동수로 위원회를 구성한 데서 비롯된다. 남북상사중재위원회를 남북 각 2인, 제3국 3인 총 7인으로 구성하는 것이 어떨까 한다. 여기서 제3국 위원에는 재외동포를 포함할 수 있을 것이다. 제3국 위원은 남북이 합의하여 구성하고, 만일 합의가 여의치 않을 경우 각 1인씩 지명하고 지명된 두 사람이 제3의 위원을 협의하여 지명하는 방식이 바람직하다. 아울러 위원회의 위원장은 외국인(재외동포 포함)으로 하는 것도 좋을 것이다.

중재인 및 판정부에도 제3국의 중재인이 반드시 필요하다. 제3국 중재인 선임을 위해 중재인 명부를 미리 작성하고, 중재인 명부에 없는 경우에도 중재인 선임이 가능토록 해야 한다. 중재판정부의 의장중재인은 제3국 중재인으로 하는 것이 좋을 것이다. 아울러 중재사무국을 공동으로 설치하여야 하고, 사무국에는 상근자가 주재하여야 한다.

2) 기타 중재 방안 모색

제3국 중재 등의 방법을 계약상 모색할 필요가 있다. 금강산 관광지구에서는 이미 현대아산의 독점권을 취소하고 재산을 몰수·동결하는 것과 같은 문제가 이미 발생한 바 있다. 따라서 특구에 투자를 하게 된다면, 독점 또는 일정 기간 보장된 관광사업 취소 또는 재산의 동결·몰수, 수용과 같은 처분이 있는 경우 제3국에 중재신청을 할 수 있는 합의를 하고 손해배상액의 예정과 같은 계약조항을 포함하는 계약을 체결한 이후 사업을 진행하는 방법이 있다.[8] 개별 사업을 진행하는 계약에서 이와 같은 분쟁해결절차를 포함할 수 있다면 향후 그와 같은 조항을 관광지구 전체를 포괄하는 합의서로 발전시키고 나아가 다른 지구와 특구에도 적용할 수 있도록 단계적으로 확대시켜 가는 방법을 취할 수 있을 것이다.

나아가 FTA를 통하여 널리 알려진 투자자 중재[ISD]를 남북관계에 도입하는 것도 고려하여야 한다. 투자자 중재란 투자자와 당국 간 발생한 분쟁을 중재를 통하여 해결하

---

8) 1998. 6. 22. 체결된 '금강산관광을 위한 부속계약서' 제17조에서 중국 베이징에 소재한 '국제경제무역중재위원회'에 의한 중재를 명기하고 있으므로, 현대아산이 중재신청을 할 수는 있었다. 다만 이 경우 당시 중재신청을 하는 방법으로 금강산 관광이 재개되고 권리를 보호받기는 쉽지 않다는 판단에 따라 중재신청이 이루어지지는 않았다.

는 방법이다. 국제투자분쟁을 다루는 대표적인 국제기구로는 1965년 체결된 「국가와 상대방 국민 간의 투자분쟁의 해결에 관한 협약」Convention on the Settlement of Investment Disputes Between States and Nationals of Other States에 따라 설립된 국제투자분쟁해결기구International Centre for the Settlement of Investment Disputes, ICSID를 둘 수 있다. 위 협약의 당사국이라고 하여 특정 투자분쟁의 해결을 위해 반드시 중재절차에 따라야 하는 것은 아니지만, 위 협약 제25조에 따라 분쟁 당사자들이 서면으로 동의한 경우에 한하여 위 기구의 관할권이 인정된다. 그러나 북한은 현재 위 협약의 당사국이 아니므로 위와 같은 동의 여부를 고려할 필요 없이 위 협약에 따른 중재의 관할이 미칠 수 없다. 국제투자분쟁을 국제중재로 해결하는 것은 위 협약 이외에도 양자 간 투자협정BIT 또는 자유무역협정FTA을 통해서도 도입할 수 있으므로, 향후 합의서를 통해 이 방법을 도입하는 것을 고려할 수 있다.

3) 재판소 구성방안

특구의 사법절차를 해결하는 재판소를 구성하는 방법도 연구할 필요가 있다. 이 경우 재판소를 중립적으로 구성하는 것이 필수적인데, 북한의 재판소는 자본주의적 분쟁처리경험이 없고, 남한의 재판소는 북한이 반대할 것이어서 문제가 된다. 유럽 등 중립적 국가의 성원들로 재판소를 구성하는 방법도 장기적으로 검토할 필요가 있다.

다. 법률의 충돌과 준거법

개성공단과 관련하여 남한에서 소송이 제기되거나 분쟁이 발생하는 경우가 있었다. 이에 법률의 충돌 문제를 해결할 필요가 있다. 개성공단와 관련된 거래에 어떠한 법률이 적용되어 어떠한 효과를 낳을 것이라는 점에 대해 예측이 가능해야 하고, 의도한 법률관계가 유효하게 실현되고 집행될 수 있을 것이라는 믿음을 주어야 한다. 이러한 문제는 결국 준거법의 문제로 귀결된다.

독일, 대만의 예처럼 상대방의 법률을 인정하는 기초 위에서 준국제사법적인 해결을 모색하는 것이 바람직하다. 개성공단의 법률체계는 사회주의 계획경제를 기반으로 한 북한법보다는 자본주의 제도인 남한법과 유사하기 때문에 일반적인 북한법을 준거법으로 삼는 것이 타당하지 않은 경우가 많을 것이다. 이를 위해 개성공단의 법규를 서둘러 정비하여야 하지만 여러 가지 한계가 있다. 따라서 당사자들 사이에 남한법을 준거법으로 하기로 하는 합의를 하는 것이 바람직하다. 그렇지 않은 경우에도 사실상 남남분쟁에 관해서는 남한법을 적극적으로 적용하는 것이 필요하다.

## 7. 신변안전 및 3통 문제의 해결

### 가. 신변안전 관련 보완

#### 1) 북측 조사권의 범위와 절차

남북 사이의 '출입체류합의서'는 '신변안전보장'에 관한 많은 내용을 담고 있으나, 다음과 같은 보완이 필요하다. 출입체류합의서에 따라 북측이 조사를 할 때 북측의 형사소송법이 적용된다. 그런데 북한 형사소송법을 적용하더라도 조사권의 범위와 행사 절차에 구체적인 제한을 가하여 남한 주민의 권리를 최대한 보장받는 것이 필요하다. 출입체류합의서도 "북측은 인원이 조사를 받는 동안 그의 기본적인 권리를 보장한다"고 규정하고 있는바, 기본적 권리의 구체적 내용에 대하여 명확한 합의를 하는 것이 필요하다. 북측이 행사할 수 있는 조사권의 범위는 경고, 범칙금 부과, 추방 여부를 판단하기 위한 최소한의 수준에 그치는 것이 바람직하다.

아울러 조사권의 내용으로 체포, 구속, 압수, 수색 같은 강제수사권이 포함되는지를 정하는 것도 중요하다. 이에 관해서는 영사 보호의 수준에 준하여 강제수사권을 부정하는 방안을 생각해볼 수 있다. 다만 범행진압을 위한 현행범 체포와 그에 수반되는 압수, 수색을 넘어서는 강제수사권은 인정하지 않는 방안, 강제수사권을 인정하되 남측 형사소송법이 보호하는 수준과 절차를 요구하는 방안이 있을 수 있다. 최소한 장기간 구속이 가능한 북한 형사소송법을 제한할 필요성이 있으며, 구속체포에 대한 적부심 절차를 비롯한 이의절차, 변호인을 선임할 권리 등을 보장하는 것이 바람직하다.

#### 2) 중대한 위반행위의 처리 문제

"남과 북이 합의하는 엄중한 위반행위에 대하여는 쌍방이 별도로 합의하여 처리한다"는 조항의 개방성과 모호성으로 인해 추후 분쟁이 해결되지 않고 갈등이 고조될 여지가 있다. 엄중한 위반행위인지에 대하여 양측이 견해를 달리할 가능성이 높고 설령 그와 같은 위반 정도의 '엄중성'에 동의한다고 하더라도 그 절차를 별도의 합의에 맡겨 둠으로써 분쟁이 해결되지 않고 방치될 여지가 많다.

출입체류합의서에서는 "남과 북이 합의하는 엄중한 위반행위에 대하여는 쌍방이 별도로 합의하여 처리한다"고 규정하였기 때문에 이에 관한 추가 합의가 필요하다. 그런데 남북 사이에 쉽게 합의할 수 없는 부분은 살인, 방화 등 같은 중대범죄가 아니라 체제를 부정하거나 모독하는 것과 같은 유형의 범죄일 것으로 추측된다. 이 경우 북측 법률에는 위반되지만 남측 법률에는 위반되지 않는 것들이 대부분이다. 북측 법률을 위반한 자를 남측이 형사절차에 부치는 것은 가능하지 않다고 판단되므로, 남북 협력사업에 참여할 권리를 박탈하거나, 개성·금강산 지구에 출입하는 것을 금하는 등의 제재를 가하는 방향으로 합의를 하는 것을 생각해볼 수 있다.

### 3) 북측이 취하는 조치의 구체적 요건 문제

북측은 법을 위반한 자에 대하여 경고, 범칙금 부과, 추방의 조치를 취할 수 있는데, 어느 경우에 어떠한 처분을 할 수 있는지 기준이 없으므로, 이를 구체화하는 합의가 필요하다. 위반 정도에 따른 제재의 수위를 경고, 범칙금, 추방으로 열거하여 한정하는 것이 바람직할 것이다. 범칙금의 액수와 상한 등도 행위 유형에 따라 명확히 할 필요가 있다. 위반행위를 한 자가 추방을 당한 경우, 위반행위가 관광특구에서 행해졌더라도 국내법 위반에 해당한다면 위반행위자는 국내 형사법에 따른 처벌을 면할 수 없을 것이다. 위반 행위자에 대한 처벌의 공백이 발생하지 않는다는 점을 들어 북한을 설득함으로써 북한이 취할 수 있는 제재를 모호하고 개방적인 상태로 두지 않도록 해야 남한 기업과 관계자, 관광객들의 신변안전을 제대로 보장받을 수 있다.

### 4) 신변안전보장 관련 협의기구

출입체류합의서 제13조에서는 "이 합의서의 해석 및 적용과 관련하여 발생하는 문제는 남북경제협력추진위원회 또는 그가 위임하는 기관에서 협의하여 해결한다"고 규정하고 있다. 그런데 신변안전 및 형사사건에 관한 문제를 남북경제협력추진위원회가 처리하는 것보다는 관련 전문가 및 당국자들을 포함하는 별도의 협의기구를 만드는 것이 바람직하다.

### 나. 3통 문제의 해결

개성공단은 서울에서 한 시간 거리이나, 출입절차가 까다롭고 제한되어 있다. 그에 따라 물리적 거리에 비해 왕래시간과 비용이 많이 든다. 개성공단을 비롯한 북한 지역은 세계에서 거의 유일하게 남한과 핸드폰이나 인터넷으로 통신할 수 없는 곳이다. 통관절차도 복잡하다. 이와 같은 3통 문제가 해결되지 않으면 개성공단의 발전은 어려울 수밖에 없다.

3통 문제의 해결을 위해서는 북한의 결단이 절대적으로 필요하다. 출입절차를 간소화하고, 24시간 수시출입시스템으로 나아가야 한다. 세관절차도 보다 간소화하고 탄력적으로 운영할 필요가 있다. 인터넷, 핸드폰 등 통신 부분도 보완이 필요하다. 이에 북한과 합의하여 개성공단의 3통 문제를 파격적으로 해결할 필요도 높다. 마치 남한의 역외가공지역으로 개성공단의 3통 문제를 해결하는 전향적 발상도 필요하다.

## IV. 개성공단 재개를 위한 남한 법제의 과제

### 1. 경협법제 개선

#### 가. 개괄

개성공단이 재개될 것을 대비하여 남한의 경협법제를 대폭 손질하여야 한다. 1990년에 만들어진 낡은 교류협력법제로는 새로운 남북관계를 뒷받침하기에 역부족이다. 「남북교류협력에 관한 법률」(이하 '교류협력법')은 1990년에 제정된 이래 부분적 수정을 거듭했을 뿐 기본적 구조와 내용에서 거의 달라진 것이 없다. 남북관계의 패러다임이 바뀐다면 낡은 현행 법제로는 대응할 수 없다. 따라서 관련 법제의 정비가 시급하다.

남북관계의 비상업적 위험에 대비하는 손실보상 및 보험제도도 마련하여야 한다. 지난 시기 우리는 남북관계 악화로 인하여 사업자의 귀책사유 없이 대북사업이 중단된 경험을 가지고 있다. 5·24 조치, 개성공단 전면중단 조치로 인하여 사업자들은 커다란 피해를 입기도 했다. 이러한 경험은 앞으로의 대북투자를 망설이게 할 것이다. 사업상 위험을 대비하기 위한 보험제도와 특히 비상업적 위험을 담보하기 위한 보증제도 및 손실보상제도를 정비하여야 한다. 이 부분은 항을 나누어 다시 설명하기로 한다.

#### 나. 교류협력법 전면개정

현재 교류협력법은 남북 간 왕래, 통신, 교역, 협력사업 등 남북 간 교류협력 전반을 규율하고 있다. 특히 문화, 관광, 보건의료, 체육, 학술, 경제 등 다양한 협력사업을 일률적으로 취급하고 있다. 교류협력법은 남북 간 교류협력을 규율하는 기본법으로서의 위상을 세우고, 특별한 규율이 필요한 분야는 단행법을 만드는 것이 바람직하다. 과거 국회에 제출된 법률안을 보면 사회문화교류, 보건의료교류 등 다양한 분야별로 개별법을 만드는 시도가 있었으나 모든 분야의 개별법을 만드는 것은 적절하지 않다.

「남북경제협력에 관한 법률」, 「남북경제특구 지원에 관한 법률」, 「북한 개발협력 및 인도적 지원에 관한 법률」을 부문법으로 만드는 방안을 고려할 수 있다. 남북경협의 경우 질과 내용이 확대될 경우 특별한 규율이 필요하다는 점에서 부문법 제정이 필요하다. 「남북경제협력에 관한 법률」에는 남북경협공사 설치, 남북경협에 관한 각종 특례와 지원제도, 북한 인프라 개발과 투자 규정을 두어야 한다.

개성공단을 포함하여 금강산관광지구, 서해경제특구 등 특구에서의 경제협력을 활성화시키기 위해서는 개성공업지구만을 위해 제정된 「개성공업지구 지원에 관한 법률」(이하 '개성공업지구지원법')을 남북경제특구 일반에 적용할 수 있는 법률인 「남북경제특구 지원에 관한 법률」로 확대할 필요가 있다.

교류협력법은 남북 간 교류협력을 촉진하고 추동하는 법률로 위상을 강화할 필요가 있다. 남북관계는 국가관계가 아니고 민족 내부의 관계이다. 남북관계는 그동안의 폐쇄적, 제한적 관계가 아닌 개방적, 적극적 관계로 변화될 가능성이 높다. 이를 고려할 때 외국과의 관계보다 남북의 교류협력 관계를 좀 더 개방적이고 자유롭게 발전시킬 필요가 있다. 나아가 교류협력을 지원하는 각종 제도를 마련하여야 한다. 교류협력법은 1990년의 상황에서 제정된 법률이므로 규제법의 성격을 가지고 있다. 규제법과 지원법의 균형, 지원법으로서의 성격 강화도 필요하다.

교류협력의 양적·질적 변화를 반영하는 규율이 필요하다. 인적 왕래와 관련하여 출입을 넘어 체류, 거주 등에 관한 규율, 우편·통신 교류에 관한 규율이 요구된다. 협력사업의 다양한 형태에 상응하는 규율, 특히 대규모 협력사업, SOC, 광산개발 등 협력사업에 관한 규율 등 양적·질적으로 변화가 예상되는 교류협력을 염두에 둔 규정을 추가하여야 한다.

다. 대규모 경협사업 관련 보완

1) 남북경협공사 설치

대만의 해기협회와 유사한 반관반민기구로 남북경협공사를 설립하는 방안을 검토하여야 한다.[9] 경제협력사업은 민간의 영역이지만, 초기에는 여러 위험과 여건 불비로 공공이 주도하는 것이 불가피하다. 개성공단은 LH공사, 금강산은 한국관광공사가 참여하였다. 기존의 공기업이 경협사업에 참여하는 것도 좋겠으나 새로운 남북관계에서 경협사업을 활발하게 모색하기 위해서는 남북경협공사를 설립하는 것이 바람직하다. 해외개발사업 등에 경험이 풍부한 전문가를 포함하고, SOC, 도시개발, 산업단지, 관광 기타 다양한 경협사업에 전문성을 가진 사람들로 공사를 구성하여야 한다. 전문적 경협공사가 북한 투자 및 경협사업을 전문적으로 추진하거나 지원하는 것이 효과적이다.

특히 남북관계는 정치환경 변화에 많은 영향을 받으므로 정치적으로 독립적인 교류협력창구가 필요하고, 이를 통해 비효율성, 예측불가능성의 문제점을 극복하는 것이 바람직하다. 한편 북한의 남북경협 대남창구인 조선아시아태평양평화위원회(아태)와 민족경제협력련합회(민경련)에 상응하는 기구의 필요성도 존재한다.

2) 북한지역 사회기반시설 개발과 투자 규정 신설

남북관계가 개선되면 철도, 도로, 공항, 항만 등 사회기반시설 개발 및 투자가 선행되어야 한다. 사회기반시설(인프라)은 남북경협이 활성화되기 위한 기초이지만, 수익성을 예측하기 어려운 북한에서는 민간자본의 투자 또는 참여가 쉽지 않다. 그런데 현행 교류협력법은 북한지역 인프라 구축 및 투자에 관한 특별한 규정을 두고 있지 않다. 개성공업지구지원법에 산업단지 개발을 위한 지원규정을 두고 있을 뿐이다.[10]

---

9) 최명길, "양안의 교류협력기구가 남북한에 주는 시사점", 9-10쪽, 15-16쪽, 현대법학의 발자취와 새지평(2006).
10) 제6조(개성공업지구의 개발에 대한 지원) ① (생략)

② 개성공업지구의 원활한 조성을 위하여 필요한 도로, 용수, 철도, 통신, 전기 등 기반시설은 정부 또는 「산업입지 및 개발에 관한 법률」 제29조 제1항에 따라 해당 시설을 공급하는 자가 우선적으로 지원할 수 있다. 다만, 정부가 지원하는 기반시설은 개성공업지구 개발업자에게 위탁하여 설치할 수 있다.

③ 정부는 제1항 및 제2항에 따른 지원을 함에 있어서 「산업입지 및 개발에 관한 법률」 제28조 제1항 단서, 제29조 및 제46조에 따른 비용부담, 시설지원 및 자금지원을 할 수 있다. 이 경우 개성공업지구를 「산업입지 및 개발에 관한 법률」 제2조 제8호 가목에 따른 국가산업단지로 본다.

한국에서는 「사회기반시설에 대한 민간투자법」(이하 '민간투자법')이 있어서 도로, 택지, 상하수도, 공항, 항만 같은 사회기반시설의 건설에 민간투자를 유치하기 위한 각종 장치와 제도를 마련하고 있다. 민간투자사업 모델로는 민간투자로 사회기반시설을 건축하고 일정 기간 운영하여 투자금을 회수한 후 소유권을 이전하는 BOT 방식, 준공과 동시에 소유권을 당국에 이전하되 사업시행자가 일정 기간 시설을 관리운영하거나 임차하는 BTO 또는 BTL 방식 등의 다양한 유형이 있다.

북한도 사회기반시설의 민간투자를 유입하기 위하여 라선경제무역지대법에서 BOT 모델을 법규화하였고,[11] 이를 경제개발구법으로 확대하였다. 즉, 특별허가를 통하여 기업이 하부구조 및 공공시설을 건설built하고 경영operation하며 경영기간 종료 후 이관transfer하는 제도를 도입한 것이다. 대상시설은 전기, 난방, 가스, 오수처리, 오물처리, 도로, 다리 같은 하부구조와 공공시설이고, 민간의 투자금 회수방법은 수익금, 정부보조금, 기타 방식(광산개발권을 반대급부로 제공한 사례도 있음)을 인정하고 있다.

다만 북한 당국의 수익성 보장과 담보가 충분하지 않거나 신뢰하기 어려운 상태에서 북한지역 인프라 개발에 민간의 투자를 유인하는 것은 쉽지 않을 것이다. 따라서 민간이 북한지역에서 사회기반시설과 관련한 경제협력사업을 하는 경우 특별규정을 두어 규제와 촉진을 별도로 할 필요가 있다.

이를 위해 민간투자법을 준용하거나 일부 조항을 교류협력법에 마련하여 북한지역 사회기반시설 투자를 촉진하고, 그에 따른 지원을 하는 범위에서 규제장치도 만들 필요가 있다. 예컨대, 민간투자사업자금이 원활하게 조달될 수 있도록 설립한 산업기반신용보증기금의 보증대상에 북한지역 민간투자사업을 포함시키는 방안, 민간투자사업의 추진에 필요한 재원 조달 또는 민간투자사업으로 인한 채무 상환을 위하여 발행을 인정하는 '사회기반시설채권'을 북한 사업을 위해서도 남한에서 발행할 수 있도록 허용하는 방안, 민간투자를 촉진하기 위하여 마련한 공공부분 출자 및 각종 지원제도를 북한지역 민간투자사업에 적용하는 방안 등을 검토할 수 있다.

---

④ 통일부장관은 「산업입지 및 개발에 관한 법률」 제2조 제9호에서 정한 산업단지 개발 사업 이외의 사업을 시행하는 자에게 제2항의 기반시설에 지원된 비용을 시설부담금으로 납부하게 할 수 있다.

11) 라선경제무역지대법 개발규정 제4장에서 8개의 조문을 두고 있다. 특별허가경영의 범위, 특별허가경영계약, 투자금의 회수, 계약이행담보, 특별허가경영권의 제한, 변경과 취소, 보호, 이관 등이 그것이다.

## 2. 손실보상제도 도입

### 가. 손실보상의 필요성

지난 시기 정부의 5·24 조치 및 개성공단 전면중단 조치로 인하여 손해를 입은 경협기업들이 정부를 상대로 손해배상청구를 한 바 있으나, 법원은 위법성이 없다면서 손해배상청구를 기각하였다.[12] 이처럼 정부의 조치로 인하여 사업을 중단하게 된 경우 국가배상청구의 대상이 되지는 않는다고 하더라도, 정부의 적법한 행위로 인하여 손실을 본 자에게 손실보상은 가능하다.

헌법 제23조 제3항은 "공공필요에 의한 재산권의 수용·사용 또는 제한 및 그에 대한 보상은 법률로써 하되, 정당한 보상을 지급하여야 한다"고 규정하고 있다. 공공의 이익을 위해 적법한 공권력을 행사하였으나, 그로 인하여 재산권의 제한 등 피해를 입은 경우에 손실보상을 하도록 한 것이다.

만일 남북경협기업이 단순히 북한의 태도 변화나 행위로 인하여 손실을 보았다면, 남한 정부를 상대로 손실보상을 구할 수는 없을 것이다. 그런데 5·24 조치 및 개성공단 폐쇄조치는 북한의 천안함 도발 또는 핵실험 등을 계기로 한 것이지만, 남한 당국의 정책적 판단에 따른 조치로 인하여 희생을 보게 된 것이다. 따라서 손실보상의 대상이 될 수 있다고 본다. 특히 지난 정부는 남북 간 교류협력을 권장하였고 각종 지원을 아끼지 않았기 때문에, 이러한 신뢰에 기초하여 경협사업을 한 국민이 자신의 귀책사유 없이 재산상 손실을 보았다면 보상을 하는 것이 앞으로의 남북관계 발전을 위해서도 바람직하다.

---

12) 재판부는 ① 5·24 조치는 북한과의 군사적 대치상태에서 천안함 침몰 사건이 발생하자 더 이상 북한의 안보위협과 군사도발을 좌시할 수 없다는 판단 아래 이루어진 피고의 고도의 정치적 행위인 점, ② 특히 5·24 조치는 천안함 침몰사건 이후 남북 간 극도의 긴장국면에서 전격적으로 이루어진 것으로서 피고의 일반 행정작용과 동일하게 보기 어려운 점, ③ 나아가 원고는 대한민국과 군사적 대치관계에 있는 북한 내 업체와 계약을 체결하였으므로 남북관계의 경색에 따라 불측의 손해가 발생할 수 있음을 충분히 예상하였고, 그럼에도 원고 자신의 경제적 이익을 위하여 이를 감수하였다고 보이는 점, ④ 피고는 5·24 조치로 인하여 피해를 본 남북교역업체를 위하여 중소기업청의 일시적 경영애로자금 지원대상에 대북경협업체를 포함시켰고, 남북협력기금에서 특별경제교류협력자금을 조성하여 한국수출입은행의 특별대출을 실시하기도 한 점, ⑤ 피고의 정치적 판단에 따라 개성공단 이외의 업체에 대해서만 5·24 조치를 한 것으로 이와 같은 피고의 조치가 평등원칙에 위반하여 위법하다고 보기는 어려운 점 등을 논거로 제시하고 있다.

## 나. 손실보상 법제화 방안

손실보상은 법률에 근거를 두어야 한다. 남북협력기금법에는 기금의 용도로 손실보상을 추가하고, 손실보상의 요건과 절차, 효과는 교류협력법에 규정하는 것이 바람직하다. 손실보상 조문은 「공익사업을 위한 토지 등의 취득 및 보상에 관한 법률」(이하 '공익사업법')을 비롯한 다른 법률을 참고하면 될 것이다.

손실보상의 대상에 북한의 행위로 인한 손실은 제외되고(이 경우 경협보험으로 담보될 수 있음), 남한의 공권력 행사로 인한 손실만 포함된다. 보상의 범위는 헌법이 규정하고 있는 정당보상(완전보상)으로 하고, 공익사업법을 참조하여 정하면 될 것이다. 특히 영업손해의 경우 범위를 명확히 하고 제한할 필요가 있다(공익사업법의 예 참조: 2년 이내의 기간, 특정한 항목에 대해서만 보상).

## 3. 경협보험제도의 정비

### 가. 경협보험의 개요와 문제점

남북협력기금법은 "교역 및 경제 분야 협력사업 추진 중 대통령령으로 정하는 경영외적인 사유로 인하여 발생하는 손실을 보상하기 위한 보험"을 기금의 용도로 규정하고 있다(제8조 제4호). 시행령은 보험금 지급요건이 ① 북한 내 투자자산의 몰수 또는 그 권리에 대한 침해, ② 북한 당국에 의한 환거래 또는 물품 등의 반출입 제한, ③ 남한 당국과 북한 당국 간 합의의 파기 또는 불이행, ④ 조약 등 국제법규에 따른 의무이행을 위한 남한 당국의 조치, ⑤ 그 밖에 경영 외적인 사유 중 협의회의 의결을 거쳐 통일부장관이 고시한 사유로 인하여 사업 수행이 불가능하거나 일정 기간 동안 사업이 정지되어 발생한 손실을 보상하기 위한 경우로 한정된다고 명시하고 있다. 현재 남북교역·경협보험 업무는 수출입은행이 정부의 위탁을 받아 처리하고 있다.

남북교역·경협보험(이하 '경협보험')의 문제점으로는 우선 법률에서 남북협력기금의 용도 부분에서 규정하고 있을 뿐 보험의 요건과 효과에 관한 규정을 두고 있지 않다는 점이다. 이는 무역보험 등 다른 공보험과 구별되는 지점이다. 남북경협보험이 담보하는 위험이 제한되어 있는 것도 문제이다. 즉, 수용위험, 송금위험, 전쟁위험, 약정불이행위험, 불가항력위험으로 담보하는 위험의 범위가 한정되어 있다. 나아가 남북경협보험은 담보위험이 발생한 경우에도 투자금 전액에 해당하는 보험금을 지급하는 것은 아니다. 원칙적으로 70억 원을 최고한도로 하고 부보율도 개성공단은 대북투자금의 90%까지, 나머지는 70%만 인정된다. 더욱이 보험가입이 당사자의 임의에 맡겨져 있어서 영세한 경협사업자들은 보험가입을 하지 않는 경우가 허다하다. 개성 이외의 지역은 실무상 보험자 대위 서류가 미비하다는 이유로 보험가입이 안 된 적도 있었다.

### 나. 보험제도 개선방안

#### 1) 법적 근거 마련

법률에 경협보험의 구체적인 근거를 마련할 필요가 있다. 기존의 경협보험은 주로 통일부 고시에 의하여 구체적인 내용과 절차가 규율되고 있는데, 고시로 보험의 내용, 보험료, 보험금 지급요건 등을 규율하는 것은 공보험의 성격상 적절하지 않다. 공보험인 산업재해보상보험, 의료보험 등은 모두 특별법에 그 근거를 두고 있다. 특히 경협보험과 유사한 무역보험도 무역보험법에 구체적인 내용을 마련하고 있다.

#### 2) 보장범위 확대

보험금을 자산기준이 아닌 장기차입금과 등록자본금만을 기준으로 산정하기 때문에 기계설비 등 대규모 장치산업을 투자한 기업들은 실제 기업가치에 비하여 낮은 수준의 보장을 받을 수밖에 없다. 아울러 휴업손실 위험은 보장되지 않는다. 이러한 낮은 보장과 범위의 한계는 남북협력기금이 매우 부족하고, 그 재원이 정부보조금에 의존하고 있는 등의 원인에 기인한다. 보험이라는 이름을 붙이고 있지만 실은 손실보조제도라고 평가될 정도이다. 남북협력기금의 확충과 보험제도 개선에 대한 근본적인 논의가 필요하다.

관련하여 무역보험 활용도 고려해야 한다. 교류협력법은 이미 경협사업 및 교역에 관하여 무역보험법을 준용하도록 하고 있다(제26조 제3항). 따라서 무역보험은 북한과의 교역(반출입)에 관해서도 활용될 수 있다고 본다. 1990년 당시 상공부는 '남북교역 지원을 위한 수출보험 인수방침'을 만들기도 했다. 현재 무역보험 기금의 규모는 3조 원대로 남북협력기금의 자산보유액에 비하여 훨씬 큰 규모이다.

### 3) 책임보험화

강제보험을 고려해야 한다. 자동차보험 중 책임보험 등과 같이 경협사업에 대해서는 보험가입을 강제하는 방법이다. 강제보험으로 할 경우 보험료를 낮추는 대신, 부보율과 보상범위는 현재보다 낮추고 나머지 위험은 무역보험이나 사보험을 통해 보완하는 것을 검토할 수 있다. 즉, 강제보험화를 위해서는 '공보험'뿐 아니라 국가재보험으로 위험이 분산되는 '사보험' 등 다양한 보험상품과 보험조건이 개발되어야 한다. 아울러 보험료를 부담하기 어려운 영세사업자에 대한 지원제도를 함께 고려해야 한다.

### 4) 사보험과 국가재보험 도입

사보험을 도입하고 국가재보험제도를 활용할 필요가 있다.[13] 남북 간 정치적, 군사적 불투명성이 해소되고, 북한이 국제사회에 편입된다면 위험의 측정과 예측이 가능해져 민간보험회사의 참여도 가능해질 것이다. 결국 보험시장을 만들기 위해서는 제도의 안정성을 통한 위험의 감축, 보험시장의 육성 등이 전제되어야 한다.

국가재보험이란 거대한 비상위험이 발생하는 경우 보험사업자가 부담하는 위험의 일부를 정부가 인수하는 재보험제도를 말한다. 일본의 지진보험, 영국의 테러보험이 국가 재보험제도를 마련하고 있고, 우리나라에서는 농어업재해보험에서 국가재보험제도가 활용되고 있다. 국가재보험은 사보험 시장을 형성하는 데도 도움이 될 것이다.


## V. 결론

개성공단은 남북이 공동으로 조성한 공단으로 남한의 주요 법제가 이식된 곳이다. 주식회사 제도, 기업제도, 부동산제도 등 법적 진전과 성과가 있지만, 법제의 공백이 크고 북한의 일방적 변경가능성 등 유동성이 있으며 가장 중요한 분쟁해결수단을 마련하지 못했다. 신변안전의 문제, 3통의 문제 등도 미흡했다.

개성공단이 재개되어 더 많은 투자가 이루어지고, 외국자본도 들어오려면 무엇보다 기존의 개발모델을 재검토하여야 한다. 신의주 또는 쑤저우 모델을 참조하여 새로운 모델을 세울 필요가 있다. 다음으로 법적 예견가능성과 안정성을 확보하는 것이 중

---

13) 김주연, "개성공단 입주기업 투자보장을 위한 경협보험 개선방안 검토", 통일과 법률 제6호(2011).

요하다. 개성공단이 법의 지배에 따라 움직이고, 국제적 수준으로 법률이 정비된다면 국제적 공단으로 발전할 경쟁력을 갖추고 있다. 이를 위해 합리적이고 예측가능한 입법절차와 남북 간의 합리적 거버넌스, 분쟁해결절차 등을 수립하는 것이 필요하다. 나아가 남한의 경협법제도 대폭 개선해야 한다. 이러한 과제들을 해결하는 것은 개성공단 재개를 위한 중요한 토대가 될 것이다. 이를 통해 개성공단을 남북의 상생모델로 국제적 공단으로 발전시켜 나갈 수 있을 것이다.

# 참고문헌

김주연, "개성공단 입주기업 투자보장을 위한 경협보험 개선방안 검토", 통일과 법률 제6호(2011).

김현정, "개성공단 재개 가능성을 둘러싼 정치경제", 세계지역연구논총 제37집 3호(2019).

박정원·박민, "개성공단의 법제도 개선 과제", 법학논총 제27권 제2호(2014. 10).

배국열, "개성공단 가동중지로 본 법제도 보완방안 고찰", 북한학연구 제9권 제1호(2013. 8).

법무법인(유한) 지평, "개성공업지구 신소세칙안 작성 및 행정구제절차 검토", 통일부 연구용역보고서(2008).

법무법인(유한) 지평, "개성공업지구 행정제재에 대한 구제제도 개선방안 정책 연구", 통일부 연구용역보고서(2012).

법무법인(유한) 지평, "소주공업원구 법제에 관한 연구", 통일부 용역보고서(2006).

법무법인(유한) 태평양, "개성공단 법체계 분석 및 합리적 운영방향 연구", 통일부 연구용역보고서(2014).

법무법인(유한) 태평양, "개성공단 운영경험에 기초한 법·제도·기준 개선방안", 통일부 연구용역보고서(2013).

유욱, "개성공단 법제의 현황 및 개선과제: 하위입법(사업준칙)을 중심으로", 남북교류와 관련한 법적 문제점 (6)(2007).

이효원, "개성공단 재개에 관한 법적 쟁점", 통일과 법률 제31호(2017).

임성택, "개성공단 법제도의 한계와 과제", 헌법과 통일법 제6호(2015. 12.).

임성택, "개성공업지구 분쟁해결을 위한 사법제도", 통일과 법률 제6호(2011. 5.).

정웅기, "개성공업지구에서의 투자분쟁해결", 저스티스 통권 제171호(2019).

최명길, "양안의 교류협력기구가 남북한에 주는 시사점", 현대법학의 발자취와 새지평(2006).

허인, "개성공업지구의 법제 현황과 과제", 통일과 법률 제4호(2010. 11.).

# 국제물품매매협약<sup>CISG</sup>과 베트남법의 비교*

최창민

## 목 차

---

* 이 글은 국제거래법학회의 『국제거래법연구』 제29권 제1호(2020. 7.)에 게재된 논문이다.

초록

베트남은 2015. 12. 18. 「국제물품매매계약에 관한 국제연합협약」(이하 '협약')에 가입하였고, 협약은 베트남에서 2017. 1. 1. 발효하여 베트남 법질서의 일부가 되었다. 협약의 체약국이 되어 협약이 발효하면 국제물품매매계약은 대부분 협약의 적용을 받게 된다고 보아야 한다. 그런데 베트남에서 주로 국내거래에 적용되는 베트남법(특히 민·상법)과 협약 사이에는 차이점이 적지 않다. 우리 기업의 베트남에 대한 투자와 교역이 날로 증대되는 상황에서, 협약과 베트남법의 유사점과 차이점을 비교하는 작업은 의미가 있을 것이다. 이 글은 양자의 주요한 특징을 개괄적으로 비교한다.

이 글의 구체적인 논의 순서는 아래와 같다. 첫째, 협약과 베트남법의 적용 문제에 관하여 검토한다(Ⅱ). 협약의 직접적용과 간접적용에 대하여 설명하고, 협약과 베트남법의 관계, 민법과 상법의 적용범위에 관하여 정리한다. 둘째, 협약이 규율하는 주요 사항에 대한 협약과 베트남법의 규정을 비교한다(Ⅲ). 계약의 해석, 관행과 관례, 계약의 성립, 매도인의 의무, 매수인의 의무, 본질적 계약위반, 계약위반의 구제수단, 면책, 위험의 이전, 물품의 보관에 대한 협약과 베트남 민·상법 규정을 그 차이점을 중심으로 비교한다. 셋째, 협약의 흠결에 대한 베트남 민법상 국제사법규칙의 준거법 결정원칙과 베트남법이 보충적 준거법이 되는 경우의 적용 규정을 살펴본다(Ⅳ). 계약의 유효성, 물품의 소유권 이전, 제조물책임, 시효, 위약벌 및 손해배상액의 예정, 이자율, 통화와 함께, 베트남은 협약상 방식자유의 원칙에 대한 유보 선언을 하였으므로 계약의 방식을 다룬다.

협약과 베트남법의 차이점은, 협약은 국제물품매매계약에 적용되는 반면에, 민·상법은 주로 국내거래를 규율하고 물품매매계약 이외의 다양한 계약 유형에 적용된다는 사실에서 주요하게 기인하였을 것이다. 양자의 차이점에 대하여 익숙하지 않은 당사자는 협약의 적용을 배제하기로 합의할 수도 있을 것이다. 그러나 협약은 베트남 민·상법에 비하여 국제물품매매의 성격을 충실하게 반영하고 있으므로, 협약을 배제하지 않음으로써 더욱 합리적이고 공정하며 예측가능한 규율을 기대할 수 있을 것이다.

## I. 머리말

「국제물품매매계약에 관한 국제연합협약United Nations Convention on Contracts for the International Sale of Goods, CISG」(이하 '협약')1)은 1980. 4. 11. 비엔나외교회의에서 채택되었고, 1988. 1. 1.

---

1) 베트남어로는 "Công ước Mua bán Hàng hoá Quốc tế của Liên hợp quốc"으로 번역되며, 베트남에서는 주로 "1980년 비엔나협약(Công ước Viên 1980)"이라고 일컫는다.

10개국이 가입함으로써 발효하였다.[2] 2020. 6. 기준으로 한국, 베트남, 미국, 중국, 일본, 독일, 프랑스, 북한 등 93개국(영국 제외)이 협약의 체약국이다.[3] 협약은 국제매매계약을 규율하는 통일적인 규범으로서 국제상거래를 증진하는 가장 성공적인 조약으로 평가받고 있다.[4]

베트남은 2015. 12. 18. 협약에 가입하였고, 협약은 베트남에서 2017. 1. 1. 발효하여 베트남 법질서의 일부가 되었다.[5] 협약의 체약국이 되어 협약이 발효하면 국제물품매매계약은 대부분 협약의 적용을 받게 된다고 보아야 한다.[6] 베트남기업과 거래하

---

2) 협약의 성립경과는 John O. Honnold, Uniform Law for International Sales under the 1980 United Nations Convention Third Edition, Kluwer Law International, 1999, §4 이하 참조. 이 책을 "Honnold"라고 인용한다.

3) "Status: United Nations Convention on Contracts for the International Sale of Goods (Vienna, 1980) (CISG)", 국제연합 국제무역법위원회(United Nations Commission on International Trade Law)(이하 'UNCITRAL') 웹페이지, https://uncitral.un.org/en/texts/salegoods/conventions/sale_of_goods/cisg/status (2020. 6. 15. 방문) 참조.

4) Surya P. Subedi (eds.), Giáo Trình Luật Thương Mại Quốc Tế, Nhà Xuất Bản Thanh Niên, 2017, p.947(Ho Thuy Ngoc 집필부분).

5) 베트남 정부는 협약에 가입하기 십여 년 전부터 협약 가입 필요성에 대하여 지속적으로 연구·조사하였다. 베트남 무역부(현 산업무역부)는 2006년에 유럽연합 집행위원회(European Commission, EC) 및 국제무역센터(International Trade Centre, ITC)와 협력하여 '베트남 다자무역법제 개선(Nâng cấp hệ thống pháp lý thương mại đa phương của Việt Nam)' 프로젝트를 진행하였다. 국제무역에서 통상적으로 적용되는 다자조약의 역할과 영향에 대하여 연구한 결과, 협약이 가장 중요한 다자조약 중의 하나이므로 베트남이 협약에 조속히 가입할 것이 권고되었다. 베트남 산업무역부는 수상의 지시에 따라 2011년부터 협약 가입에 관한 전면적 연구를 진행하는 한편 재계, 변호사, 중재인, 전문가 등을 대상으로 협약 가입 필요성에 관하여 조사하였는데 70% 이상의 기업과 90% 이상의 변호사 및 전문가가 베트남이 조속히 협약에 가입해야 한다고 응답하였다. 베트남 정부는 2015. 4. 22. 국회 상임위원회에 제출한 보고서에서, 베트남의 협약 가입이 법률적·실무적 측면에서 중요하고 국제통합정책의 실현과 경제·무역관계의 발전에 기여할 수 있다고 평가하면서, 국회 상임위원회에 베트남의 협약 가입에 대하여 동의할 것을 제안하였다. Chính Phủ(베트남정부), Tờ Trình về Việc Gia Nhập Công Ước Viên Năm 1980 của Liên Hợp Quốc về Hợp Đồng Mua Bán Hàng Hóa Quốc Tế (173/TTr-CP), 2015. 4. 22., p.2. 한편 베트남상공회의소 국제무역정책자문위원회는 2013년에 발간한 연구보고서에서, 협약의 가입이 베트남 법체계에 미칠 혜택으로 ① 세계의 많은 국가들과 베트남의 국제물품거래에 관한 법제를 통합하는 데에 도움이 되고, ② 무역에 관한 다자간 국제조약 가입 경과의 새로운 이정표로서 베트남의 통합 수준을 증진하며, ③ 베트남의 물품매매에 관한 법률, 특히 국제물품매매에 관한 법률을 개선하고, ④ 국제물품매매계약에서 발생하는 분쟁해결의 규준이 될 것이라는 점을 들었다. Phòng Thương mại và Công nghiệp Việt Nam(VCCI, 베트남상공회의소), Đề xuất Việt Nam gia nhập Công ước Viên về hợp đồng mua bán hàng hóa quốc tế, 2013, p.33.

6) 다만 협약은 ① 개인용, 가족용, 가정용으로 구입된 물품의 매매, ② 경매에 의한 매매, ③ 강제집행 그 밖의 법령에 의한 매매, ④ 주식, 지분, 투자증권, 유통증권, 통화의 매매, ⑤ 선박, 소선, 부선, 항공기의 매매, ⑥ 전기의 매매에는 적용되지 않는다(협약 제2조). 또한 협약은 제작물공급계약에 적용되지만, 매수인이 제조·생

는 한국기업이나 한국기업이 베트남에 설립한 외국인투자기업은 종래에 국제물품매매계약을 체결하면서 베트남법을 준거법으로 지정하는 경우가 많았는데, 베트남에서 협약이 발효함에 따라 이러한 계약에 협약이 적용될 가능성이 매우 높아졌다. 그런데 베트남에서 주로 국내거래에 적용되는 베트남법(특히 민·상법7)8)과 국제물품매매에 적용되는 협약 사이에는 유사점도 많지만 차이점 또한 적지 않다. 우리 기업의 베트남에 대한 투자와 교역이 날로 증대되는 상황에서,9) 양자의 유사점과 차이점을 비교하는 작업은 의미가 있을 것이다.

협약이나 베트남법에 대한 전반적인 검토는 많은 시간과 연구가 필요하므로, 이 글에서는 양자를 개괄적으로 검토하여 주요한 특징을 비교하고자 한다. 이 글의 구체적인 논의 순서는 다음과 같다. 우선 국제물품매매계약에 대한 협약의 적용원칙과, 협약과 베트남법의 관계, 베트남 민법과 상법의 관계를 검토한다(Ⅱ). 이어서 협약이 규율하는 주요 사항에 대한 협약과 베트남법의 규정을 대체로 협약의 편제에 따라 그 차이점을 중심으로 비교한다(Ⅲ). 마지막으로 협약이 규율하지 않는 주요 사항에 대한 베트남 국제사법규칙의 준거법 결정원칙과, 이러한 사항에 대하여 베트남법이 준거법이 되는 경우의 적용 규정을 설명한다(Ⅳ).

---

산에 필요한 재료의 실질적 부분을 제공한 경우에는 적용되지 않으며(협약 제3조 제1항), 매도인의 의무의 주된 부분이 노무나 서비스의 공급에 있는 혼합계약에도 적용되지 않는다(협약 제3조 제2항).

7) 현행 베트남 민법(Bộ luật dân sự, 법률번호: 91/2015/QH13)(이하 '베트남 민법', '2015년 민법', '민법')은 2015. 11. 24. 공포되고 2017. 1. 1. 발효하였다. 현행 베트남 상법(Luật Thương mại, 법률번호: 36/2005/QH11)(이하 '베트남 상법', '상법')은 2005. 6. 14. 공포되고 2006. 1. 1. 발효하였다.

8) 이 글에서 베트남법 조문은 국문으로 번역하여 인용하였다. 베트남법 조문을 번역할 때에는 협약(국문번역)이나 우리법의 상응하는 개념에 대한 용어를 사용하였다. 이것이 여의치 않거나 달리 필요하다고 판단한 경우에는 주로 베트남어 어원인 한자를 직역하였고 일부는 의역하였다. 베트남법 조문은 베트남어 원문과 함께 'Thư Viện Pháp Luật(https://thuvienphapluat.vn)'과 'Vietnam Laws Online Database(https://www.vietnamlaws.com)'의 영어번역(비공식본)을 참조하였다. 협약의 국문번역은 최흥섭, 국제물품매매계약에 관한 유엔협약해설, 법무부, 2005를 참조하였다.

9) 2019년 상반기 기준으로 베트남은 한국의 4위 교역국, 3위 수출대상국, 5위 수입대상국으로 직전 5년 동안 그 순위가 지속적으로 상승하였다. 1988년부터 2019년 상반기까지 기간 동안의 누계 기준으로 한국은 베트남의 1위 투자국이며 2위인 일본, 3위인 싱가포르와 격차를 유지하고 있다. KOTRA, 2020 국별 진출전략 - 베트남, 2020, 61쪽 이하.

## II. 협약과 베트남법의 적용

### 1. 협약의 직접적용

협약은 영업소[10]가 서로 다른 체약국에 있는 당사자들 간의 물품매매계약에 적용된다(협약 제1조 제1항 제a호).[11] 이를 협약의 직접적용이라고 한다. 예컨대 한국기업과 베트남기업 간의 물품매매계약의 경우 당사자의 소재지가 모두 체약국이므로 당사자가 협약의 적용을 배제하지 않으면 원칙적으로 협약이 적용된다. 협약이 직접적용되는 경우 가령 법정지의 국제사법에 의하면 비체약국법이 매매계약의 객관적 준거법이 되더라도 협약이 적용된다. 적용범위에 관한 협약의 규정이 적용되는 범위 내에서는 통상적인 국제사법은 배제되기 때문이다.[12]

협약이 직접적용되어야 하는 경우에도 당사자는 협약의 적용을 배제할 수 있다(협약 제6조). 협약은 당사자가 협약을 묵시적 합의에 의하여 배제할 수 있는지에 관하여 규정하지 않고 있으나, 협약 자문회의CISG Advisory Council는 CISG-AC 의견 제16호에서 비체약국법의 선택, 명시적인 국내법령의 선택의 경우에 당사자 쌍방의 명확한 협약 배제의사를 유추할 수 있다고 보았다.[13] 가령 국제물품매매계약의 당사자가 영국법 같은 비체약국의 법을 계약의 준거법으로 지정한 경우에 그 계약에 대해서는 협약이 적용되지 않는다. 또한 당사자가 '베트남의 민·상법'과 같이 체약국의 실질법을 계약의 준거법으로 지정한 경우에도 협약이 적용되지 않는다. 반면에 당사자가 '베트남법'과 같이 체약국의 법을 준거법으로 지정하는 경우에는 협약의 적용이 배제되지 않는다.

---

10) 협약은 '영업소(place of business)'를 정의하지 않는다. 영업소는 일회적인 계약체결장소나 협상장소가 아니라, 영속적이고 안정적인 사업조직을 의미하는 것이라고 보아야 한다. 영업소는 사업체의 본점만을 의미하는 것은 아니며, 지점, 대리점 같은 종속적인 사업장소를 의미할 수 있다. C.M. Bianca/M.J. Bonell (eds.), Commentary on the International Sales Law – The 1980 Vienna Sales Convention, Giuffrè, 1987, Art. 1 para. 2.3(Jayme 집필부분). 이하 "Bianca/Bonell/집필자"로 인용한다.

11) 협약의 적용은 영업소가 서로 다른 체약국에 있을 것을 요구할 뿐이며, 이는 계약의 성립과 실행이 단일한 국가에서 이루어지고, 심지어 그 국가가 체약국이 아닌 경우도 포함한다. Peter Schlechtriem, Uniform Sales Law: The UN-Convention on Contracts for the International Sale of Goods, Manz, 1986, p.27. 이하 "Schlechtriem"으로 인용한다.

12) 석광현, "국제물품매매협약과 국제사법", 238쪽, 서울대학교 법학 제50권 제3호(2009).

13) CISG-AC Opinion No. 16, Exclusion of the CISG under Article 6, Rapporteur: Doctor Lisa Spagnolo, Monash University, Australia. Adopted by the CISG Advisory Council following its 19th meeting, in Pretoria, South Africa on 30 May 2014.

협약은 체약국의 법의 일부로서 체약국의 민·상법에 대한 특별법이기 때문이다.[14]

당사자는 계약의 방식에 관한 규정에 따를 것을 조건으로 하여 협약의 어떠한 규정에 대하여도 그 적용을 배제하거나 효과를 변경할 수 있다(협약 제6조).[15] 당사자가 협약의 특정조항만을 배제한 경우에는 그 부분을 곧바로 법정지의 국제사법에 따라 결정되는 준거법에 의하여 보충할 것이 아니라 협약 제7조에 따라 일차적으로 협약의 기초를 이루는 일반원칙[16]에 의하고, 그 원칙이 없는 경우 국제사법에 의하여 결정되는 준거법에 따라 해결하여야 한다.[17]

## 2. 협약의 간접적용

협약은 법정지의 국제사법규칙에 의하여 영업소가 서로 다른 국가에 있는 당사자 간의 물품매매계약에 체약국법이 적용되는 경우에도 적용된다(협약 제1조 제1항 제b호). 이를 협약의 간접적용이라고 한다. 다만 어떤 국가든지 비준서, 수락서, 승인서 또는 가입서를 기탁할 때, 협약 제1조 제1항 제b호에 구속되지 않는다는 취지의 선언을 할 수 있다(협약 제95조).[18] 이러한 유보선언을 한 국가의 법원에서는 협약 제1조 제1항

---

14) 석광현(註12), 239쪽.

15) 가령 당사자가 「국내 및 국제 무역조건의 사용을 위한 국제상업회의소 규칙(ICC Rules for the Use of Domestic and International Trade Terms, Incoterms)」(이하 'Incoterms')을 적용하기로 합의한 경우에 위험의 이전에 관한 협약의 규정은 배제된다.

16) 협약의 일반원칙이 무엇인지에 관하여는 다양한 견해가 있다. 당사자 의사의 우위(협약 제6조), 관행의 고려(협약 제9조), 방식의 자유(협약 제11조), 권리남용금지를 포함하는 신의성실의 원칙(협약 제7조) 등이 협약의 일반원칙에 포함될 수 있을 것이다. 석광현, "국제물품매매협약 가입과 한국법에의 수용", 51쪽, 상사법연구 제21권 제2호(2002). 그 밖에 계약체결 후 통지의 발신주의, 연체 시 이자지급의무의 발생을 일반원칙으로 들고, 개별조항으로부터 도출되는 원칙으로 합리성의 원칙(협약 제18조 제2항 등), 상대방이 합리적으로 의존한 표시에 모순되는 행위 금지의 원칙(협약 제16조 제2항 제b호 등), 'favor contractus'(가능한 한 계약의 유효한 존재를 선호하는 원칙)(협약 제19조 제2항 등), 협력의무(협약 제32조 제3항 등), 손해경감 원칙(협약 제77조 등)을 열거하기도 한다. Bianca/Bonell/Bonell(註10), Art. 7 para. 2.3.2.2. Honnold는 상대방의 표시에 대한 신뢰, 상대방에 대한 필요한 정보의 통지, 손해경감의 의무 등을 일반원칙으로 열거한다. Honnold(註2), §99 이하.

17) 당사자가 협약의 특정조항만을 배제한 경우에 이를 대체할 규정은 근본적으로 당사자의 의사에 따라 판단해야 할 것이다. 그러나 당사자의 의사가 확실하지 않은 경우에 당사자가 적용이 배제된 협약의 규정을 규율 내용이 상이한 국내법 규정으로 대체하려 했다고 당연히 전제할 수는 없을 것이다. 따라서 원칙적으로 협약에 의한 법률 흠결의 보완을 규정하는 협약 제7조에 따라 협약의 일반원칙으로 흠결된 부분을 보완해야 할 것이다. 이기수·신창섭, 국제거래법, 제7판, 37쪽, 세창출판사(2019).

18) 1980년 외교회의에서 일부 대표들은, 국제사법규칙이 계약의 성립과 이행의 다양한 측면에 대하여 서로 다

제a호에 따라 영업소가 서로 다른 체약국에 있는 당사자들 간의 물품매매계약의 경우에만 협약이 적용된다.

　미국, 중국, 싱가포르 등은 협약 제95조에 따른 유보를 하였지만, 베트남은 우리나라와 마찬가지로 유보를 하지 않았다. 따라서 가령 2020. 6.을 기준으로 협약에 가입하지 않은 영국, 인도, 태국, 말레이시아, 인도네시아 등의 기업과 베트남기업이 물품매매계약을 체결하는 경우, 법정지의 국제사법규칙에 의하여 결정된 준거법이 베트남법이면 협약이 적용되고 준거법이 비체약국법이면 협약이 적용되지 않는다. 즉, 유보하였을 경우와 비교하여 베트남에서 협약의 적용 가능성은 상대적으로 확대되었다.[19]

## 3. 협약과 베트남 민·상법의 관계

　베트남 민법에 따르면 외국적 요소가 포함된 민사관계[20]의 준거법은 ① 베트남이 당사국인 조약이나 베트남법에 따라 결정되고, ② 베트남이 당사국인 조약이나 베트남법이 당사자들이 준거법을 선택할 권리를 가진다고 규정한 경우에는 당사자들의 선택에 따라 결정되며,[21] ③ 전술한 원칙에 따라 준거법을 결정할 수 없는 경우에는 외국적 요소가 포함된 민사관계와 가장 밀접한 관련이 있는 국가의 법률이 준거법이 된다(민법 제664조).[22]

---

른 국가의 법률을 지정할 수 있으며, 결과적으로 협약의 일부만이 적용될 수 있다고 지적하면서, 협약 제1조 제1항 제b호의 삭제를 제안했다. 제1조 제1항 제b호를 삭제하자는 제안은 거절되었고, 그 타협으로 협약 제95조가 포함되었다. Honnold(註2), §47. Schlechtriem은, 협약 제3편(실질적 매매 규정)은 적어도 계약성립에 관한 국내규정과 양립할 수 있도록 입안되었으므로, 이미 성립된 계약으로부터 발생한 권리의무에 제한되는 협약의 일부 적용은 극복할 수 없는 장애를 초래하지 않을 것이라고 보았다. Schlechtriem(註11), p.26.

19) Honnold(註2), §47.1.

20) '외국적 요소가 포함된 민사관계(quan hệ dân sự có yếu tố nước ngoài)'란 ① 당사자들 중에서 적어도 일인이 외국인인 경우, ② 당사자들이 베트남인이지만 민사관계의 형성·변경·종료의 근거가 외국에서 발생한 경우, ③ 당사자들이 베트남인이지만 민사관계의 목적물이 외국에 소재한 경우의 민사관계를 의미한다(민법 제663조 제2항).

21) 이러한 경우에 당사자들이 선택한 법률은 민사관계에서 당사자들의 권리의무에 관한 규정이며, 준거법 결정에 관한 규정은 배제된다(민법 제668조 제4항).

22) 외국적 요소가 포함된 민사관계와 가장 밀접한 관련이 있는 국가의 법률을 준거법으로 하는 원칙은 2015년 민법에서 도입되었다. 이러한 원칙의 도입은 법원이 베트남법을 근거 없이 적용하지 않고 유연하게 사건을 처리할 수 있도록 도울 뿐만 아니라, 외국적 요소가 포함된 민사관계에 관한 베트남 법제의 국제적 통합을 보여준다. Tra Nguyen, "Determination of laws applicable to civil relations involving foreign elements under the 2015 Civil Code", Vietnam Law and Legal Forum, No. 268(2016), p.7.

베트남이 당사국인 조약과 베트남법(헌법 제외)이 서로 충돌하는 경우에는 조약이 우선한다(민법 제4조 제4항, 조약법[23] 제6조 제1항). 특히 외국적 요소가 포함된 민사관계에 대하여 베트남이 당사국인 조약이 ① 당사자의 권리의무에 관하여 규정하거나(즉, 실질규범인 경우), ② 준거법에 관하여 민법이나 다른 법률[24]과 상이한 규정을 둔 경우(즉, 저촉규범인 경우)에는 조약이 우선한다(민법 제665조).[25] 따라서 협약은 베트남법에 대한 특별법으로서 의미를 가진다.

베트남에는 물품매매계약을 규율하는 단행법이 없다. 따라서 물품매매계약에 대하여 협약이 적용되지 않고 베트남법이 준거법이 되는 경우에는 민법이나 상법의 규율에 따른다. 베트남 민법은 민사관계에 적용되는 일반법이다(민법 제4조 제1항). 다른 법률과의 관계에서, 민법은 관련 법률이 민사관계에 대하여 규정을 두지 않거나, 민법의 기본원칙[26]에 반하는 규정을 두고 있는 경우에 적용된다(민법 제4조 제3항).

베트남 상법은 민법의 특별법으로서 물품매매와 관련하여 계약의 방식, 계약당사자의 권리의무(물품의 인도, 담보책임, 대금의 지급, 위험의 이전), 상사 구제수단, 상사 분쟁 해결에 관한 특칙을 두고 있다. 상법은 ① 베트남 역내 상행위, ② 당사자가 본법의 적용을 합의하거나 외국법 또는 베트남이 가입한 조약이 본법의 적용을 규정하는 경우 베트남 역외 상행위, ③ 비영리행위를 하는 당사자가 본법의 적용을 선택한 경우 베트남 역내에서 일방 당사자가 비영리 목적으로 상인과 거래하는 행위에 적용된다(상법 제1조). 따라서 원칙적으로 상인 간의 매매에는 상법이 적용되고, 상인과 일반인 간의 매매에는 일반인이 상법의 적용을 선택한 경우에는 상법이, 그렇지 않은 경우에는 민법이 적용되며, 일반인 간의 매매에는 민법이 적용된다.[27]

---

23) 현행 베트남 조약법(Luật điều ước quốc tế, 법률번호: 108/2016/QH13)은 2016. 4. 9. 공포되고 2016. 7. 1. 발효하였다.

24) 가령 베트남 혼인가족법(Luật Hôn nhân và gia đình, 법률번호: 52/2014/QH13) 제122조, 노동법(Bộ Luật lao động, 법률번호: 10/2012/QH13) 제169조는 준거법 연결원칙에 관하여 규정하고 있다.

25) Nguyễn Văn Cừ/Trần Thị Huệ (eds.), Bình Luận Khoa Học Bộ Luật Dân Sự Năm 2015, Công An Nhân Dân, 2017, p.1040(Vu Thi Phuong Lan 집필부분). 이하 "Nguyễn/Trần/집필자"로 인용한다.

26) 민법은 평등의 원칙, 계약자유의 원칙, 신의성실의 원칙, 공익 보호의 원칙, 채무불이행책임의 원칙을 민법의 기본원칙으로 열거하고 있다(민법 제3조). 민법 외에 특정 분야의 민사관계를 규율하는 법률은 민법의 기본원칙에 부합하여야 한다(민법 제4조 제2항).

27) 베트남법은 매매의 당사자가 누구인가에 따라 법적용을 달리하나, 협약은 상인 간의 매매, 상인과 일반인 간의 매매, 일반인 간의 매매에 모두 적용된다. 당사자나 계약의 민·상사적 성격은 협약의 적용 여부를 결정하는 데에 고려되지 않기 때문이다(협약 제1조 제3항).

## III. 협약과 베트남법의 비교

본장에서는 협약이 규정하는 주요 사항에 대한 협약과 베트남 민·상법의 규정을 그 차이점을 중심으로 검토한다. 이는 베트남기업과 거래하는 한국기업이나 한국기업이 베트남에 설립한 외국인투자기업의 입장에서, 과거처럼 베트남법이 적용되는 것이 아니라 협약이 적용됨으로써 어떠한 차이가 발생하는지 파악하는 데 도움이 될 것이다.

### 1. 계약의 해석

협약은 당사자의 진술 및 행위의 해석에 관하여, 상대방이 당사자(표의자)의 의도를 알았거나 모를 수 없었던 경우에는 그 의도에 따라 해석하고(자연적 해석), 그에 따를 수 없는 경우에는 객관적으로 해석하며(규범적 해석),[28] 자연적 및 규범적 해석에 있어서 교섭, 당사자 간에 확립된 관례, 관행, 당사자의 후속 행위를 포함한 모든 사항을 고려해야 한다고 규정한다(협약 제8조).[29]

베트남 민법에 따르면 계약의 해석은 계약의 문언뿐만 아니라 계약의 성립·이행 이전과 당시에 표시된 당사자들의 의도에 근거해야 하고(민법 제404조 제1항), 당사자들의 상호 의도와 계약의 문언이 충돌하는 경우에는 당사자들의 의도가 우선한다(민법 제404조 제5항). 계약의 조항·문언이 다양한 의미로 해석될 수 있는 경우에는 계약의 목적과 성격[30]에 가장 적합한 방식으로 해석하고(민법 제404조 제2항), 계약의 조항·문언이 이해하기 어려운 경우에는 계약 성립 장소의 관행에 따라 해석한다(민법 제404조 제3항).[31] 나아가 계약을 작성한 당사자가 상대방에게 불리한 내용을 삽입한 경우에 계약은 상대방에게 유리한 방식으로 해석해야 한다(민법 제404조 제6항). 한편 기업의 정관,

---

28) 당사자들의 의도의 동일성을 입증하는 것은 (특히 당사자들이 분쟁에 관여된 경우에) 현실적으로 어려우므로, 해석의 문제는 대부분 객관적 접근법(즉, 규범적 해석)에 따를 것이다. Honnold(註2), §107.

29) 베트남 최고인민법원이 주재한 좌담회에서, 협약 제8조에 따르면 협약이 적용되는 계약의 해석을 위하여 국가의 법률이나 해석기술은 사용할 수 없음에도 불구하고, 많은 판사들이 계약을 해석하기 위하여 본국의 실질법, 절차법, 계약해석기술을 사용하는 경향이 있다는 비판이 제기되었다. Tòa án nhân dân tối cao(최고인민법원)/USAID, Kỷ Yếu Tọa Đàm-Các Quy Định Mới của Pháp Luật trong Giải Quyết Tranh Chấp Kinh Doanh Thương Mại, Hà Nội, Việt Nam, 2017. 8., p.74.

30) 민법은 '계약의 목적과 성격'에 대하여 정의하지 않으나, 이는 계약의 모든 특징으로 이해할 수 있다. Nguyễn/Trần/Nguyen Minh Oanh(註25), p.614.

31) 민법 제404조 제3항은 주로 지역 방언을 사용한 계약의 해석에 대하여 적용된다. Nguyễn/Trần/Nguyen Minh Oanh(註25), p.614.

운영규정, 일반상업조건, 고객공지 등이 계약 해석의 근거가 될 수 있는지에 대하여 베트남법은 규정을 두고 있지 않으나, 실무상 대부분의 변호사, 판사, 중재인이 당사자들의 합의가 존재하지 않거나 불분명한 경우에 이를 참조하는 것으로 보인다.[32]

## 2. 관행과 관례

협약에 따르면 당사자는 합의한 관행usages과 당사자 간에 확립된 관례practices에 구속되고,[33] 당사자가 알았거나 알 수 있었던 관행으로서 국제거래에서 당해 거래와 동종의 계약을 하는 사람에게 널리 알려져 있고 통상적으로 준수되고 있는 관행은 묵시적으로 적용되는 것으로 본다(협약 제9조). 이러한 관행과 관례는 계약을 보충하는 역할을 하며 협약의 규정에 앞서 적용된다.[34]

베트남 상법에 따르면 당사자 간에 확립되어 당사자가 알았거나 알았어야 하는 관례가 있다면 그 관례가 자동 적용되고(상법 제12조), 확립된 관례가 없다면 관행이 적용된다(상법 제13조).[35] 상법은 '관행tập quán trong hoạt động thương mại'을 상사행위에 있어서 지역이나 분야에 널리 알려져 있고 분명한 의미를 가지며 당사자가 각자의 권리의무를 특정하기 위하여 알고 있는 관습으로 정의하는데(상법 제3조 제4항),[36] 이러한 정의로 인하여 관행의 묵시적 적용에 있어서 협약과 상법의 차이가 발생한다. 관행이 묵시적으로 적용되기 위하여, 협약은 당사자가 관행을 '알았거나 알 수 있었을 것'을 요구하

---

32) Phòng Thương mại và Công nghiệp Việt Nam(VCCI, 베트남상공회의소), Cẩm Nang Hợp Đồng Thương Mại, Nhà xuất bản Lao Động, 2010, p.47. 이하 "VCCI"로 인용한다.

33) 협약은 관행과 관례를 정의하지 않으나 이는 협약 독자적으로 해석해야 한다. '관행'이란 일정한 분야나 장소에서 관련된 거래자들에 의해 일반적으로 준수되는 거래 행태를 말한다. 여기에는 국제적인 관행만이 아니라 국내적이거나 지역적인 관행도 포함된다. 반면에 '관례'란 일반적이 아니라 오로지 당사자들 간에만 규칙적으로 준수되는 행태 양식을 말한다. 최흥섭(註8), 33쪽.

34) 최흥섭(註8), 33쪽.

35) 다만 관례와 관행은 상법과 민법에 규정된 원칙에 부합해야 한다(상법 제12조 및 제13조). 민법은 평등의 원칙, 계약자유의 원칙, 신의성실의 원칙, 공익 보호의 원칙, 채무불이행책임의 원칙을 민법의 기본원칙으로 규정하고 있다(민법 제3조). 상법은 상인 평등의 원칙, 계약자유의 원칙, 관례 적용의 원칙, 관행 적용의 원칙, 소비자 보호의 원칙, 데이터 메시지 효력 인정의 원칙(이는 아래에서 설명한다)을 상사행위의 기본원칙으로 규정하고 있다(상법 제10조 내지 제15조).

36) 한편 상법상 '관례(thói quen trong hoạt động thương mại)'는 당사자들 간에 형성되어 장기간 동안 수차례 반복되어 온, 당사자들의 권리의무를 확정하는 것으로 인정되는 분명한 내용의 행위규범이라고 정의되어(상법 제3조 제3항), 협약상 관례의 해석과 동일한 의미를 가진다.

는 반면에, 상법은 당사자가 관행을 '알았을 것'을 요구하기 때문이다. 따라서 상법이 매매계약의 준거법이 되는 경우에, 당사자가 알지 못한 상관행은 이를 모른 데에 경과실이 있더라도 적용되지 않는다.

## 3. 계약의 성립

아래에서는 계약의 성립에 관한 협약과 베트남 민·상법의 규정을 그 차이점을 중심으로 비교한다. 협약과 베트남 민·상법은 승낙의 표시,[37] 승낙의 효력 발생,[38] 승낙의 회수[39]에 관하여서는 대체로 유사하게 규정한다.

### 가. 청약의 요건

협약에서 청약이 되려면 특정성, 확정성, 구속의사[40]를 갖추어야 한다(협약 제14조 제1항 제1문). 불특정 다수인에 대한 제안은 원칙적으로 청약이 아닌 청약의 유인으로 보지만, 의사표시자가 불특정 다수인에 대한 제안이 청약임을 명확히 표시한 때에는 청약이 될 수 있다(협약 제14조 제2항). 반면에 베트남 민법에서 '청약<sup>đề nghị</sup>'은 청약자가 특정 상대방이나 대중에게 계약을 체결하려고 하고 그 청약에 구속된다는 의사[41]를 분명히 표시하는 것을 의미한다(민법 제386조 제1항). 즉, 베트남 민법은 협약과 달리 청약과 청약의 유인을 구별하지 않고,[42] 불특정 다수인에 대한 제안도 청약이 될 수 있

---

37) 협약상 승낙은 청약에 대한 동의를 표시하는 상대방의 진술 그 밖의 행위를 의미하고(협약 제18조 제1항 제1문), 민법상 '승낙(chấp nhận)'은 피청약자가 청약자에게 청약의 모든 내용을 승낙한다고 응답하는 것을 의미한다(민법 제393조 제1항). 협약과 민법에서 침묵은 원칙적으로 승낙이 되지 않지만, 당사자의 합의나 관례에 의해 승낙이 될 수 있다(협약 제18조 제1항 제2문 및 제3항, 민법 제393조 제2항).

38) 협약과 민법에서 승낙은 청약자에게 도달하는 때에 효력이 발생하고, 승낙은 청약자가 정한 기간 내에, 기간의 지정이 없는 경우에는 합리적인 기간 내에 도달해야 하며, 구두의 청약은 특별한 사정이 없는 한 즉시 승낙해야 한다(협약 제18조 제2항, 민법 제394조 제1항 및 제3항).

39) 협약과 민법은 승낙을 회수하는 통지가 승낙의 수령 전 또는 그와 동시에 청약자에게 도달하는 경우에는 승낙을 회수할 수 있다고 규정한다(협약 제22조, 민법 제397조).

40) 상대방이 구속의사를 가지고 있는지 의문이 드는 경우에, 당사자는 통상 전화나 전보를 통해 신속히 문제를 해결할 수 있다. 나아가 당사자 진술의 문언에 대한 의문은 협약 제8조에 따라 진술을 해석하면 해소되는 경우가 많을 것이다. Honnold(註2), §134.

41) 계약체결의사는 반드시 명시적으로 진술할 필요는 없고, 개별적인 사안에서 청약의 내용과 문언에 따라 판단할 수 있을 것이다. Nguyễn/Trần/Nguyen Minh Oanh(註25), p.583.

42) Chính Phủ(註5), p.8.

다고 규정한다.[43]

협약에서 제안이 확정적이려면 물품을 표시하고 수량과 대금을 지정하거나 결정할 수 있는 조항을 두어야 한다(협약 제14조 제1항 제2문).[44] 이와 달리 베트남 민법은 청약이 물품, 수량, 대금을 정하여야 한다고 규정하지 않는다. 민법은 당사자가 계약에서 합의하지 않은 물품의 품질, 대금, 지급방식을 어떻게 정할 것인지 규정하고 있는데,[45] 이는 청약이 이러한 사항에 대하여 정하지 않더라도 계약이 성립할 수 있다는 것을 전제로 한다.

### 나. 청약의 효력과 회수

협약에서 청약은 피청약자에게 도달한 때에 효력이 발생하는 반면에(협약 제15조 제1항), 베트남 민법에서 청약자는 청약의 효력발생시기를 특정할 수 있다. 민법상 청약은 청약자가 특정한 때에 발효하고, 청약자가 이를 특정하지 않은 경우에는 피청약자가 청약을 수령한 때[46]에 발효한다(민법 제388조 제1항).

---

43) 가령 전단지, 대중매체, 휴대전화, 이메일을 활용한 광고의 내용이 청약의 신호를 포함한다면, 청약자는 표시한 내용에 대해 책임을 져야 한다. Nguyễn Thị Diễm Hương/Hoàng Như Thái, "Đề Nghị Giao Kết Hợp Đồng trong Bộ Luật Dân Sự 2015 và Công Ước Viên 1980 về Mua Bán Hàng Hóa Quốc Tế", Tạp chí Công Thương, Số. 7(2018), p.57. 이하 "Hương/Thái"로 인용한다.

44) 협약은 계약이 유효하게 성립되었으나 그 대금을 명시적 또는 묵시적으로 정하고 있지 않거나 이를 정하기 위한 조항을 두지 않은 경우의 인정가격을 규정하고 있는데(협약 제55조), 대금을 정하지 않으면 청약이 될 수 없다는 협약 제14조와 일견 모순된다. 협약 제55조는 계약의 유효한 성립을 전제로 하므로, 제55조가 적용되는 것은 어떤 이유로든(예컨대, 당사자가 계약의 성립에 관하여 제14조와 달리 합의하거나, 계약이 청약과 승낙 이외의 방식으로 체결되거나, 당사자 또는 체약국이 유보에 의하여 협약 제2편의 적용을 배제하였거나, 달리 제14조가 적용되지 않음으로써) 대금을 정하거나 정하기 위한 조항을 두지 않았음에도 불구하고 계약이 유효한 경우에 비로소 적용된다고 본다. 석광현, 국제물품매매계약의 법리: UN통일매매법(CISG) 해설, 214쪽, 박영사(2010).

45) 당사자들이 물품의 품질에 대해 합의하지 않거나 불분명하게 합의한 경우에, 물품의 품질은 정부기관의 품질기준이나 산업기준에 부합해야 하며, 이러한 기준이 없다면 계약체결목적에 따른 일반적·개별적 기준에 부합하고 소비자권리보호법을 준수해야 한다(민법 제432조 제3항). 당사자들이 물품의 대금 및 지급방식에 대하여 합의하지 않거나 불분명하게 합의한 경우에, 대금은 시장가격을 기초로 확정되고, 지급방식은 계약 성립 시점 및 장소의 관행에 따라 확정된다(민법 제433조 제2항).

46) 베트남 민법은 ① 청약이 자연인인 피청약자의 거주지에 도달하거나 법인인 피청약자의 본점에 도달한 경우, ② 청약이 피청약자의 공식정보시스템에 입력된 경우, ③ 피청약자가 다른 방식으로 청약에 관해 알게 된 경우에 청약을 수령한 것으로 간주한다(민법 제388조 제2항). '자연인의 거주지(nơi cư trú của cá nhân)'는 사람이 통상적으로 생활하는 곳을 의미하고, 이를 확정하기 어려운 경우에는 현재 생활하는 곳을

협약에서 청약은 회수의 의사표시가 청약의 도달 전 또는 그와 동시에 상대방에게 도달하는 경우에는 회수될 수 있다(협약 제15조). 베트남 민법에 따르더라도 피청약자가 청약 수정·회수의 통지를 청약의 수령 전 또는 그와 동시에 수령한 경우 청약을 수정·회수할 수 있다는 점은 동일하다(민법 제389조 제1항 제a호). 다만 민법은 이에 더하여 청약자가 청약이 수정·회수될 수 있는 조건을 명시하였다면 그 조건이 발생한 경우에 청약을 수정·회수할 수 있다고 규정한다(민법 제389조 제1항 제b호). 협약은 청약의 회수withdrawal와 철회revocation를 구분하여 청약이 발효하기 전에 효력 발생을 저지하는 것을 '회수'라 하고 청약이 발효한 후에 효력을 소멸시키는 것을 '철회'라 한다. 이와 달리 베트남 민법에 따르면 청약이 발효한 후에도 청약자가 사전에 청약을 회수할 수 있는 조건을 명시하였다면 이를 회수할 수 있다.

### 다. 청약의 철회

협약은 청약의 철회를 원칙적으로 허용하고 있으나, 상대방이 승낙의 통지를 발송하기 전에 철회의 의사표시가 상대방에게 도달되어야 한다(협약 제16조 제1항). 그러나 청약자가 청약이 철회될 수 없음을 청약에 표시(승낙기간의 지정 등)한 경우와, 상대방이 청약이 철회될 수 없음을 신뢰하는 것이 합리적이고 실제로 상대방이 청약을 신뢰하여 행동한 경우에는 청약은 철회될 수 없다(협약 제16조 제2항). 이처럼 협약은, 청약은 자유롭게 철회할 수 있다는 원칙을 정하면서 두 가지 예외를 제시하며 이 원칙을 제한한다. 이와 달리 베트남 민법에 따르면 청약자는 청약을 철회할 권리를 청약에 표시한 경우에만 청약을 철회할 수 있으며,[47] 피청약자가 승낙의 통지를 발송하기 전에 철회의 통지를 수령하여야 청약이 철회된다(민법 제390조). 만약 청약을 철회할 권리를 표시하지 않은 청약자가 청약의 효력을 소멸시키고자 한다면, 승낙기간 내에 피청약자와 청약의 종료를 합의하는 방법을 택해야 할 것이다(민법 제391조 제6항).

---

의미한다(민법 제40조 제1항 및 제2항). '법인의 본점(trụ sở của pháp nhân)'은 법인의 운영기관이 소재한 곳을 의미한다(민법 제79조 제1항).

47) 이러한 청약자의 절대적인 위치는 피청약자와의 관계에서 불평등하므로, 베트남 민법은 협약의 법적 관점을 계승하여 개정되어야 한다는 주장이 있다. Hương/Thái(註43), p.59.

### 라. 변경된 승낙

협약에서 청약을 실질적으로 변경하는 응답은 청약에 대한 거절이면서 새로운 청약이 되고,[48] 청약을 실질적으로 변경하지 않는 조건을 포함하는 응답은 승낙이 된다(협약 제19조 제1항 및 제2항). 베트남 민법은 협약과 달리 피청약자의 응답이 청약을 실질적으로 변경하는 조건을 포함하는지를 기준으로 승낙의 효력을 판단하지 않는다. 민법은 피청약자가 청약을 승낙하면서 청약에 대한 조건이나 변경을 표시하였다면 새로운 청약을 한 것으로 본다(민법 제392조). 민법은 청약의 승낙을 청약의 모든 내용을 승낙하는 응답으로 정의하므로(민법 제391조 제1항), 피청약자의 응답이 청약의 조건을 실질적으로 변경하지 않는 조건을 포함하더라도 이는 승낙이 아닌 새로운 청약이 된다.[49] 따라서 베트남 민법에 따르면 양 당사자가 서로 충돌하는 자신의 약관을 사용하여 청약하고 승낙한 이른바 '서식전쟁battle of forms'의 경우에 승낙자가 새로운 청약을 한 것이 되므로 청약자가 이를 승낙하지 않는 한 계약은 성립하지 않는다.[50]

### 마. 연착된 승낙

협약에서 연착된 승낙은 원칙적으로 효력이 없으나, 통상적인 상황에서 기간 내에 도달할 수 있었을 경우[51]에는 효력이 있고, 다만 청약자가 상대방에게 지체 없이 청

---

48) 협약 제19조 제3항에 따르면 특히 대금, 대금지급, 물품의 품질과 수량, 인도의 장소와 시기, 당사자 일방의 상대방에 대한 책임범위, 분쟁해결에 관한 부가적 또는 상이한 조건은 청약 조건을 실질적으로 변경하는 것으로 본다. 그러나 이는 예시적인 것이며, 이 사항들도 상황에 따라서는 비본질적인 것으로 평가받을 수 있다. 따라서 이 규정은 단순히 해석원칙에 불과한 것으로 본다. 최흥섭(註8), 55쪽.

49) Nguyễn Minh Hằng, "Khác biệt giữa CISG và Luật Thương mại", Tạp Chí Diễn Đàn Doanh Nghiệp (2018. 2. 26.), https://enternews.vn/khac-biet-giua-cisg-va-luat-thuong-mai-125323.html.

50) Đỗ Giang Nam, "Suggestions on standard terms in draft amendments to the 2005 Civil Code", Vietnam Law and Legal Forum, Nos. 239-240(2014), p.20. 베트남 민법은 표준서식계약(제405조)과 일반상업조건(제406조)에 관한 규정을 두고 있지만, 서식전쟁의 해결방법에 관하여서는 구체적으로 규정하지 않고 있다. 협약 역시 서식전쟁에 관한 규정을 두지 않고 있다. 협약에 따르면 양 당사자의 약관에 중대한 차이가 있다면, 청약자가 이를 승낙하지 않는 한 계약은 성립하지 않지만, 청약자가 계약의 이행에 의해 묵시적으로 승낙하는 경우에는 결국 승낙자의 약관이 우선하게 된다. 이 경우 원칙적으로 양자의 약관 중 일치하는 범위 안에서 계약이 성립할 수는 없을 것이나, 당사자 간의 묵시적 합의, 관행 또는 관례에 의해 당사자가 불일치하는 부분을 제외하고 계약을 체결하려는 의사를 가지고 있었다고 인정되는 때에는 예외적으로 그러한 결론을 인정할 수 있을 것이다. 석광현(註16), 68쪽.

51) 가령 전달기관이 다른 곳에 전달하거나 또는 빠뜨리고 있다가 후에 제대로 전달한 경우이다. 최흥섭(註8), 59쪽.

약이 실효하였음을 발송한 때에는 효력이 없다(협약 제21조 제2항). 이와 유사하게 베트남 민법에 따르면 청약자가 알았거나 알았어야 하는 객관적인 사유로 인하여 연착된 승낙은 효력이 있고, 다만 청약자가 피청약자의 승낙에 동의하지 않는다고 즉시 응답한 경우에는 그렇지 않다(민법 제394조 제2항).[52]

협약은 위와 같은 상황이 존재하지 않더라도 연착된 승낙은 청약자가 지체 없이 승낙으로서 효력을 가진다는 뜻을 발송한 때에는 효력이 있다고 규정한다(협약 제21조 제1항). 그러나 베트남 민법은 청약자가 연착된 승낙을 인정한 경우 승낙의 효력에 관하여서는 규정하지 않는다. 민법 제394조 제1항 제2문에 따르면 청약자가 승낙기간이 만료된 후에 승낙을 수령하였다면 그 승낙은 상대방의 새로운 청약으로 간주한다. 따라서 청약자가 연착된 승낙이 효력을 가진다는 뜻을 발송하였다면 이러한 의사표시는 상대방의 새로운 청약에 대한 승낙으로서 계약을 성립시킨다고 본다.

### 바. 계약 성립의 시점[53]

협약에 따르면 계약은 청약에 대한 승낙이 협약에 따라 효력을 발생하는 때[54]에 계약이 성립된다(협약 제23조). 베트남 민법은 계약 성립의 시점을 네 가지 경우로 구분하여 규정한다. ① 원칙적으로 계약은 청약자가 승낙을 수령한 시점에 성립하고, ② 당사자가 일정한 기간을 경과한 침묵은 승낙이 된다고 합의한 경우에 계약은 그 기간이 만료된 시점에 성립하며,[55] ③ 구두계약은 당사자가 계약의 내용에 관하여 합

---

52) 다만 즉시 응답하였다고 인정되기 위한 요건을 명시하는 규정이 없어서 법률 적용에 어려움이 있다. Nguyễn/Trần/Nguyen Minh Oanh(註25), p.597.

53) 계약 성립의 장소에 관하여 협약은 별도로 규정하지 않지만, 베트남 민법은 당사자가 달리 합의하지 않은 경우 청약자의 거주지(개인인 경우)나 본점(법인인 경우)이 계약 성립의 장소가 된다고 규정한다(민법 제399조). 민법에서 계약 성립 장소는 계약 이행 및 해석, 준거법 지정 등과 관련하여 의미가 있다. Nguyễn/Trần/Nguyen Minh Oanh(註25), p.604. 가령 매매계약에서 당사자들이 지급방식에 대해 합의하지 않은 경우에 이는 계약 성립 시점 및 장소의 관행에 따라 확정되고(민법 제433조 제2항), 계약의 조항·문언이 이해하기 어려운 경우에는 계약 성립 장소의 관행에 따라 해석한다(민법 제404조 제3항).

54) 승낙은 청약자에게 도달하는 때(협약 제18조 제2항)에 효력이 발생하는 것이 원칙이지만, 승낙의 행위가 이루어지는 때(협약 제18조 제3항)에 효력이 발생할 수도 있다. 협약 제21조의 요건을 충족하는 연착된 승낙은 청약자에게 도달하는 때에 효력이 발생한다.

55) 이 조항은 2015년 민법에서 도입되었는데, 일정한 기간을 경과한 침묵에 의하여 계약이 성립되는 것이 관습이나 관행으로 인정되는 경우에 대해서는 규정하지 않는다. 민법은 이에 대해서도 상세하고 분명하게 규정할 필요가 있다. Nguyễn/Trần/Nguyen Minh Oanh(註25), p.606.

의한 시점에 성립하고, ④ 서면계약은 마지막 당사자가 문서에 서명하거나 문서에 표시된 기타 방식으로 승낙한 시점에 성립하며, 계약이 구두로 체결되고 이후에 문서로 작성되었다면 계약 성립의 시점은 구두계약의 경우를 따른다(민법 제400조).

계약이 전자적 방식으로 성립하는 경우에는 상기한 민법 규정에 더하여 전자거래 관련 규정의 적용을 받는다. 베트남 전자거래법[56])에 따르면 데이터 메시지[57])의 수신 시점은 ① 수신인이 데이터 메시지를 수신할 정보시스템을 지정한 경우에는 데이터 메시지가 지정된 정보시스템에 입력된 시점이고, ② 수신인이 이를 지정하지 않은 경우에는 데이터 메시지가 수신인의 여하한 정보시스템에 입력된 시점이다(전자거래법 제19조 제2항). 한편 베트남 정부의 전자상거래에 관한 시행령[nghi đinh] 52/2013/NĐ-CP (이하 '시행령 52')[58]) 제10조 제2항에 따르면, 상거래상 전자문서[59])의 수신 시점은 문서가 수신인이 지정한 접속가능한 전자주소에 도달한 시점이다.

## 4. 매도인의 의무

### 가. 물품 인도와 서류 교부

협약은 매도인의 의무로 물품인도의무, 서류교부의무, 소유권이전의무를 규정하는 반면에(협약 제30조), 베트남 상법은 물품 및 서류 인도의무를 매도인의 의무로 규정하지만(상법 제34조) 매도인의 소유권이전의무를 명시하지 않는다. 상법상 물품의 소유권은 물품의 인도 시점에 매도인으로부터 매수인에게 이전되는데(상법 제62조), 이처럼 물품을 인도함으로써 물품의 소유권이 이전되는 법제가 있고 매매계약을 체결함으로써 물품의 소유권이 이전되는 법제도 있으므로, 협약은 물품의 인도와 소유권의 이전

---

56) 베트남 전자거래법(Luật Giao dịch điện tử, 법률번호: 51/2005/QH11)은 2005. 11. 29. 공포되고 2016. 3. 1. 발효하였다.

57) 베트남 전자거래법에 따르면 '데이터 메시지(thông điệp dữ liệu)'는 그것이 포함하는 정보에 접근할 수 있고 이를 참조 목적으로 사용할 수 있는 경우에 서면으로 인정된다(전자거래법 제12조). 전자거래법에 규정된 데이터 메시지 방식에 의한 민사거래는 민법상 서면 민사거래로 간주된다(민법 제119조 제1항 후문).

58) 시행령 52는 베트남 역내 전자상행위에 관련된 ① 베트남 상인, 단체, 개인, ② 베트남 거주 외국인, ③ 투자활동, 지점 및 대표사무소 설치, 베트남 도메인명 웹사이트 설치를 통하여 베트남에 소재하는 외국 상인, 단체, 개인에 적용된다(시행령 52 제2조 제1항).

59) '상거래상 전자문서(chứng từ điện tử trong giao dịch thương mại)'는 당사자들 사이에서 계약의 성립·이행에 관하여 제공된 데이터 메시지 형식의 계약, 청약, 통지, 승낙, 기타 문서를 의미한다(시행령 52 제3조 제3항).

을 별도로 규정하는 것이다.[60]

인도장소에 관한 협약과 베트남 상법의 규정은 유사하다. 물품을 특정한 장소에서 인도할 의무가 없다면,[61] ① 계약에 물품의 운송이 포함된 경우에는 제1운송인, ② 계약에 물품의 운송이 포함되지 않고 계약 체결 시점에 당사자들이 물품 보관·적재·제조장소를 알았던 경우에는 그 장소, ③ 그 밖의 경우에는 매도인의 영업소에서 물품을 인도해야 한다(협약 제31조, 상법 제35조 제2항 제b호 내지 제d호).[62] 한편 베트남 민법은 동산의 인도장소는 매수인의 거주지나 본점이라고 규정한다(민법 제435조 및 제277조). 즉, 매도인의 인도의무는 협약과 상법에 따르면 종국적으로 추심채무이나, 민법에 따르면 지참채무이다.

인도시점에 관한 협약과 베트남 상법의 규정 역시 유사하다. ① 인도시점을 합의한 경우에는 그 시점, ② 인도시점을 특정하지 않고 인도기간만 합의한 경우에는 그 기간 내의 어느 시점,[63] ③ 인도시점에 대한 합의가 없는 경우에는 계약 체결 후 합리적인 기간 내에 물품을 인도해야 한다(협약 제33조, 상법 제37조). 한편 베트남 민법에 따르면 ① 인도시점을 합의한 경우에는 그 시점에 물품을 인도해야 하되 매수인이 동의하면 사전 인도할 수 있으나, ② 합의가 없는 경우에는 매수인은 언제든지 매도인에게 물품 인도를 청구할 수 있고 매도인은 언제든지 매수인에게 물품 수령을 청구할 수 있으며, 다만 합리적인 시간을 두고 상대방에게 사전 통지해야 한다(민법 제434조 제1항 및 제2항).

이 밖에 협약과 베트남 상법은 매도인의 서류교부의무(협약 제34조, 상법 제38조), 매도인의 추가적인 의무인 특정통지의무, 운송계약의 체결의무, 보험정보의 제공의무(협약 제32조, 상법 제36조), 사전인도와 초과인도(협약 제52조, 상법 제38조 및 제43조)에 관하여 동일하게 규정하고 있다.[64]

---

60) 석광현(註16), 71쪽.

61) 통상적으로 당사자 의사(특히 Incoterms), 관행, 관례에 의해 특정한 장소에서 인도할 의무가 있을 것이다. 최흥섭(註8), 79쪽.

62) 국제물품매매에서는 대부분 협약 제31조 제a호(①)가 적용되고, 동조 제b호(②) 및 제c호(③)는 매도인과 매수인이 상대적으로 가까이 있고, 매수인이 운송수단을 운영하여 편리하게 물품의 소재지나 매도인의 영업소에 올 수 있는 경우에 제한적으로 적용될 것이다. Honnold(註2), §209.

63) 베트남 상법에 따르면 매도인이 인도기간 내의 어느 시점에 물품을 인도하는 경우에 매수인에게 사전 통지해야 하나(상법 제37조 제2항), 협약은 이러한 사전 통지 의무를 규정하지 않는다.

64) 당사자의 권리의무에 대한 협약과 상법의 규정은 대체로 유사한데, 이는 베트남 입법기관이 상법의 입안

## 나. 물품 적합성

협약과 베트남 상법은 물품 적합성의 개념[65]과 적합성 판단의 기준시기[66]에 대하여 동일하게 규정한다. 매도인이 물품을 사전 인도한 경우에 원칙적으로 물품에 대한 추완권을 가진다는 점에서도 양자는 동일하다. 다만 추완이 매수인에게 불합리한 불편이나 비용을 초래하는 경우에, 협약에 따르면 매도인은 추완권을 행사할 수 없는 반면에(협약 제37조), 상법에 따르면 매도인은 여전히 추완권을 행사할 수 있으며 다만 매수인은 매도인에게 불편 해결과 비용 부담을 청구할 수 있다(상법 제41조 제2항).

매수인의 물품검사의무에 관하여, 협약은 매수인에게 실행가능한 단기간 내에 물품을 검사할 의무를 부과한다(협약 제38조 제1항). 이는 매수인이 단기간 내에 검사 및 통지의무를 불이행한 경우 매도인의 책임을 면제하기 위한 규정이다.[67] 반면에 베트남 상법에서 매수인은 검사의무를 부담하지 않는다. 다만 당사자들이 매수인의 검사의무에 대하여 합의한 경우, 매도인은 매수인이 검사를 이행할 수 있는 조건을 마련해야 하고, 매수인은 실행가능한 단기간 내에 물품을 검사해야 한다(상법 제44조 제1항 및

---

과정에서 협약을 참조하였기 때문이다. Nguyễn Minh Hằng et al. (eds.), 101 Câu Hỏi - Đáp Về CISG (Công ước của LHQ về hợp đồng mua bán hàng hóa), Nhà Xuất Bản Thanh Niên, 2016, p.285. 이 책을 "Nguyễn Minh Hằng et al."로 인용한다.

65) 협약과 상법에서 매도인은 계약에서 정한 수량, 품질, 종류에 적합하고, 계약에서 정한 방법으로 용기에 담기거나 포장된 물품을 인도할 의무가 있다(협약 제35조 제1항, 상법 제34조 제1항). ① 동종 물품의 통상 사용목적에 맞지 않는 경우, ② 계약 체결 시 매도인에게 명시적 또는 묵시적으로 알려진 특별한 목적에 맞지 않는 경우, ③ 매도인이 견본 또는 모형으로 매수인에게 제시한 물품의 품질을 가지고 있지 않은 경우, ④ 그 물품에 대하여 통상의 방법으로, 통상의 방법이 없는 경우에는 그 물품을 보존하고 보호하는 데 적절한 방법으로 용기에 담기거나 포장되어 있지 않은 경우, 물품이 계약에 적합하지 않은 것으로 한다(협약 제35조 제2항, 상법 제39조 제1항).

66) 협약과 상법에서 매도인은 위험 이전 전에 존재하는 물품의 부적합에 대하여 그 부적합이 위험 이전 후에 판명된 경우에도 책임을 진다(협약 제36조 제1항, 상법 제40조 제2항). 매도인은 위험 이전 후에 발생한 부적합이라도 그 부적합이 매도인의 의무위반에 기인하는 경우에는 책임을 진다(협약 제36조 제2항 제1문, 상법 제40조 제3항). 협약에 따르면 매도인의 의무위반에는 물품이 일정 기간 통상의 목적이나 특별한 목적에 맞는 상태를 유지한다는 보증 또는 특정한 품질이나 특성을 유지한다는 보증을 위반한 경우도 포함된다(협약 제36조 제2항 제2문). 베트남 상법은 매도인의 의무위반에 보증위반이 포함된다고 명시하지 않지만, 보증의무에 관한 별도의 조항에서 물품이 보증하에 매매된 경우에 매도인은 합의된 내용과 기간에 따라 보증을 제공해야 한다고 규정하고 있으므로(상법 제49조), 실제로 차이는 없다.

67) 매수인이 검사의무를 해태하더라도 손해배상책임을 지는 것은 아니고 단지 매도인에 대하여 계약위반에 따른 책임을 물을 수 없다. 최흥섭(註8), 95쪽. 다만 매도인이 물품의 부적합을 알았거나 모를 수 없었을 때에는 매수인이 제때에 부적합통지를 하지 않아 권리를 상실했다는 주장을 매도인이 할 수 없다(협약 제40조).

제2항 제1문). 계약이 운송을 포함하는 경우에 물품이 목적지에 도착한 후까지 검사를 연기할 수 있다는 점에서 협약과 상법의 규정은 동일하다(협약 제38조 제2항, 상법 제44조 제2항 제2문). 그러나 매수인이 검사할 합리적인 기회를 가지지 못한 채 운송 중에 물품의 목적지를 변경하거나 물품을 전송하는 경우에, 협약은 매도인이 계약 체결 시에 목적지의 변경 또는 전송의 가능성을 알았거나 알 수 있었다면[68] 검사는 물품이 새로운 목적지에 도착한 후까지 연기될 수 있다고 규정하는 반면에(협약 제38조 제3항), 상법은 이러한 규정을 두지 않고 있다.

매수인의 부적합통지의무는 실무상 관련 분쟁이 많이 발생하는 사안인데, 제척기간에 관한 협약과 베트남 상법의 규정은 간극이 있다.[69] 협약에 따르면 ① 매수인이 물품의 부적합을 발견하였거나 발견할 수 있었던 경우에는 합리적인 기간[70] 내에, ② 물품의 부적합을 발견할 수 없는 경우에는 물품이 매수인에게 현실로 교부된 날로부터 2년(보증기간이 2년을 넘는 경우에는 그 보증기간) 내에 부적합통지를 해야 한다(협약 제39조). 반면에 상법은 피해 당사자의 권리행사기간thời hạn khiếu nại을 규정하는데,[71] 이는 물품의 수량에 대해서는 인도일로부터 3개월, 물품의 품질에 대해서는 인도일로부터 6개월(보증기간이 있는 경우에는 보증기간 만료일로부터 3개월)이다(상법 제318조 제1항 및

---

68) 매수인이 전매를 목적으로 하는 상인인 경우에는 보통 목적지의 변경이나 물품의 전송 사실을 매도인이 알고 있거나 알 수 있었다고 볼 수 있을 것이다. 최홍섭(註8), 97쪽.

69) Nguyễn Minh Hằng은 상법은 국내매매에 적용될 것을 전제로 제정되었고 협약은 국제매매계약에 적용되므로, 이러한 협약과 상법의 차이는 충분히 설명 가능하다고 본다. Nguyễn Minh Hằng(註49).

70) '합리적인 기간'의 결정은 물품의 변질가능성, 공정한 샘플링 및 검사의 필요성, 매도인에 의한 치유 가능성 등 광범위한 요소의 영향을 받을 것이다. Honnold(註2), §257.

71) 1974년 뉴욕에서 「국제물품매매에서 시효기간에 관한 협약(Convention on the Limitation Period in the International Sale of Goods)」(이하 '시효협약')이 채택되었고 1980년 수정을 거쳐 1988. 8. 1. 발효되었다. 시효협약은 협약(CISG)과 보완적인 관계에 있으며 이를 전제로 하여 만들어진 것이다. 최홍섭, "국제물품매매에 관한 유엔시효협약", 864쪽, 비교사법 제7권 제2호(2000). 시효협약은 '국제매매계약의 당사자가 계약에서 발생하거나 계약의 위반, 해제, 무효에 관한 청구권을 행사할 수 있는 기간', 즉 시효기간(limitation period)에 적용되고(시효협약 제1조 제1항), '청구권을 취득하거나 행사하기 위하여 상대방에게 통지하거나 법적 절차의 개시 이외의 행위를 해야 하는 특정한 기간(time-limits)'에는 적용되지 않는다(시효협약 제1조 제2항). 비록 베트남은 시효협약에 가입하지 않았지만, 베트남 상법 제318조의 권리행사기간은 협약 제39조의 통지기간과 마찬가지로 시효협약이 적용되지 않는 'time-limits'에 해당한다. 즉, 상법상 권리행사기간과 협약상 통지기간은 시효기간이 아니라 중단이나 정지가 허용되지 않는 제척기간이다. 반면에 베트남 민·상법상 시효(thời hiệu)는 시효협약의 시효기간(limitation period)에 해당한다. 시효는 아래에서 설명한다.

제2항).[72] 상법상 제척기간이 협약에 비하여 매수인에게 불리하다고 볼 수 있으나, 실무적으로는 계약상 보증기간에 의하여 기간이 연장되는 경우가 많을 것이다.

매수인이 물품 부적합통지를 하지 못한 데에 합리적인 이유가 있는 경우에,[73] 협약에 따르면 매수인은 대금을 감액하거나 이익의 상실을 제외한 손해배상을 청구할 권리가 있으나(협약 제44조),[74] 상법은 매수인에게 물품 검사 및 하자통지 의무를 부과하지 않으므로 이러한 매수인의 권리도 규정하지 않는다.

## 다. 권리 적합성

협약과 베트남 상법은 권리 적합성에 관하여 일반적인 제3자의 권리주장과 지식재산권에 기한 제3자의 권리주장을 구분하여 규정한다. 일반적인 권리 부적합에 관하여, 협약상 매도인은 제3자의 권리나 권리주장의 대상이 아닌 물품을 인도할 의무를 부담한다(협약 제41조). 상법상 매도인은 이러한 의무에 더하여 물품과 물품 인도의 합법성을 보장할 의무를 부담한다(상법 제45조).

지식재산권에 기한 권리 부적합에 관하여, 협약은 매도인의 책임을 제한하는 반면에,[75] 상법에 따르면 매도인은 지식재산권을 침해하는 물품을 판매하지 않아야 하며

---

72) 제척기간 적용과 관련하여, 한국기업이 베트남기업과 물품매매계약을 체결하면서 협약의 적용을 배제하고 한국법을 계약의 준거법으로 선택한 경우를 가정해 보자. 매수인은 물품을 지체 없이 검사해야 하고, 물품 하자나 수량부족을 발견한 경우에는 즉시, 물품에 즉시 발견할 수 없는 하자가 있는 경우에는 수령한 때로 부터 6월 내에 통지해야 한다(한국 상법 제69조 제1항). 또한 매수인은 물품하자에 대하여서는 그 사실을 안 날로부터 6월 내에 권리를 행사해야 하고, 수량부족에 대하여서는 계약한 날로부터 1년 내에 권리를 행사해야 한다(한국 민법 제574조 및 제582조). 즉, 물품하자와 관련된 제척기간에 있어서 우리 민·상법이 베트남 상법에 비하여 대체로 매수인에게 유리하다고 볼 수 있다.

73) 예컨대 평균적인 매수인이 성실한 거래에서 간과할 수 있는 사유가 있으면 이에 해당하나, 매수인이 객관적인 기준을 지키지 못하였더라도 구체적인 사안에서 그에게 주관적으로 기대되는 주의를 기울였어야 한다. 구체적으로는 매수인의 질병, 그릇된 (종래의) 대리인에게 통지한 경우 등의 주관적인 사정과, 매수인이 전문지식 또는 기술적인 검사가능성의 결여로 인하여 부적합통지를 제대로 하지 못한 경우도 포함된다. 다만 국제거래 경험이 없는 매수인이 그의 법제상 부적합통지를 전혀 알지 못한 것과 같은 법적 무지도 합리적인 이유가 될 수 있는지는 논란이 있다. 석광현(註44), 161쪽.

74) 협약 제39조와 제44조는 비엔나 회의에서 협약의 모든 조항 중에 가장 치열한 논쟁의 대상이었다. 하자통지를 하지 않으면 모든 권리를 상실하는 협약 제39조가 매수인에게 지나치게 가혹하다고 인식한 대표들의 타협안의 일부로서 협약 제44조가 도입되었다. Bianca/Bonell/Sono(註10), Art. 44 para. 1.1. 이하.

75) 매도인이 제3자의 지식재산권 주장에 대하여 책임을 지려면 ① 매도인이 계약 체결 시에 제3자의 권리주장에 대해서 알았거나 모를 수 없었을 것, ② 제3자의 권리주장이 당사자 쌍방이 계약 체결 시에 물품이 어느 국가에서 전매되거나 사용될 것을 예상하였던 경우에는 물품이 전매되거나 사용될 국가의 법, 그 밖의 경

물품의 지식재산권에 관한 모든 분쟁에 대하여 책임을 진다(상법 제46조 제1항).[76) 국제 물품매매의 경우에 제3자의 지식재산권 침해는 매도인국 외의 국가에서 발생할 개연성이 크므로, 베트남 상법이 국제물품매매계약의 준거법이 되는 경우에는 매도인이 과도한 책임을 부담할 수 있다.

협약과 상법은 권리 부적합에 대한 매수인의 통지의무를 규정한다.[77) 다만 협약은 권리 부적합에 대해서는 물품 부적합과 같이 2년의 제척기간을 두지 않는다. 반면에 상법은 물품의 수량 및 품질 외의 기타 위반에 대한 피해 당사자의 권리행사기간을 위반 당사자가 계약상 의무를 이행했어야 하는 날로부터 9개월(보증기간이 있는 경우에는 보증기간 만료일로부터 9개월)로 규정한다(상법 제318조 제3항).[78) 또한 매수인이 권리 부적합통지를 하지 않았더라도 매도인이 책임을 지는 경우에 대하여, 협약은 매도인이 제3자의 권리나 권리주장 및 그 성질을 알고 있었던 경우(즉, 악의의 경우)를 규정하는 반면에 (협약 제43조 제2항), 상법은 매도인이 제3자의 권리주장을 알았거나 알았어야 하는 경우(즉, 악의 및 중과실의 경우)를 규정한다(상법 제47조 제2항). 한편 매수인이 권리 부적합통지를 하지 못한 데에 합리적인 이유가 있는 경우에, 협약에 따르면 매수인은 대금을 감액하거나 이익의 상실을 제외한 손해배상을 청구할 권리가 있으나(협약 제44조), 상법은 이러한 매수인의 권리를 인정하지 않는다.

---

우에는 매수인이 영업소를 가지는 국가의 법에 의한 지식재산권에 기초하였을 것의 요건을 충족해야 한다 (협약 제42조 제1항). 또한 매수인이 계약 체결 시에 제3자의 권리주장을 알았거나 모를 수 없었던 경우에는 매도인의 책임이 배제된다(협약 제42조 제2항 제a호). 이처럼 매도인의 책임을 제한하는 이유는, 지식재산권의 보호는 속지주의에 따라 국가마다 내용이 상이하므로 매도인이 모든 국가의 지식재산권을 알 것을 기대할 수 없기 때문이다. 석광현(註16), 76쪽.

76) 다만 협약과 마찬가지로 베트남 상법에서도 지식재산권 침해가 매수인이 제공한 기술설계, 디자인, 방식, 그 밖의 지정에 매도인이 따른 결과로 발생한 경우에는 매수인이 책임을 진다(협약 제42조 제2항 제b호, 상법 제46조 제2항).

77) 협약에 따르면 매수인은 제3자의 권리나 권리주장을 알았거나 알았어야 했던 때로부터 '합리적인 기간 내에' 통지해야 하고(협약 제43조 제1항), 상법에 따르면 매수인은 제3자의 권리주장을 알았거나 알았어야 했던 때에 '즉시' 통지해야 한다(상법 제47조 제2항). 만일 통지하지 않으면 권리 부적합에 따른 책임을 물을 권리를 상실한다.

78) 만약 한국기업이 베트남기업과 국제물품매매계약을 체결하면서 협약의 적용을 배제하고 한국법을 계약의 준거법으로 선택하였다면, 매수인은 권리하자에 대하여 통지의무를 부담하지는 않으나 계약한 날로부터 1년 내에 권리를 행사해야 한다(한국 민법 제573조). 즉, 권리하자와 관련된 제척기간에 있어서 우리 민법이 베트남 상법에 비하여 매수인에게 유리하다고 볼 수 있다.

## 5. 매수인의 의무

협약과 베트남 상법은 매수인의 의무로 대금지급의무와 물품수령의무를 규정한다 (협약 제53조, 상법 제50조 제1항). 대금의 결정[79]과 지급장소[80]에 대한 협약과 상법의 규정은 유사하다. 다만 대금의 지급시기에 관하여, 협약은 매도인이 물품 또는 물품의 처분을 지배하는 서류를 매수인의 처분하에 두는 때를(협약 제58조 제1항), 상법은 매도인이 물품 또는 물품 관련 서류를 인도한 때(상법 제55조 제1항), 민법은 매수인이 물품 또는 물품의 소유권을 증명하는 서류를 수령한 때를 각각 규정한다(민법 제434조 제3항). 서류에 관한 수식이 협약은 '물품의 처분을 지배하는 서류documents controlling their disposition', 상법은 '물품 관련 서류chứng từ liên quan đến hàng hoá', 민법은 '물품의 소유권을 증명하는 서류giấy tờ chứng nhận quyền sở hữu tài sản'로 서로 다르지만, 이러한 서류는 물품과 동일시되므로 소지인으로 하여금 물품의 처분을 가능하게 하는 서류여야 하는 것은 마찬가지일 것이다. 한편 매매계약에 물품의 운송이 포함된 경우에, 민·상법상 지급시기는 물품(또는 서류)을 '인도(또는 수령)한 때'인 반면에, 협약상 지급시기는 물품(또는 서류)을 '매수인의 처분하에 두는 때'이므로 협약에 따르면 대금의 지급시기와 물품의 인도시기가 달라질 것이다.[81]

## 6. 본질적 계약위반

협약과 베트남 민·상법은 본질적 계약위반과 비본질적 계약위반을 구별하여 양자의 구제수단을 달리한다. 본질적 계약위반의 경우에만 사용할 수 있는 구제수단으로

---

79) 협약은 물품의 가격이 정해지지 않은 경우에는 계약 체결 시에 당해 거래와 유사한 상황에서 매도되는 그러한 종류의 물품에 대하여 일반적으로 청구되는 대금을 묵시적으로 정한 것으로 본다(협약 제55조). 베트남 상법도 협약과 동일한 취지로 규정하며 '당해 거래와 유사한 상황'의 판단기준으로서 인도방식, 매매시점, 지리적 시장, 지급방식 및 기타 조건을 구체적으로 열거한다(상법 제52조). 한편 협약과 상법은 대금이 물품의 중량에 의해 정해지는 경우 순중량에 의하여 대금을 결정하는 것으로 한다(협약 제56조, 상법 제53조).

80) 당사자가 대금의 지급장소에 관하여 합의하지 않은 경우에, 협약과 상법은 매도인의 영업소 또는 대금을 물품 또는 서류의 교부와 상환하여 지급하는 경우 그 교부장소를 지급장소로 규정한다(협약 제57조, 상법 제54조). 민법은 매도인의 거주지나 본점을 지급장소로 규정한다(민법 제435조 및 제277조). 즉, 협약과 민·상법에서 매수인의 대금지급의무는 원칙적으로 지참채무이다.

81) 매매계약에 물품의 운송이 포함된 경우 매도인은 매수인에게 전달하기 위하여 물품을 제1운송인에게 교부함으로써 인도의무를 이행한다(협약 제31조 제a호). 하지만 그 시점에 물품이 매수인의 처분하에 놓이는 것은 아니며, 최종운송인이 물품(또는 서류)을 매수인에게 제공하는 때에 비로소 물품이 매수인의 처분하에 놓이게 된다. 협약에 따르면 이때가 대금의 지급시기이다.

협약은 계약해제, 대체물청구를 규정하고, 상법은 계약해제, 이행정지, 이행종료(이는 아래에서 설명한다)를 규정한다.[82] 즉, 이행정지의 경우에 협약에서는 본질적 계약위반을 요구하지 않으나 상법에서는 이를 요구하며, 대체물청구의 경우에 협약에서는 본질적 계약위반을 요구하나 상법에서는 이를 요구하지 않는다.

협약과 베트남 민·상법은 본질적 계약위반의 개념과 요건에 관하여 상이하게 규정한다. 협약에서 계약위반이 본질적인 것이 되려면 ① 피해 당사자의 기대를 실질적으로 박탈할 정도의 손실을 주어야 하고, ② 위반 당사자의 예견가능성이 있어야 한다(협약 제25조). 그러나 베트남 민·상법에서 본질적 계약위반[83]은 피해 당사자가 계약의 목적을 달성할 수 없을 정도의 손실을 주었을 것을 요건으로 하고(상법 제3조 제13항, 민법 제423조 제2항) 위반 당사자의 예견가능성은 요구하지 않는다.

## 7. 계약위반의 구제수단

### 가. 이행청구

협약과 베트남 상법은 이행지체에 대한 특정이행청구권에 관하여 동일하게 규정한다(협약 제46조 제1항, 상법 제297조 제1항). 다만 물품 부적합에 대한 이행청구권에 관하여 협약과 상법은 상이하게 규정한다. 협약에 따르면 부적합이 본질적 계약위반을 구성해야 대체물 인도를 청구할 수 있고, 본질적 계약위반을 구성하지 않으면 부적합 보완을 청구할 수 있을 뿐이다(협약 제46조 제2항 및 제3항).[84] 반면에 베트남 상법은 매도인이 부적합을 보완하거나 대체물[85]을 인도해야 한다고만 규정하고(상법 제297조 제2항 제2문), 부적합이 본질적 계약위반을 구성하는지에 따라 구제수단을 구분하지 않는다. 즉, 상법에 따르면 매수인은 물품 부적합이 비본질적 계약위반인 경우에도 대체물 인도를 청구할 수 있다.

---

82) 민법에 따르면 본질적 계약위반의 경우에 피해 당사자는 계약해제권을 갖는다(민법 제423조 제1항 제c호).

83) 협약상 본질적 계약위반(fundamental breach of contract)에 상응하는 상법의 'vi phạm cơ bản'은 직역하면 '기본적 위반'이고, 민법의 'vi phạm nghiêm trọng'은 직역하면 '엄중한(심각한) 위반'이다.

84) 이는 협약이 국제물품매매계약의 특성을 고려하여 대체물의 운송과 물품의 반송 등으로부터 발생하는 운송비용 등의 부담으로부터 매도인을 보호하기 위한 조치이다. 석광현(註44), 181쪽.

85) 위반 당사자는 피해 당사자가 동의하지 않은 한 금전이나 다른 유형의 물품을 대체물로 사용할 수 없다(상법 제297조 제2항 제3문).

협약과 상법에 따르면 피해 당사자는 위반 당사자의 의무이행을 위하여 합리적인 기간을 정할 수 있다(협약 제47조 제1항 및 제63조 제1항, 상법 제298조). 피해 당사자가 부가기간을 설정하면 원칙적으로 그 기간 중에는 다른 구제수단을 행사할 수 없다. 다만 협약에 따르면 이행지체에 대한 손해배상은 여전히 청구할 수 있으며(협약 제47조 제2항 제2문 및 제63조 제2항 제2문), 상법에 따르면 손해배상과 위약벌 지급을 청구할 수 있다(상법 제299조 제1항).

## 나. 계약해제

협약에서 매수인은 ① 매도인의 본질적 계약위반이 있거나, ② 매도인이 부가기간 내에 물품인도 의무를 이행하지 않거나 그 기간 내에 인도하지 않겠다고 선언한 경우에 계약을 해제할 수 있고(협약 제49조), 매도인은 ① 매수인의 본질적 계약위반이 있거나, ② 매수인이 부가기간 내에 대금지급 또는 물품수령 의무를 이행하지 않거나 그 기간 내에 인도하지 않겠다고 선언한 경우에 계약을 해제할 수 있다(협약 제64조). 베트남 상법에서 피해 당사자는 계약위반이 당사자가 합의한 계약해제 사유에 해당하거나 본질적 계약위반이 되는 경우에 계약을 해제할 수 있으나(상법 제312조), 부가기간 위반은 계약해제 요건에 해당하지 않는다. 만약 부가기간 위반이 본질적 계약위반이 된다면 상법에 따르더라도 계약을 해제할 수 있을 것이다.[86] 그러나 협약에 따르면 인도의무, 대금지급의무, 수령의무 위반이 본질적 계약위반이 아닌 경우에도[87] 피해 당사

---

[86] 다만 당사자는 부가기간 위반이 본질적 계약위반에 해당하는지 알기 어려울 수 있다. 이처럼 본질적 계약위반의 존재가 의문스러운 경우에, 협약상 부가기간의 원칙(Nachfrist Principle)은 계약해제의 적용을 위한 구조적이고 논리적인 절차를 구축한다. 2015년 민법은 부가기간의 원칙을 받아들였으며(민법 제424조 제1항, 각주 88번 참조), 상법도 이를 반영해야 한다는 견해가 있다. Nguyen Tien Hoang/Ho Phu Minh Quan, "Buyer's Remedies in International Sales Contracts under CISG 1980 and Vietnam Commercial Law 2005: A Comparative Analysis", External Economics Review, No. 94(2017), p.7.

[87] 인도의무 위반은 확정기매매의 경우에는 일반적으로 본질적 계약위반이 되고, 다른 종류의 물품을 인도하였거나 권리하자가 있는 물품을 인도한 경우에도 종종 본질적 계약위반이 될 것이다. 최흥섭(註8), 123쪽. 대금지급의무나 수령의무 위반은 일반적으로 단순히 이행지체에 해당하는 경우가 많을 것이나, 대금지급을 명백히 거부하는 경우에는 본질적 계약위반을 인정할 수 있을 것이다. 최흥섭(註8), 148쪽. 그 밖에 대금지급의무가 정기행위로서의 성질을 가지는 경우(가령 대금지급이 신용장 개설에 의하여 이루어져야 하는 경우나 대금지급을 위한 통화 환율의 등락이 심한 경우), 물품수령이 정기행위로 약정된 경우, 매도인이 매수인의 이행기 물품수령에 대하여 인식 가능한 중대한 이익을 가지는 경우(가령 매도인이 창고를 일정 시간에 비워야 하거나 운송수단을 다른 곳에 긴급히 투입해야 하는 경우)에는 대금지급의무나 수령의무 위반이 본질적 계약위반이 될 수 있다. 김진우, "CISG 제64조에 따른 매도인의 계약해제권", 41쪽, 인권과정의

자는 부가기간을 설정함으로써 위반 당사자가 그 기간 내에 이행하지 않으면 계약을 해제할 수 있다.

베트남 민법은 계약해제의 요건으로 상법 제312조에 규정된 두 가지 경우(계약위반이 당사자가 합의한 계약해제 사유에 해당하는 경우, 본질적 계약위반이 있는 경우) 외에 '기타 법률이 규정한 경우'를 추가하면서(민법 제423조), 이행지체,[88] 이행불능,[89] 물품 분실·훼손[90]으로 인한 계약해제를 개별적으로 규정하고 있다. 이러한 유형별 구분은 채무불이행의 유형을 규정하지 않고 계약위반의 문제로 일원적으로 처리하는 협약과 다른 점이며, 민법에 따르면 채무불이행 유형 간의 경합이 발생할 수 있다.

협약에서 계약해제는 원래의 계약관계를 청산관계로 전환시키는 것으로 이해된다.[91] 따라서 협약에서 계약해제는 소급효를 갖지 않는다. 그러나 베트남 민·상법은 계약이 해제되면 그 계약은 체결시점부터 효력이 없다고 규정하므로(민법 제427조 제1항, 상법 제314조 제1항) 민·상법에서 계약해제는 소급효를 갖는다.[92] 다만 협약과 민·상법

---

Vol. 402(2010).

88) 채무자가 의무를 이행하지 않아서 채권자가 합리적인 기간 내에 의무를 이행할 것을 최고하였으나 채무자가 여전히 의무를 이행하지 않는 경우에 채권자는 계약을 해제할 수 있다(민법 제424조 제1항). 계약의 본질이나 당사자의 의도에 따라 특정한 기간 내에 의무를 이행하지 않으면 계약의 목적을 달성할 수 없는 경우에는 채무자가 그 기간의 만료일까지 의무를 이행하지 않으면 채권자는 계약을 해제할 수 있다(민법 제424조 제2항).

89) 채무자가 의무의 일부나 전부를 이행할 수 없고 이로 인하여 채권자의 목적을 달성할 수 없는 경우에 채권자는 최고를 하지 않고 계약을 해제할 수 있다(민법 제425조).

90) 당사자(위반 당사자)가 계약의 대상 자산을 분실하거나 훼손하여 이를 반환하거나, 다른 자산으로 보상하거나, 수리하거나, 동종의 자산으로 대체할 수 없는 경우에 상대방(피해 당사자)은 계약을 해제할 수 있다(민법 제426조 제1문). 위반 당사자는 달리 합의하거나 법률상 면책되는 경우가 아닌 한 분실되거나 훼손된 자산의 가치와 동등한 금액을 배상해야 한다(민법 제426조 제2문). 다만 자산의 가치는 시간과 장소에 따라 달라질 것인데, 이 조항은 그 판단기준을 명시하지 않는다는 비판이 있다. Nguyễn/Trần/Chu Thi Lam Giang(註25), p.642.

91) 석광현(註44), 323쪽. 청산관계에서 당사자들은 협력하여 원래의 계약관계를 체결시점의 상태로 복귀시켜야 하고 그 복귀와 동시에 계약관계는 소멸된다. 청산관계의 법적 성격은 여전히 계약관계이다. 허해관, "국제물품매매협약상 계약해제의 효과", 63쪽, 국제거래법연구 제20집 제1호(2011).

92) 이에 대비하여 상법상 구제수단인 '이행종료(đinh chỉ thực hiện hợp đồng)'와 민법상 구제수단인 '계약 이행의 일방적 종료(đơn phương chấm dứt thực hiện hợp đồng)'는 당사자가 종료의 통지를 받은 날부터 계약이 종료되는 효과를 갖는다. 이행종료는 계약위반이 당사자가 합의한 이행종료 사유에 해당하거나 본질적 계약위반으로 되는 경우에 적용될 수 있다(상법 제310조). 이행종료에 기하여 당사자들은 계약상 의무를 계속 이행하지 않아도 되며, 계약상 의무를 이행한 당사자는 상대방에게 그 반환이나 그에 상응하는 의무의 이행을 요청할 수 있다. 피해 당사자는 위반 당사자에게 손해배상을 청구할 수 있다(상법 제311조

은 계약해제의 효과에 관하여 대체로 유사하게 규정하므로[93] 양자의 이론적인 차이는 커 보이지만[94] 실제적인 결과는 큰 차이가 없을 것으로 보인다.

협약에 따르면 매수인이 물품을 수령한 상태와 실질적으로 동일한 상태로 그 물품을 반환할 수 없는 경우[95]에 매수인의 해제권(및 대체물청구권)은 원칙적으로 소멸한다(협약 제82조 제1항). 그러나 베트남 민·상법에 따르면 현물로 반환할 수 없는 경우에는 동등한 가치의 현금으로 반환할 수 있으므로(민법 제427조 제2항 제2문, 상법 제314조 제2항 제3문), 매수인은 물품을 받은 그대로 반환할 수 없더라도 가액반환을 하면서 계약을 해제할 수 있다.

### 다. 이행정지

협약에서 당사자는 ① 계약체결 후 상대방이 의무의 실질적 부분을 이행하지 않을 것이 판명되고, ② 그것이 상대방의 이행능력이나 신용도의 중대한 결함 또는 계약의 이행 준비나 이행에 관한 상대방의 행위에 기인하는 경우에 자신의 의무이행을 정지할 수 있다(협약 제71조 제1항). 협약은 상대방이 의무의 실질적 부분을 이행하지 않을 것이 판명될 것을 요구할 뿐이지, 본질적 계약위반을 요구하지 않는다. 반면에 베트남 상법에서 이행정지는 계약위반이 당사자가 합의한 이행정지 사유에 해당하거나, 계약

---

제1항 제2문, 제3문 및 제2항). 계약 이행의 일방적 종료는 상법상 이행종료와 유사한 요건과 효과를 갖는다(민법 제428조). 협약은 이러한 구제수단에 대하여 알지 못한다.

93) 협약과 베트남 민·상법에서 계약이 해제되면, 당사자는 분쟁해결 및 해제의 결과 발생하는 권리에 관한 합의를 제외하고 계약상 의무의 이행을 면하고, 피해 당사자는 위반 당사자에게 손해배상을 청구할 수 있으며, 당사자는 자신의 계약상 의무 이행으로부터 발생된 이익의 반환을 청구할 권리가 있으며, 당사자 쌍방에게 반환의무가 있는 경우에는 동시에 반환하여야 한다(협약 제81조, 민법 제427조, 상법 제314조).

94) 계약의 해제가 소급효를 가진다고 하면 해제로 소유권은 자동적으로 원소유자에게 복귀하거나 소유권의 이전은 처음부터 효력이 없게 될 것이다. 그로써 매도인은 물권적 지위를 가지게 된다. 반면 계약의 해제가 장래를 향해서만 계약을 종료시킨다고 하면 매도인은 채권적 보호만 누릴 수 있다. 김진우, "CISG 제81조에 따른 계약해제의 효과", 156쪽, 서울법학 제18권 제2호(2010). 협약이 적용되는 매매계약이 해제된 경우, 계약의 해제는 장래를 향하여 당사자에게 원상회복의무 또는 청산의무를 부과할 뿐이라면, 가령 해제 당시 물품의 소재지가 베트남이어서 물권변동의 준거법이 베트남법인 경우에도 물권적 효과가 발생하지 않을 것이다. 석광현(註12), 252쪽 참조.

95) 가령 매수인이 물품을 가공하거나 타인에게 양도한 경우, 도둑맞거나 부패하여 더 이상 반환이 불가능한 경우, 거의 무가치한 폐물로 변한 경우 등이다. 최흥섭(註8), 193쪽. 반면에 몇 번 사용하지 않은 기계는 매수인이 물품을 수령한 상태와 실질적으로 동일한 상태로 인정될 가능성이 높을 것이고, 물품이 종류물인 경우에 매도인은 대체물을 제공할 수 있을 것이다. Bianca/Bonell/Tallon(註10), Art. 82 para. 2.1.

위반이 본질적 계약위반으로 되는 경우에 적용될 수 있다(상법 제308조).[96]

베트남 민법은 당사자의 의무이행 순서를 기준으로 이행정지의 요건을 구분한다. 즉, 의무를 선이행해야 하는 당사자는 상대방의 의무이행 능력이 중대하게 감소되어 의무가 이행될 수 없는 경우에, 의무를 후이행해야 하는 당사자는 상대방이 이행기간 내에 의무를 이행하지 않은 경우에 자신의 의무이행을 연기할 수 있다(민법 제411조). 따라서 민법에서 선이행의무를 부담하는 당사자는 상대방이 계약을 이행하지 않겠다고 선언하거나 계약의 이행 준비를 하지 않는 경우에도 자신의 의무이행을 연기할 수 없다.

## 라. 손해배상

협약에서 손해배상의 범위는 계약위반의 결과로 상대방이 입은 손실의 총액이나(협약 제74조 제1문), 이는 위반 당사자가 계약체결 시에 예견가능했던 손해에 한정된다(협약 제74조 제2문). 반면에 베트남 민·상법은 손해배상의 범위를 계약위반으로 인하여 실제적이고 직접적으로 발생한 손해로 규정하며,[97] 이를 위반 당사자의 예견가능성에 의하여 제한하지 않는다.[98] 다만 상법은 손해배상책임의 요건으로 ① 계약위반 행위가 있을 것, ② 실제적인 손실이 있을 것, ③ 계약위반 행위가 손실의 직접적인 원인일 것을 요구하므로(상법 제303조),[99] 피해 당사자가 손해 예방을 위하여 필요하고 합

---

96) 특히 상법은 대금지급의무의 이행정지에 관하여, 매수인은 ① 매도인의 사기에 대한 증거를 보유한 경우, ② 물품이 현재 분쟁의 대상이라는 증거를 보유한 경우에는 그 분쟁이 해결될 때까지, ③ 매도인이 계약에 부적합한 물품을 인도하였다는 증거를 보유한 경우에는 매도인이 그 부적합을 치유할 때까지 대금지급을 정지할 수 있다고 규정하고 있다(상법 제51조 제1항 내지 제3항). 다만 ②, ③의 경우에 매수인이 제시한 증거가 부정확하고 매도인에게 손실이 발생하였다면, 매수인은 그 손해를 배상해야 하고 매도인은 상법상 기타 구제수단을 사용할 수 있다(상법 제51조 제4항).

97) 민법에서 의무위반으로 인한 손해배상은 물질적 손해배상과 정신적 손해배상으로 구성되며, 물질적 손해배상은 산정 가능한 실제적인 물질적 손실이다(민법 제361조 제1항 및 제2항). 상법에서 손해배상액은 위반으로 인한 실제적이고 직접적인 손해액과 그러한 위반이 없었다면 발생하였을 직접적인 이익액으로 구성된다(상법 제302조 제2항). 실제적이고 직접적인 손해의 원칙은 현행 민·상법뿐만 아니라 1989년 경제계약법(제29조 제2항), 1995년 민법(제310조 제2항), 2005년 민법(제307조), 1997년 상법(제229조) 등 베트남 계약법제의 발전 과정에서 지속적으로 규정되어 왔다. Pham Ha Thanh, "Validity of liquidated damages clause under Vietnam's Law", Vietnam Law and Legal Forum, No. 307(2020), p.20.

98) 예견가능성을 요구하는 협약의 규정이 위반 당사자의 이익을 보호하고 피해 당사자의 비합리적인 손해배상 청구를 제한할 수 있을 것이다. Nguyễn Minh Hằng et al.(註64), p.293.

99) 민법은 손해배상책임의 요건을 명시적으로 규정하지 않으나, 배상책임에 관한 일반조항(민법 제13조, 제351조, 제360조 내지 제364조)과 계약위반으로 인한 손해배상액에 관한 조항(민법 제419조)에 따르면,

리적인 조치를 취하지 못한 경우나 피해 당사자가 손해를 경감하지 못한 경우에 계약 위반 행위의 직접적인 결과가 아닌 손해는 배상할 의무가 없다.[100)

## 8. 면책

협약은 면책요건으로 ① 의무 불이행이 불이행 당사자가 통제할 수 없는 장애에 기인하였을 것, ② 계약 체결 시 장애를 고려하는 것이 합리적으로 기대될 수 없었을 것, ③ 장애나 그 결과를 회피하거나 극복하는 것이 합리적으로 기대될 수 없었을 것을 규정한다(협약 제79조 제1항). 특히 채무자의 불이행이 계약의 이행을 위하여 사용한 제3자의 불이행으로 인한 경우에는[101) 채무자가 제79조 제1항에 따라 면책될 뿐만 아니라 제3자도 제79조 제1항에 따라 면책되는 경우에 한하여 채무자가 면책된다(협약 제79조 제2항). 또한 협약은 채무자의 불이행이 채권자의 작위 또는 부작위에 기인한 경우를 면책사유로 규정한다(협약 제80조). 베트남 상법은 면책사유로 ① 당사자가 합의한 면책사유가 발생한 경우, ② 불가항력이 발생한 경우, ③ 일방 당사자의 계약위반이 전적으로 상대방의 귀책사유로 인한 경우, ④ 계약위반이 당사자가 계약 체결 시에 알 수 없었던 유권기관 결정의 집행으로 인한 경우를 열거한다(상법 제294조 제1항). 상법은 제3자의 불이행으로 인한 계약위반 시의 면책요건에 관하여 규정하지 않는다.[102)

협약 제79조에 의한 면책의 효력은 손해배상에 대해서만 적용되므로(협약 제79조 제5항), 장애가 존재해도 계약해제, 이행청구, 대금감액 등의 다른 구제수단은 여전히

---

① 계약위반, ② 손해, ③ 계약위반과 손해 사이의 인과관계가 존재하면 손해배상책임이 발생한다. 그러나 민법이 배상책임의 요건으로 '과실'을 간과하는 것은 아니며, 위반 당사자의 과실은 추정된다고 본다. 채권자는 채무자의 과실에 대한 입증책임을 부담하지 않는다. Nguyen Hong Hai, "Vietnamese rules on compensation for contractual damage", Vietnam Law and Legal Forum, Nos. 279-280(2017), p.15. 민법 제363조는 계약위반이 존재하고 손실과 손해의 일부가 피해 당사자의 과실로 인하여 발생하였다면, 위반 당사자는 자신의 과실에 상당하는 손실과 손해만 배상할 의무가 있다고 규정한다.

100) Nguyen Hong Hai(註99), p.15. 협약과 베트남 상법은 손해배상의 채권자에게 손실을 경감시킬 조치를 취할 의무를 부여하고 있으며, 채권자가 이러한 조치를 취하지 않은 경우에 위반 당사자는 경감되었어야 했던 손실액만큼 손해배상액의 감액을 청구할 수 있다(협약 제77조, 상법 제305조).

101) 가령 매수인에게 물품을 직접 인도하도록 매도인과 계약을 맺은 물품생산자, 인도의무가 지참채무인 경우에 독립적인 운송인, 대금지급의무가 지참채무인 경우에 은행 등이 여기에 해당한다. 최흥섭(註8), 186쪽.

102) 국제거래 실무상 제3자(공급자, 운송인, 은행 등)가 계약이행에 관여하는 경우가 많으므로, 협약과 같이 이행보조자의 불이행으로 인한 계약위반의 면책에 관하여 명확하게 규정하는 것이 분쟁 예방에 도움이 될 것이다. Nguyễn Minh Hằng et al.(註64), p.294.

활용할 수 있다. 반면에 상법상 면책사유가 발생한 경우에 채권자는 손해배상뿐만 아니라 위약벌, 이행정지, 이행종료, 계약해제의 구제수단을 적용할 수 없다(상법 제300조, 제303조, 제308조, 제310조, 제312조). 다만 불가항력의 발생이 면책사유인 경우에 당사자는 이행기간의 연장에 관하여 합의할 수 있다(상법 제296조).[103]

## 9. 위험의 이전

위험의 이전에 관한 협약과 베트남 상법의 규정은 대체로 상응하나, 협약이 상법에 비하여 전반적으로 상세하게 규정하고 있다.[104] 특히 운송 중인 물품의 매매의 경우 계약 체결 시에 매수인에게 위험이 이전한다고 규정한다는 점에서 협약과 상법은 동일하나(협약 제68조 제1문, 상법 제60조), 협약은 이러한 원칙에 대한 예외를 추가적으로 규정하고 있다. 즉, 특별한 사정이 있는 경우[105] 위험은 운송계약을 표창하는 서류를 발행한 운송인에게 물품이 교부된 때부터 매수인이 부담한다(협약 제68조 제2문). 다만 국제거래에서 위험의 이전은 통상적으로 협약에 우선하는 Incoterms에 의해 결정되므로 협약이 가지는 의미는 제한적이다.[106]

---

103) 불가항력이 발생한 경우에, 당사자가 이행기간의 연장에 관하여 합의하지 않으면 이행기간은 불가항력의 기간에 그 결과를 치유할 합리적인 기간을 더한 기간만큼 연장되지만, 이러한 연장은 인도기간이 계약 체결일로부터 12개월을 초과하지 않는 경우에는 5개월로 제한되고, 12개월을 초과하는 경우에는 8개월로 제한된다(상법 제296조 제1항). 연장된 이행기간이 만료된 경우에 당사자는 계약이행을 거절할 수 있으며 손해배상 책임을 지지 않는다(상법 제296조 제2항). 당사자가 계약이행을 거절하는 경우에는 연장된 이행기간의 만료일로부터 10일 내에, 상대방이 계약상 의무를 이행하기 전에 상대방에게 통지해야 한다(상법 제296조 제3항). 이행기간의 연장은 인도기간이 고정된 매매계약에 대해서는 적용되지 않는다(상법 제296조 제4항).

104) Bộ Công Thương(산업무역부), Báo Cáo Nghiên Cứu Khả Năng Việt Nam Gia Nhập Công Ước Viên 1980 Về Hợp Đồng Mua Bán Hàng Hóa Quốc Tế, 2012, p.20.

105) 이에 해당하는 예로는 매도인이 운송 중의 물품에 대한 위험을 인수하는 운송보험(즉, 적하보험) 계약을 체결하고 매수인에게 보험증권을 배서·교부함으로써 매수인이 물품이 운송인에게 교부된 때로부터 발생한 위험에 대하여 보험금을 받을 수 있도록 한 경우를 들 수 있다. 석광현(註44), 248쪽.

106) 당사자들은 협약에 비하여 더욱 구체적이고 상세한 Incoterms 조건을 선호하는 경우가 많다. 이러한 경우에 Incoterms는 계약의 일부로 통합되어 협약에 우선하거나(협약 제6조), 관행으로 사용되어 협약에 우선할 수 있다(협약 제9조 제2항). Nguyễn Thị Hồng Trinh, "Phạm vi áp dụng của Công ước CISG cho hợp đồng mua bán hàng hóa quốc tế", Tạp Chí Tòa Án Nhân Dân(2018. 9. 26.), https://tapchi-toaan.vn/bai-viet/phap-luat/pham-vi-ap-dung-cua-cong-uoc-cisg-cho-hop-dong-mua-ban-hang-hoa-quoc-te. 위험의 이전시기에 대하여 Incoterms 2010에서는 인도주의를 취하고 있으나, 협약에서는 물품의 인도는 제31조에서 규정하고 위험의 이전시기는 제67조 내지 제69조에서 규정하고 있는데 위 조항들이 완전히 동일

베트남 민법은 위험의 이전에 관하여 협약이나 상법보다 단순하게 규정한다. 소유권 등록이 필요하지 않은 자산 매매의 경우[107] 매도인은 자산이 매수인에게 인도되는 시점까지 위험을 부담하고 매수인은 자산을 수령한 시점부터 위험을 부담한다(민법 제441조 제1항).

## 10. 물품의 보관

협약에 따르면 매수인이 물품 인도의 수령을 지체하거나 대금 지급과 물품 인도가 동시에 이루어져야 함에도 매수인이 대금을 지급하지 않은 경우에, 물품을 점유하거나 그 처분을 지배할 수 있는 매도인은 물품 보관을 위하여 합리적인 조치를 취하여야 한다(협약 제85조). 한편 매수인이 물품을 수령하거나 매수인에게 발송된 물품이 목적지에서 매수인의 처분하에 놓인 후에 매수인이 물품을 거절하고자 하는 경우에, 매수인은 물품 보관을 위하여 합리적인 조치를 취하여야 한다(협약 제86조).[108] 이처럼 물품의 보관 '의무'를 규정하는 협약과 달리, 베트남 민법은 채권자지체[109]의 경우 채무자의 보관 '권리'를 규정한다. 즉, 채권자지체의 목적물이 자산인 경우에 채무자는 자산을 임치장소에 임치하거나 자산의 보관을 위하여 필요한 기타 조치를 취할 수 있다(민법 제355조 제2항).[110]

자조매각과 관련하여서도 협약과 민법의 규정은 차이가 있다. 상대방이 물품의 점유, 반환, 비용 지급을 불합리하게 지체하는 경우에, 협약은 상대방에게 통지하고 물품을 매각할 수 있다고 규정하는 반면에(협약 제99조 제1항), 민법은 이러한 경우의 자조매각권을 알지 못한다. 한편 협약에서는 물품이 급속히 훼손되기 쉽거나 그 보관에 불

---

하지는 않다. 김상만, "Incoterms 2010의 적용상 CISG의 한계", 60쪽, 국제거래법연구 제27집 제1호(2018).

107) 베트남에서 부동산의 소유권 및 기타 재산권은 등록이 필요하고, 동산의 소유권 및 기타 재산권은 법률이 달리 정하지 않은 한(가령 비행기, 선박, 자동차, 증권, 지식재산권의 경우) 등록을 요하지 않는다(민법 제106조 제1항 및 제2항).

108) 협약 제85조 및 제86조가 규정하는 보관의무의 기본원칙은, 물품의 소유권이나 위험이 누구에게 있든 상관없이 물품이 사실상 자기의 책임영역에 존재하는 경우에는 그가 물품을 보관해야 한다는 것이다. 최홍섭(註8), 198쪽.

109) '채권자지체(chậm tiếp nhận việc thực hiện nghĩa vụ)'는 의무이행 기간이 만료되었고 채무자가 의무를 이행하였지만, 채권자가 의무이행을 수령하지 않는 것을 의미한다(민법 제355조 제1항).

110) 보관조치를 취한 채무자는 합리적인 비용의 상환을 청구할 수 있으며, 자산을 임치하는 경우에는 즉시 채권자에게 통지해야 한다(민법 제355조 제2항).

합리한 비용이 필요한 경우에 보관의무를 지는 자에게 자조매각 '의무'가 발생하지만 (협약 제99조 제2항), 민법에 따르면 자산이 훼손될 위험이 있는 경우에 채무자는 자조매각 '권리'가 있다(민법 제355조 제3항).[111]

## IV. 협약의 흠결에 대한 베트남법 규정

협약이 규율하지 않는 사항, 즉 협약의 적용범위나 규율대상에서 제외되는 사항을 협약의 외적 흠결이라고 부른다. 협약은 매매계약의 성립 및 매도인과 매수인의 권리의무만을 규율하고, 계약의 유효성이나 물품의 소유권 이전에 관하여 규율하지 않는다(협약 제4조). 협약은 인적 손해에 대한 제조물책임에 적용되지 않는다(협약 제5조). 또한 베트남은 계약의 방식에 관한 협약의 규정을 적용하지 않는다는 유보선언을 하였으므로, 베트남에서 계약의 방식은 협약이 규율하는 사항이 아니다.

협약에 의하여 규율되는 사항으로서 협약에서 명시적으로 해결되지 않는 문제는 협약의 내적 흠결이라고 부른다.[112] 이러한 문제는 협약이 기초하고 있는 일반원칙에 의해 해결해야 하고, 그 원칙이 없는 경우에는 국제사법규칙에 의하여 적용되는 법에 따라 해결해야 한다(협약 제7조 제2항).[113]

협약이 규율하지 않는 사항은 소송의 경우 법정지의 국제사법규칙이 정한 연결원칙에 의하여 결정된 준거법에 따른다. 중재의 경우 국제적으로 준거법의 결정을 위하여 ① 중재인이 직접 적절하다고 판단하는 법(또는 법규)을 적용하는 방법(베트남 상사중재법의 경우),[114] ② 중재법이 직접 제시하는 연결원칙을 적용하는 방법(우리 국제사법의

---

111) 자산을 매각한 채무자는 즉시 채권자에게 통지해야 하고, 자산의 보관과 매각에 필요한 비용을 공제한 매각대금을 채권자에게 지급해야 한다(민법 제355조 제3항).

112) 협약의 내적 흠결의 사례로 통화(이는 외적 흠결인지 내적 흠결인지 논란이 있다), 대금지급의무 이외의 금전채무의 지급장소, 대금 기타 연체 금액에 대한 이자의 이자율, 원상회복의무의 이행지, 계약해제 후 반환할 대금의 이자율을 들 수 있다. 석광현(註12), 266쪽 이하 참조.

113) 협약 제7조 제2항은 협약의 일반원칙의 개발과 국내법에의 호소 사이의 섬세한 균형을 보여주며, 그 선택은 필연적으로 법원의 전통과 태도의 영향을 받게 될 것이다. 대륙법은 일반적으로 전자에 호의적이며 영미법은 후자에 호의적이다. Honnold(註2), §102.

114) 베트남 상사중재법(Luật Trọng tài thương mại, 법률번호: 54/2010/QH12) 제14조에 따르면, 중재판정부는 외국적 요소가 없는 분쟁에 대하여서는 베트남법을 적용하고, 외국적 요소가 있는 분쟁에 대하여서는 당사자가 선택한 법 또는 당사자 합의가 없는 경우 '중재판정부가 가장 적절하다고 판단하는 법(pháp

경우),115) ③ 중재지의 통상의 국제사법을 적용하는 방법, ④ 중재인이 적절하다고 판단하는 국제사법을 적용하는 방법 등이 사용된다.116)

본장에서는 협약이 규율하지 않는 사항에 대한 베트남 민법상 국제사법규칙의 준거법 결정 원칙과, 이러한 사항에 대하여 베트남법이 '보충적 준거법'117)으로 결정되는 경우의 적용 규정에 대하여 설명한다.

## 1. 계약의 유효성

협약에 별도의 명시규정이 있는 경우를 제외하고, 협약은 계약이나 관행의 유효성에 관하여 규율하지 않는다(협약 제4조 제a호).118) '협약에 별도의 명시규정이 있는 경우'의 예로 원시적 불능(협약 제68조 제3문)과 물품의 성질 또는 매수인의 지불능력에 대한 착오(협약 제35조 및 제71조)를 들 수 있다.119) 특히 베트남 민법은 원시적 불능인 민사계약을 무효라고 보나(민법 제408조 제1항), 협약에서 원시적 불능인 계약은 유효하게 성립하고 불이행 당사자는 계약위반에 대한 책임을 진다.

계약의 유효성의 문제에는 통상 착오·사기·강박에 의한 의사표시의 하자, 강행법규 및 공서양속 위반 등이 포함된다. 의사표시의 하자나 강행법규 및 공서양속 위반에

---

luật mà Hội đồng trọng tài cho là phù hợp nhất)'을 적용하며, 베트남법이나 당사자가 선택한 법이 분쟁에 관하여 구체적으로 규정하지 않는 경우 베트남법의 기본원칙에 반하지 않는 한 국제관행을 적용할 수 있다. 베트남국제중재센터(Vietnam International Arbitration Centre, VIAC) 중재규칙 제24조도 준거법의 결정에 관하여 이와 유사하게 규정하고 있다.

115) 우리 중재법 제29조 제2항은 (당사자의 지정이 없는 경우) 중재판정부는 분쟁의 대상과 가장 밀접한 관련이 있는 국가의 법을 적용하여야 한다고 규정한다.

116) 석광현, "국제상사중재에서 분쟁의 실체에 적용할 준거법 ― 우리 중재법의 해석론을 중심으로", 18쪽, 법학논총 제23집 제1호(2006).

117) 협약의 외적 흠결이나 내적 흠결을 보충적으로 규율한다는 의미에서 '보충적 준거법'이라고 부를 수 있다. 석광현(註12), 237쪽.

118) 협약은 매매계약의 방식에 관하여 별도로 규정하므로, 여기의 유효성은 형식적 유효성에 대비되는 실질적 유효성을 말한다. 석광현(註12), 247쪽.

119) 협약 제68조 제3문은 매도인이 매매계약의 체결 시에 물품이 멸실 또는 훼손된 것을 알았거나 알았어야 했고 매수인에게 이를 밝히지 아니한 경우에는 그 멸실 또는 훼손은 매도인의 위험으로 한다고 규정하여, 원시적 불능이더라도 유효함을 당연한 전제로 하고 있다. 이러한 경우에 국내법에 근거해서 계약이 무효라고 주장할 수는 없다. 한편 협약 제35조 및 제71조에 따르면 물품의 성질(또는 성상) 또는 매수인의 지불능력에 관한 착오가 있는 경우 매수인은 계약부적합에 따른 협약상의 구제수단을 가질 뿐이다. 이러한 경우에 국내법에 근거해서 계약을 취소할 수는 없다. 석광현(註12), 249쪽 참조.

대해서는 계약의 준거법이 적용될 것이다.[120] 베트남 민법에 따르면 계약의 당사자는 계약의 준거법에 대해 합의할 수 있으며,[121] 당사자가 준거법에 대해 합의하지 않은 경우에는 계약과 가장 밀접한 관련이 있는 국가의 법이 적용된다(민법 제683조 제1항). 매매계약의 경우에는 매도인의 거주지법(자연인인 경우)이나 설립지법(법인인 경우)이 계약과 가장 밀접한 관련이 있는 국가의 법으로 추정된다(민법 제683조 제2항 제c호).[122]

당사자의 권리능력, 행위능력도 유효성에 영향을 미친다. 베트남 민법에서 자연인의 권리능력, 행위능력의 준거법은 국적국법이다(민법 제673조 제1항, 제674조 제1항). 외국인은 베트남에서 베트남 국민과 동등한 권리능력을 가지고(민법 제673조 제2항), 베트남에서 민사거래[123]를 성립·이행한 외국인의 행위능력은 베트남법에 따라 확정된다(민법 제674조 제2항). 자연인의 민사행위가 베트남에서 이루어진 경우에 행위능력의 상실,[124] 인식·행위 조절의 곤란,[125] 행위능력의 제한[126])은 베트남법에 따라 확정된다(민법 제674조 제3항). 한편 법인의 국적은 설립지법에 따라 확정되고, 법인의 권리능력은 국적국법에 따라 확정된다(민법 제676조 제1항 및 제2항). 베트남에서 민사거래를 성립·이행한 외국법인의 권리능력은 베트남법에 따라 확정된다(민법 제676조 제1항 및 제3항).

---

120) 석광현(註12), 247쪽.

121) 당사자들은 계약의 준거법을 변경하기로 합의할 수 있으나, 그 변경은 제3자가 동의하지 않은 한 변경 전에 부여된 제3자의 법적 권리와 이익에 영향을 미치지 않아야 한다(민법 제683조 제6항).

122) 다른 국가의 법률이 계약과 더욱 밀접한 관련이 있다는 증거가 있는 경우에는 그 국가의 법률이 우선한다(민법 제683조 제3항). 이하에서 당사자가 준거법에 대해 합의하지 않은 경우를 상정할 때에는 매도인의 거주지법이나 설립지법이 계약과 가장 밀접한 관련이 있는 국가의 법이라는 추정이 깨어지지 않는 상황을 전제한다.

123) '민사거래(giao dịch dân sự)'란 민사적 권리의무를 형성·변경·종료하는 계약이나 일방적인 법률행위를 의미한다(민법 제116조).

124) 법원은 이해관계자나 관련 기관의 청구에 따라 정신병 또는 기타 질병으로 인하여 자신의 행위를 인식하거나 이행할 수 없는 자를 '민사행위능력상실자(người mất năng lực hành vi dân sự)'로 선고하며, 민사행위능력상실자의 민사거래는 법적 대리인에 의하여 성립·이행되어야 한다(민법 제22조).

125) 법원은 이해관계자나 관련 기관의 청구에 따라 신체적·정신적 조건으로 인하여 인식 또는 행위조절이 곤란한 성인을 '인식·행위조절곤란자(người có khó khăn trong nhận thức, làm chủ hành vi)'로 선고하고 법적 후견인을 선임하며 후견인의 권리의무를 규정한다(민법 제23조).

126) 법원은 이해관계자나 관련 기관의 청구에 따라 약물, 기타 향정신성 물질을 과다복용하여 민사행위능력이 제한되고 가족의 자산을 파탄하는 자를 '민사행위능력제한자(người bị hạn chế năng lực hành vi dân sự)'로 선고하고 법적 대리인을 선임하며 대리범위를 결정한다(민법 제24조 제1항). 일상 수요를 충족하기 위한 거래를 제외한, 민사행위능력제한자의 자산과 관련된 모든 민사거래는 법적 대리인의 동의를 얻어야 한다(민법 제24조 제2항).

베트남법이 보충적 준거법이 되는 경우에, 민사거래는 ① 참가자가 거래에 부합하는 권리능력과 행위능력을 갖출 것, ② 참가자가 전적으로 자발적으로 행위할 것, ③ 거래의 목적과 내용이 법률과 공서양속에 반하지 않을 것의 요건을 충족해야 유효하다(민법 제117조). 민법은 이러한 원칙 조항에 더하여 강행법규 및 공서양속 위반,[127] 통정한 허위,[128] 권리능력 및 행위능력 제한,[129] 착오,[130] 사기나 강박[131] 등의 경우의 민사거래 유효성에 관하여 개별적으로 규정하고 있다.

무효인 민사거래는 체결시점부터 어떠한 당사자의 권리의무도 형성, 변경, 종료하지 않으며(민법 제131조 제1항), 당사자는 원상회복, 급부반환, 손해배상 의무가 있다(민법 제131조 제2항 및 제4항). 다만 자산(등록이 필요하지 않은 동산)이 선의의 제3자에게 별도의 거래에 의하여 양도된 경우 제3자와의 거래는 유효하다(민법 제133조 제1항).

민법 제132조는 민사거래 무효 선고 청구시효에 관하여 규정한다.[132] 제한능력자의 대리인은 거래가 성립·이행되었다는 것을 알았거나 알 수 있었던 날로부터, 착오를 하거나 사기를 당한 자는 거래가 착오나 사기에 의하여 성립되었다는 것을 알았거나

---

127) 목적과 내용이 법적 금기를 위반하거나 사회 윤리에 반하는 민사거래는 무효이다(민법 제123조 제1문).

128) 당사자가 다른 거래를 은폐하기 위하여 허위로 민사거래를 체결한 경우에 허위거래는 무효이고 은폐거래가 계속 유효하지만, 은폐거래가 민법이나 관련 법률에 따라 무효인 경우에는 그렇지 않다(민법 제124조 제1항). 당사자가 제3자에 대한 책임을 회피하기 위하여 허위로 민사거래를 체결한 경우에도 그 거래는 무효가 된다(민법 제124조 제2항).

129) 민사거래가 미성년자, 민사행위능력상실자, 인식·행위조절곤란자, 민사행위능력제한자에 의하여 성립·이행된 경우에 법원은 제한능력자의 대리인의 청구에 따라 거래의 무효를 선고한다(민법 제125조 제1항). 다만 ① 6세 미만의 미성년자 또는 민사행위능력상실자의 일상 수요를 위하여 성립된 민사거래, ② 미성년자, 민사행위능력상실자, 인식·행위조절곤란자, 민사행위능력제한자에 대하여 오직 권리를 부여하거나 의무를 면제하는 민사거래, ③ 거래를 성립한 자가 성인이 되거나 민사행위능력을 회복한 후에 효력을 인정한 민사거래는 무효가 되지 않는다(민법 제125조 제2항). 한편 민사행위능력이 있으나 인식·행위조절을 상실한 때에 민사거래를 체결한 자는 법원에 거래의 무효 선고를 청구할 수 있다(민법 제128조).

130) 민사거래에 착오가 있어서 일방 당사자나 당사자들의 거래 성립 목적을 달성할 수 없는 경우에 착오자는 법원에 거래의 무효 선고를 청구할 수 있다(민법 제126조 제1항). 다만 당사자들이 거래 성립의 목적을 달성하였거나, 착오를 즉시 교정하여 거래 성립의 목적을 달성할 수 있는 경우에는 그렇지 않다(민법 제126조 제2항).

131) 사기, 협박, 강요로 인하여 민사거래가 성립된 당사자는 법원에 거래의 무효 선고를 청구할 수 있다(민법 제127조).

132) 이는 민법 제150조가 규정하는 시효의 유형 중에 '민사사건해결청구시효(thời hiệu yêu cầu giải quyết việc dân sự)'에 해당한다. 시효는 아래에서 설명한다.

알 수 있었던 날로부터, 협박이나 강요를 당한 자는 강박이 종료된 날로부터, 인식·행동조절상실자는 거래가 성립된 날로부터 2년 내에 법원에 민사거래의 무효 선고를 청구해야 한다(민법 제132조 제1항).133)

## 2. 물품의 소유권 이전

협약에 별도의 명시규정이 있는 경우를 제외하고,134) 협약은 매매된 물품의 소유권에 관하여 계약이 미치는 효력에 관하여서는 규율하지 않는다(협약 제4조 제b호).135)

베트남 민법에서 소유권은 일반적으로 자산이 소재한 국가의 법률에 따르나, 운송 중인 동산의 소유권은 목적지 국가의 법률에 따른다(민법 제678조 제1항 및 제2항). 베트남법이 보충적 준거법이 되는 경우에, 민법상 소유권 형성시점은 ① 민법 및 관련 법률 규정,136) ② 당사자 합의, ③ 인도시점의 기준이 순차적으로 적용되며 확정된다(민법 제161조 제1항 제1문). 여기에서 인도시점은 채권자나 그 대리인이 자산을 점유하는 시점을 의미한다(민법 제161조 제1항 제2문). 상법에 따르더라도 법률이 달리 규정하거나 당사자가 달리 합의하지 않은 한 물품의 소유권은 인도시점에 매도인으로부터 매수인에게 이전된다(상법 제62조).

소유권유보부매매의 경우 매매계약의 채권적인 측면은 협약에 의하여 규율될 것이나, 그 유효성이나 물권적 측면에 대해서는 협약이 적용되지 않는다.137) 베트남 민법은 소유권유보를 대금지급의무의 담보수단으로 규정하고 있으므로(민법 제331조),138) 매수인의 지급의무 불이행으로 인한 매도인의 환취권 실행에 대하여서는 민법이 적용

---

133) 강행규정 및 공서양속 위반, 통정한 허위의 경우에는 무효 선고 청구시효가 적용되지 않는다(민법 제132조 제3항).

134) 권리 적합성에 관한 협약 제41조와 제42조가 소유권 이전과 관련된 문제를 간접적으로 다루고 있다. Bianca/Bonell/Khoo(註10), Art. 4 para. 2.5.

135) 이는 물품의 소유권에 관하여는 특히 '의사주의'를 취하는 프랑스법계 및 영미법계와, '인도주의'를 취하는 독일법계가 대립하고 있고, 많은 국가들이 자국의 원칙을 포기할 용의가 없어 통일이 쉽지 않았기 때문이다. 석광현(註12), 250쪽.

136) 가령 베트남 토지법(Luật đất đai, 법률번호: 45/2013/QH13) 제188조과 주택법(Luật Nhà ở, 법률번호: 65/2014/QH13) 제12조는 소유권 형성시점에 관한 규정을 두고 있다.

137) 석광현(註12), 250쪽.

138) 소유권유보부매매계약의 매수인이 지급의무를 이행하지 않는 경우에, 매도인은 자산을 환취할 수 있고, 사용으로 인한 감가가치를 공제하고 매수인이 지급한 금액을 반환해야 하며, 매수인이 자산을 분실하거나 훼손한 경우 매도인은 손해배상을 청구할 수 있다(민법 제332조).

된다.[139]

## 3. 제조물책임

협약은 물품으로 인하여 발생한 사람의 사망 또는 상해에 대한 매도인의 책임에는 적용되지 않는다(협약 제5조). 제조물책임의 문제를 불법행위법으로 규율하는 국가에서는 이러한 배제가 당연하지만, 계약법으로 규율하는 국가에서는 제조물책임을 배제하지 않으면 그 국가의 제조물책임법이 부여하는 보호가 인정되지 않을 가능성이 있기 때문이다.[140]

베트남 민법에 따르면 제조물책임은 비계약적 손해배상의무에 해당한다.[141] 당사자들은 비계약적 손해배상의 준거법에 대해 합의할 수 있으나, 예외적으로 가해 당사자와 피해 당사자의 거주지(자연인의 경우)나 설립지(법인의 경우)가 동일한 경우에는 그 국가의 법률이 적용되며, 당사자가 준거법에 대해 합의하지 않은 경우에는 결과발생지법이 적용된다(민법 제687조).[142]

베트남법이 보충적 준거법이 되는 경우에 소비자권리보호법[143]과 민법이 제조물책임으로 인한 인적 손해에 관하여 규율한다. 소비자권리보호법에 따르면, 물품을 거래하는 단체나 개인[144]이 결함이 있는 물품을 공급하여 소비자의 생명, 건강, 재산에 손해가 발생한 경우에, 그 단체나 개인은 결함에 대하여 알지 못하였거나 결함 발생에

---

139) Kate Lannan, "Sphere of Application of the United Nations Convention on Contracts for the International Sale of Goods", 15쪽, 국제거래법연구 제14집 제2호(2005).

140) 최흥섭(註8), 20쪽.

141) 제조물로 인한 손해배상책임은 베트남 민법의 편제상 비계약적 손해배상의무에 관한 제20장에 규정되어 있다.

142) 2005년 민법 제773조 제1항은 비계약적 손해배상은 가해행위지법 또는 결과발생지법에 따른다고 규정하였다. 이에 비하여 2015년 민법의 규정은 당사자의 자기결정권을 존중하고, 법원의 자의적인 준거법 선택에 따른 당사자의 불만 제기 가능성을 해소하였다. Nguyễn/Trần/Vu Thi Phuong Lan(註25), p.1087.

143) 현행 소비자권리보호법(Luật bảo vệ quyền lợi người tiêu dùng, 법률번호: 59/2010/QH12)은 2010. 11. 17. 공포되고 2011. 7. 1. 발효하였으며, 이를 일부 개정한 법률(Luật sửa đổi, bổ sung một số Điều của 37 Luật có liên quan đến quy hoạch, 법률번호: 35/2018/QH14)은 2018. 11. 20. 공포되고 2019. 1. 1. 발효하였다.

144) '물품을 거래하는 단체나 개인'은 ① 물품을 제조한 단체나 개인, ② 물품을 수입한 단체나 개인, ③ 물품에 상호를 부착하거나 상표 또는 상업기호를 사용하여 자신을 물품을 제조하거나 수입한 자로 인식하게 한 단체나 개인, ④ 전술한 ①, ②, ③에 따라 배상책임이 있는 단체나 개인을 확정할 수 없는 경우에는 소비자에게 직접 결함 있는 물품을 공급한 단체나 개인을 의미한다(소비자권리보호법 제23조 제2항).

잘못이 없다고 하더라도 손해를 배상해야 한다(소비자권리보호법 제23조 제1항). 손해배상은 민법 규정에 따라 이행한다(소비자권리보호법 제23조 제3항). 다만 물품을 거래하는 단체나 개인이 소비자에게 결함 있는 물품을 공급할 당시의 과학·기술 수준으로 결함을 발견할 수 없었다는 사실을 입증하는 경우에는 손해배상책임을 면한다(소비자권리보호법 제24조). 민법에 따르더라도 제조나 사업을 영위하는 자연인이나 법인은 물품이나 서비스의 품질을 보장하지 못하여 소비자에게 입힌 손해를 배상해야 한다(민법 제608조). 민법은 인적 손해에 관하여, 건강 침해로 인한 손해의 산정[145], 생명 침해로 인한 손해의 산정[146], 건강·생명 침해로 인한 손해배상기간[147]을 구체적으로 규정하고 있다.

## 4. 기타 협약이 규율하지 않는 사항

그 밖에도 대리, 시효, 계약체결상의 과실책임, 상계, 채무의 면제, 채권양도, 채무인수, 손해배상액의 예정 및 위약벌, 통화 등은 협약의 규율대상이 아니라고 본다.[148] 이러한 사항 역시 소송의 경우 법정지의 국제사법규칙에 의하여 결정되는 준거법에 의하여 규율된다. 여기에서는 몇 가지만 설명한다.

---

145) 건강 침해로 인한 손해는 ① 치료, 간호, 재활, 피해자의 기능상실 및 장애에 대한 합리적 비용, ② 피해자의 실질소득(피해자의 실질소득이 비정기적이고 산정불가능한 경우에는 피해자가 수행한 업무 유형의 평균 소득 수준)의 상실이나 감소, ③ 피해자의 치료 기간 동안 간병인의 합리적 비용과 실질소득 감소, ④ 기타 법률이 규정한 손해로 구성된다(민법 제590조 제1항). 이에 더하여 다른 사람의 건강을 침해한 자는 피해자의 정신적 피해보상금을 지급해야 하는데, 정신적 피해보상금은 당사자의 합의에 따르고, 당사자가 합의하지 않은 경우의 최대 금액은 국가가 규정한 기본임금 50개월분을 초과할 수 없다(민법 제590조 제2항).

146) 생명 침해로 인한 손해는 ① 건강 침해로 인한 손해, ② 합리적인 장례비용, ③ 피해자의 피부양자에 대한 지원, ④ 기타 법률이 규정한 손해로 구성된다(민법 제591조 제1항). 이에 더하여 다른 사람의 생명을 침해한 자는 사망자의 1순위 피상속인인 친족에게 정신적 피해보상금을 지급해야 하며, 친족이 없는 경우에는 사망자가 직접 양육한 자나 사망자를 직접 양육한 자에게 지급하는데, 정신적 피해보상금은 당사자의 합의에 따르고, 당사자가 합의하지 않은 경우의 최대 금액은 국가가 규정한 기본임금 100개월분을 초과할 수 없다(민법 제591조 제2항).

147) 피해자가 근로능력을 완전히 상실하였다면 피해자는 사망할 때까지 배상받는다(민법 제593조 제1항). 피해자가 사망한 경우에 피해자의 자녀인 피부양자(15세 내지 18세의 자로서 근로를 통하여 자신을 부양할 충분한 소득을 버는 자녀는 제외한다)는 18세까지, 근로할 수 없는 성인인 피부양자는 사망할 때까지 배상받는다(민법 제593조 제2항). 사망자의 수태된 자녀에 대하여서는 출생 시부터 배상해야 한다(민법 제593조 제3항).

148) 석광현(註12), 256쪽.

## 가. 시효

베트남 민법에 따르면 외국적 요소가 포함된 민사관계의 시효는 그 민사관계에 적용되는 법률에 따라 확정된다(민법 제671조).149) 따라서 매매계약에 적용되는 시효는 당사자가 달리 합의하지 않은 한 매도인의 거주지·설립지법에 따라 확정된다.

베트남법이 보충적 준거법이 되는 경우에, 민법상 '시효<sup>thời hiệu</sup>'는 만료 시에 주체에 대하여 법적 결과가 발생하는 기간을 의미한다(민법 제149조 제1항). 민법은 시효의 유형으로 민사권리향유시효,150) 민사의무면제시효,151) 제소시효,152) 민사사건해결청구시효153)를 열거한다(민법 제150조). 법원은, 당사자가 제1심 법원이 판결을 선고하기 전에 시효의 적용을 주장한 경우에만 시효에 관한 규정을 적용한다(민법 제149조 제2항 제1문). 시효의 적용으로 인하여 이익을 얻는 자는 시효의 적용을 거부할 수 있으나, 그 거부가 의무를 회피하기 위한 것일 때는 그렇지 않다(민법 제149조 제2항 제2문).

민법상 계약에 관한 제소시효는 청구권이 있는 당사자가 자신의 법적 권리·이익이 침해되었다는 사실을 알았거나 알 수 있었던 날로부터 3년이고(민법 제429조),154) 비

---

149) 베트남은 시효협약에 가입하지 않았으므로 베트남이 법정지인 경우에 시효의 준거법은 베트남 민법상 국제사법규칙에 따라 결정된다. 참고로 미국을 제외한 주요 국가들은 시효협약에 가입하지 않고 있다.

150) '민사권리향유시효(thời hiệu hưởng quyền dân sự)'는 만료 시에 주체가 민사권리를 향유할 수 있는 기간을 의미한다(민법 제150조 제1항). 선의의 점유자의 소유권 취득시효(동산은 10년, 부동산은 30년)에 관한 민법 제236조가 그 예이다. Nguyễn/Trần/Pham Van Tuyet(註25), p.291.

151) '민사의무면제시효(thời hiệu miễn trừ nghĩa vụ dân sự)'는 만료 시에 민사의무 있는 자가 그 이행으로부터 면제되는 기간을 의미한다(민법 제150조 제2항). 상용주택 매도인의 주택보증의무를 규정한 주택법 제85조가 그 예이다. Nguyễn/Trần/Pham Van Tuyet(註25), p.292.

152) '제소시효(thời hiệu khởi kiện)'는 주체가 자신의 침해된 법적 권리·이익을 보호하기 위하여 법원에 민사사건 해결을 청구하는 소를 제기할 권리를 가지는 기간을 의미하며, 그 기간이 만료되면 제소권이 상실된다(민법 제150조 제3항).

153) '민사사건해결청구시효(thời hiệu yêu cầu giải quyết việc dân sự)'는 주체가 자연인, 법인, 국가, 민족, 공중의 침해된 법적 권리·이익을 보호하기 위하여 법원에 민사사건 해결을 청구할 권리를 가지는 기간을 의미하며, 그 기간이 만료되면 청구권이 상실된다(민법 제150조 제4항).

154) 2005년 민법 제427조는 민사계약에 관한 제소시효를 자연인, 법인, 기타 주체의 권리·이익이 침해된 날로부터 2년이라고 규정하였으나, 2015년 민법은 제소시효의 기간을 연장하고 기산점도 변경하였다. 특히 제소시효의 기산점과 관련하여 2005년 민법은 상대방으로부터 정보를 숨기는 부정직한 당사자에게 지나치게 유리하였던 반면에, 2015년 민법은 선의의 정직한 당사자에 대한 보호를 강화하였다는 측면에서 베트남 계약법의 진보로 평가하는 견해가 있다. Tan P.P. Nguyen, "Contract Law of Vietnam: An Evaluation Approached by the Transaction Cost Theory", Law and Economics Conference, Chicago, Illinois, 2016. 7., p.14.

계약적 손해배상청구의 제소시효는 자연인, 법인, 기타 주체의 법적 권리·이익이 침해된 날로부터 2년이다(민법 제588조). 민법은 제소시효의 정지와 중단에 관하여 구체적으로 규정한다.[155] 한편 민법 외의 법률이 제소시효에 관하여 규정하는 경우에 법원은 그 법률의 제소시효를 적용해야 한다.[156] 상법상 상사분쟁의 제소시효와 상사중재법상 중재신청시효는 법적 권리·이익이 침해된 날로부터 2년이다(상법 제319조, 상사중재법 제33조).[157]

## 나. 위약벌 및 손해배상액의 예정

협약은 위약벌을 계약위반에 대한 구제수단으로 정하지 않으나, 베트남 민·상법은 이에 대한 규정을 두고 있다. 위약벌이 매매계약의 조항으로 포함된 경우 그것이 계약의 일부를 이루는가는 계약 성립의 문제라고 할 수 있으므로 협약에 따를 사항이나, 그 유효성은 계약의 준거법에 의할 사항이다.[158]

베트남법이 보충적 준거법이 되는 경우에 위약벌의 유효성은 민법과 상법이 규율한다. 민법은 법률이 달리 규정하지 않은 한 당사자가 위약벌 금액을 합의하여 정할 수 있다고 규정하지만(민법 제418조 제2항), 상법은 위약벌 금액을 전체 계약상 의무 중에 위반한 계약상 의무에 해당하는 금액의 8%로 제한한다(상법 제301조).[159] 위약벌과

---

155) 제소시효(및 민사사건해결청구시효)의 정지에 관하여, 민법은 ① 불가항력이나 기타 객관적 장애로 인하여 제소권이 있는 자가 시효기간 내에 제소할 수 없었던 경우, ② 제소권이 있는 자가 미성년자, 민사행위능력상실자, 인식·행위조절곤란자, 민사행위능력제한자인데 대리인이 없는 경우, ③ 미성년자, 민사행위능력상실자, 인식·행위조절곤란자, 민사행위능력제한자의 대리인이 사망·소멸했거나 정당한 이유로 대리를 지속할 수 없는데 대리인이 대체되지 않은 경우에 그 사유가 존속하는 기간은 제소시효(및 민사사건해결청구시효)에서 제외된다고 규정한다(민법 제156조). 제소시효의 중단에 관하여, 민법은 ① 채무자가 원고에 대한 의무의 일부나 전부를 인정한 경우, ② 채무자가 원고에 대한 의무의 일부를 인정하거나 이행한 경우, ③ 당사자들이 화해한 경우에 제소시효를 그 다음날부터 재기산한다고 규정한다(민법 제157조).

156) Đoàn Xuân Sơn, "Một số ý kiến về thời hiệu quy định tại Điều 149 BLDS năm 2015", Tạp chí Tòa án nhân dân(2018. 6. 27.), https://www.tapchitoaan.vn/bai-viet/trao-doi-y-kien/mot-so-y-kien-ve-thoi-hieu-quy-dinh-tai-dieu-149-blds-nam-2015.

157) 만약 한국기업과 베트남기업이 국제물품매매계약을 체결하면서 계약의 준거법에 대하여 합의하지 않았다면, 한국기업이 수출업자인 경우에는 한국 상법에 따른 상사시효 5년이 적용되겠지만(한국 상법 제64조), 한국기업이 수입업자인 경우에는 베트남 상법에 따른 제소시효 2년이 적용된다.

158) 석광현(註12), 247쪽.

159) 상법상 위약벌 한도는 당사자의 자기결정권 및 자기처분권을 제한하고, '위반한 계약상 의무에 해당하는 금액'을 기준으로 위약벌 금액을 산정하는 방식은 의무를 현금화하기 어려운 경우(가령, 물품인도의무, 문

손해배상의 관계에 관하여서도 상법과 민법의 규정은 차이가 있다. 상법에 따르면 당사자들이 위약벌에 대하여 합의한 경우에 위약벌과 손해배상을 모두 적용할 수 있는 반면에(상법 제307조 제2항), 민법에 따르면 당사자가 위약벌에 대하여 합의하면서 위반 당사자가 위약벌과 손해배상액을 모두 지급해야 한다고 명시하지 않았다면 위약벌만 적용힐 수 있다(민법 제418조 제3항 제2문).[160]

베트남 민법은 당사자들이 달리 합의하거나 법률이 달리 규정하지 않은 한 위반 당사자는 모든 손해를 배상하여야 한다는 원칙을 규정하는데(민법 제13조, 제360조, 제419조), 여기에서 '당사자의 합의'가 손해배상액의 예정을 포함하는지 의문이 든다. 떠이닌$^{Tây Ninh}$성 인민법원은 2017. 12. 8. 선고 제08/2017/KDTM-PT호 판결에서 "손해배상액은 계약위반이 발생한 이후에만 산정할 수 있으므로, 손해배상액을 미리 예측하여 계약에 규정할 수는 없[다]"고 판시한 바 있다.[161] 이러한 판례에 비추어 보면 상기한 원칙은 손해배상액의 예정을 허용하는 것은 아니며, 다만 계약위반이 발생하고 손해가 산정된 이후에 당사자들이 피해 당사자가 입은 손실보다 낮은 수준에서 손해배상액을 합의하는 것은 가능하다고 본다.[162]

### 다. 이자율

협약에서 당사자가 대금 그 밖의 연체된 금액을 지급하지 아니하는 경우에 상대방은 손해배상 청구권을 해함이 없이 그 금액에 대한 이자(즉, 지연이자)를 청구할 수 있다(협약 제78조). 그러나 협약은 이자율은 명시하지 않는다.[163] 이자율에 관한 합의가

---

서교부의무)에는 적절하지 않다는 비판이 있다. Nguyen Thuy Trang, "Remedies for breach of contract under the Civil Code: a comparative analysis", Vietnam Law and Legal Forum, No. 278(2017), p.10.

160) 민법 제418조 제3항 제2문에 대하여, 당사자의 합의는 손해배상책임의 발생 근거가 아니고, 손해배상과 위약벌은 서로 다른 근거를 가진 별개의 구제수단이므로, 이를 상법 제307조 제2항에 따라 개정하여야 한다는 견해가 있다. Nguyen Thuy Trang(註159), p.10.

161) 호치민시 최고인민법원은 2009. 4. 28. 선고 제117/2009/DS-PT호 판결에서, 물리적 손해배상책임은 실제적인 물리적 손해를 배상할 책임이라고 규정한 1995년 민법 제310조 제2항을 적용하여 "당사자들이 계약상 최저 손해배상액에 대하여 사전 합의한 사실은 상기한 규정에 부합하지 않으므로 무효"라고 판시한 바 있다. Pham Ha Thanh(註97), p.20.

162) Pham Ha Thanh(註97), p.20.

163) 협약의 입안 과정에서 이자를 계산하는 구체적인 수식은 거부되고, 피해 당사자가 이자 청구권을 가진다는 일반적인 규칙으로 대체되었다. Honnold(註2), §421.

없는 경우에 당사자는 합의한 관행과 당사자 간에 확립된 관례에 구속된다(협약 제9조). 이러한 관행이나 관례도 없다면 이자율은 협약의 내적 흠결에 해당하며 그의 보충방법에 관해서는 다양한 견해가 있다.164)

베트남법이 보충적 준거법이 되는 경우에, 상법은 연체금액의 이자율을 당사자가 달리 합의하거나 법률이 달리 규정하지 않은 한 지급시점에 연체채무에 적용되는 시장 평균 이자율로 정한다(상법 제306조). 민법에서 연체금액의 이자율은 당사자의 합의에 따라 산정되지만 소비대차 이자율 상한(연 20%)을 초과할 수 없으며, 당사자의 합의가 없는 경우에는 소비대차 이자율 상한의 50%(연 10%)로 정한다(민법 제357조 및 제468조).

## 라. 통화

협약은 국제물품매매계약의 통화에 관하여 규율하지 않는다.165) 당사자는 통상적으로 통화에 관하여 합의하므로 실무상 통화가 문제되는 일은 별로 없을 것이다. 당사자들이 통화에 관하여 합의하지 않고 이에 관한 관행이나 관례도 없는 경우에는, 통화를 협약의 내적 흠결로 보아 매도인의 영업소 소재지나 지급지의 통화에 의할 것이라는 견해가 유력하다.166)

베트남법이 보충적 준거법이 되는 경우에, 베트남 외국환법령167)에 따르면 거주자는 경상거래168)에서 베트남통화, 자유롭게 환전 가능한 외국통화, 기타 신용기관이 경

---

164) 협약이 기초하고 있는 일반원칙이 존재한다는 견해에는, 이자의 성질 결정에 따라 이를 불법행위법적으로 파악하여 채권자국가의 이자율을 적용할 것이라는 견해와, 이를 부당이득법적으로 파악하여 채무자국가의 이자율에 의할 것이라는 견해가 있다. 반면에 협약이 기초하고 있는 일반원칙을 도출할 수 없으므로 법정지의 국제사법에 의하여 결정되는 매매계약의 보충적 준거법에 의할 것이라는 견해도 유력하다. 그 밖에도 법원(또는 중재인)이 재량에 의하여 지체로 인한 손해를 확정할 것이라거나, 통화의 준거법에 의할 것이라는 견해 등이 있다. 석광현(註12), 273쪽.

165) 협약은 손해배상의 통화에 관해서도 규정하지 않는다. 그러나 손해배상의 기능과 원칙(완전배상주의와 차액설)으로부터 손해가 발생한 통화로 배상해야 한다는 원칙을 도출할 수 있다고 본다. 다만 개별사건에서 손해발생통화의 결정은 어려울 수 있으나, 통상은 채권자 본거지의 통화라는 견해가 유력하다. 석광현, "매매협약 (CISG)이 적용되는 국제물품매매계약상 손해배상의 몇 가지 논점", 20쪽, 국제거래법연구 제27집 제1권(2018).

166) 석광현(註12), 266쪽.

167) 외국환법령(Pháp lệnh ngoại hối, 법령번호: 28/2005/PL-UBTVQH11)은 2005. 12. 13. 공포되고 2006. 6. 1. 발효하였으며, 외국환법령의 일부 조항을 수정·보충하는 법령(Pháp lệnh sửa đổi, bổ sung một số điều của Pháp lệnh Ngoại hối, 법령번호: 06/2013/UBTVQH13)은 2013. 3. 18. 공포되고 2014. 1. 1. 발효하였다.

168) '경상거래(giao dịch vãng)'는 자본 양도 목적이 아닌 거주자와 비거주자 사이의 거래를 의미한다(외국환법 제4조 제5항).

상거래 지급통화로 영수할 수 있는 통화를 사용할 수 있다(외국환법령 제10조). 다만 베트남 영내에서 거주자와 비거주자 사이의 모든 거래, 지불, 고시, 광고, 가격견적, 가격책정, 계약서·합의서·기타 유사한 방식에의 가격기재는 외국환을 사용할 수 없으며, 베트남중앙은행이 허용한 경우169)만을 예외로 한다(외국환법령 제22조).

## 5. 계약의 방식

협약에 따르면 매매계약은 서면에 의하여 체결되거나 입증될 필요가 없고, 방식에 관한 그 밖의 어떠한 요건도 요구되지 않는다(협약 제11조 제1문). 매매계약은 증인을 포함하여 어떠한 방법에 의하여도 입증될 수 있다(협약 제11조 제2문). 따라서 계약의 방식은 협약이 규율하지 않는 사항은 아니지만, 협약은 그에 대한 유보를 허용하므로 유보한 국가에서 계약의 방식은 협약이 규율하는 사항이 아니다. 체약국이 상기한 조항을 유보한 경우 당사자 일방이 체약국에 영업소를 가지고 있는 경우에는 계약의 방식은 법정지의 국제사법에 따라 결정되는 준거법에 의한다.170)

베트남은 유보 선언을 하였으므로,171) 계약의 방식에 관하여서는 베트남이 법정지인 경우 베트남 민법에 규정된 국제사법규칙이 적용된다. 민법에 따르면 계약의 방식의 준거법은 그 계약 유형에 적용되는 법률이므로(민법 제683조 제7항 제1문), 매매계약의 경우 당사자가 달리 합의하지 않은 한 매도인의 거주지·설립지법이 준거법이 된다. 계약의 방식이 준거법의 방식을 준수하지 않으나 계약체결지법이나 베트남법의 방식을 준수하는 경우에, 이러한 계약의 방식은 베트남에서 인정된다(민법 제683조 제7항 제2문).

베트남법이 보충적 준거법이 되는 경우에 계약의 방식은 민법과 상법이 규율한다.

---

169) 베트남중앙은행의 베트남 영내 외국환 사용제한규정 시행규칙(Thông tư) 32/2013/TT-NHNN(2014. 2. 10. 공포, 2014. 1. 19. 발효)과 이를 일부 개정한 시행규칙 16/2015/TT-NHNN(2015. 10. 19. 공포, 2015. 12. 3. 발효) 및 시행규칙 03/2019/TT-NHNN(2019. 3. 29. 공포, 2019. 5. 13. 발효)(이하 통칭하여 '시행규칙 32')에 따르면, 특히 물품매매와 관련하여 다음의 경우에 베트남 영내에서 외환사용이 허용된다(시행규칙 32 제4조). ① 수출입을 수탁한 거주자의 가격기재, 대금지불·영수(제6항), ② 국제입찰에 참가하는 거주자의 입찰가격, 대금영수(제7항 제a호), ③ 수출가공기업인 거주자의 국내시장 물품매수 시 가격기재, 대금지불 또는 다른 수출가공기업과의 거래 시 가격견적, 가격책정, 가격기재, 대금지불·영수(제12항), ④ 비거주자의 다른 비거주자에 대한 송금(제16항 제a호), ⑤ 비거주자의 거주자에 대한 물품·용역 수출 시 가격기재, 대금지불(제16항 제b호 제1문), ⑥ 거주자의 비거주자에 대한 물품·용역 공급 시 가격견적, 가격책정, 대금영수(제16항 제b호 제2문).

170) 석광현(註44), 82쪽.

171) 우리나라는 협약상 방식자유의 원칙을 배제하는 유보 선언을 하지 않았다.

민법에 따르면 민사거래는 구두나 서면으로 체결되거나 특정한 행위로 성립될 수 있다(민법 제119조 제1항 전문). 상법상 물품매매계약의 방식도 동일한 취지로 규정되어 있으나(상법 제24조), 국제물품매매계약의 방식에 관하여서는 특칙을 두고 있다. 즉, 국제물품매매는 서면계약이나 기타 동등한 법적 효력을 가진 방식에 의하여야 한다(상법 제27조 제2항).[172] '서면과 동등한 법적 효력을 가진 방식'이란 전보, 텔렉스, 팩스, 데이터 메시지, 기타 법률에 따른 방식을 의미한다(상법 제3조 제15항). 따라서 이메일, 모바일 메신저 등을 활용한 데이터 메시지 역시 서면과 동등한 방식으로 인정된다.[173]

협약에서 국제계약이 되려면 당사자의 영업소가 서로 다른 국가에 있으면 족하고(협약 제1조 제1항) 반드시 물품이 국경을 넘어 이동해야 하는 것은 아니나, 상법에서 국제물품매매가 되려면 물품이 국경을 넘어 이동해야 한다. 상법상 국제물품매매는 수출, 수입, 재수출을 위한 임시수입, 재수입을 위한 임시수출, 국경관문을 통한 양도를 의미하기 때문이다(상법 제27조 제1항).[174] 가령 베트남기업과 다른 체약국에 영업소를 둔 기업이 베트남 영내에서 물품이 이동하는 매매계약을 체결하는 경우에, 이는 협약에 따르면 국제물품매매계약이지만 상법에 따르면 국제물품매매가 아니다. 따라서 이러한 경우에는 상법이 보충적 준거법이 되더라도 서면 이외의 방식으로 계약을 체결할 수 있다.[175]

베트남 민법에 따르면 방식에 관한 규정을 따르지 않은 민사거래는 무효가 된다(민법 제129조 제1문). 다만 서면으로 체결되어야 하는 민사거래가 방식에 관한 규정을 위반한 경우에 일방 당사자나 당사자들이 거래상 의무의 2/3 이상을 이행하였다면 법원

---

172) 이는 복잡한 국제상사행위에서 투명성 결여로 인하여 발생하는 위험과 분쟁을 피하는 것을 그 목적으로 한다. 베트남 산업무역부는 정부에 제출한 보고서에서 베트남이 협약에 가입할 경우에 계약의 방식에 관한 규정을 유보해야 한다고 제안하였다. Bộ Công Thương(註104), p.13. 한편 국제물품매매계약의 방식에 대한 상법의 제한은 계약관계에 대한 국가의 지나친 간섭으로서 당사자의 거래비용을 증대시킨다는 비판이 있다. Tan P.P. Nguyen(註154), p.11.

173) Nguyễn Minh Hằng(註49).

174) 베트남 산업무역부는 국제거래에서 인정되는 상관행에 부합할 수 있도록 상법상 국제물품매매 판단기준을 협약에 따라 개정해야 한다고 주창한 바 있다. Bộ Công Thương(註104), p.12.

175) 다만 외국기업과 체결하는 매매계약은 서면으로 체결하는 것이 바람직할 것이다. 서면계약은 구두계약에 비하여 분쟁에 대비한 충분한 증거를 확보할 수 있고, 계약이행을 효과적으로 조사·감독할 수 있으며, 안정성, 완전성, 명료성 등의 측면에서 장점을 가진다. VCCI(註32), p.116.

은 당사자나 당사자들의 청구에 따라 거래의 효력을 승인하는 결정을 내릴 수 있다(민법 제129조 제1항).[176)]

## V. 맺음말

이 글에서는 협약과 베트남법의 적용원칙에 대하여 검토하고, 협약이 규율하는 주요 사항에 대한 협약과 베트남 민·상법의 규정을 비교하였으며, 협약의 주요 흠결에 대한 베트남 민법상 준거법 결정원칙과 베트남법이 보충적 준거법이 되는 경우의 적용 규정에 대하여 설명하였다.

협약과 베트남 민·상법의 규정을 비교한 결과, 양자 사이에는 유사점뿐만 아니라 적지 않은 차이점이 있다는 것을 확인하였다. 유사점은 주로 베트남 입법기관이 민·상법의 입안 과정에서 협약의 관련 규정을 참고하고 인용하였다는 사실에 기인할 것이다.[177)] 차이점은 여러 가지 원인에 기인하였을 것이나, 협약은 국제물품매매계약에 적용되는 반면에, 민·상법은 주로 국내거래를 규율하고 물품매매계약 이외의 계약 유형에도 적용된다는 점을 주요 원인으로 꼽을 수 있을 것이다. 협약과 베트남법의 차이점에 대하여 익숙하지 않은 당사자는 국제물품매매계약에 협약의 적용을 배제하기로 합의함으로써 혼란을 피할 수도 있을 것이다. 그러나 협약은 비록 국제물품매매계약의 모든 법적 쟁점을 다루지는 않지만, 베트남 민·상법에 비하여 국제물품매매의 성격을 충실하게 반영하고 있다. 따라서 당사자들은 협약을 배제하지 않음으로써 더욱 합리적이고 공정하며 예측가능한 규율을 기대할 수 있을 것이다.

나아가 베트남 입법기관이 베트남법의 낙후된 부분을 협약에 비추어 개정해 나가고, 베트남 법원이 협약에 대한 전문성을 증진하여 협약을 적용한 판결례를 생성하기를 희망한다.[178)]

---

176) 2005년 민법 제134조는 법률이 민사거래의 방식을 민사거래의 효력요건으로 규정하지만 당사자가 이를 준수하지 않은 경우에, 법원 및 권한 있는 국가기관은 일방 당사자나 당사자들의 청구가 있으면 일정 기간 내에 방식에 관한 규정을 준수할 것을 강제해야 하고, 그 기간이 경과할 때까지 규정을 준수하지 않는 경우 거래는 무효가 된다고만 규정하였다. 즉, 2005년 민법은 방식에 관한 규정을 위반한 계약의 효력이 법원에 의하여 승인되는 경우에 관하여서는 규정하지 않았다.

177) Nguyễn Minh Hằng et al.(註64), p.298.

178) 2020. 6. 기준, UNCITRAL이 관리하는 데이터베이스인 CLOUT(Case Law on UNCITRAL Texts)에 베트

남의 사례는 등록되어 있지 않다. "Case Law on UNCITRAL Texts (CLOUT)", UNCITRAL 웹페이지, https://uncitral.un.org/en/case_law (2020. 6. 15. 방문) 참조. Pace 대학의 CISG 데이터베이스에는 베트남 최고인민법원의 호치민시 상소부가 협약을 적용한 판결이 1건 등록되어 있으나, 이는 베트남이 협약에 가입하기 10여 년 전인 1996년의 판결이다. "Cong ty Ng Nam Bee Pte Ltd. v. Cong ty Tay Ninh Trade Co.", Pace 대학 CISG Database 웹페이지, http://cisgw3.law.pace.edu/cases/960405v1.html 참조. 참고로 한국 법원은 협약이 우리나라에서 발효한 2005. 3. 1.부터 2018. 9.까지 67건에 협약을 적용하였고 그와 관련하여 131개의 판례가 생성되었다. 송양호, "한국법원에서의 CISG", 41쪽, 국제거래법연구 제27집 제2호(2018).

# 참고문헌

## 1. 국내 문헌

김상만, "Incoterms 2010의 적용상 CISG의 한계", 국제거래법연구 제27집 제1호(2018).

김진우, "CISG 제64조에 따른 매도인의 계약해제권", 인권과 정의 Vol. 402(2010).

_____, "CISG 제81조에 따른 계약해제의 효과", 서울법학 제18권 제2호(2010).

석광현, "국제물품매매협약 가입과 한국법에의 수용", 상사법연구 제21권 제2호(2002).

_____, "국제상사중재에서 분쟁의 실체에 적용할 준거법-우리 중재법의 해석론을 중심으로", 법학논총 제23집 제1호(2006).

_____, "국제물품매매협약과 국제사법", 서울대학교 법학 제50권 제3호(2009).

_____, 국제물품매매계약의 법리: UN통일매매법(CISG) 해설, 박영사, 2010.

_____, "매매협약(CISG)이 적용되는 국제물품매매계약상 손해배상의 몇 가지 논점", 국제거래법연구 제27집 제1권(2018).

송양호, "한국법원에서의 CISG", 국제거래법연구 제27집 제2호(2018).

이기수·신창섭, 국제거래법, 제7판, 세창출판사, 2019.

최흥섭, "국제물품매매에 관한 유엔시효협약", 비교사법 제7권 제2호(2000).

최흥섭, 국제물품매매계약에 관한 유엔협약해설, 법무부, 2005.

허해관, "국제물품매매협약상 계약해제의 효과", 국제거래법연구 제20집 제1호(2011).

Kate Lannan, "Sphere of Application of the United Nations Convention on Contracts for the International Sale of Goods", 국제거래법연구 제14집 제2호(2005).

## 2. 외국 문헌

C.M. Bianca/M.J. Bonell (eds.), Commentary on the International Sales Law, The 1980 Vienna Sales Convention, Giuffrè, 1987.

Bộ Công Thương, Báo Cáo Nghiên Cứu Khả Năng Việt Nam Gia Nhập Công Ước Viên 1980 Về Hợp Đồng Mua Bán Hàng Hóa Quốc Tế, 2012.

Chính Phủ, Tờ Trình về Việc Gia Nhập Công Ước Viên Năm 1980 của Liên Hợp Quốc về Hợp Đồng Mua Bán Hàng Hóa Quốc Tế (173/TTr-CP), 2015. 4. 22.

Đỗ Giang Nam, "Suggestions on standard terms in draft amendments to the 2005 Civil Code", Vietnam Law and Legal Forum, Nos. 239-240(2014).

Đoàn Xuân Sơn, "Một số ý kiến về thời hiệu quy định tại Điều 149 BLDS năm 2015", Tạp chí Tòa án nhân dân(2018. 6. 27.), https://www.tapchitoaan.vn/bai-viet/trao-doi-y-kien/mot-so-y-kien-ve-thoi-hieu-quy-dinh-tai-dieu-149-blds-nam-2015

Honnold, John O., Uniform Law for International Sales under the 1980 United Nations

Convention Third Edition, Kluwer Law International, 1999.

Nguyen Hong Hai, "Vietnamese rules on compensation for contractual damage", Vietnam Law and Legal Forum, Nos. 279-280(2017).

Nguyễn Minh Hằng et al. (eds.), 101 Câu Hỏi - Đáp Về CISG (Công ước của LHQ về hợp đồng mua bán hàng hóa), Nhà Xuất Bản Thanh Niên, 2016.

Nguyễn Minh Hằng, "Khác biệt giữa CISG và Luật Thương mại", Tạp Chí Diễn Dàn Doanh Nghiệp(2018. 2. 26.), https://enternews.vn/khac-biet-giua-cisg-va-luat-thuong-mai-12532 3.html

Nguyễn Thị Diễm Hương/Hoàng Như Thái, "Đề Nghị Giao Kết Hợp Đồng trong Bộ Luật Dân Sự 2015 và Công Ước Viên 1980 về Mua Bán Hàng Hóa Quốc Tế", Tạp chí Công Thương, Số. 7(2018).

Nguyễn Thị Hồng Trinh, "Phạm vi áp dụng của Công ước CISG cho hợp đồng mua bán hàng hóa quốc tế", Tạp Chí Tòa Án Nhân Dân(2018. 9. 26.), https://tapchitoaan.vn/bai-viet/phap-luat/pham-vi-ap-dung-cua-cong-uoc-cisg-cho-hop-dong-mua-ban-hang-hoa-quoc-te

Nguyen Thuy Trang, "Remedies for breach of contract under the Civil Code: a comparative analysis", Vietnam Law and Legal Forum, No. 278(2017).

Nguyen Tien Hoang/Ho Phu Minh Quan, "Buyer's Remedies in International Sales Contracts under CISG 1980 and Vietnam Commercial Law 2005: A Comparative Analysis", External Economics Review, No. 94(2017).

Nguyễn Văn Cừ/Trần Thị Huệ (eds.), Bình Luận Khoa Học Bộ Luật Dân Sự Năm 2015, Công An Nhân Dân, 2017.

Pham Ha Thanh, "Validity of liquidated damages clause under Vietnam's Law", Vietnam Law and Legal Forum, No. 307(2020).

Phòng Thương mại và Công nghiệp Việt Nam (VCCI), Cẩm Nang Hợp Đồng Thương Mại, Nhà xuất bản Lao Động, 2010.

Phòng Thương mại và Công nghiệp Việt Nam (VCCI), Đề xuất Việt Nam gia nhập Công ước Viên về hợp đồng mua bán hàng hóa quốc tế, 2013.

Schlechtriem, Peter, Uniform Sales Law-The UN-Convention on Contracts for the International Sale of Goods, Manz, 1986.

Subedi Surya P. (eds.), Giáo Trình Luật Thương Mại Quốc Tế, Nhà Xuất Bản Thanh Niên, 2017.

Tan P.P. Nguyen, "Contract Law of Vietnam: An Evaluation Approached by the Transaction Cost Theory", Law and Economics Conference, Chicago, Illinois, 2016. 10.

Tòa án nhân dân tối cao/USAID, Kỷ Yếu Tọa Đàm－Các Quy Định Mới của Pháp Luật trong Giải Quyết Tranh Chấp Kinh Doanh Thương Mại, Hà Nội, Việt Nam, 2017. 8.

Tra Nguyen, "Determination of laws applicable to civil relations involving foreign elements under the 2015 Civil Code", Vietnam Law and Legal Forum, No. 268(2016).

## 3. 기타

KOTRA, 2020 국별 진출전략 – 베트남, 2020.

"Case Law on UNCITRAL Texts (CLOUT)", UNCITRAL 웹페이지, https://uncitral.un.org/en/case
_law

"Cong ty Ng Nam Bee Pte Ltd. v. Cong ty Tay Ninh Trade Co.", Pace 대학 CISG Database 웹
페이지, http://cisgw3.law.pace.edu/cases/960405v1.html

"Status: United Nations Convention on Contracts for the International Sale of Goods (Vienna,
1980) (CISG)", UNCITRAL 웹페이지, https://uncitral.un.org/en/texts/salegoods/conventi
ons/sale_of_goods/cisg/status

# 뉴스레터

# 검경수사권 조정 법령 본격 시행[*]

이재승 · 신재형 · 박동열 · 정상현

## 1부

2021. 1. 1.부터 검경수사권 조정을 내용으로 하는 개정 형사소송법, 검찰청 법이 발효되었습니다. 또한 위 법률에 근거한 「검사와 사법경찰관의 상호협력과 일반적 수사준칙에 관한 규정」, 「검사의 수사개시 범죄 범위에 관한 규정」도 제 정되어 시행되었습니다.

주요 내용으로는, 우선 검사의 수사지휘권을 폐지하고, 검사의 직접 수사범위 를 한정하였습니다. 경찰에게는 1차 수사권과 일정한 범위에서 수사종결권이 부 여되었고 이에 대해서는 고소인 등이 이의신청을 할 수 있는 통제방안이 마련되 었습니다.

1부에서는 검사와 경찰이 각각 어떠한 범죄에 대해 수사를 개시할 수 있는지, 고소·고발인의 입장에서는 검찰과 경찰 중 어느 곳에 고소·고발장을 제출해야 할 것인지 살펴봅니다. 2부에서는 경찰이 수사를 종결하였을 때 검사는 어떻게 관여하고, 당사자는 어떠한 방법으로 이의할 수 있는지를 다루겠습니다. 3부는 검 경수사권 조정과 관련하여 제기되는 현실적인 의문점을 Q&A 방식으로 설명하는 명하는 코너로 마련하였습니다.

---

[*] 『지평뉴스레터』 (2021. 2. 10.; 2021. 3. 16.; 2021. 4. 22.)

내용이 다소 복잡하지만, 그동안 언론에서 언급되었던 검경수사권 조정의 구체적 내용을 이번 뉴스레터 시리즈를 통해 살펴보시면 새로운 형사절차에 효과적으로 대응할 수 있게 될 것입니다.

2020년까지는 범죄의 유형을 불문하고 검찰청에 고소·고발장을 접수할 수 있었습니다. 검찰은 모든 범죄에 대해 직접 수사를 개시할 수도 있었고, 경우에 따라 경찰에 수사지휘하여 사건을 진행할 수 있는 재량이 있었기 때문입니다. 그러나 제도 변경으로 인하여 2021년부터는 검찰에서 접수하여 직접 수사를 개시하는 범죄가 제한되게 되었습니다.

## 1. 검사 직접수사개시 범위 개관

검사가 직접 수사를 개시할 수 있는 범죄는 부패범죄, 경제범죄, 공직자범죄, 선거범죄, 방위사업범죄, 대형참사 등 소위 '6대 중요범죄'와 경찰공무원이 범한 범죄로 한정됩니다(위 두 가지 범죄와 관련된 범죄도 일정 부분 직접 수사할 수 있습니다). '검사의 수사개시 범죄 범위에 관한 규정'은 범죄액수나, 행위 주체의 직위까지도 구별하여 수사개시 범위를 나누고 있으므로 만약 검찰청에 고소·고발장을 제출하고 싶다면 그 구체적 내용까지도 잘 살펴보아야 합니다.

6대 중요범죄를 개괄적으로 살펴보면 다음과 같습니다.

[표 1] 중요 범죄 목록

| 순번 | 유형 | 중요 범죄 |
|------|------|-----------|
| 1 | 부패범죄 | 뇌물수수(3,000만 원 이상), 알선수재, 변호사법위반, 정치자금법위반, 리베이트수수(5,000만 원 이상) 등 |
| 2 | 경제범죄 | 5억 원 이상 고액 사기·횡령·배임, 미공개중요정보 이용 거래, 산업기술유출, 영업비밀침해, 공정거래법위반 등 |
| 3 | 공직자범죄 | 주요공직자의 직무유기, 직권남용, 독직폭행, 공무상비밀누설, 허위공문서작성 등<br>※ 주요공직자: 공직자윤리법상 재산등록의무자(국회의원, 지자체장, 법관, 검사, 4급 이상 공무원, 공기업 임원 등) |

| 4 | 선거범죄 | 형법상 공무원의 선거방해, 공직선거 및 조합장·대학총장 선거, 국민투표와 관련된 모든 선거범죄 포함<br>※ 당선무효에 해당하는 형의 선고를 받을 가능성이 있거나 사회적 이목을 끄는 등 검사의 수사개시가 필요하다고 관할 검사장이 판단하는 경우 수사개시 |
|---|---|---|
| 5 | 방위사업범죄 | 방위사업의 수행과 관련한 범죄(죄명 등 제한 없음) |
| 6 | 대형참사범죄 | 화재·붕괴·폭발 등으로 대규모 인명피해, 국가핵심기반 마비 등이 초래된 경우 그와 관련하여 범한 범죄(죄명 등 제한 없음) |

출처: 대검찰청 홈페이지

## 2. '6대 중요범죄'의 구체적 내용

1) '부패범죄'란 공무원 등의 수뢰 등 뇌물범죄를 의미합니다. 공직자윤리법상 재산등록의무자에 해당하는 주요공직자의 경우 수뢰 액수와 무관하게 검사가 직접 수사할 수 있습니다. 국회의원, 지자체장, 법관, 검사, 4급 이상의 공무원, 공기업 임원 등이 주요공직자에 해당합니다. 기타 공무원의 경우 3,000만 원 이상의 뇌물수수만 검사의 직접 수사 대상입니다. 알선수재, 변호사법위반, 정치자금법위반 및 의료인의 리베이트 수수는 모두 5,000만 원 이상의 경우에만 검사 직접 수사 대상입니다.

2) '경제범죄'란 「특정경제범죄 가중처벌 등에 관한 법률」이 적용되는 피해금 5억 원 이상 사기, 횡령, 배임사건을 의미합니다. 또한 5,000만 원 이상의 관세포탈, 5억 원 이상의 조세포탈, 미공개중요정보 이용거래(자본시장법위반), 산업기술유출(산업기술보호법위반), 영업비밀침해(부정경쟁방지법위반), 공정거래법위반 등도 검사의 직접 수사 대상입니다. 특이한 것은, 마약범죄도 일정 부분 검사가 직접 수사를 개시할 수 있게 한 것입니다. 500만 원 이상의 마약 등 향정신성의약품의 제조, 수출입이 여기에 포함됩니다. 다만 대마는 제외되어 경찰이 수사합니다.

3) '공직자범죄'란 주요공직자의 직무유기, 직권남용, 독직폭행, 공무상비밀누설, 허위공문서작성 등의 범죄유형을 의미합니다. 행위자가 주요공직자인 경우, 즉 국회의원, 지자체장, 법관, 검사, 4급 이상의 공무원, 공기업 임원 등인 경우에만 검사 수사대상입니다. 그 외 공직자의 공직자범죄는 경찰이 수사합니다.

4) '선거범죄'란 공직선거, 국민투표, 주민투표와 농협 등 조합장 선거, 교육감 선거, 대학총장 선거 등 거의 모든 선거 관련 범죄를 의미합니다.

5) '방위사업범죄'란 방위력 개선, 방위산업육성 및 군수품 조달 등 방위사업의 수행과 관련된 모든 범죄를 의미하고 죄명의 제약이 없습니다.

6) '대형참사범죄'란 「재난 및 안전관리 기본법」에서 정한 화재, 붕괴, 폭발 등으로 대규모 인명피해가 발생한 경우 그 재난과 관련하여 범한 범죄를 의미합니다.

## 3. 기타 검사의 직접 수사권이 인정되는 부분

위에서 본 중요범죄 이외에도 다음과 같은 특수한 경우 검찰의 직접 수사권이 인정됩니다.

1) 경찰공무원이 범한 범죄는 죄명, 행위자의 직위를 불문하고 검찰이 직접 수사할 수 있습니다. 이는 수사기관 상호의 견제·감시 기능을 확보하기 위한 것입니다.

2) 경찰이 송치한 사건이나 중요범죄, 경찰공무원 범죄와 직접 관련성이 있는 범죄의 경우 검찰이 직접 수사할 수 있습니다. 직접 관련성이 있는 경우는, 해당 범죄의 공범이나, 범인은닉, 위증, 무고, 장물 등 1차 범행과 밀접하게 관련된 범죄를 의미합니다.

## 4. 경찰 수사 대상 범죄

검사의 직접 수사개시 대상 범죄가 위와 같다면, 경찰은 그와 겹치지 않는 나머지 범죄에 대해서만 직접 수사를 개시할 수 있을까요? 아닙니다.

검사가 직접 수사를 개시할 수 있는 범죄는 위와 같이 제한이 있는 반면에, 경찰이 직접 수사를 개시할 수 있는 범죄는 제한이 없습니다. 검경수사권 조정의 취지는 원칙적으로 경찰이 수사권을 행사하고, 검사는 직접수사를 최소화하면서 경찰의 수사를 사법통제하는 방향으로 바뀐 것이기 때문입니다. 수사권 개정 관련 법령의 방향성을 한마디로 요약하자면, '경찰 수사 원칙, 검찰 수사 예외'라고 할 수도 있을 것입니다.

예를 들어 살펴보겠습니다. 사기죄의 경우 검사는 피해금 5억 원 이상의 범죄에 대해서만 직접 수사를 개시할 수 있습니다. 그렇다면 경찰은 5억 원 미만의 사기죄만 수사할 수 있는 것일까요? 아닙니다. 경찰은 당연히 5억 원 이상의 사기범죄에 대해서도 직접 수사를 개시할 수 있습니다(인지수사든 고소사건이든 무관). 따라서, 피해액 5억 원 이상의 사기나 횡령, 배임 피해자는 그 고소장을 검찰에도 제출할 수 있고, 경찰에도 제출할 수 있습니다. 검사가 직접 수사를 개시할 수 있는 범죄에 대한 고소·고발장을 경찰에 제출하여 경찰에서 수사를 개시하게 할 수도 있다는 사실에 주의해야 할 것입니다.

## 5. 검찰청에 접수한 고소·고발장에 대한 수사진행절차

검찰에 고소·고발장을 접수시키려는 민원인의 입장에서 바뀐 절차가 어떻게 적용되는지 살펴보겠습니다.

먼저, 검사 직접수사개시 대상 범죄가 아닌 경우인데 잘못하여 고소·고발장을 검찰에 접수하러 간 경우입니다. 이 경우 해당 고소·고발장은 접수가 반려됩니다(우편으로 보내는 경우는 반려가 사실상 불가능하므로 일단 검찰에서 접수했다가 경찰 등 다른 수사기관으로 이송합니다). 따라서 민원인은 직접 해당 고소·고발장을 피고소인의 주거지 등 관할 경찰서에 접수시켜야 합니다.

다음으로, 검사 직접수사개시 대상 범죄에 해당하여 고소·고발장을 검찰에 접수시킨 경우를 살펴보겠습니다. 이 경우 검사는 세 가지 선택이 가능합니다. 첫째, 검사실에서 직접 수사를 개시하는 방법, 둘째, 검찰청 소속 수사과 또는 조사과에 수사지휘(검찰수사관은 검사의 지휘를 받으며 수사하기 때문에 '수사지휘'라는 표현을 쓸 수 있습니다)하여 수사를 개시하는 방법, 셋째, 관할 경찰서에 이송하는 방법입니다. 검사 직접수사개시 대상 범죄에 대한 고소·고발이라고 하여 항상 검사실 또는 검찰청에서 직접 수사를 개시하는 것은 아니라는 점을 주의해야 합니다.

마지막으로, 검사 직접수사개시 대상 범죄와 아닌 범죄가 혼재된 경우(또는 여러 명에 대해 고소를 하려고 하는데 그 중 한 명만 검사 직접수사개시 대상 범위에 있는 경우)입니다. 이 경우 검사의 직접수사개시 필요성과 사건의 분리 가능성을 검토하여, 검사가 직접 수사(또는 수사과·조사과 지휘)하거나 경찰에 이송하게 될 것입니다.

## 2부

> 기존 형사사법제도에서는 경찰에 수사종결권이 없었기 때문에, 경찰은 수사를 마친 후 기소 의견, 또는 불기소 의견으로 사건을 검찰에 송치하고, 검사가 공소를 제기하거나 불기소 처분을 함으로써 수사가 종결되었습니다. 그러나 검경수사권 조정으로 인해 경찰에 수사종결권이 부여되면서, 경찰은 범죄 혐의가 인정된다고

판단할 경우에만 검찰에 사건을 송치하고, 범죄 혐의가 인정되지 않는다고 판단할 경우에는 불송치 결정을 함으로써 사건을 검찰에 송치하지 않게 되었습니다. 이하에서는 경찰의 수사 종결 및 이후 진행되는 절차에서 검사의 관여, 그리고 경찰 불송치 결정에 대한 불복 절차에 대해 알아보겠습니다.

## 1. 경찰의 수사 종결권

「검사와 사법경찰관의 상호협력과 일반적 수사준칙에 관한 규정」(이하 '수사준칙') 제51조에 따르면, 사법경찰관은 사건을 수사한 뒤 혐의가 있다고 판단될 경우 송치 결정을 하고, 구성요건 해당성이 없어 범죄 성립이 인정되지 않거나 증거가 불충분하여 혐의가 없다고 판단될 경우 등에는 불송치 결정을 하게 됩니다. 그리고 피의자 소재불명 등의 경우(피의자중지)나 참고인, 고소인, 고발인, 피해자 등이 소재불명인 경우(참고인중지)에는 수사중지 결정을 하게 됩니다.

## 2. 경찰의 사건 송치 이후 절차 진행

### 가. 경찰의 송치 결정

사법경찰관은 사건을 수사한 후 범죄의 혐의가 인정된다고 판단되면, 송치의 이유와 범위를 적은 송치 결정서를 관계 서류 및 증거물과 함께 송부하면서 사건을 검찰에 송치합니다.

### 나. 검사의 보완수사요구

검사는 송치받은 사건에 대해 보완수사가 필요하다고 인정하는 경우, 사법경찰관에게 범인과 증거 및 처벌조건 등 사건의 공소제기 여부를 결정하는 데 필요하거나 공소유지와 관련해 필요한 사항에 관하여 보완수사를 요구할 수 있습니다.

검사가 사법경찰관에게 보완수사를 요구할 때는 그 이유와 내용 등을 구체적으로 적은 서면과 관계 서류 및 증거물을 사법경찰관에게 함께 송부해야 하고, 이는 '결정'의 형식으로 이루어집니다. 그러나 검사가 '결정'으로 경찰에 보완수사를 요구하는 경우 외에도, 예외적으로 경미한 사항에 대해 추가 조사가 필요한 경우, 신속한 보완수사가 요구되는 경우, 사법경찰관 수사의 공정성이 의심되는 경우, 기타 경찰에 대한 보완수사요구가 적절하지 아니하다고 판단되는 경우에는 관계 서류 및 증거물을 경찰에 송부하지 않고 보완수사가 이루어질 수 있습니다. 이러한 예외적인 보완수사 방식으로는, 사건이 검찰에 계속 접수된 상태를 유지하면서 경찰에 일부 보강 수사를 요구하는 '추완' 방식, 검사가 직접 수사하는 검사실 직접 보완수사 방식, 검찰 조사과 및 수사과에 대한 지휘를 통한 보완수사 방식이 있습니다.

검경수사권 조정 이전에는 검사가 경찰에 보완수사 지휘를 하고 사건 기록 일체를 경찰에 보내더라도 사건이 계속 검찰에 접수된 상태였지만, 법 개정 이후 검사가 보완수사요구 결정을 하면 검찰에 접수되었던 사건번호가 없어지고 다시 경찰 사건이 됩니다. 다만 예외적으로 '추완' 방식에 의해 보완수사가 이루어지는 경우에는, 경찰이 보완수사를 하더라도 사건은 검찰에 접수된 상태를 유지합니다.

보완수사가 이루어지는 경우 사건 흐름도는 다음과 같습니다.

[그림 1] 보완수사가 이루어지는 경우 사건 흐름도

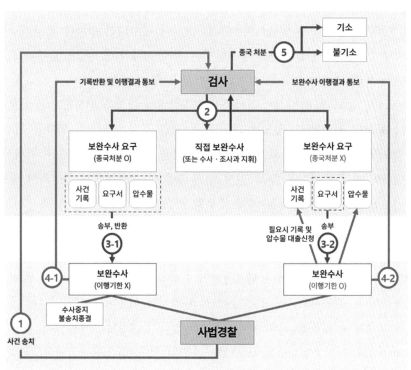

## 3. 경찰의 불송치 결정 이후 절차 진행

### 가. 경찰의 불송치 결정 및 기록의 검찰 송부

사법경찰관은 불송치 결정을 한 경우 이유를 기재한 서면과 함께 관계 서류와 증거물을 지체 없이 검사에게 송부하고, 검사는 송부받은 날로부터 90일 이내에 기록을 검토한 후 사법경찰관에게 관계 서류와 증거물을 반환해야 합니다. 그리고 사법경찰관은 검사에게 관계 서류와 증거물을 송부한 날부터 7일 이내에 서면으로 고소인, 고발인, 피해자 또는 그 법정대리인(이하 '고소인 등')에게 불송치 결정의 취지와 이유를 통지해야 합니다.

### 나. 고소인 등의 이의신청

사법경찰관으로부터 불송치 결정 통지를 받은 고소인 등은 해당 사법경찰관의 소속 관서의 장에게 이의를 신청할 수 있습니다. 예컨대, 경찰서에서 수사가 이루어진 경우에는 경찰서장에게, 지방경찰청 광역수사대에서 수사가 이루어진 경우 지방경찰청장에게 이의를 신청할 수 있습니다. 이의신청서가 접수되면 수사를 담당한 사법경찰관은 지체 없이 검사에게 사건을 송치하면서 관계 서류와 증거물을 송부하고, 이의신청에 대한 처리 결과와 이유를 신청인에게 통지해야 합니다.

이때 고소인 등의 입장에서는, 검사가 사법경찰관의 결정을 번복하고 추가로 수사를 하거나 공소를 제기할 수 있도록 항고를 할 때와 같이 이의신청 이유를 기재하여 제출할 필요가 있습니다. 그리고 현재 형사소송법을 비롯한 관계 법령은 이의신청의 기간에 대하여 아무런 제한을 두고 있지 않기 때문에, 공소시효가 완성되지 않는 한 언제든 이의신청을 할 수 있다는 점에 주목할 필요가 있습니다.

### 다. 검사의 재수사 요청

고소인 등이 있는 사건에서 사법경찰관이 불송치 결정을 하고, 고소인 등이 이에 대해 불복을 하는 경우라면 대부분 이의신청의 방식이 이용되어 사건이 검찰에 송치될 것으로 보입니다. 하지만 고소인 등이 이의신청하지 않거나, 이의신청할 고소인 등이 없는 사건(예컨대, 마약사건 등 피해자가 없는 사건)의 경우에도 검사는 재수사요청을 통해 사법경찰관의 불송치 결정을 통제할 수 있습니다.

검사는 사법경찰관이 사건을 송치하지 않은 것이 위법 또는 부당한 때에는, 사법경찰관으로부터 관계 서류 및 증거물을 송부받은 날로부터 원칙적으로 90일 이내에 관계 서류 및 증거물을 반환하면서 그 내용과 이유를 명시한 문서로 사법경찰관에게 재수사를 요청할 수 있고, 이때 사법경찰관은 사건을 재수사해야 합니다. 그리고 검사는 재수사를 요청한 사실을 고소인 등에게 통지해야 합니다.

사법경찰관이 검사의 요청에 따라 재수사를 한 후에는, 범죄의 혐의가 있다고 인정될 경우 검사에게 사건을 송치하고 관계 서류와 증거물을 송부하고, 기존의 불송치 결정을 유지하는 경우에는 재수사 결과서에 그 내용과 이유를 구체적으로 적어 검사에게 통보합니다. 검사는 사법경찰관이 불송치 결정을 유지하면서 재수사 결과서를 통보한 사건에 대해서는 원칙적으로 다시 재수사를 요청하거나 송치 요구를 할 수 없습니다.

한편 검사의 재수사 요청에 따라 사법경찰관이 사건을 재수사하는 중에 고소인 등이 이의신청을 할 경우, 사법경찰관은 재수사를 중단하고 검찰에 사건을 송치하고, 관계 서류와 증거물을 송부해야 합니다.

이의신청 또는 재수사요청이 이루어지는 경우 사건 흐름도는 다음과 같습니다.

[그림 2] 혐의가 인정되지 않는 사건

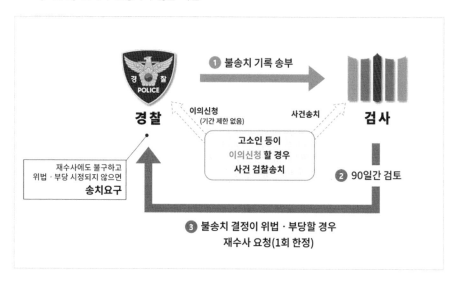

## 4. 검사의 시정조치요구권

검사는 보완수사를 요구하거나 재수사를 요청하는 것 외에, 사법경찰관리의 수사과정에서 법령위반, 인권침해 또는 현저한 수사권 남용이 의심되는 사실의 신고가 있거나 그러한 사실을 인식하게 된 경우에는 사법경찰관에게 사건기록 등본의 송부를 요구할 수 있고, 필요하다고 인정되는 경우 사법경찰관에게 시정조치를 요구할 수 있습니다.

사법경찰관은 시정조치 요구가 있는 때에는 정당한 이유가 없으면 지체 없이 이를 이행하고 그 결과를 검사에게 통보해야 하며, 통보를 받은 검사는 시정조치 요구가 정당한 이유 없이 이행되지 않았다고 인정되는 경우에는 사법경찰관에게 사건을 송치할 것을 요구할 수 있으며, 이때 사법경찰관은 검찰에 사건을 송치해야 합니다.

다만 이러한 검사의 시정조치요구권은 수사과정에서 경찰의 위법한 수사를 견제하기 위한 장치이므로, 수사의 결과에 불복할 경우에 검사에게 신고하여 사법경찰관에 대한 시정조치를 요구하도록 할 수는 없습니다.

## 3부

지평 형사팀의 '검경수사권 조정 법령 본격 시행 뉴스레터 3부작'의 마지막입니다. 3부에서는 검경수사권 조정과 관련하여 제기되는 현실적인 의문점을 Q&A 방식으로 담았습니다. 나아가 1, 2부에서 다뤘던 주요 내용도 한 번 더 다루어 새로운 제도가 보다 익숙해지도록 구성하였습니다.

저희 지평의 '검경수사권 조정 법령 본격 시행 뉴스레터 시리즈'가 새로운 형사절차를 이해하시는 데 도움이 되기를 바랍니다.

## 1. 검사 직접수사개시 범위 관련

Q1) 저는 피해금이 5억 원인 횡령 사건의 피해자입니다. 검찰에 고소장을 제출하고, 검찰에서 고소인 소환을 할 것으로 기다리고 있었는데, 경찰에서 고소인 출석 통지가 나왔습니다. 제 고소 사건은 검사 직접수사개시 대상 범죄인데, 왜 사건이 경찰로 간 것인가요?

A1) 5억 원 이상의 고액 횡령 사건은 검사 직접수사개시 대상 범죄입니다. 그러나 검사 직접수사개시 대상 범죄라고 하더라도 경찰의 수사가 제한되는 것은 아니고, 반드시 검사가 직접 수사를 해야 하는 것도 아닙니다. 따라서 검찰에서 고소장을 접수했더라도 사안의 성격, 수사 효율성 등을 고려하여 검사가 고소 사건을 경찰에 이송할 수 있습니다.

Q2) 저는 피해금이 5억 원인 사기 사건의 피해자인데 경찰에 고소장을 제출했습니다. 검사 직접수사개시 대상 범죄인데 검사가 수사지휘를 하는 등 경찰의 수사에 관여할 수 있는 것은 아닌가요?

A2) 5억 원 이상의 고액 사기 사건은 검사 직접수사개시 대상 범죄입니다만, 경찰의 수사 개시 범위에는 제한이 없기 때문에, 이러한 경우에는 경찰이 수사를 개시하여 독자적으로 진행하게 됩니다. 검사는 사건이 송치되는 경우 '보완수사요구'의 방식으로, 불송치되는 경우 '재수사 요청'의 방식으로 사건에 관여하게 되고, 원칙적으로 그전에는 수사에 관여할 수 없습니다.

Q3) 저는 피해금액이 3억 원인 사기 사건의 피해자로서 이 사건을 검찰에 고소하고자 합니다. 검사 직접수사개시 대상이 아닌 범죄의 경우에도 검찰에서 고소장을 접수해주나요?

A3) 5억 원 미만의 사기 사건은 검사 직접수사개시 대상 범죄가 아닙니다. 따라서 이런 경우 고소장을 경찰에 제출해야 합니다. 그럼에도 불구하고 고소장을 검찰에 접수하러 간 경우 해당 고소장의 접수가 반려됩니다.

Q4) 위 사례에서 만약 검찰에서 고소장을 접수한 경우, 검찰에서 경찰로 사건을 이송해주나요? 아니면 고소장을 경찰에 다시 제출해야 하나요?

A4) 우편으로 고소장을 보내거나 다른 이유로 검사 직접수사개시 대상이 아닌 범죄사건에 관한 고소장이 검찰에 접수된 경우라면, 검찰에서는 그 고소장을 경찰로 이송하고 고소인에게 통지를 해줍니다. 따라서 이런 경우 다시 경찰에 고소장을 제출할 필요는 없습니다.

## 2. 경찰의 수사종결권 관련

Q5) 저는 건설사업의 사업주입니다. 공사 현장에서 노동자 추락 사고가 발생하여 특별사법경찰관인 고용노동청 근로감독관으로부터 산업안전보건법위반 혐의로 수사를 받게 되었습니다. 고용노동청에서 불기소의견이라고 판단하면 저에 대한 수사는 검사의 관여 없이 종결되는 것인가요?

A5) 아닙니다. 검사와 특별사법경찰관은 예전과 같이 수사지휘관계가 유지되기 때문에 특별사법경찰관에게 독자적인 수사종결권이 인정되지 않습니다. 따라서 특별사법경찰관이 불기소의견으로 판단하더라도, 불송치 결정을 할 수 없어 사건을 검사에게 송치해야 하고, 검사가 송치 받은 사건에 관하여 공소를 제기하거나 불기소 처분을 함으로써 수사가 종결됩니다.

Q6) 저는 공갈 사건(검사 직접수사개시 대상 제외 범죄)의 피해자입니다. 경찰에 고소장을 접수했는데, 불송치 결정이 내려졌습니다. 수사를 좀 더 진행해 주었으면 좋겠는데, 불복할 수 있는 방법이 있을까요?

A6) 경찰에서 수사를 개시한 후 불송치 결정을 했다면 1차적으로 수사가 종결된 것입니다. 이 경우 고소인은 사법경찰관으로부터 불송치 결정 통지를 받은 후 해당 사법경찰관의 소속 관서의 장에게 기간의 제한 없이 이의신청을 할 수 있습니다. 이의신청을 받은 담당 사법경찰관은 즉시 사건을 검사에게 송치하게 되므로, 검사가 사건기록과 증거물을 검토하여 보완수사요구 등을 하게 될 수 있습니다. 고소인은 검사가 사건에 관하여 추가로 수사를 하거나 공소를 제기할 수 있도록 이의신청서에 이유를 상세히 기재하여 제출하는 것이 좋습니다.

Q7) 저는 상해 사건(검사 직접수사개시 대상 제외 범죄)의 피의자입니다. 피해자에게 전치 3주의 상해가 발생했으나, 피해자와 합의가 원만하게 이루어져서 피해자로부터 고소 취하 및 경찰의 불송치 결정에 이의를 제기하지 않겠다는 합의서를 받았습니다. 실제로 경찰에서도 불송치 결정을 받았는데, 저에 대한 수사 절차는 완전히 끝난 것일까요?

A7) 상해죄는 반의사불벌죄나 친고죄가 아니기 때문에 피해자의 처벌불원의사나 고소 취하에도 불구하고 처벌을 받게 됩니다. 경찰의 불송치 결정으로 1차적으로 수사가 종결되었지만, 검사는 이러한 경우 사건 기록을 송부 받아 검토한 뒤 90일 이내에 재수사 요청을 할 수 있습니다. 검사는 수사기록에 있는 진단서나 사진 등을 통해 상해 발생이 의심된다면 이 부분에 대해 상해죄를 적용해야 한다는 취지로 재수사를 요청할 것입니다. 따라서 피해자와 합의하고 경찰이 불송치 결정을 하였더라도, 수사 절차가 완전히 끝난 것으로 보기는 어렵습니다.

Q8) 저는 중소기업을 운영하고 있는 대표입니다. 경쟁기업에서 저희 회사 영업에 지장을 주려는 목적으로 허위의 보조금 비리 혐의를 경찰에 고발하였고, 수사가 시작되었습니다. 그렇게 벌써 6개월이 지났는데도 수사가 어떻게 진행되고 있는지 알 길이 없습니다. 그렇다고 수사가 종결된 것도 아닌데, 이런 경우 어떤 방식으로 구제 요청을 할 수 있나요?

A8) 검사는 사법경찰관리의 수사과정에서 법령위반, 인권침해 또는 현저한 수사권 남용이 의심되는 사실의 신고가 있거나 그러한 사실을 인식하게 된 경우 사법경찰관에게 사건기록 등본의 송부를 요구할 수 있고, 필요하다고 인정되는 경우 사법경찰관에게 시정조치를 요구할 수 있습니다(형사소송법 제197조의3 제1항). 따라서 사법경찰관이 정당한 이유 없이 수사를 지연하는 경우에는 수사권 남용이 의심되므로 검찰에 신고하여 사법경찰관에 대한 시정조치를 요구하도록 할 수 있습니다. 그 뒤 검사의 시정조치 요구가 정당한 이유 없이 이행되지 않았다고 인정되는 경우, 검사는 사법경찰관에게 사건을 송치할 것을 요구할 수 있고(같은 조 제5항), 이때 사건송치명령을 받은 사법경찰관은 7일 이내에 사건을 검사에게 송치해야 합니다(검사와 사법경찰관의 상호협력과 일반적 수사준칙 제45조 제6항).

## 3. 기타 사항

Q9) **경과조치 문제** 저는 검경수사권 조정에 관한 법령이 시행되기 전인 2020. 12. 검찰에 피해금 1억 원의 사기 고소장을 제출했는데, 당시 관할 경찰서에 수

사 지휘가 이루어졌다는 통지를 받았습니다. 제 사건은 검사가 계속 수사지휘를 하나요?

A9) 새로이 제정되어 2021. 1. 1.부터 시행된「검사와 사법경찰관의 상호협력과 일반적 수사준칙」(이하 '수사준칙')에 따르면, 시행 전에 이루어진 검사의 수사지휘에 따라 한 행위의 효력에는 영향을 미치지 않기 때문에 이미 이루어진 수사지휘에 의하여 이루어진 수사는 효력에 변동이 없습니다. 하지만 2021년부터는 검사가 일반 사법경찰관을 수사지휘하지 않기 때문에, 2021년부터 계속되는 수사는 검찰 송치 전까지는 검사의 지휘 없이 경찰에 의하여 진행됩니다.

Q10) **검사의 보완수사요구권** 저는 강간상해 사건(검사 직접수사개시 대상 제외 범죄)의 피의자입니다. 경찰에서는 제 사건을 기소 의견으로 검찰에 송치했습니다. 제가 폭행을 한 것은 맞지만, 강간 혐의는 인정할 수 없습니다. 검찰 송치 단계에서 강간 혐의를 부인하고자 하는 경우 어떻게 다투어야 하나요?

A10) 검찰에서 강간 혐의를 부인한다는 점을 주장함으로써 검사의 보완수사요구를 이끌어 내야 합니다. 따라서 기소 의견으로 송치되었다는 통지를 받았다면 가급적 빨리 담당 검사에게 피의자의 주장과 피의자에게 유리한 증거를 설명하는 것이 좋습니다. 경찰 수사기록에서 피의자에게 유리한 진술이나 증거가 누락되었을 가능성도 있기 때문입니다. 검사가 기록을 검토하고 피의자의 진술을 청취하는 등의 절차를 거쳐 경찰에 보완수사요구를 하면 사건기록과 증거물을 경찰에 반환하게 됩니다.

Q11) **검사의 보완수사요구권** 위 사례에서 피의자는 경찰의 수사가 편파적이었다고 생각하여 검사가 직접 보완수사를 해주기를 원하고 있습니다. 검사가 경찰에 보완수사를 요구하지 않고 직접 보완수사를 해줄 수도 있나요?

A11) 보완수사는 원칙적으로 경찰이 하게 되어 있습니다. 하지만 예외적으로 ① 경미한 사항에 대해 추가 조사가 필요한 경우, ② 신속한 보완수사가 요구되는 경우, ③ 사법경찰관 수사의 공정성이 의심되는 경우, ④ 기타 경찰에 대한 보완수사요구가 적절하지 아니하다고 판단되는 경우에는 관계 서류 및 증거물을 경찰에 송부하지 않고 보완수사가 이루어질 수 있습니다. 이 경

우 사법경찰관 수사의 공정성이 의심되는 이유에 대한 의견을 개진하면서 검사 또는 검찰청 소속 수사과·조사과에 보완수사를 요구할 수 있을 것입니다.

Q12) **통지** 피의자와 고소인이 수사의 각 단계에서 어떤 통지를 받을 수 있나요? 법 개정 전과 달라진 점이 있나요?

A12) 제도가 바뀜에 따라 통지의 범위가 확대되었습니다. 사법경찰관과 검사는 모든 결정(송치 결정, 불송치 결정, 공소제기 결정, 불기소 결정 등) 시 고소인(고발인), 피의자, 피해자 또는 그 법정대리인에게 결정 내용을 통지해야 합니다(수사준칙 제51조).

참고로, 고소인의 고소장이 경찰에 접수된 경우 원칙적으로 사법경찰관은 수사를 개시한 날 그리고 수사를 개시한 날부터 매 1개월이 지난 날부터 각 7일 이내에 고소인에게 수사 진행상황을 통지해야 합니다(경찰수사규칙 제11조 제1항). 고소인에 대한 수사 진행상황 통지 제도가 아직 실무상 정착되지 않았으나, 최근 진행상황 통지의 실질적 이행방안을 마련하라는 국민권익위원회의 권고(2021. 3. 22.)가 있었던 만큼 앞으로 변화가 있을 것으로 예상해 봅니다.

Q13) 경찰이 내사를 진행했던 사실이나 내사종결된 사실에 대해서는 피내사자나 진정인에게 어떠한 통지가 가나요?

A13) 경찰이 혐의없음, 죄가안됨, 공소권없음의 사유로 내사종결을 한다면 그 결정을 한 날로부터 7일 이내에 피혐의자와 진정인에게 통지해야 합니다(수사준칙 제16조 제4항, 경찰수사규칙 제20조 제1항). 다만, 그 통지로 보복범죄 또는 2차 피해 등이 우려되는 경우 불입건 결정을 통지하지 않을 수 있습니다.

# 중대재해처벌법안 국회 본회의 가결[*]

권창영 · 이광선 · 김동현

「중대재해 처벌 등에 관한 법률안」(이하 '중대재해처벌법안')이 2021. 1. 8. 국회 본회의에서 법사위원장 원안으로 가결되었습니다. 발의되던 때부터 경영계와 노동계 양측의 지대한 관심을 끌어왔던 법안인 만큼 최종 의결된 법안의 내용이 주목을 받고 있습니다. 중대재해처벌법안은 '중대재해'를 '중대산업재해'와 '중대시민재해'로 구분하고 있는바, 아래에서 그 주된 내용을 살펴보겠습니다.

## 1. 주요 내용 해설

### 가. 경영책임자 등

중대재해처벌법안에서는 처벌의 대상이 되는 "경영책임자 등"을 다음과 같이 규정하고 있습니다.

① 사업을 대표하고 사업을 총괄하는 권한과 책임이 있는 사람 또는 이에 준하여 안전보건에 관한 업무를 담당하는 사람

② 중앙행정기관의 장, 지방자치단체의 장, 「지방공기업법」에 따른 지방공기업의 장, 「공공기관의 운영에 관한 법률」 제4조부터 제6조까지의 규정에 따라 지정

---

* 『지평뉴스레터』 (2021. 1. 12.)

된 공공기관의 장

"안전보건에 관한 업무를 담당하는 사람"이 포함됨에 따라 사업을 대표하고 총괄하는 대표이사 외에도 안전 담당 이사, 생산본부장, 공장장 등이 처벌대상에 포함될 수 있습니다. 공공기관(공기업, 준정부기관, 기타 공공기관)의 경우 해당 공공기관의 장이 처벌대상이 됩니다.

## 나. 실질적인 지배·운영·관리

사업주 및 경영책임자 등에게 책임이 인정되는 범위는 "실질적으로 지배·운영·관리"하는 사업(사업장)이나 시설·장비·장소로 제한됩니다. 여기서의 '실질적인 지배·관리'의 의미에 관하여 중대재해처벌법안에서 따로 정하고 있지는 않습니다.

다만, '실질적으로 지배·관리하는 장소'의 개념은 2019. 1. 15. 개정된 산업안전보건법에서 도입된 바 있어 참고할 만합니다. 2019. 1. 15. 개정 이후의 산업안전보건법에서는 '도급인의 사업장'에 '도급인이 제공하거나 지정한 경우로서 도급인이 지배·관리하는 같은 법 시행령으로 정한 장소(위험장소)'가 포함되는 것으로 정하고 있습니다 (제10조 제2항 및 시행령 제11조). 고용노동부는 2020. 3. 배포한 '개정 산업안전보건법 시행(2020. 1. 16.)에 따른 도급 시 산업재해예방 운영지침'에서, 도급인이 "지배·관리하는 장소"란 '도급인이 해당 장소의 유해·위험 요인을 인지하고 이를 관리·개선하는 등 통제할 수 있는 장소'를 의미하는 것으로 해석하고 있습니다. 이에 따라 '수급인 자신의 작업장소 또는 수급인이 시설·설비 등을 소유하거나 도급인이 아닌 제3자로부터 임대하여 사용하는 경우' 등에는 도급인의 지배·관리 영역 밖이라고 보고 있습니다.

대법원은 2019. 1. 15. 개정 전의 산업안전보건법에서 수급인의 근로자에 대하여 안전보건조치의무를 부담하는 도급인(사업주)에 관하여, '사업의 전체적인 진행과정을 총괄하고 조율할 능력이 있는 사업주에게 그가 관리하는 작업장에서 발생할 수 있는 산업재해를 예방하기 위한 조치를 하여야 할 의무가 있다'고 판시한 바 있습니다(대법원 2010. 6. 24. 선고 2010도2615 판결, 대법원 2016. 3. 24. 선고 2015도8621 판결).

이러한 해석을 종합하여 보면 "실질적으로 지배·운영·관리하는지"는, '사업주 또는 경영책임자 등이 해당 사업장에서 이루어지는 사업의 전체적인 진행과정을 총괄하고 조율하며 작업환경 및 유해·위험요인 등을 관리, 통제할 수 있는지'를 일응의 기준으로 참고할 수 있습니다.

### 다. 중대산업재해 보호대상인 "종사자"

중대재해처벌법안은 중대산업재해의 보호대상이 되는 "종사자"를 다음과 같이 정하고 있습니다.

① 「근로기준법」상 근로자

② 도급, 용역, 위탁 등 계약 형식에 관계없이 그 사업의 수행을 위하여 대가를 목적으로 노무를 제공하는 자

③ 사업이 여러 차례의 도급에 따라 행하여지는 경우에는 각 단계의 수급인 및 수급인과 ① 또는 ②의 관계에 있는 자

위와 같이 보호대상인 "종사자"의 범위를 근로기준법상 '근로자'로 한정하지 않음에 따라, 용역·위탁 등 계약의 형태와 무관하게 사업주의 사업장 또는 실질적으로 지배·관리하는 장소에서 노무를 제공하는 사람(수급인의 종사자 포함)에 대하여 사업주 또는 경영책임자 등이 책임을 부담합니다.

### 라. 징벌적 손해배상제 도입

중대재해처벌법안은 피해자(또는 유족)가 입은 손해만을 전보하는 것이 아니라, 그 손해액의 다섯 배 범위 내에서 법원이 배상액을 정할 수 있도록 하는 징벌적 손해배상 제도를 도입하였습니다.

### 마. 산업안전보건법 등과의 관계

최종 가결된 중대재해처벌법안에서는 당초 박주민 의원안, 박범계 의원안 등에서 정하고 있던 우선 적용 규정이 삭제되었습니다. 이에 따라 중대재해 발생 시 산업안전보건법위반죄, 형법상 업무상과실치사상죄 등 기존 법률에 따른 범죄와 상상적 경합 관계가 인정되어 가장 중한 죄에 정한 형으로 처벌받게 될 것으로 보입니다.

현행 산업안전보건법은 근로자 사망 사고 발생 시 7년 이하의 징역 또는 1억 원 이하의 벌금에 처하고, 업무상과실치사상죄는 5년 이하의 금고 또는 2천만 원 이하의 벌금에 처하므로, 법정형이 가장 높은 중대재해처벌법으로 처벌되는 경우의 수가 많

을 것으로 보입니다(사안에 따라 다를 수 있음).

한편, 중대재해처벌법안에서 정한 사업주 등의 의무는 '안전·보건 관계 법령에 따른 의무 이행에 필요한 조치'를 주된 내용으로 정하고 있어 기존의 산업안전보건법령 및 「산업안전보건기준에 관한 규칙」에서 정한 조치 내용을 따르게 될 가능성이 높아 보입니다.

### 바. 인과관계 추정 조항 삭제

최종 가결된 중대재해처벌법안에서는 당초 박주민 의원안에서 두었던 인과관계 추정(사고 발생 이전에 법 위반사실이 일정 횟수 이상일 경우 당해 사고에서 법 위반행위로 중대재해 발생한 것으로 추정) 조항이 삭제되었습니다.

## 2. 향후 전망

중대재해처벌법이 당초 발의된 의안보다 상당 부분 후퇴하였다고는 하나, 처벌 수위 강화, 책임 범위 확대, 징벌적 손해배상제도 도입 등 기업 입장에서는 여전히 중대한 부담으로 작용할 수 있습니다. 특히, 대표이사 등 경영책임자에게 직접적, 일괄적으로 형사책임을 부과한 점이 가장 주의를 요합니다. 중대재해처벌법이 시행되고서 중대재해가 발생하면 대표자 개인은 물론, 법인에게도 양벌규정과 징벌적 손해배상책임, 기업 이미지 하락 등으로 회복하기 어려운 타격이 될 수 있습니다. 따라서 회사로서는 산업안전 사고가 발생하지 않도록 미리 위험요소를 파악하여 사업장 환경 점검 및 안전보건관리체계 구축을 통한 사전적·예방적 대비가 필히 요구됩니다.

# 상법 개정안 통과[*]

양영태 · 김동아 · 장기석 · 신민 · 이태현 · 배기완
김형우 · 서동천 · 천영석 · 이진안 · 유원상

2020. 12. 29. 상법 개정으로 다중대표소송제도가 도입되고(모회사 주주들의 자회사 이사에 대한 대표소송 가능), 소수주주권이 강화되었으며(소수주주권 행사 요건 완화), 감사위원 분리선출제가 도입되었습니다. 시민단체와 행동주의 펀드 역시 이번 상법 개정에 주목하고 있으며, 기업의 경영권 행사에 영향을 미치는 다양한 분쟁이 적극적으로 제기될 가능성이 높아졌습니다. 개정 상법의 주요 내용을 소개해 드리오니, 경영 환경 변화에 대비하시는 데 참조하시기 바랍니다.

## 1. 기업지배구조 개선 관련 쟁점

### 가. 다중대표소송제 도입

#### 1) 상법 개정의 요지

#### 가) 개정 전 상법

자회사 이사의 임무해태 등으로 자회사에 손해가 발생하는 경우, 모회사 및 모회사의 주주 또한 그에 따른 피해를 입게 됩니다. 개정 전 상법은 위와 같은 양상으로

---

[*] 『지평뉴스레터』 (2020. 12. 10.)

모회사 및 모회사의 주주에게 피해가 발생한 경우 모회사의 주주가 자회사의 이사를 상대로 책임을 추궁할 수 있는 법적 수단을 규정하고 있지 않았습니다.

나) 개정 상법

이에 개정 상법은 자회사의 이사가 임무해태 등으로 자회사에 손해를 발생시킨 경우, 일정 비율 이상의 주식을 보유한 모회사 주주도 자회사 이사를 상대로 주주대표소송을 제기할 수 있는 법적 수단을 마련하였습니다. 즉, ① 비상장회사의 경우 발행주식총수의 1% 이상을 보유하고 있는 모회사 주주, ② 상장회사의 경우 발행주식총수의 0.5% 이상의 주식을 6개월 이상 계속하여 보유하고 있는 모회사 주주가 각 자회사의 이사를 상대로 그 책임을 추궁할 수 있는 다중대표소송을 제기할 수 있게 되었습니다(그 밖에도 자회사의 발기인, 집행임원, 감사, 청산인에 대해서도 다중대표소송을 제기할 수 있습니다).

다중대표소송 제도가 시행되면, 자회사의 이사가 모회사의 주주로부터 소송을 당할 수 있게 되고, 다중대표소송이 제기되면 그 자체로 그 자회사 이사 등의 업무수행에 큰 지장을 주게 되며, 자회사 이사들의 업무 수행이 소극적으로 변하거나 위축될 우려가 있습니다. 따라서 다중대표소송의 불씨를 제공하지 않기 위해서, 사전에 컴플라이언스Compliance 절차를 강화하고, 사후적으로 자회사의 이사들이 수행한 업무를 점검하여 문제가 될 만한 부분을 시정할 필요가 있습니다.

2) 신·구법 비교

| 개정 전 상법 | 개정 상법 |
|---|---|
| 제406조의2(다중대표소송)<br><신 설> | 제406조의2(다중대표소송)<br>① 모회사 발행주식총수의 100분의 1 이상에 해당하는 주식을 가진 주주는 자회사에 대하여 자회사 이사의 책임을 추궁할 소의 제기를 청구할 수 있다.<br>② 제1항의 주주는 자회사가 제1항의 청구를 받은 날부터 30일 내에 소를 제기하지 아니한 때에는 즉시 자회사를 위하여 소를 제기할 수 있다.<br>③ 제1항 및 제2항의 소에 관하여는 제176조 제3항·제4항, 제403조 제2항, 같은 조 제4항부터 제6항까지 및 제404조부터 제406조까지의 규정을 준용한다.<br>④ 제1항의 청구를 한 후 모회사가 보유한 자회사의 주식이 자회사 발행주식총수의 100분의 50 이하로 감소한 경우에도 제1항 및 제2항에 따른 제소의 효력에는 영향이 없다.<br>⑤ 제1항 및 제2항의 소는 자회사의 본점소재지의 지방법원의 관할에 전속한다. |

| 제542조의6(소수주주권)<br><신 설> | 제542조의6(소수주주권)<br>① 6개월 전부터 계속하여 상장회사 발행주식총수의 1만분의 50 이상에 해당하는 주식을 보유한 자는 제406조의2(제324조, 제408조의9, 제415조 및 제542조에서 준용하는 경우를 포함한다)에 따른 주주의 권리를 행사할 수 있다. |
|---|---|

## 나. 감사위원 선임·해임 관련 의결권 제한 규정 강화

### 1) 상법 개정의 요지

#### 가) 개정 전 상법

개정 전 상법은 감사위원의 선임·해임에 관해, ① 사외이사가 아닌 감사위원을 '선임하거나 해임'할 때에는 최대주주의 경우 그 특수관계인 등과 합산하여 의결권 있는 발행주식총수의 3%를 초과하는 주식의 의결권을 제한하고(이른바 '3%룰'), ② 사외이사인 감사위원을 '선임'할 때에는 모든 주주에 대해서 주주별로 의결권 있는 발행주식총수의 3%를 초과하는 주식의 의결권을 제한하였습니다.

#### 나) 개정 상법

개정 상법은 감사위원의 선임과 해임을 막론하고, ① 사외이사가 아닌 감사위원에 대해서는 (i) 최대주주의 경우 그 특수관계인 등과 합산하여, (ii) 나머지 주주의 경우 주주별로, 의결권 있는 발행주식총수의 3%를 초과하는 주식의 의결권을 제한하고, ② 사외이사인 감사위원에 대해서는 모든 주주에 대해서 주주별로(최대주주의 경우에도 그 특수관계인과 합산하지 않고) 각 의결권 있는 발행주식총수의 3%를 초과하는 주식의 의결권을 제한합니다.

다만 추가적으로 감사위원의 해임에 관한 특별규정이 신설되었습니다. 즉, 감사위원은 주주총회 특별결의(출석주주 의결권의 3분의 2 이상 및 발행주식총수의 3분의 1 이상)로 해임할 수 있고, 이 경우 분리선출방식에 따라 감사위원이 되는 이사로 선출된 사람(아래 '다.'항 참조)은 감사위원 직 외에 이사 직도 함께 상실하게 됩니다.

2) 신·구법 비교

| 개정 전 상법 | 개정 상법 |
| --- | --- |
| 제542조의12(감사위원회의 구성 등) ③ 최대주주, 최대주주의 특수관계인, 그 밖에 대통령령으로 정하는 자가 소유하는 상장회사의 의결권 있는 주식의 합계가 그 회사의 의결권 없는 주식을 제외한 발행주식총수의 100분의 3을 초과하는 경우 그 주주는 그 초과하는 주식에 관하여 감사 또는 사외이사가 아닌 감사위원회위원을 선임하거나 해임할 때에는 의결권을 행사하지 못한다. 다만, 정관에서 이보다 낮은 주식 보유비율을 정할 수 있다. | 제542조의12(감사위원회의 구성 등) ③ 제1항에 따른 감사위원회위원은 제434조에 따른 주주총회의 결의로 해임할 수 있다. 이 경우 제2항 단서에 따른 감사위원회위원은 이사와 감사위원회 위원의 지위를 모두 상실한다. |
| ④ 대통령령으로 정하는 상장회사의 의결권 없는 주식을 제외한 발행주식총수의 100분의 3을 초과하는 수의 주식을 가진 주주는 그 초과하는 주식에 관하여 사외이사인 감사위원회위원을 선임할 때에 의결권을 행사하지 못한다. 다만, 정관에서 이보다 낮은 주식 보유비율을 정할 수 있다. | ④ 제1항에 따른 감사위원회위원을 선임 또는 해임할 때에는 상장회사의 의결권 없는 주식을 제외한 발행주식총수의 100분의 3(정관에서 더 낮은 주식 보유비율을 정할 수 있으며, 정관에서 더 낮은 주식 보유비율을 정한 경우에는 그 비율로 한다)을 초과하는 수의 주식을 가진 주주(최대주주인 경우에는 사외이사가 아닌 감사위원회위원을 선임 또는 해임할 때에 그의 특수관계인, 그 밖에 대통령령으로 정하는 자가 소유하는 주식을 합산한다)는 그 초과하는 주식에 관하여 의결권을 행사하지 못한다. |
| <신 설> | ⑦ 제4항은 상장회사가 감사를 선임하거나 해임할 때에 준용한다. |

## 다. 감사위원 분리선출제 도입

### 1) 상법 개정의 요지

### 가) 개정 전 상법

개정 전 상법은 상장회사의 경우[1] 주주총회 결의를 통해 이사를 선임한 다음, 위 결의에서 선임된 이사 중에서 감사위원회 위원(이하 '감사위원')을 선임(이른바 '일괄선출방식')하도록 하고 있습니다. 이에 감사위원이 될 이사를 별도 분리하지 않고 모든 이사는 최대주주 등의 의결권이 제한되지 않은 상태에서 일괄 선임되었고, 다만 그 중 감사위원을 선임할 때에만 최대주주 등의 의결권이 제한되었습니다.

---

1) 자산총액 2조 원 이상 상장회사 또는 자산총액 1천억 원 이상 상장회사 중 감사위원회를 설치한 회사.

나) 개정 상법

개정 상법은 주주총회에서 최소한 한 명(단, 정관으로 정하는 경우 2인 이상도 가능)에 대해서는 선출 단계에서부터 다른 이사들과 분리하여 감사위원이 되는 이사로 선임하도록 하는 규정을 신설하였습니다. 이로 인해 감사위원이 되는 이사 중 최소 1인 이상은 이사 선임단계에서부터 최대주주 등의 의결권이 제한된 주주총회 결의를 통해 선임되도록 바뀌었습니다.

2) 신·구법 비교

| 개정 전 상법 | 개정 상법 |
|---|---|
| 제542조의12(감사위원회의 구성 등) ② 제542조의11 제1항의 상장회사는 주주총회에서 이사를 선임한 후 선임된 이사 중에서 감사위원회위원을 선임하여야 한다. <단서 신설> | 제542조의12(감사위원회의 구성 등) ② 제542조의11 제1항의 상장회사는 주주총회에서 이사를 선임한 후 선임된 이사 중에서 감사위원회위원을 선임하여야 한다. 다만, 감사위원회위원 중 1명(정관에서 2명 이상으로 정할 수 있으며, 정관으로 정한 경우에는 그에 따른 인원으로 한다)은 주주총회 결의로 다른 이사들과 분리하여 감사위원회위원이 되는 이사로 선임하여야 한다. |

## 2. 불명확·불합리한 법령 정비

가. 소수주주권 관련 규정 개선

1) 상법 개정의 요지

가) 개정 전 상법

상법은 소수주주권 행사에 관해서 일반규정과 상장회사 특례 규정을 별도로 정하고 있습니다. 즉, 상장회사의 경우 소수주주권 행사를 위한 주주의 주식 보유 비율(이하 '지주율')을 일반규정에 비해 완화하는 대신 6개월 전부터 계속하여 주식을 보유할 것을 요하고 있습니다. 이 때, 일반규정에 따른 지주율 이상의 주식을 보유하고 있으나 6개월의 보유기간을 갖추지 못한 상장회사의 주주가 소수주주권을 행사할 수 있는지에 관해 개정 전 상법은 명시적인 규정을 두지 않아 해석상 논란이 있었고, 이에 관한 하급심 판결 역시 통일되지 않은 문제가 있었습니다.

|  | 일반규정 | 상장회사 특례 규정(제542조의6) |
|---|---|---|
| 임시주주총회 소집청구권 | 주식 3% | 주식 1.5% + 6개월 보유 |
| 검사인 선임청구권 | 주식 3% | 주식 1.5% + 6개월 보유 |
| 주주제안권 | 주식 3% | 주식 1% (0.5%*) + 6개월 보유 |
| 해임청구권(이사, 청산인) | 주식 3% | 주식 0.5% (0.25%*) + 6개월 보유 |
| 회계장부열람권 | 주식 3% | 주식 0.1% (0.05%*) + 6개월 보유 |
| 유지청구권 | 주식 1% | 주식 0.05% (0.025%*) + 6개월 보유 |
| 대표소송제소권 | 주식 1% | 주식 0.01% + 6개월 보유 |

\* 대통령령으로 정하는 상장회사(최근 사업연도 말 현재의 자본금이 1천억 원 이상인 상장회사)

### 나) 개정 상법

개정 상법은 이러한 혼란을 입법적으로 해결하였습니다. 즉, 상장회사 특례규정에도 불구하고 이 장의 다른 절에 따른 소수주주권의 행사에 영향을 미치지 않는다는 점을 명시하여, 일반규정과 특례규정 중 한 가지 요건만 충족시킨다면 각 요건에 따른 소수주주권을 행사할 수 있도록 하였습니다.

### 2) 신·구법 비교

| 개정 전 상법 | 개정 상법 |
|---|---|
| 제542조의6(소수주주권)<br><신 설> | 제542조의6(소수주주권)<br>⑩ 제1항부터 제7항까지는 제542조의2 제2항에도 불구하고 이 장의 다른 절에 따른 소수주주권의 행사에 영향을 미치지 아니한다. |

### 나. 감사(감사위원회위원) 선임 시 주주총회 전자투표 결의요건 완화

### 1) 상법 개정의 요지

### 가) 개정 전 상법

개정 전 상법에 따르면 감사를 선임하기 위해서는 출석한 주주의 의결권의 과반수와 발행주식총수의 4분의 1 이상의 수로 의결해야 했습니다(제368조 제1항). 그런데 2017년경 그림자 투표제[2]가 폐지되었고, 감사 선임 시 3% 의결권 제한이 강화됨에 따라, 감사

---

2) 정족수 미달로 주주총회가 무산되지 않도록 하기 위해 참석하지 않은 주주들의 투표권을 행사할 수 있는 일종의 의결권 대리행사 제도. 다른 주주들의 찬성과 반대 표 비율만큼 자신의 의결권을 분리해 찬성과 반대 의사를 표시하는 것.

선임을 위한 의결정족수 충족이 곤란해지는 경우가 발생하여 개선 필요성이 대두되었습니다.

나) 개정 상법

개정 상법은 회사가 주주총회를 전자투표로 실시하는 경우, 발행주식총수의 4분의 1 이상에 관한 규정의 적용을 배제하고, 출석한 주주의 의결권의 과반수만으로 감사 및 감사위원 선임을 결의할 수 있는 것으로 정하면서 주주총회 결의요건을 완화하였습니다.

2) 신·구법 비교

| 개정 전 상법 | 개정 상법 |
| --- | --- |
| 제409조(선임)<br>③ 회사는 정관으로 제2항의 비율보다 낮은 비율을 정할 수 있다. | 제409조(선임)<br>③ 회사가 제368조의4 제1항에 따라 전자적 방법으로 의결권을 행사할 수 있도록 한 경우에는 제368조 제1항에도 불구하고 출석한 주주의 의결권의 과반수로써 제1항에 따른 감사의 선임을 결의할 수 있다. |
| 제542조의12(감사위원회의 구성 등)<br>⑧ <신 설> | 제542조의12(감사위원회의 구성 등)<br>⑧ 회사가 제368조의4 제1항에 따라 전자적 방법으로 의결권을 행사할 수 있도록 한 경우에는 제368조 제1항에도 불구하고 출석한 주주의 의결권의 과반수로써 제1항에 따른 감사위원회위원의 선임을 결의할 수 있다. |

## 다. 배당기준일 관련 규정 개선

### 1) 상법 개정의 요지

가) 개정 전 상법

개정 전 상법은 신주(전환주식·전환사채의 전환, 스톡옵션 행사에 따른 신주발행, 유상증자 등)가 발행된 경우 정관에서 그 발행일이 속하는 영업연도의 직전 영업연도 말에 발행된 것으로 정할 수 있도록 하였습니다. 이는 신주에 대해서 구주와 동등한 배당을 하기 위한 것으로 이해되었기 때문에 '영업연도 말＝배당기준일'로 해석하는 것이 일반적이었습니다. 따라서 대부분의 회사들은 정관으로 이익배당은 매 영업연도 말 현재 주주명부에 기재된 주주에게 지급한다는 내용의 기준일을 정해 두었고, 이에 따라 정기주주총회는 이 배당기준일의 효력이 미치는 3개월 내에 개최될 수밖에 없어서(상법 제354조 제2항 참조) 3월 말 주주총회 집중현상의 주된 원인이 되었습니다.

나) 개정 상법

개정 상법은 영업연도 말을 배당기준일로 전제한 규정을 삭제함으로써, 회사들이 배당기준일을 영업연도 말 외의 날로 정할 수 있도록 하였습니다. 이에 따라 회사들이 정관을 개정하여 배당기준일을 영업연도 말(또는 결산기 말)이 아닌 다른 날로 정하는 경우에는 정기주주총회 개최 시기가 분산될 것으로 기대됩니다. 그러나 3월 말 이후 정기주주총회 개최를 위해서는 정기주주총회 의결권 행사 기준일 관련 정관 규정과 현행 자본시장법상 사업보고서 제출 기한 등 여러 가지 사항을 고려할 필요가 있습니다.

2) 신·구법 비교

| 개정 전 상법 | 개정 상법 |
|---|---|
| 제350조(전환의 효력발생)<br>③ 전환에 의하여 발행된 주식의 이익배당에 관하여는 주주가 전환을 청구한 때 또는 제346조 제3항 제2호의 기간이 끝난 때가 속하는 영업연도 말에 전환된 것으로 본다. 이 경우 신주에 대한 이익배당에 관하여는 정관으로 정하는 바에 따라 그 청구를 한 때 또는 제346조 제3항 제2호의 기간이 끝난 때가 속하는 영업연도의 직전 영업연도 말에 전환된 것으로 할 수 있다. | 제350조(전환의 효력발생)<br><삭 제> |

# 공정거래법 40년 만에 전면 개정[*]

김지홍 · 황인영 · 이병주 · 장품

독점규제 및 공정거래에 관한 법률(이하 '공정거래법') 전부개정안이 2020. 12. 9. 국회 본회의를 통과했습니다. 제정 이후 40년 만의 전면 개정입니다. 개정법은 공포일로부터 1년 후 시행될 예정입니다. 주된 내용은 다음과 같습니다.

## 1. 기업집단규제 강화

### 가. 사익편취 규제대상 확대

현행 공정거래법은 공시대상 기업집단 소속 회사가 총수일가 지분율이 30% 이상인 상장 계열사와 20% 이상인 비상장회사에 대해 부당한 이익을 제공하는 행위를 금지합니다. 이른바 '총수일가 사익편취' 조항입니다.

개정 공정거래법은 지원 대상이 되는 계열사 범위를 ① 상장/비상장 관계없이 총수일가 지분율이 20% 이상인 계열사와 ② 이들 회사가 50%를 초과하여 지분을 보유하고 있는 자회사로 확대하였습니다. 이에 따라 규율 대상 회사는 현행 210개에서 598개로 늘어날 전망입니다(2020. 5. 1. 기준).

---

[*] 『지평뉴스레터』(2020. 12. 11.)

## 나. 거래금액에 기반한 기업결합신고기준 도입

현행법에 따르면, 피취득회사 매출액 또는 자산총액이 300억 원 이상일 경우 기업결합 신고의무가 발생합니다. 규모는 작지만 성장잠재력이 큰 벤처기업이나 스타트업을 거액에 인수하는 경우 피인수기업의 자산총액이나 매출액이 현행 기업결합신고대상 기준에 이르지 못하여 신고의무가 발생하지 않아 장래에 시장 독과점을 형성하거나 진입장벽을 구축할 수 있다는 우려가 있었습니다.

개정법은 피취득회사 매출액 또는 자산총액이 현행 신고기준 300억 원에 미달하더라도 인수금액이 일정 기준 이상이고, 피인수기업이 국내 시장에서 상품·용역을 판매·제공하거나, 국내 연구시설 또는 연구인력을 보유·활용하는 등 국내 시장에서 상당한 수준으로 활동하고 있는 경우에는 공정거래위원회에 신고하도록 하였습니다.

## 다. 지주회사의 자·손자회사 의무 지분율 요건 강화

지주회사를 통한 지배력 확대를 막기 위해 새로 설립되거나 전환되는 지주회사 또는 기존 지주회사가 자회사·손자회사를 신규 편입하는 경우 자회사·손자회사 지분율 요건을 현행(상장 20%, 비상장 40%)보다 상향(상장 30%, 비상장 50%)하였습니다.

## 라. 공시대상기업집단 소속 공익법인 의결권 제한 등

공시대상기업집단 소속 공익법인은 계열사 주식에 대한 거래·일정 규모 이상의 내부거래에 관하여 이사회 의결 후 공시해야 합니다.

특히 상호출자제한기업집단 소속 공익법인의 국내 계열회사 주식에 대한 의결권 행사는 원칙적으로 제한됩니다. 다만, 계열회사가 상장회사인 경우에는 적대적 M&A에 대응할 수 있도록 임원 임면, 합병 등 사유에 한정하여 특수관계인이 행사할 수 있는 주식의 수와 합산하여 그 계열회사 발행주식총수의 15% 한도 내에서 의결권 행사가 허용됩니다.

## 마. 상호출자제한기업집단 소속회사의 기존 순환출자에 대한 의결권 제한

현행법은 상호출자제한기업집단에 속하는 회사가 새로운 순환출자를 형성하거나 강화하는 행위를 금지하나, 상호출자제한기업집단 지정 전에 이미 다수의 순환출자를 보유하고 있었던 경우를 직접 규제하지 않았습니다.

개정법은 법 시행 이후 최초로 상호출자제한기업집단으로 지정되는 기업집단의 경우 지정 이전부터 보유한 기존 순환출자 주식에 대해서도 의결권을 제한합니다.

## 2. 공정거래법 집행 강화

### 가. 정보교환을 통한 부당한 공동행위 규율

EU나 미국은 가격정보 등의 교환을 동조적 행위concerted action로 금지하거나 정보교환 합의 자체를 규율하고 있으나, 우리 현행법에는 이에 대한 명시적 규정이 없었습니다. 우리 대법원도 다수의 가격정보교환 사건에서 가격을 공동으로 정하는 '합의'가 없었다는 이유로 부당공동행위의 성립을 부정한 바 있습니다.

개정법은 가격·생산량 등 정보를 주고받아 실질적으로 경쟁을 제한하는 행위를 부당한 공동행위의 유형으로 추가하였습니다. 또한 가격의 공동인상 등 외형상 일치가 있고 이에 필요한 정보가 교환되었으면 사업자 간 합의는 추정됩니다.

### 나. 사인의 금지청구제도 신설

현행법은 피해자가 법원에 공정거래법 위반행위에 대하여 직접 금지청구하는 것을 허용하지 않습니다.

개정법은 피해자가 법원에 부당지원행위를 제외한 불공정거래행위에 대해 금지 및 예방 청구를 직접 할 수 있도록 하였습니다.

### 다. 손해배상청구소송에서 기업의 자료제출의무 부과

현행 민사소송법에 따른 문서제출명령은 해당 기업이 영업비밀을 이유로 거부할 수 있고, 전자문서·동영상 등 서류 외의 자료는 제출대상에서 제외되며, 제출명령에 불응할 경우 해당 문서소지의 사실이 인정되는 것 외에 특별한 제재가 없습니다.

개정법에 따르면 부당한 공동행위 및 부당지원행위를 제외한 불공정거래행위에 대하여 법원이 해당 기업에 자료제출명령을 할 수 있고, 영업비밀이라 하더라도 손해의 증명 또는 손해액 산정에 반드시 필요한 경우에는 자료 제출을 거부할 수 없으며, 제출명령 불응 시 자료의 기재로 증명하고자 하는 사실을 진실한 것으로 인정할 수 있습니다.

라. 과징금 부과한도 상향

법 위반 행위별로 과징금 상한을 두 배 상향 조정하였습니다. 부당공동행위는 관련 매출액의 10%에서 20%로, 시장지배력 남용행위는 3%에서 6%로, 불공정거래행위는 2%에서 4%로 올라갔습니다.

마. 형벌규정 정비

형벌 부과 필요성이 낮고 그간 형벌 부과 사례도 없는 기업결합, 거래거절, 차별취급, 경쟁사업자 배제, 구속조건부거래, 재판매가격 유지행위 등에 대해서는 형벌규정을 삭제하였습니다.

## 3. 투자활성화 정책 보완

### 가. 일반지주회사의 기업형벤처캐피털(CVC: Corporate Venture Capital) 소유 허용

벤처기업에 대한 투자와 M&A가 활성화될 수 있도록, 일반지주회사가 「벤처투자촉진에 관한 법률」에 따른 중소기업창업투자회사, 「여신전문금융업법」에 따른 신기술사업금융전문회사(이른바 'CVC') 주식을 소유할 수 있도록 하였습니다.

다만, 타인자본을 통한 지배력 확대, 총수일가 사익편취 등 부작용이 발생하지 않도록 일반지주회사는 CVC를 100% 자회사로만 소유할 수 있고, 중소기업창업투자회사 및 신기술사업금융전문회사의 부채비율 200% 초과 금지, 투자업무 이외의 금융업 또는 보험업 겸영 금지, 중소기업창업투자회사 및 신기술사업금융전문회사가 조성하는 투자조합에 대한 출자 제한, CVC 계열사 및 총수일가 지분보유 기업에 대한 투자금지 등의 조항이 함께 신설되었습니다.

일반지주회사가 중소기업창업투자회사 및 신기술사업금융전문회사 주식을 소유하는 경우 그 사실을 공정거래위원회에 보고해야 하고, 일반지주회사의 자회사인 중소기업창업투자회사 및 신기술사업금융전문회사는 자신 및 자신이 운용 중인 모든 투자조합의 투자현황, 출자자 내역 등을 공정거래위원회에 보고해야 합니다.

## 나. 벤처지주회사 규제 완화

벤처기업 활성화를 위하여 벤처지주회사제도가 도입되었으나 벤처지주회사에도 일반지주회사와 동일하게 비계열사 주식취득 제한이 적용되고, 일반지주회사가 자회사 또는 손자회사 단계에서 벤처지주회사를 설립하는 경우에 통상적인 자회사, 손자회사 지분요건이 그대로 적용되는 등 벤처지주회사의 특성에 맞지 않게 요건이 과도하여 활용도가 낮았습니다.

개정법은 벤처지주회사를 일반지주회사의 자회사 단계에서 설립하는 경우, 비상장 자회사 지분보유 요건을 40%에서 20%로 완화하였고(상장 자회사는 20% 유지), 손자회사 단계에서 설립하는 경우, 상장·비상장 자회사 모두 지분보유 요건을 100%에서 50%로 완화하였습니다.

# 데이터 3법 국회 본회의 통과[*]

이소영 · 최정규

> 개인정보의 보호 및 활용과 관련한 「개인정보 보호법」, 「정보통신망 이용촉진 및 정보보호 등에 관한 법률」(이하 '정보통신망법'), 「신용정보의 이용 및 보호에 관한 법률」(이하 '신용정보법') 개정안('데이터 3법')이 2020. 1. 9. 국회 본회의를 통과했습니다. 개정 법률안은 공포 후 6개월이 경과한 날부터 시행됩니다.

## 1. 개인정보 보호법 및 정보통신망법

### 가. 개정 개인정보 보호법과 정보통신망법의 주요 내용

#### 1) 개인정보 개념 체계와 적용범위의 명확화

#### 가) 개인정보의 개념 정비

개인정보의 개념체계를 개인정보 · 가명정보 · 익명정보로 명확히 하였습니다. 이 중 '개인정보'는 '다른 정보와 쉽게 결합하여 개인을 알아볼 수 있는 정보'가 포함되는데, 개정법은 쉽게 결합할 수 있는지 여부를 판단할 때 '다른 정보의 입수 가능성 등 개인을 알아보는 데 소요되는 시간, 비용, 기술 등을 합리적으로 고려하여야 한다'고 명시했습니다.

---

[*] 『지평뉴스레터』 (2020. 1. 14.)

### 나) 가명정보 개념의 도입

'가명처리'와 '가명정보'의 개념을 새롭게 도입했습니다. 개인정보의 일부를 삭제하거나 일부 또는 전부를 대체하는 등의 방법으로 추가 정보 없이는 특정 개인을 알아볼 수 없도록 처리하는 것을 '가명처리'라 하고, 가명처리를 함으로써 원래의 상태로 복원하기 위한 추가 정보의 사용이나 결합 없이는 특정 개인을 알아볼 수 없는 정보를 '가명정보'라고 칭했습니다.

### 다) 익명정보의 법 적용 제외

시간, 비용, 기술 등을 합리적으로 고려할 때 다른 정보를 사용해도 더 이상 개인을 알아볼 수 없는 정보('익명정보')에 개인정보 보호법이 적용되지 않는다는 점을 분명히 했습니다.

### 2) 개인정보주체의 동의 없는 가명정보의 활용

개인정보처리자는 통계작성, 과학적 연구, 공익적 기록 보존 등을 위하여 정보주체의 동의 없이도 가명정보를 처리할 수 있습니다. 다만 가명정보 처리 및 데이터 결합 시 안전조치의무를 다해야 하고, 특정 개인을 알아보는 행위를 해서는 안 되며, 가명정보를 복원하기 위한 추가정보는 별도로 분리 보관해야 하고, 제3자에게 제공해서도 안됩니다.

개인정보보호위원회나 관계 중앙행정기관의 장이 지정하는 전문기관을 통해 가명정보 간 결합도 가능해집니다. 결합된 정보는 전문기관의 장의 승인을 얻어야 반출할 수 있습니다. 가명정보의 결합 절차와 방법, 전문기관의 지정·지정 취소, 반출 및 승인의 기준·절차 등 구체적인 내용은 2020. 8. 4. 대통령령 개정을 통해 마련되었습니다.

### 3) 당초 수집 목적과 합리적으로 관련된 범위 내의 개인정보 활용

개인정보처리자는 당초 수집 목적과 합리적으로 관련된 범위 내에서 정보주체에게 불이익이 발생하는지 여부, 암호화 등 안전성 확보에 필요한 조치를 하였는지 여부 등을 고려하여 정보주체의 동의 없이 개인정보를 이용하거나, 제공할 수 있습니다. 정보주체의 동의 없는 개인정보 이용·제공의 범위, 절차 및 방법의 구체적인 내용은 2020. 8. 4. 개정된 대통령령에서 정하고 있습니다.

4) 정보통신망법상의 개인정보 관련 규정의 이관

정보통신망법에 규정된 개인정보 보호에 관한 사항을 삭제하고, 개정 개인정보 보호법 제6장에 "정보통신서비스 제공자 등의 개인정보 처리 등 특례"를 신설하여, 개인정보 보호법으로 일원화했습니다.

5) 개인정보보호위원회의 지위 격상 및 행정안전부와 방송통신위원회의 개인정보 관련 기능 이관

개정법에 따라 개인정보보호위원회가 국무총리 소속 중앙행정기관으로 격상되고, 과거 행정안전부 및 방송통신위원회에 분산되어 있던 개인정보 보호 기능이 개인정보보호위원회로 이관됩니다.

나. 시사점

기존에는 가명정보에 관한 규정이 없어 이를 산업 목적으로 활용하는 데 제약이 있었습니다. 개정법은 '다른 정보와 쉽게 결합하여 개인을 알아볼 수 있는'의 판단기준을 법률에 도입하여 개인정보 여부의 판단기준을 구체화하고, 익명정보가 개인정보 보호법의 적용을 받지 않는다는 점을 명시하는 한편, 추가 정보 없이는 특정 개인을 알아볼 수 없는, 이른바 '가명정보'를 활용할 때 정보주체의 동의를 받지 않아도 된다는 점을 명시하여 가명정보의 활용 가능성을 열었다는 데 큰 의미가 있습니다. 또한, 개인정보보호위원회의 지위와 독립성이 강화되어 EU GDPR 인증 가능성이 높아졌다는 점도 주목할 만합니다.

## 2. 신용정보법

### 가. 개정 신용정보법의 주요 내용

1) 가명처리·익명처리된 개인신용정보의 이용·제공 및 활용

가) 가명처리된 개인신용정보의 이용·제공

통계작성, 연구, 공익적 기록보존 등을 위해서는 신용정보주체의 동의 없이도 가명처리된 개인신용정보를 이용·제공할 수 있도록 했습니다. 이때 신용정보회사 등에 대하여 가명조치에 사용된 추가 정보는 분리 보관하도록 하고, 가명정보를 보호하기 위

한 보안대책을 수립·시행하게 하였습니다.

### 나) 익명처리된 개인신용정보로의 추정

금융위원회가 지정하는 데이터전문기관의 적정성 평가를 거친 경우 '더 이상 특정 개인을 알아볼 수 없도록 익명처리된 개인신용정보'로 추정하는 조항을 마련하여 빅데이터 활용에 따른 법적 불확실성을 해소했습니다.

### 다) 정보집합물 간의 결합 방법 등 안전조치 규정

신용정보회사 등이 보유하는 정보집합물을 제3자가 보유하는 다른 정보집합물과 결합할 경우 데이터전문기관을 통해서만 하도록 하고, 데이터전문기관이 결합된 정보집합물을 해당 신용정보회사 등에 전달하는 경우에는 가명조치 또는 익명조치가 된 상태로 전달되도록 하는 등 서로 다른 산업분야 간 데이터를 결합할 때의 절차와 방법에 관한 근거가 규정됐습니다.

### 2) 신용정보 관련 사업의 규제체계 개편

기존 신용조회업무가 '신용정보의 수집, 생성, 제공'을 개념요소로 하여 지나치게 포괄적이라는 지적을 수용하여, 개인신용평가업, 개인사업자신용평가업, 기업신용조회업으로 구분하고, 이 중 기업신용조회업을 ① 기업정보조회업무, ② 기업신용등급제공업무, ③ 기술신용평가업무로 세분화했습니다.

금융거래에 관한 개인신용정보 외의 개인신용정보만을 활용하여 개인인 신용정보주체의 신용상태를 평가하는 전문개인신용평가업과 기업신용조회업으로서 기업정보조회업무, 기업신용등급제공업무 및 기술신용평가업무에 대해서는 허가요건으로서 최소 자본금을 처리대상 정보나 업무의 특성 등에 따라 5억 원 또는 20억 원으로 하는 등 진입규제를 대폭 완화했습니다.

신용조회회사가 영리 목적의 겸업을 하지 못하도록 했던 규제를 폐지하고, 신용정보주체 보호 및 신용질서를 저해할 우려가 없는 업무에 대해서는 겸영을 허용하고, 허가를 받은 업무에 부수하는 업무를 수행할 수 있도록 했습니다.

신용정보회사 등의 지배주주의 변경승인제도, 임원의 자격요건 및 일정 개인신용평가회사 및 개인사업자신용평가회사의 최대주주 자격심사 제도에 관하여 「금융회사의 지배구조에 관한 법률」에 준하는 제도를 도입했습니다.

### 3) 본인신용정보관리업MyData 도입

본인의 신용정보를 일정한 방식으로 통합하여 그 본인에게 제공하는 행위를 영업으로 하는 '본인신용정보관리업'이 도입됐습니다. 데이터 분석 및 컨설팅, 신용정보주체의 개인정보 자기결정권의 대리 행사 및 일정한 투자일임업·투자자문업 등을 부수업무나 겸영업무로 허용하고 있어, 새로운 금융분야 데이터 산업으로 육성될 것으로 예상됩니다.

### 4) 금융 분야에 개인정보 자기결정권 도입

정보주체가 개인신용정보를 본인이나 본인신용정보관리회사, 다른 금융회사 등에 전송하여 줄 것을 요구할 수 있는 개인신용정보 전송요구권을 신설했습니다. 또한, 정보주체가 금융회사 등에 자동화평가 실시 여부, 자동화평가의 결과와 기준, 기초자료 등의 설명을 요구할 수 있도록 하고, 자동화 평가 결과의 산출에 유리하다고 판단되는 정보의 제출, 기초정보의 정정·삭제, 자동화평가 결과 재산출 요구권 등을 도입했습니다.

### 5) 금융위원회의 정보활용 상시 감독 및 신용정보회사 등의 손해배상책임

금융회사 등의 신용정보관리·보호인은 처리하고 있는 개인신용정보의 관리 및 보호 실태를 정기적으로 점검하고 그 점검결과를 금융위원회에 제출해야 합니다. 금융위원회는 이 결과를 점수 또는 등급으로 표시하고, 향후 금융감독원이 신용정보 보호업무에 대하여 검사할 때 이를 활용할 수 있게 하였습니다. 또한, 신용정보회사 등이나 신용정보 이용자가 개인신용정보의 누설 및 분실·도난·유출·변조 또는 훼손으로 신용정보주체에게 피해를 입힌 경우 손해액의 다섯 배 범위 내에서 배상해야 합니다.

### 나. 시사점

금융분야에서는 은행, 카드, 보험, 금융투자 등 금융업권별로 체계적으로 관리되는 정형화된 데이터가 대량으로 축적되어 있습니다. 개정법은 개인의 특성을 반영한 맞춤형 금융상품의 개발이나, 정보통신, 위치정보, 보건의료 등 다른 산업분야와의 융합을 통한 신산업 육성이 가능하도록 빅데이터 분석·이용의 법적 근거를 마련하고 금융분야 데이터산업으로서 신용정보 관련 산업에 대한 규제체계를 정비했다는 데에 큰 의미가 있습니다.

민사

# 코로나19와 채무불이행*

박영주 · 배성진 · 김진희 · 김옥림

## 1. 코로나19 사태와 채무불이행 관련 쟁점

신종 코로나바이러스(이하 코로나19)의 확산으로 우리는 새로운 경험을 하고 있습니다. 소비심리가 얼어붙어 유례없는 불황을 겪고 있는 분들의 고통도 문제지만, 뜻하지 않게 계약을 불이행하게 되어 손해배상책임까지 걱정해야 하는 일이 벌어지고 있습니다. 중국산 자재 공급 차질 때문에 휴업을 하게 되어 납기를 맞추지 못하는 경우가 생기고, 정부의 수출금지 조치로 코로나19 사태 발생 전에 체결한 마스크 공급계약을 이행할 수 없게 되어 발을 동동 구르는 기업도 있습니다. 감염 우려 때문에 몇 달 전 체결했던 여행계약, 항공권계약, 숙박계약, 예식장 이용계약을 취소하고 큰 손실을 감수하는 것은 이제 일상이 되어 버렸습니다.

이유가 무엇이든, 약속을 어기면 그에 따르는 책임을 져야 합니다. 다만, 코로나19 사태로 인한 채무불이행이 채무자에게 책임을 돌릴 사유가 아니라고 볼 수 있다면 채무불이행 책임이 면제될 가능성도 있는데, 이것이 이른바 '불가항력' 이슈입니다. 설사 불가항력이 인정되지 않더라도 손해배상책임이 감경될 가능성은 있습니다.

한편, 코로나19 확산으로 인한 경제환경의 급격한 변화를 이유로 계약의 구속력으

---

*『지평뉴스레터』(2020. 3. 6.)

로부터 아예 벗어날 수 있는지도 살펴볼 필요가 있는데, 이것은 '사정변경을 이유로 한 계약해제'의 문제입니다.

이러한 이슈들은 계약의 내용, 채무불이행을 야기한 구체적 원인, 계약관계에 적용될 준거법, 계약 상대방이 속한 국가의 환경과 정책 등에 따라 case-by-case로 판단될 수밖에 없지만, 채무불이행 책임에 당면한 독자들께 조금이라도 도움이 될 만한 법률적 판단기준을 설명드리도록 하겠습니다. 아울러 여행계약 등의 취소를 고민하고 있는 독자들께도 간략한 가이드를 제공하고자 합니다.

## 2. 불가항력을 이유로 한 책임 면제 또는 감경 가능성

1) 근대 민사법의 '책임'은 '귀책'을 전제로 합니다. 계약으로 한 약속을 지키지 못하거나 타인에게 가해행위를 했더라도, 그러한 결과가 행위자의 잘못으로 말미암았다고 볼 수 없다면 책임을 추궁할 수 없습니다. 다만, 계약관계의 당사자 사이에서 계약위반은 특별한 사정이 없는 한 채무자의 귀책사유에서 비롯되었다고 평가되며, 특히 금전채무를 불이행한 경우는 책임을 면할 길이 없습니다.

이러한 차원에서 '채무자에게 채무불이행 책임을 물을 수 없는 불가피한 사유'로 논의되는 것이 '불가항력'입니다. 계약서에 "천재지변, 불가항력의 사태 등 갑의 책임이 아닌 사정"을 갑의 책임을 면제하는 사유로 못박아 두는 경우도 있지만, 그런 명시적 규정이 없더라도 '천재지변이나 이에 준하는 경제사정의 급격한 변동 등 불가항력'으로 계약을 지킬 수 없게 된 경우에는 채무불이행 책임이 성립하지 않습니다.

불가항력 사유로 전통적으로 논의되어 온 것은 호우나 폭설, 태풍 등의 '천재지변'입니다. 우리 법원은 천재지변의 경우 불가항력으로 인한 면책을 인정하는 데 매우 인색합니다. 100년만의 최대 강설량으로 고속도로에 고립되어 고통을 받은 운전자들이 한국도로공사를 상대로 손해배상책임을 물은 사안에서 법원은 불가항력을 인정하지 않았습니다. 폭설로 인한 고립구간의 교통정체를 미리 예견하여 적절한 대비책을 세울 수 있었다고 본 것입니다. 시간당 100mm의 집중호우, 예상 경로를 벗어난 태풍으로 인한 피해 등도 모두 '불가항력'으로 인정되지 않았습니다.

2) 그렇다면 무엇이 '불가항력'일까요. 법원은 "채무자의 지배영역 밖에서 발생한 사건으로서 채무자가 통상의 수단을 다하였어도 그 결과를 방지하는 것이 불가능하였

음이 인정되는 경우'라는 기준을 제시합니다(대법원 2007. 8. 23. 선고 2005다59475 판결). '채무자의 지배영역', '통상의 수단' 등은 매우 추상적인 기준이라 구체적 사례에 대입하기가 쉽지 않지만, 약간의 힌트는 얻을 수 있습니다.

코로나19 사태로 중국 원자재나 부품 공급업체의 조업이 중단[1])되어 한국 기업이 납기를 맞추지 못한 경우는 어떨까요? 불가항력으로 인정받기 쉽지는 않을 것입니다. 상품 제조에 필요한 원자재나 부품은 상품 제조·공급업자가 책임지고 조달해야 하는 것이며, 여러 변수로 인해 기존 공급업체의 조업 차질이 발생할 수 있음은 충분히 예상할 수 있는 일입니다. 원자재나 부품의 적절한 재고 유지는 그래서 필요한 일이기도 합니다. 코로나19 사태는 아니지만, 일본의 불화수소 수출제한 조치로 한국의 반도체 회사가 수출계약을 불이행했다면 어떨까요? 결론은 마찬가지일 겁니다. 우리 법원은 IMF 사태 및 그로 인한 자재 수급의 차질 등을 불가항력적인 사정으로 보지 않았습니다(대법원 2002. 9. 4. 선고 2001다1386 판결). 메르스 사태 당시, 제주도를 찾은 중국 관광객이 46~83% 감소하고 취항 예정이던 중국 전세기 1,354편 중 1,093편이 취소된 정도의 사정만으로는, 중국 여행사가 제주도 숙박업소와 체결한 객실이용계약이 불가항력으로 파기되었다고 볼 수 없다는 것이 법원의 판단이었습니다[광주고등법원 2017. 5. 10. 선고 (제주)2016나389 판결].

그렇다면 코로나19 사태와 관련하여 불가항력이 인정될 수 있는 경우는 전혀 없을까요? 그렇지는 않다고 생각합니다. '원자재나 부품 생산이 오로지 또는 대부분 특정 국가에서만 가능하고, 코로나19 사태로 인해 해당 국가의 원자재·부품 공급이 장기간 중단[2])되거나 수출 자체가 금지된 경우'라면 불가항력이 인정될 가능성이 충분합니다. 특정 국가가 원자재·부품 생산·공급을 완전히 독점하고 있는 것은 아니더라도, 해당 원자재·부품 시장의 특성상 공급량 조정이나 거래선 변경이 대단히 어렵다면, 불가항

---

1) 중국 업체의 조업중단은 다음과 같은 두 가지 사유로 인해 광범위하게 발생하였고, 2020. 2. 기준 제조업 평균 가동률은 연 30% 수준에 불과하였다고 알려져 있습니다.

 (1) 이동제한 조치: 우한과 후베이성 외에 저장성 원조우시 등에도 '봉쇄'(출입제한조치)가 시행되었습니다. 사람의 출입을 완전히 금지한 것은 물론이고(우한에 출장 등 단기 목적으로 체류하던 외지인이 돌아가지 못하게 되었습니다), 물자 수송 등도 금지되었습니다.

 (2) 공장가동 금지 조치: 중국 당국은 설 명절 연휴기간을 당초 2020. 1. 30.에서 2020. 2. 2.까지로 연장하였고, 그 이후 2020. 2. 9.까지 영업을 재개하지 못하도록 '강권'하였습니다. 2020. 2. 10.부터는 소독약 및 마스크의 비치 등 방제조치 구비 여부를 확인한 후 영업재개를 승인하였습니다.

2) 앞서 본 중국의 이동제한 조치나 공장가동 금지 조치를 참고하시기 바랍니다.

력을 주장해 볼 여지가 생길 것입니다. 정부 당국의 명령으로 계약의 이행 자체가 금지된 경우, 예컨대 앞서 예시한 것처럼 우리 정부의 수출금지 명령으로 한국의 제조업체가 미국 바이어에게 마스크를 공급할 수 없게 된 경우, 불가항력 항변을 해볼 수 있다고 생각합니다.

　　3) 거래 상대방이 외국기업이나 정부인 경우에는 문제가 더욱 복잡해집니다. 계약관계에 적용될 법, 이른바 준거법이 어느 나라 법인지, 해당 준거법에서는 불가항력을 어떻게 취급하고 있는지, 준거법 국가의 정부정책은 어떠한지 등 여러 변수가 있기 때문입니다. 중국의 경우 사스 사태 당시 불가항력 항변을 인정한 사례가 있으며, 중국이 코로나19의 발원지이고 사태 해결을 위한 대응도 가장 강력하였다는 점에서, 불가항력 인정 가능성은 더 커질 수 있습니다. 특히 중국 기업의 채무불이행에 관해 중국에서 책임을 묻는 것은 더욱 어려울 것 같습니다.[3]

　　중국의 경우, (1) 과거 사스 사태로 인한 중국 내 의약품 총판계약의 판매실적 미달이 불가항력이었다고 보아 위약책임이 면제된다고 본 사례가 있는 반면[중국최고인민법원(2004) 民二終字第163号],[4] (2) 사스 확산을 이유로 한 패키지관광계약의 해제가 허용되지 않는다고 본 사례가 있습니다.

　　미국의 경우, 물품공급계약이나 도급계약 등을 체결한 기업이 전염병이나 외국 정부의 거래 금지·제한명령 등으로 계약을 이행할 수 없게 된 경우 불가항력force majeure 또는 계약목적 달성 불능frustration을 사유로 면책을 인정된 사례가 더러 있습니다. 특히 영미법계에서는 자연재해 외에 전쟁, 테러 공격, 폭동, 파업 및 정부 지침acts of government 등이 불가항력 사유에 포함된다고 봄이 일반적이므로, 우리 정부의 수출금지 명령에 따른 계약 불이행으로 영미계 국가에서 제소당한다면 불가항력 항변이 성공할 가능성이 상당합니다. 관건은 정부의 수출금지 명령이 "합리적으로 예측 가능했는가"인데, 이는 계약의 내용과 거래 조건, 계약 당시의 상황 등 여러 사정을 종합하여 판단될 것

---

3) 중국 법원당국은 코로나19 사태로 인한 계약 관련 분쟁 폭증 조짐에 대해 우려를 표명하였으며, 베이징을 포함한 여러 법원이 '사건심리 가이드라인' 성격의 의견을 발표하였습니다. 대체적으로 "불가항력에 해당한다고 볼 가능성이 크지만 구체적 사안에 따라 개별적인 판단이 필요하며 기계적이고 일률적인 판단을 경계해야 한다"는 취지입니다.

4) 제1심은 사스 사태로 인한 의약품 판매 부진이 불가항력에 해당한다고 명시적으로 판단한 반면, 제2심은 불가항력 사유 해당 여부를 직접적으로 판단하지는 않았습니다.

입니다. 예를 들어, 뉴욕 대법원이 발행한 임시구속 명령은 정부 행위/지침acts of government
에 포함되어 불가항력 조항이 적용된다는 판단이 있는가 하면[Duane Reade v. Bear Stearns
Commercial Mortg., Inc., 2009 N.Y. Slip Op. 4348, at *9, 63 A.D.3d 433, 434 (1st Dept. 2009)],
원고의 공장폐쇄 결정이 자발적이며 정부의 환경규정 시행으로 인한 재정적 사유는
계약 체결 및 이행 전에 예상 가능하였다는 이유로 불가항력 조항의 적용을 부정한 사
례도 있습니다(Macalloy Corp. v. Mettalurg, Inc., 728 N.Y.S.2d 14, 14-15). 미국 법원은 일반
적으로 불가항력 정황이 구체적으로 확인된 경우에 한해서, 그리고 단순히 이행이 어
려운 정도가 아니라 이행이 불가능한 상황에 한해서만 당사자의 계약상 책임을 면제
하고 있습니다.

거래 상대방이 미국 기업일 경우 계약서에 불가항력 조항이 없으면 Uniform Com-
mercial CodeUCC에 근거하여 불가항력 항변을 할 수도 있습니다. UCC 제2-615조는
상업적으로 비실용적인 계약에 대해 판매업자의 이행 지연·취소 또는 계약 내용의 부
분적 수행을 허용합니다. 불가항력의 경우와 마찬가지로 면책을 인정받기 위해서는
위와 같은 비실용적 결과를 야기한 '예상치 못한 사건'이 당사자가 통제할 수 없는 요
인에 의한 것임을 증명해야 합니다. 이러한 기준에 따라 아랍 석유금수 조치가 예측
가능한 사건이라는 이유로 UCC 제2-615조에 근거한 계약상 의무 면제 주장이 배척
된 사례가 있습니다(중동사태의 변동성, 외국 석유시장을 통제할 수 있는 정부의 권한, 상대 정부
가 원유 거래를 방해하고 간섭한 과거 경험 등에 비추어 아랍 석유금수 조치는 예상 가능한 사건이
라고 본 것입니다).

4) 한편, 불가항력으로 인한 면책은 인정되지 않더라도 책임 감경은 충분히 가능합
니다. 우리 법원도 과거 IMF 사태로 수입자재의 가격이 폭등한 사정 등을 고려하여 채
무를 불이행한 수급인의 지체상금 책임을 약 40% 수준으로 감액한 사례가 있습니다(대
법원 2002. 9. 4. 선고 2001다1386 판결).

5) 결국 코로나19 사태로 채무불이행 책임을 걱정해야 하는 기업 입장에서는 불가
항력 항변을 통한 책임 면제 또는 감경 가능성을 잘 따져볼 필요가 있으며, 거래 상대
방이 외국기업일 경우 해당 외국의 법제도를 면밀히 조사해야 합니다. 특히 코로나19
사태가 계약상 채무 이행 가능성에 어떠한 영향을 어떤 경로를 통해 미쳤는지, 관련하

여 정부 당국의 강제적인 개입이 있었는지 등의 사실관계를 확정하고 관련 증거를 마련하는 것이 매우 중요합니다.[5]

## 3. 사정변경을 이유로 한 계약해제 가능성

손해배상책임을 면하거나 감경받는 데서 더 나아가 해당 계약 자체를 해소하여 그 구속력으로부터 벗어나는 것이 더 안전할 수 있습니다. 코로나19 사태로 계약 자체를 이행할 수 없게 된 것은 아니나(불가항력이 인정될 수 있는 경우는 아니나), 계약을 이행할 경우 큰 손해를 입을 것이 확실하다면 계약 해제가 유일한 대안이 될 수 있을 것입니다.

결론적으로 코로나19 사태로 인한 경제환경의 변동이 "계약해제 사유인 사정변경"으로 인정되기는 대단히 어려울 것으로 보입니다. 사정변경으로 인한 계약해제는 ① 계약 성립 당시 당사자가 예견할 수 없었던 ② 현저한 사정의 변경이 발생하였고 ③ 그러한 사정의 변경이 해제권을 취득하는 당사자에게 책임 없는 사유로 생긴 것으로서 ④ 계약 내용대로의 구속력을 인정한다면 당사자의 이해에 중대한 불균형을 초래하거나 계약을 체결한 목적을 달성할 수 없는 경우에 인정되지만, 실제 법원이 사정변경을 이유로 한 계약해제 주장을 받아준 경우는 거의 없습니다. 'KIKO' 사건에서 법원은 미국 리먼브라더스 사태로 전세계적 금융위기가 발생하여 환율급등 등 예측하지 못한 사정이 벌어졌더라도 계약 해지를 인정할 만한 사정변경에 해당하지 않는다고 하였습니다(대법원 2013. 9. 26. 선고 2013다26746 전원합의체 판결). 결국 코로나19 사태로 인한 자재 가격의 급등으로 계약 이행시 큰 손해가 예상된다거나, 숙박계약 이행에 필요한 외국 관광객이 급격히 감소하였다는 정도의 사정만으로는 해당 계약을 해제하여 기업의 손해 발생을 선제적으로 예방하기는 어려울 것입니다.

물론 앞서 살펴본 것처럼 불가항력이 인정될 정도의 극히 예외적인 사정이 인정되거나, 계약서에 해제·해지 사유가 보다 넓게 규정되어 있다면, 결론이 달라질 수 있습니다. 계약서부터 다시 꼼꼼히 살펴보시기 바랍니다.

---

5) 중국 당국은 앞서 본 바와 같은 이동금지 조치, 가동중단 조치에 따른 계약불이행이 '불가항력'에 해당한다는 증명서를 각 사업장에 발급해 주겠다고 공고하였고, 실제로 그러한 증명서를 발급하였습니다. 당국의 조치를 어길 수 없었던 사업장들이 책임을 면하도록 해주겠다는 취지입니다. 한국무역협회도 그와 유사한 조치나 증명을 발급하는 것을 고려하였습니다.

## 4. 여행계약·숙박계약의 경우

코로나19 감염 우려 때문에 여행계약, 항공권계약, 숙박계약을 취소하는 경우가 속출하였습니다. 앞서 본 것처럼 코로나19의 확산이 계약 이행을 불가능하게 하는 '불가항력적 사유'나 '사정변경'으로 인정되기는 어렵기 때문에, 취소수수료 부담을 감수하는 것이 불가피했습니다. 우리 법원은 앞서 본 것처럼 중국관광객이 급속히 감소한 사정만으로는 객실사용계약이 쌍방의 귀책사유 없이 이행불능에 빠졌다고 보지 않았습니다.

그러나 여행지역의 상황에 따라서는 여행업자 등이 계약상 의무를 이행하는 것이 불가능할 수 있으므로, 구체적인 지역 상황을 살펴볼 필요가 있습니다. 코로나19로 외국인의 입국이 금지 또는 제한된 국가를 목적지로 하는 여행계약이나 숙박계약의 경우, '여행 목적을 달성할 수 없는 사유'가 인정될 가능성이 있으며, 이 경우 여행업자는 계약금을 몰취하거나 취소수수료를 부과하기 어려울 것입니다. 반면 단지 감염 우려 때문에 입국 금지 국가가 아닌 지역을 여행하기 어렵다는 정도의 사정만으로는 여행 목적 달성이 어렵다고 볼 수 없습니다. 어떤 경우든 가장 중요한 것은 계약 내용입니다.

참고로 소비자분쟁해결기준(공정거래위원회 고시 제2019-3호)은 '천재지변, 전란, 정부의 명령, 운송·숙박기관 등의 파업·휴업 등으로 여행의 목적을 달성할 수 없는 사유'로 국외여행계약을 취소하는 경우 계약금을 전부 환급하라는 기준을 정하고 있습니다.

# 상가임대차 분쟁에 관한 주요 쟁점<sup>*</sup>

박보영

지난 2002년 상가건물 임대차에 관한 특례를 정하여 국민 경제생활의 안전을 도모할 목적으로 제정, 시행된 「상가건물 임대차보호법」(이하 '상가임대차법')은 현실의 분쟁을 해결하기 위해 여러 차례 개정을 거듭해 왔습니다. 특히 최근 코로나바이러스감염증－19(이하 '코로나19')의 확산 및 장기화로 인한 영업활동 위축 등이 반영된 임시 특례 등이 신설되었고, 관련하여 추가 개정 논의도 이어지고 있습니다. 상가임대차 분쟁에 관한 주요 쟁점을 상가임대차법을 중심으로 살펴보겠습니다.

## 1. 임대차기간 보장 및 계약갱신청구권

상가임대차법은 기간을 정하지 않거나 1년 미만으로 정한 임대차는 그 기간을 1년으로 본다고 정하고 있습니다(제9조 제1항 본문). 임대차기간이 최소 1년은 보장되므로, 임대차계약에 1년이 채 안 되는 기간으로 단기 임대차를 설정했어도 법적으로 무효입니다. 다만 임차인이 스스로 1년 미만의 단기 임대차라고 주장하는 것은 가능합니다 (제9조 제1항 단서).

---

<sup>*</sup> 『지평뉴스레터』 (2021. 2. 25.)

계약갱신을 통해 임대차기간을 연장하는 규정도 있습니다(제10조). 임대인은 임차인이 일정 기간(임대차기간이 만료되기 6개월 전부터 1개월 전) 동안 계약갱신을 요구하면 법률에서 정한 사유가 없는 한 거절할 수 없고, 이 경우 전 임대차와 동일한 조건으로 다시 임대차계약이 체결된 것으로 봅니다. 임대차계약이 묵시적으로 갱신된 경우에는 존속기간을 1년으로 간주합니다.

임차인이 가지는 임대차계약의 갱신을 요구할 권리는 '최초의 임대차기간을 포함한 전체 임대차기간이 10년을 초과하지 아니하는 범위'에서 행사할 수 있습니다. 10년의 보장은 2018. 10. 16. 개정법 시행 후 최초로 체결되거나 갱신되는 임대차부터 적용되고, 2018. 10. 16. 이전에 체결됐거나 갱신된 임대차는 5년만 보장됨에 주의해야 합니다.

도중에 임차인의 변경이 있는 경우가 문제됩니다. 새로운 임대차계약을 체결하게 되면 그 새로운 임대차계약 체결 시점부터 다시 10년 동안 임차인에게 갱신요구권이 보장됩니다. 임대인 입장에서는 단지 임차인만 변경됐을 뿐이어서 기존 임대차계약 기간도 전체 10년에 포함하고 싶을 수 있습니다. 이를 위해 새로운 임대차계약 체결이 아니라, 임대인 동의에 따른 임차권 양도양수 방식을 통해 기존 임대차계약 기간까지 포함해 전체 임대차기간을 산정하려는 시도가 있어 왔습니다. 그런데 이런 임차권 양도로 인해 새 임차인은 보장받을 수 있는 계약갱신기간이 기존 임대차기간만큼 줄어드는 결과가 초래됩니다. 이에 대해 기존 임차인이 설명하지 않고 임차권을 양도한다면 이는 기망행위에 해당할 수 있다는 판례가 있습니다(대법원 1996. 6. 14. 선고 94다41003 판결).

임대차계약에 계약기간 내 해지할 권리를 정해둔 경우는 어떨까요. 상가임대차법에 정한 계약갱신청구권은 임차권의 존속에 관한 것이므로, 중도해지권을 부여한 특약은 별개로 유효하다는 주장이 가능합니다. 과거 하급심 판결이 이러한 취지를 설명한 적도 있습니다(서울중앙지방법원 2005. 12. 29. 선고 2005가단234519 판결). 그러나 상가임대차법상 임차인의 계약갱신요구권은 강행규정이므로 중도해지의 특약이 위 강행규정에 위배된다고 보아 무효로 판단될 위험도 상당합니다. 참고로 공정거래위원회는 백화점과 입점업체 간 임대차계약서(약관)에서 임대인이 서면통지만으로 중도해지가 가능하도록 정한 조항에 대해, 임차인의 계약갱신청구권을 배제할 우려가 있으므로 임차인과 서면으로 합의하여야 한다는 취지로 약관을 수정하기도 했습니다(공정거래위원회, 2016. 3. 8.자 보도자료 '공정위, 백화점과 입점업체 간 사용 약관 3종 정비' 참고).

한편, 코로나19의 확산 및 장기화로 인해 2020. 9. 29. 상가임대차법 제10조의9가 신설되었습니다. 개정법률 시행일부터 6개월까지의 기간 동안 연체한 차임은 계약갱신청구(제10조 제1항 제1호), 권리금 회수기회 보호(제10조의4 제1항 단서), 차임연체로 인한 해지 조항(제10조의8) 적용에 있어 차임연체액으로 보지 않는다는 내용입니다. 위와 같은 한시적인 특례조항은 코로나19 종료 선언 후까지 연장하자는 개정안도 발의되어, 향후 개정 입법 여부를 살펴볼 필요가 있겠습니다.

## 2. 차임 증감에 관한 권리 및 제한

상가임대차법은 사정변경을 이유로 한 장래의 차임 또는 보증금에 대한 증감청구권을 정하고 있습니다(제11조 제1항 본문). 종전에는 기존의 차임 또는 보증금이 '임차건물에 관한 조세, 공과금, 그 밖의 부담의 증감이나 경제 사정의 변동으로 인한 상당하지 아니하게 된 경우'만 규정했는데, 2020. 9. 29. 개정 당시 「감염병의 예방 및 관리에 관한 법률」 제2조 제2호에 따른 제1급감염병 등에 의한 경제사정의 변동'을 추가하여 코로나19로 인한 경우를 차임증감청구권 사유로 명시했습니다(제11조 제1항 본문). 다만 이러한 임차인의 권리보장에 있어 임대인과의 형평을 고려하여, 제1급감염병에 의한 경제사정의 변동으로 차임 등이 감액된 후 임대인이 증액을 청구하는 경우에는 증액된 차임 등이 감액 전 차임 등의 금액에 달할 때까지는 증액상한(5%)이 적용되지 않도록 했습니다(제11조 제3항).

상가임대차법이 적용되는 임대차(사업자등록의 대상이 되는 건물, 영업용 임대차 및 보증금액 기준 이하)인 경우에는 임차인에게 불리한 개별 약정은 무효가 되므로(제15조) 임차인의 차임감액청구권 등을 제한하는 임대차계약을 체결해도 무효입니다. 상가임대차법이 적용되지 않는다 해도 임대차계약에 상가임대차법에 따라 임대차조건을 변경한다고 정하는 경우가 많기 때문에 위와 같은 상가임대차법에 따른 차임증감청구권이 보장되는 경우가 많습니다.

## 3. 권리금 회수기회의 보호

상가임대차법은 2015. 5. 13. 권리금에 관한 규정들을 신설해, 임차인의 '영업권'도 법이 보호하는 영역으로 가져왔습니다(제10조의3 내지 7). 권리금은 임차인이 비용을 투자하고 영업활동을 한 결과 형성된 지명도 등의 경제적 이익을 상징하는데, 종전에는 이런 권리금의 회수가 임대인의 의사에만 좌지우지됐던 것을 법적 테두리 안으로 포함시켜 규율하게 된 것입니다.

그 방식은 임차인이 임대인에게 직접 권리금을 청구하는 것이 아니라, 임차인이 임대인에게 신규임차인을 주선함으로써 권리금 회수기회를 보호하는 방식을 취했습니다. 상가임대차법 제10조의4 제1항에서 임대인이 임차인의 권리금 회수를 방해해서는 안 된다고 정하면서, 특히 '정당한 사유 없이 임대인이 임차인이 주선한 신규임차인이 되려는 자와 임대차계약의 체결을 거절하는 행위(제4호)'를 금지했습니다. 같은 조 제3항에서는 이를 위반해 임차인에게 손해가 발생하면, 임대인이 손해배상책임까지 부담하도록 정했습니다.

실제 분쟁은 임대인이 명도소송을 제기하면 임차인이 권리금 회수기회 보호의무 위반을 이유로 손해배상을 청구하는 구조로 발생하는 경우가 많습니다. 이때 무엇이 권리금 회수기회 보호의무를 위반한 것인지는 판결의 축적을 통해 그 의미가 형성돼 가고 있습니다.

최근 법원은, 실제로 임차인이 임대인에게 신규임차인을 주선하지 않았더라도 임대인이 정당한 사유 없이 임차인이 주선하는 신규임차인과는 임대차계약을 체결하지 않겠다는 의사를 확정적으로 표시했다면, 이러한 임대인의 거절행위가 상가임대차법 제10조의4 제1항 제4호에서 정한 거절행위에도 해당한다고 판단했습니다. 그 결과 임차인은 실제로 신규임차인을 주선하지 않았더라도 임대인의 권리금 회수기회 보호의무 위반을 이유로 임대인에게 손해배상을 청구할 수 있다고 보았습니다(대법원 2019. 7. 4. 선고 2018다284226 판결).

반면 임대인이 임차를 희망하는 신규임차인에게 과도한 자력증빙을 요구하고 기존 임차인이 임대차목적물을 명도한 후에 임대인 본인이 직접 영업을 하는 등 외관상 권리금 회수기회 보호의무를 위반한 것처럼 보일 여지가 있는 사안에서, 다른 여러 사정들을 종합적으로 고려해 손해배상책임을 인정하지 않은 하급심 판결도 있습니다[대구고등법원 2017. 10. 26. 선고 2016나1770(본소) 건물명도, 2016나1787(반소)].

그 외에도 임차인의 손해배상청구를 기각하거나, 법원감정을 통해 적정액을 산정하거나, 손해액을 감액한 하급심 판결들도 확인됩니다. 임차인 입장에서는 권리금 회수 여부가 달린 문제이고 임대인 입장에서도 자칫 손해배상책임까지 부담할 수 있으므로, 향후 판결의 동향을 계속 주시할 필요가 있습니다.

## 4. 임대차 종료와 원상회복

임대차계약에서는 임대차계약이 종료된 이후 임차인의 임대차목적물 반환의무와 임대인의 임대차보증금 반환의무가 대표적으로 동시이행관계에 있습니다. 임차인이 임대인에게 임대차보증금 반환을 청구하면 임대인은 임대차목적물 반환을 이유로 동시이행의 항변권을 행사하고, 반대로 임대인이 임차인에게 임대차목적물의 인도를 구하면 임차인은 임대차보증금 반환을 이유로 동시이행의 항변권을 행사하고는 합니다. 판결도 "임대차목적물을 인도받음과 동시에 임대차보증금을 지급하라"는 식의 상환이행판결이 내려집니다.

상가건물의 경우에도 마찬가지여서, 임대인의 건물명도 청구에 대해 임차인이 임대차보증금 지급과 동시에 건물인도가 이루어져야 한다는 주장을 했는데도 아무런 조건 없이 건물을 인도해야 한다고 판단했다면 위법하다는 판결이 있습니다(대법원 2017. 8. 24. 선고 2017다233955 판결).

다만 임차인의 임대차목적물 반환의무와 임대인의 권리금 회수 방해로 인한 손해배상의무에 대해서는 동시이행관계가 인정되지 않았습니다. 임차인의 임차목적물 반환의무는 임대차계약의 종료에 의해 발생하지만, 임대인의 권리금 회수 방해로 인한 손해배상의무는 상가임대차법에서 정한 권리금 회수기회 보호의무 위반을 원인으로 하고 있으므로, 두 채무가 별개의 원인으로 발생한 것이어서 동시에 이행돼야 한다고 보기 어렵다는 것입니다(대법원 2019. 7. 10. 선고 2018다242727 판결). 임차인이 임대인에게 권리금 회수 방해로 인한 손해배상의무가 있다는 이유로 임대차목적물 반환을 거절할 수 없음을 의미합니다.

한편 원칙적으로 성립하는 동시이행관계라 해도, 당사자의 행위에 따라 허용되지 않을 수도 있다는 점은 주의해야 합니다. 법원은 임차인이 임차인으로서의 권리를 주장하지 않겠다는 의사표시를 제3자에게 하고, 제3자가 이를 신뢰해 경매절차에서 임대차목적물을 매수했다면, 이후 임차인의 권리 주장이 허용되지 않는다고 보았습니다.

근저당권자가 담보로 제공된 건물에 대한 담보가치를 조사할 당시 대항력을 갖춘 임차인이 임대차 사실을 부인하고 건물에 관해 임차인으로서의 권리를 주장하지 않겠다는 내용의 무상임대차 확인서를 작성해준 경우(대법원 2016. 12. 1. 선고 2016다228215

판결), 임내인이 임사인과 공모해 채권자에게 임차인이 친칙이이시 임대차보증금 없이 입주하고 있다고 하면서 금원을 대여받았던 경우(부산지방법원 1986. 11. 10. 선고 85나1270 판결) 등에 대해, 임차인이 처음 의사표시와 달리 임차인으로서 임대차보증금 반환과의 동시이행을 주장하는 것은 금반언 및 신의칙에 위배된다고 판단했습니다.

## 5. 제소전 화해의 활용

상가임대차계약의 법률관계에서 임대인과 임차인이 제소전 화해를 통해 분쟁에 대비하는 경우가 종종 있습니다. 제소전 화해조서는 준재심절차에 의해 취소되지 않는 한 확정판결과 같은 효력을 가지기 때문입니다(민사소송법 제220조). 이를 기초로 강제집행을 할 수 있고(민사집행법 제56조 제5호), 기판력도 발생합니다. 임대인은 명도소송과 강제집행에 드는 비용과 시간을 절약할 수 있고, 화해조서의 내용에 따라 임차인도 보증금 반환이 용이할 수 있습니다.

다만 이러한 제소전 화해의 효력은 당사자 간에 미치는 것이 원칙이고, 특히 제소전 화해가 성립하기 전의 승계인에게는 미치지 않습니다(민사소송법 제218조 제1항). 그러므로 제소전 화해에 포함되지 않은 전차인들에 대해서는 화해조서의 효력을 직접 주장하기 어렵습니다.

제소전 화해가 성립한 후의 승계인에게 화해조서의 효력이 미치는 것에도 제한이 있습니다. 법원은 계쟁물의 승계인에게는 제소전 화해조서의 소송물이 물권적 청구권인 경우에만 기판력이 미칠 수 있다고 보기 때문입니다(대법원 1991. 1. 15. 선고 90다9964 판결, 대법원 1993. 2. 12. 선고 92다25151 판결). 전차인은 소송물 자체의 승계인이 아니라 계쟁물의 승계인에 불과하므로, 소유권에 기한 명도청구가 아니라 임대차계약상 채권에 기한 명도청구를 하는 경우라면 이러한 전차인에게는 화해조서의 기판력이 미치지 않습니다. 결국 임대인이 단순히 임대차계약에 근거해서만 명도청구를 하는 것이라면, 이 경우에도 제소전 화해에 기한 승계집행문 부여가 거부될 것입니다.

따라서 실무상으로는 제소전 화해 신청 이전에 전대차가 이미 이루어진 경우에는 전차인까지 피신청인에 포함해 제소전 화해를 신청해야 합니다. 신청원인에 전대차계약의 존재를 명시하고, 화해조항 중 명도조항에 전차인의 명도의무를 기재하는 방식입니다.

다만, 이 경우에도 화해조서가 작성된 후 새로운 전차인에게는 기판력이 미치기 어렵기 때문에, 임대인은 화해조서 성립 후 새로운 전대차에 대해서는 동의를 하기 전에 사전에 법률검토를 거칠 필요가 있고, 무단전대 등에 대비해 상당한 위약금 등을 부과하기로 하는 문구를 조서에 추가로 삽입해 둘 필요가 있습니다.

# 공저자 약력

| | | | |
|---|---|---|---|
| 강민제 | 변호사시험 4회 | 신재형 | 사법연수원 41기 |
| 구자형 | 변호사시험 3회 | 안중성 | 사법연수원 42기 |
| 권창영 | 사법연수원 28기 | 양영태 | 사법연수원 24기 |
| 김동아 | 사법연수원 24기 | 위계관 | 변호사시험 6회 |
| 김동현 | 변호사시험 4회 | 유원상 | 변호사시험 8회 |
| 김승현 | 변호사시험 5회 | 이광선 | 사법연수원 35기 |
| 김옥림 | 외국변호사(중국) | 이병주 | 사법연수원 34기 |
| 김원순 | 변호사시험 8회 | 이상현 | 변호사시험 5회 |
| 김지홍 | 사법연수원 27기 | 이소영 | 사법연수원 31기 |
| 김 진 | 외국변호사(뉴질랜드 및 호주) | 이재승 | 사법연수원 30기 |
| 김진희 | 외국변호사(미국) | 이주언 | 사법연수원 41기 |
| 김형우 | 사법연수원 39기, 공인회계사 | 이준혁 | 사법연수원 30기 |
| 문수생 | 사법연수원 26기 | 이진안 | 변호사시험 7회 |
| 민창욱 | 변호사시험 1회 | 이태현 | 사법연수원 36기 |
| 박동열 | 변호사시험 7회 | 이혜온 | 변호사시험 3회 |
| 박보영 | 변호사시험 1회 | 임성택 | 사법연수원 27기 |
| 박성철 | 사법연수원 37기 | 장기석 | 사법연수원 26기 |
| 박영주 | 사법연수원 25기 | 장지화 | 외국변호사(중국) |
| 박호경 | 사법연수원 37기 | 장 품 | 사법연수원 39기 |
| 배기완 | 사법연수원 37기 | 장현진 | 변호사시험 6회 |
| 배성진 | 사법연수원 28기 | 정상현 | 변호사시험 9회 |
| 백종현 | 사법연수원 41기 | 정 원 | 사법연수원 30기 |
| 서동천 | 변호사시험 2회 | 천영석 | 변호사시험 6회, 공인회계사 |
| 송경훈 | 사법연수원 42기 | 최승수 | 사법연수원 25기 |
| 신 민 | 사법연수원 30기 | 최정규 | 사법연수원 36기 |

| | |
|---|---|
| 최창민 | 변호사시험 1회 |
| 최초록 | 변호사시험 5회 |
| 황인영 | 사법연수원 31기 |
| 박희경 | (주)문화방송 법무팀 변호사 |
| 박찬호 | 제주대학교 법학전문대학원<br>전문석사과정 |
| 임주연 | 서강대학교 법학전문대학원<br>전문석사과정 |
| 황현운 | 고려대학교 법학전문대학원<br>전문석사과정 |

# 법률의 지평 제3호

초판발행       2021년 9월 30일

발행인        김지형 · 양영태 · 임성택
편집위원장     임성택
지은이        법무법인(유한) 지평
펴낸이        안종만 · 안상준

편 집         배근하
기획/마케팅     조성호
표지디자인      이미연
제 작         우인도 · 고철민

펴낸곳        (주) **박영사**
             서울특별시 금천구 가산디지털2로 53, 210호(가산동, 한라시그마밸리)
             등록  1959. 3. 11. 제300-1959-1호(倫)
전 화         02)733-6771
f a x         02)736-4818
e-mail        pys@pybook.co.kr
homepage      www.pybook.co.kr
I S BN        979-11-303-3932-0   93360

정 가         23,000원